알다가도 모를

중국, 중국인

알다가도 모를

중국, 중국인

장홍제 지음
황효순 편역

한 사람의 운명은 그 사람의 성격이 결정짓고, 한 나라의 운명은 그 나라의 국민성이 결정짓는다!

한국과 중국이 본격적으로 수교를 맺은 지 어언 20년이란 세월이 흘렀다. 그동안 한중 양국은 경제는 물론 정치, 사회, 문화 등 다방면에 걸쳐 그 교류의 범위를 크게 발전시켜 왔다. 이미 미국과 일본을 넘어 최대의 교역상대국이 되었을 뿐만 아니라 매년 수백만 명의 인적교류로 광범위하게 교류의 저변을 확대하고 있다.

필자조차도 이러한 광범위한 교류는 상상할 수 없었던 것이었다. 기업 간의 교류, 정부 간의 교류, 학술 및 문화 교류 등 다양한 업무를 추진하면서 점차 그 교류의 범위와 정도가 늘어나는 만큼 전에 없던 한 가지 숙제가 생겨났고, 그 숙제는 지금도 진행형이다. 그것은 바로 다양하고 폭 넓은 중국인들과의 접촉에서 생겨난 "중국인은 과연 누구인가?" 하는 의문이었다. 대한민국의 약 100배에 달하는 영토에 51개 민족이 공존하는 대륙의 구성원들이 모두 중국인이기에 이들의 실체를 정확히 이해하는 것은 애초에 무리인지도 모른다는 생각이 지워지지 않는다.

1949년 10월 중화인민공화국을 수립한 모택동은 가장 먼저 국내의 정치적·군사적 안정을 추진했다. 동시에 생존 문제를 해결하기 위한 여러 조치를 취하였지만 '마오이즘'이라는 정치적, 이념적 한계를 극복하지 못해 오히려 수많은 중국 인민들을 위기에 몰아넣기도 했다. 경제적 문제를 사상적 투쟁으로 파악하여 역사의 수레를 뒤로 돌리는 문화혁명과 같은 시대적 오류를 범하기도 했다. 하지만 1980년대 실용주의 노선을 추구하는 등소평의 등장으로 시장경제 체제의 특성을 일부 수용하는 '중국식 사회주의'를 표방함으로써 오늘날과 같은 중국의 경제적 성장에 기반을 다졌다.

'중국인의 실체는 무엇일까?'라는 숙제를 더욱 어렵게 만드는 이유는 바로 이러한 정치·경제적 변화에 무수한 중국인들이 각자의 방식대로 적응했다는 점이다. 등소평의 개혁이 추구한 '선부론'은 지역 간의 불균형적인 성장을 야기했고, "검은 고양이든 흰 고양이든 쥐만 잡으면 좋다."라는 흑묘백묘론은 원칙 없이 자기들만의 방식으로 경제 문제를 풀도록 하는 복잡한 구도를 조장하였다. 여기에 5000년이란 장구한 역사 속에 한족을 중심으로 하는 '중화사상'이라는 관념은 중국인들을 이해하는데 더더욱 어려운 과제를 제공한다. 한족의 범위도 그 특성도 지역과 문화적 환경에 따라 수시로 변해왔고 복잡하게 엉켜있기 때문이다.

바로 이러한 이유들로 인해 오랫동안 중국과 중국인을 경험하면서 그 교류의 범위를 늘려가는 사람들일수록 중국인을 잘 이해하지 못하겠다는 말을 감출 수 없는 것이다. 한국인의 입장에서 중국인의 호방한 대륙적 기질이나 졸렬해 보이는 아큐적 기질(이중성, 양면성)을 단편적으로 이해하기란 쉽지 않을 것이다. 최근 한중 양국은 동시에 새로운 정부를 출범시켰다. 양국의 새로운 수장인 박근혜 대통령과 시진핑 국가주석은 이전보다 더 발전된 약속을 했다. 전례 없이 일본을 앞질러 중국 공식방문이 있었고, 이전과는 사뭇 다른 융숭한 대접과 약속들을 주고받았다. 지금 구체적인 자유무역협상이 진행되고 있는 것이 그 증거이다.

그런 의미에서 이 책은 또 다른 중국인 이해를 위한 숙제의 한 과정이다. 중국인들은 과연 자신들을 어떻게 이해하고 있는가? 하는 것이 이 책을 세상에 내놓게 된 이유이다. 저자는 오늘의 중국을 배태한 역사적 근거들 뿐 아니라 유대인, 미국인, 일본인, 그리고 한국인들과의 접촉, 각자의 문화를 몸소 체험한 경험을 통해 자신들을 바라보고 있다. 물론 그의 경험과 이해 역시 전부는 아니다. 하지만 향후 더 포괄적인 교류의 장을 마련하게 될 한국과 중국의 구성원들이 서로를 이해하는데 있어 중요한 단서를 제공해 줄 것임은 분명하다.

경제교류든 유학이든 어떠한 형태로 중국과의 접촉을 계획하고 있는 독자들에게 기존에 무수히 반복해 왔던 시행착오를 피하는데 도움이 되기를 간절히 소망한다.

2013년 9월

편역자

차례 _____ Contents

상편 | 대국과 소국

차례 _____Contents

하편 | 양의 속성과 늑대의 속성

상편

대국과 소국

그 나라의 국민성은 생활하고 있는 지리적 환경, 역사적 조건, 사회적 체제 등이 복합적으로 작용하여 결정된다. 한국과 일본의 국민성이 형성된 과정을 들여다보면 동아시아 문화유산은 긍정적인 면과 부정적인 면을 동시에 갖고 있으며, 이를 어떻게 자기 나라에 접목시키느냐에 따라 나라의 운명이 결정된다는 것을 알 수 있다. 소국이 대국으로 부상할 수도 있고, 대국이 소국으로 전락할 수도 있음을 명심해야 한다. *여기서 소국과 대국이라는 관념은 나라의 크기나 경제력만을 의미하는 것이 아니다.

Part 1

한마디로
정의하기 어려운
일본인

일본인은 매사에 지나치게 진지한 반면 중국인은 너무 대충이다. 중국인은 겨우 한 가지 일을 성사시켜 놓고도 마치 성공을 일궈낸 양 으스댄다. 일본인은 그렇게 '쇼'를 하지 않는다. 중국은 이런 '대충대충' 성향 때문에 언젠가는 크게 낭패를 볼 것이다. - 루쉰

일본인을 어떻게 생각하는가?

아마 중국인은 지구촌 그 어느 민족보다 일본인에 대해 복잡하고 모순적이며 말로 표현하기 힘든 묘한 감정을 갖고 있을 것이다. 중국인들은 대부분 일본인에 대해 물으면 어디서부터 이야기를 풀어나가야 할지 모르겠다는 듯 난감한 표정을 짓는다. 마치 시면서도 달고, 쓰면서도 매운 묘한 맛의 음식을 먹고 난 후 그 맛을 표현하기가 애매할 때처럼 말이다.

일본은 중국과 매우 친숙한 나라다. 같은 문화, 같은 종족, 그리고 바다를 사이에 둔 이웃 나라 등으로 이야기할 만큼 가깝다. 자동차, 텔레비전, 에어컨, 냉장고, 세탁기, 컴퓨터 등 다양한 상품이 '일제' 라는 명찰을 달고 줄줄이 바다를 건너와, 지금은 사무실, 일반 가정집, 길거리 등 중국 전역에 퍼져 있다. 아울러 중국인은 대부분 사요나라^(잘 가요), 바카야로^(바보) 등 간단한 일본어 한두 마디쯤은 대수롭지 않게 구사한다. '사요나라' 라는 일본어는 중국인들에게 오싱, 사치코, 오오시마 시게루 같은 드라마 주인공들을 연상케 해 아름다운 일본을 떠올리게 한다. 반면 '바카야로' 라는 일본어는 아픈 전쟁의 기억과 함께 당시 야마모토 이소로쿠^(2차대전 때 일본 해군제독) 같은 일본 장수를 연상케 해 잔인한 일본의 모습을 떠올리게 한다.

일본은 중국에게 가장 낯선 민족이기도 하다. 중국은 수천 년 동안 일본과 교류해 왔지만 정작 그들에 대해 아는 것은 거의 없다. 과거 100여 년 동안 여러 번 주위를 놀라게 한 주체가 바로 일본이다. 옛날 중국 조정이 막강한 군사력을 내세운 서양 열강 앞에 철저히 농락당하고 있을 때 눈에 띄지도 않는 소국이었던 일본은 이를 기회로 삼아 급부상했다. 그러더니 서양 열강과 동등한 자리를 꿰차기까지 해 중국 조정을 놀라움에 빠뜨렸다. 일본은 거칠 것이 없었다. 이어 중국 대륙을 가볍게 무너뜨리더니 얼마 지나지 않아 강국 러시아까지 정복하면서 다시 한 번 중국을 아연실색하게 만들었다. 하지만 1945년, 하늘 높은 줄 모르고 올라가던 일본의 콧대가 마침내 꺾였고 일본 제국의 운명도 다하는 듯 보였다. 일본 열도는 산산조각 났고 도마 위의 생선처럼 전 승국의 처분만을 기다리는 신세가 됐다.

하지만 불과 20여 년 만에 일본은 그 잿더미 속에서 부활했다. 영화 〈터미네이터2〉의 불사신 주인공 터미네이터가 산산조각 난 몸을 서서 히 맞춰나가듯 그렇게 일본도 다시 일어섰다. 이처럼 일본이란 민족은 분명 우리가 알지 못하는 특별한 힘을 가지고 있다. 그 누구도 일본이 재기할 것이라고 예상하지 못했을 때 일본은 이를 비웃기라도 하듯 성 공을 거두었고 다시 한 번 세계를 놀라게 했다.

◆ 메이지유신 전 일본 사회의 네 가지 신분을 반영한 그림. 가장 높은 무사 계급에서부터 농민, 공인, 상 인의 순이었지만 메이지유신 이후 상인들의 지위는 크게 높아졌다.

미움과 용서, 멸시와 존경, 친근함과 생소함, 감탄과 혐오, 부러움과 질투심, 과연 어떤 단어로 일본을 표현할 수 있을까? 한마디로 정의하기는 어렵다.

지금 중국의 젊은이들은 과거 부모 세대를 따라서 일본을 '소일본'이라고 폄하한다. 그들의 왜소한 체구와 작은 땅덩어리를 빗대어 표현한 것이다. 심지어 중국의 전 국민이 동시에 침을 뱉으면 작은 나라 일본은 잠겨 버릴 것이라는 우스갯소리도 한다. 반면 할아버지 할머니 세대는 만주국 시대를 회상하며 일본인에 대한 두려움을 드러낸다. 당시에는 일본인 두세 명만 있어도 중국의 현(縣) 하나를 통치할 수 있다고 했을 정도로 일본 군인들의 죽음을 두려워하지 않는 무사도 정신은 가히 공포의 대상이었다.

일본인은 천성적으로 아름다운 것을 좋아하는 민족이다. 이를 보여주기라도 하듯 일본에서는 가는 곳마다 아름다운 산과 맑은 물, 그리고 수놓은 듯한 절경을 감상할 수 있다. 일본을 찾는 관광객들마다 찬사가 끊이지 않는 이유도 여기에 있다. 하지만 그러한 아름다움 뒤에는 잔인한 모습이 숨어 있다. 수십 년 전 전쟁에서 일본이 보여 주었던 치를 떨만큼 잔인했던 야만성을 그 누가 쉽게 잊을 수 있을까. 추악하고 피비린내 나는 만행은 아직까지도 잊을 수 없는 치욕으로 남아 있다.

우리는 여러 차례 신화를 창조해낸 일본의 단결력, 노력, 책임감에 찬사를 보내지 않을 수 없다. 그들이 보여 준 결실과 진지함을 들여다보면 실로 우수한 민족이라 할 수 있다. 이와 대조적으로 그들이 가진 인색함, 자만심, 이기심은 혀를 내두르게 한다. 더욱이 지금까지도 자신들이 주도한 전쟁의 아픈 상처에 대해 반성하기는커녕 그때는 다른 나라들도 다 그랬다는 식으로 합리화하며 책임을 회피하기에 급급한 일본의 왜곡된 역사인식을 보고 있노라면 과연 이 민족과 진실한 대화가 가능할까 하는 의구심이 든다.

　일본이라는 나라에 물음표를 던지는 나라는 중국만이 아니다. 수많은 나라가 한 번쯤은 물음표를 던졌을 것이다. 상대를 어려워하고 말주변도 없으며 걸핏하면 90도로 허리를 굽혀 인사하는 일본인, 이 민족의 대단한 창조력과 활력은 과연 어디서 나오는 것일까? 치열한 경제 전쟁 속에서 어떻게 독보적인 존재로 자리를 잡은 것일까? 경제 분야에서는 가장 공격적인 태도를 취하는 대국이면서 왜 국제 관계에서는 소극적인 모습을 보이는 것일까? 일본은 지금도 국제정치 구도 속에서 자신의 정확한 입장을 정하지 않고 있다.

　또한 단조롭기 그지없는 일본 음식은 실제로 먹어 보면 어찌 그리 맛이 좋은 것일까? 꼭두각시 인형처럼 기괴한 모습의 일본 고전극 노(能)는 왜 그리 매력적인 것일까? 사회생활에서는 마치 한 사람인 듯 어쩌면 그렇게 완벽한 조화를 이루어낼 수 있을까?

　이처럼 세계인들이 일본에 던지는 물음표는 중국보다 더 많다. 문화인류학자 루쓰 베네딕트는 "미국이 한창 전쟁에 열을 올릴 때 상대했던 여러 적수 중 가장 파악하기 힘든 민족은 일본이었다."라고 고백했을 정도다. 싱가포르 지도자 리콴유는 "일본은 결코 평범하고 정상적인 나라가 아니다. 매우 특이한 나라라는 것, 이 점을 잘 기억해야 한다."라고 더 직설적으로 표현했다.

　"한마디로 정의하기 어렵다."

　어쩌면 이 말이 일본이라는 나라를 가장 정확하게 표현한 것이 아닐까?

Chapter 01
오만한 소국

일본 민족의 배움에 대한 열의는 그들이 세계무대에 등장하던 그 순간부터 터져 나왔다. 세계 역사상 그 어느 민족도 일본처럼 열성적으로, 진지한 태도로, 그리고 성공적으로 다른 나라를 배우지 못했다. 일본인은 끊임없이 당나라에 사신을 보냈고, 그 작고 초라한 배로 방대한 중국 문명을 실어 나르기 시작했다.

일본의 지리적 환경

일본인은 신의 축복을 받아 지리적으로 유리한 섬나라에 살게 됐다. 일본 열도는 뒤로는 세계에서 가장 넓은 태평양이 펼쳐져 있으며 앞으로는 세계에서 가장 광활한 유라시아 대륙을 끼고 있다. 넓고 아득한 대해는 일본인들에게 2천여 년간 평화를 가져다주었고, 바다를 사이에 두고 마주한 중국 대륙은 인류 역사상 가장 찬란한 문화를 전해 주었다. 일본인은 중국 문화가 있었기에 몽매함에서 벗어날 수 있었다.

일본 민족의 배움에 대한 열의는 그들이 세계무대에 등장하던 그 순간부터 터져 나왔다. 세계 역사상 그 어느 민족도 일본처럼 열성적으로, 진지한 태도로, 그리고 성공적으로 다른 나라를 배우지 못했다. 일본인은 끊임없이 당나라에 사신을 보냈고, 그 작고 초라한 배로 방대한 중국 문명을 실어 나르기 시작했다. 풍랑을 헤치며 아주 조금씩 어느 것 하나 놓치지 않고 그들의 작은 섬으로 옮겨갔다. 그런 후 자신들의 구미에 맞게 다시 조립했다. 일본의 정치제도, 궁정제도, 조세 제도뿐 아니라 각종 건축물, 종교, 문학, 예술 등 모두가 그렇게 탄생한 것이다. 일본인들은 임대해 온 문화에 '일본'이라는 포장지를 예쁘게 입히는 데 성공했다. 그리고 가시덤불만이 나뒹굴던 야마토(고대 일본의 명칭) 지역에는 어느새 중국을 그대로 옮겨놓은 듯한 수도가 건설됐다. 제2의 당 왕조가 일본 열도에 출현한 듯했다. 중국이 일본을 속국 대열에 포함시키는 것도 이 때문이다. 중국의 눈에는 망당대해에 떠 있는 일본 열도 역시 다른 주변 국가와 마찬가지로 말 잘 듣는 '학생'에 불과했다. 당시 관습에 따라 중국에 조공을 바칠 때 외에는 눈여겨보지도 않았다. 일본 열도에 대해 아는 거라고는 키가 작은 섬사람들이라는 사실뿐. 일본을 '왜(倭)'라고 부른 이유도 여기에 있다.

하지만 세월이 흐르면서 일본인들은 중국인들에게 조금씩 자신의 존재감을 각인시켰다. 일찍이 당송시대부터 일본 사신은 다른 나라 사신들과 달랐다. 그들은 자신이 속국 신분이라는 것을 망각한 채 도도하기 짝이 없었고 늘 자신만만했으며 걸핏하면 큰소리를 치곤 했다. 천성적으로 오만한 소국 일본은 송나라가 몽골에게 패하자 갑자기 태도를 바꾸어 공물을 더 이상 바치지 않겠다고 선언했다.

대륙 정복에 성공한 몽골은 이런 일본의 태도에 크게 분노했고, 1274년과 1281년 두 차례에 걸쳐 일본을 공격해 들어갔다. 몽골은 당시 세계 최대 규모의 원정군을 동원했고 일본은 자신의 오만불손한 태도로 인해 어마어마한 대가를 치를 위기에 처했다. 하지만 하늘도 일본인의 용기를 가상히 여겼던 것일까? 갑자기 어디선가 태풍이 일더니 쿠빌라이가 이끌던 10만 대군을 물속으로 잠들게 했다. 그 후 주원장이 대륙 통치권을 되찾으면서 한인(漢人) 통치시대가 다시 도래했다. 그러나 일본인은 더 이상 조공을 바치려고 하지 않았다. 이에 명나라 주원장은 조공을 바치지 않으면 무력을 사용하겠다는 내용이 담긴 조서를 보냈다. 하지만 안하무인 일본은 눈도 깜짝 않고 이에 맞서는 회신을 보냈다.

"중국이 전쟁에서 승리할 방법이 있다면 일본은 적을 막아낼 묘책이 있습니다. 저수지가 있고 산과 바다가 있는 일본이 무엇이 아쉬워 중국에 무릎 꿇고 조공을 바쳐야 합니까? 순종한다 하여 반드시 살아남는 것도 아니고 거역한다 하여 반드시 죽는 것도 아닙니다. 허란산에서 노름을 한들 무서울 게 있겠습니까?"

주원장은 일본의 오만불손한 태도에 격분했지만 용의주도한 지략가였던 그는 섣불리 군대를 움직이지 않았다. 쿠빌라이가 남긴 교훈을 새기고 또 새겼다. 대신 대인이 소인의 과오를 덮어주듯 더 이상 일본의 잘못을 문제 삼지 않을 것을 선언하며 대국다운 포용력을 과시했다. 이때부터 일본은 한(漢)문화 지역에서 유일하게 문화 종주국인 중국에 경의를 표하지 않아도 되는 면책권을 갖게 되었다.

이처럼 일본은 상대방의 모든 것을 배워 가지만, 승부욕이 강해 결코 누구에게도 지지 않으려고 하며 누군가의 밑에 있으려 하지도 않는다. 일본이 작은 것 하나도 놓치지 않고 상대방의 모든 것을 배워가는 이유가 무엇일까? 바로 상대방을 넘어서고 상대방보다 앞서기 위해서다. 그리고 끝내 상대방을 집어삼켜 버린다. 이것이 바로 일본이다.

실제로 국력 면에서 걸음마 단계에 있던 일본은 거대한 중국 대륙을 상대로 여러 차례 전쟁을 벌였다. 663년 무렵에는 한반도를 차지하기 위해 백마강에서 당나라와 전투를 벌이기도 했다. 이 전투에서 참패한 일본은 비로소 당의 강대함과 위풍당당한 기개 앞에 무릎을 꿇었고, 이

때부터 중국 배우기에 열을 올리기 시작했다.

1592년 일본을 통일한 도요토미 히데요시는 아시아 대륙을 향해 정복의 칼을 뽑아들었다. 조선을 집어삼키고 내친김에 중국 대륙까지 넘보고 있었다. 6년을 끌어온 이 전쟁은 중국과 조선의 연합작전으로 실패하여 날개를 펴보지 못한 채 추락해야만 했다. 중국은 일본의 이런 도발이 못마땅하기는 했지만 아직 미개한 오랑캐 근성을 버리지 못한 탓이라 여겨 크게 개의치 않았다. 일본 같은 소국 따위에 흔들릴 중국이 아니라는 자신감이 있었기에 그들의 오만방자한 행동을 눈감아 주었다. 명청시대에는 서북 지역의 몽골과 교류하는 데 온 정신을 쏟았고, 대륙에서 벌어지는 전쟁을 다스리느라 바빴다. 간혹 해안 지역에 산발적으로 출몰하는 왜구의 소란을 잠재우는 것 말고는 일본의 존재를 까맣게 잊고 있었다.

19세기 후반 문명 간의 대충돌로 전 세계는 발칵 뒤집혔다. 그때 일본은 볼품없는 누에에서 화려한 나비로 변신하는 데 성공하면서 급속도로 성장해 나갔다. 중국은 일본이 일궈낸 성과가 놀랍긴 했지만 대수롭지 않게 여겼다. 하지만 얼마 지나지 않아 일본은 당당히 강대국 대열에 들어섰고 중국을 향해 칼날을 겨누며 위협을 가했다. 과거 중국 배우기에 열을 올렸던 '학생' 일본이 말이다. 일본은 그 어느 강대국보다 더 무자비하고 잔인하게 중국을 괴롭혔다.

중국에게 갖은 고초를 겪게 한 나라가 일본이다. 하지만 중국은 일본이라는 나라와 그 민족에 대해 아는 것이 너무나 부족하다. 같은 문화, 같은 종족이라는 얄팍한 지식만을 운운할 뿐 황색 피부, 검은 눈동자 등 자신들과 비슷한 외모 아래 감춰진 그들만의 '알맹이'를 제대로 읽지 못하고 있다.

Chapter 02
빼다 박은
닮은꼴

중국과 일본이 근본적으로 닮은 것이 있다. 바로 정신적인 기질이다. 두 나라 모두 이미지적 사고를 중시하고 직관적인 판단을 한다. 불교 선종은 중국과 일본 양국에서 유행했다. 그 영향으로 두 나라는 극기와 반성을 무엇보다 중시했고 매사에 심사숙고할 것을 강조했다.

중국, 한국, 일본은 닮은 점이 매우 많다

외모, 문화, 정신적인 기질 등 여러 면에서 구분하기 힘들 정도로 닮았다. 일본은 19세기 이전까지 중국 문화 영향권 아래 있었으며, 특히 당나라 문화로부터 절대적인 영향을 받았다. 중국에서는 이미 자취를 감춘 고대 풍습도 원래 모습 그대로 계승되고 있는 것만 보더라도 그 영향력을 짐작할 수 있다. 일본의 전통 의상, 즉 기모노 역시 당나라에서 온 것이다. 일본 생활 속에서 볼 수 있는 다다미, 바닥에 앉는 풍습도 모두 당나라 때의 모습이다. 1903년 일본으로 유학을 떠난 메이징 지우는 중국과 너무 닮아 있는 이 광경을 직접 눈으로 보고 깜짝 놀랐다. 다른 점이라고 해봐야 판옥인 일본 가옥과 문을 들어서면 신을 벗고 바닥에 앉는다는 것 정도였다. 이를 보고 그는 "일본 유학길에 오르면 새로운 것을 볼 줄 알았건만 막상 와보니 옛날로 다시 돌아간 것 같구나."라고 말했다.

중국과 일본이 근본적으로 닮은 것이 있다. 바로 정신적인 기질이다. 두 나라 모두 이미지적 사고를 중시하고 직관적인 판단을 한다. 불교 선종은 중국과 일본 양국에서 유행했다. 그 영향으로 두 나라는 극기와 반성을 무엇보다 중시했고 매사에 심사숙고할 것을 강조했다. 일본의 가레산스이(枯山水, 물과 나무 없이 꾸며진 일본 특유의 정원), 미술, 다도, 삽화 속에 묻어나는 간결함과 고즈넉함, 독특함은 중국 전통예술이 추구하는 미학과 그대로 맞아떨어진다.

두 나라는 내향적인 성격을 보이며 체면을 가장 중시한다는 점에서도 닮았다. 인내와 미덕이 사람됨을 결정지었고 사회생활을 판단했다. 아울러 말은 우회적으로 하고, 굳이 모든 것을 말로 표현하지 않아도 된다고 생각했다. 그래서 무언 속에 모든 것이 담겨 있다고 했다. 특히 일본인들은 어떤 의미는 굳이 말하지 않고 느낌만으로도 그 뜻을 충분히 전달할 수 있다고 생각했다. 이를 뜻하는 하라게이(腹藝, 연극 등에서 대사에 의존하지 않고 무언으로 심리를 표현하는 일)라는 전문용어가 생겼을 정도다.

이외에도 중국과 일본은 개인의 개성보다는 집단주의에 더 무게중심을 두었다. 중국의 "뾰족한 서까래가 먼저 썩는다."와 일본의 "모난 돌이 정 맞는다."라는 옛말이 이 사상을 잘 표현해 주고 있다. 또 두 나라 모두 자격과 서열을 중시한다. 특히 이 점은 일본에서 두드러지게 나타나는데, 일본은 회사 내의 승진이 능력이 아닌 연령이나 이력에 따라 이루어지는 경우가 많다. 모임에서 자리를 바석할 때 두 나라에서는 재미있는 현상이 나타난다. 앉는 순서를 놓고 서로 먼저 앉을 것을 권하고 서로 뒤에 앉겠다는 실랑이가 한참이나 계속된다는 것이다.

중국과 일본은 사회제도 또한 놀라울 정도로 닮아 있다. 두 나라에서 가정이란 가장 중요한 역할을 담당하는 사회 구성단위로, 지금까지도 남성 중심적인 분위기가 농후하다.

　교육제도는 또 어떠한가? 두 나라 모두 '단순 암기'만을 강조한다. 이 제도 속에서 배출된 인재들은 원칙만을 적용해 일을 처리하다 보니 독창적인 사고가 부족하다. 고등학교 교육은 진정한 배움의 기회라기 보다는 대학 진학을 위한 도구로 전락하고 있다. 국어 과목이 시험에 출제될 어려운 어법 문제를 풀기 위해 듣는 수업으로 전락해버린 것처럼 말이다. 대학 입시의 비중과 의미도 비슷하다. 운명을 결정짓는 일생일대 최대의 난관으로 인식되는 대학 입시를 위해 입시생들은 한바탕 전쟁을 치러야 한다.

　이렇듯 중국과 일본의 닮은 점을 줄줄 읊을 수 있다. 하지만 단순한 열거에만 그친다면 일본에 대한 의문점을 해소할 수 없다.

　너무나 비슷해 보이는 중국과 일본. 그런데 왜 군사력에서는 극명한 대조를 보이는가? 왜 같은 위치에서 출발하고도 지금처럼 여러 분야에서 큰 격차가 벌어졌는가? 왜 일본은 배우는 것마다 자기 것으로 만들고 스승보다 뛰어난 면모를 보이는가? 왜 중국으로 전파된 것은 모두 중국 색에 물들어 원래의 진면목은 온데간데 없이 사라지는가?

　이에 대해 중국은 단 한 번도 진지하게 생각해 보지 않았다. 지금 중국에 중요한 것은 이 문제들의 해답을 찾는 것이다.

　축구를 예로 들어 보자. 중국 축구는 아시아의 벽을 넘어서지 못했지만 유독 일본 축구에는 강한 모습을 보였다. 중국과 일본은 약속이나 한 듯 같은 시기에 축구 장려 정책을 펼치며 경제적, 정신적 지원을 퍼부었다. 축구 전문화를 위해 새로운 선수를 영입하는 것은 물론이고 외국 감독을 초빙하는 정성까지 보였다. 몇 년 동안 축구에 공을 들인 두 나라의 결과는 그야말로 천지 차이였다.

아시아 삼류 팀으로 치부되던 일본 축구는 일약 세계적인 팀으로 급부상했고 아시아에서는 더 이상 그들을 당할 팀이 없게 되었다. 반면 중국은 10여 년 동안 막대한 자금을 들여 브라질에서 현지 훈련을 받았고, 초빙한 외국 감독을 국내 감독으로 교체했다가 다시 외국 감독으로 교체하는 등 온갖 방법을 동원했으나 결과는 백전백패였다. 아니 예전보다 더 참담한 패배의 쓴맛을 봐야 했다.

이처럼 대조적인 결과가 나온 원인은 어디에 있을까? 중국이 이 문제를 직시하고 어느 부분에서 일본과 격차가 벌어졌는지 찾았더라면 중국 축구의 미래도 분명 밝았으리라. 하지만 안타깝게도 중국은 그렇게 하지 않았다. 중국 축구팀이 참패를 당할 때면 신문, 텔레비전 등 각종 언론매체들은 일제히 수많은 평론을 쏟아내지만 그 누구도 일본 축구를 통해 중국 축구의 문제점을 찾으려 하지 않는다. 중국 축구협회는 현재 해답을 찾기 위해 머리를 굴리고 있지만 일본의 경험에서 그 답을 찾으려는 시도는 보이지 않는다. 이런 태도가 바로 문제점의 원인은 아닌지 생각해 봐야 한다.

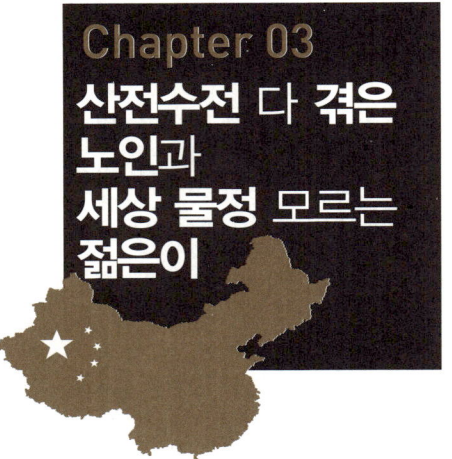

Chapter 03
산전수전 다 겪은 노인과 세상 물정 모르는 젊은이

일본의 독특한 민족성은 특수한 지리적 조건에서 비롯되었다. 망망대해 한가운데 홀로 유유히 떠 있는 지리적 특수성 때문에 수천 년 동안 외부 세계와 직접적인 접촉이 없었다. 세계 역사를 되돌아보면 다른 민족에게 침략이나 정복을 당하지 않았고 순수 혈통으로 이루어진 민족은 일본이 유일하다.

중국과 일본의 다른 점

서로의 닮은꼴 때문에 쉽게 눈에 띄지 않지만 다른 점을 일단 꺼내 보면 놀라지 않을 수 없다. 한 민족의 성격은 개인의 성격과 마찬가지로 선천적인 조건과 후천적인 경험에 따라 결정된다. 아시아 대륙 동쪽에 위치한 중국은 거대한 영토와 수많은 인접 국가를 두고 있는 국가로, 유구한 역사 속에서 다양한 사건을 겪으며 발전해 왔다. 계속된 내분으로 분쟁이 끊이지 않았고, 그때마다 새 왕조가 탄생하며 새로운 역사를 써내려 갔다. 중국을 괴롭힌 것은 내분만이 아니었다. 대외적으로 주변국과 복잡 미묘한 관계에 놓여 있었다. 그 와중에 정복전쟁에서 승리하는 영광을 누리기도 했고 외세의 침입 앞에 무릎 꿇는 치욕을 당하기도 했다. 또한 새로운 발명으로 기쁨을 맛보기도 했고 뼈아픈 실패로 고통을 겪기도 했다. 주변국의 추앙을 받았는가 하면 야만족의 무자비한 공격을 당하기도 했고, 가장 위대한 군주의 통치를 받았는가 하면 가장 어리석은 군주의 통치를 받기도 했다. 끊이지 않는 천재지변과 인재로 몸살을 앓기도 했다.

중국 민족은 모든 일을 경험해 보았고 모든 것을 눈으로 확인해 보았다. 그래서 아무리 큰일을 겪어도 대수롭지 않게 넘어갈 수 있는 대범함을 갖추고 있다. 산전수전 다 겪은 노인네 같다고나 할까. 중국인은 어떤 일 앞에서든 무관심하거나 귀찮다는 듯 상당히 느린 반응을 보인다. 아무리 중요한 일이라도 꾸물댄다. 중국인의 이 고질병은 고치기 힘든 상태까지 악화됐다. 더 심각한 것은 어떤 문제를 만나든 무조건 자신의 기억에만 의존해 해답을 찾으려고 하는 나태함이다.

그렇다면 일본은 어떨까? 일본의 독특한 민족성은 특수한 지리적 조건에서 비롯되었다. 망망대해 한가운데 홀로 유유히 떠 있는 지리적 특수성 때문에 수천 년 동안 외부 세계와 직접적인 접촉이 없었다. 세계 역사에서 다른 민족에게 침략이나 정복을 당하지 않고 순수 혈통으로 이루어진 민족은 일본이 유일하다. 게다가 수천 년 동안 한 가문이 천황의 자리를 세습해 왔기 때문에 단 한 번도 왕권 교체가 이루어지지 않았다. 이 역시 역사적으로 전무후무한 일이다. 그렇기 때문에 2천여 년이란 긴 역사를 지녔어도 그들의 역사는 간단한 이력서를 써내려 가듯 일목요연하게 정리된다. 이러한 독특한 역사가 있었기에 다른 민족과 확연히 구분되는 그들만의 성격, 즉 국민성을 기를 수 있었다. 일본 민족은 아직 세상물정을 잘 모르는 젊은이 같다고나 할까. 예리한 날을 바싹 세워 주위를 향해 겨누고 있는 듯하다.

일본이라는 이 젊은이는 어릴 때부터 근심 걱정 속에서 성장했다. 알다시피 일본은 좁은 영토와 척박한 토지, 열악한 자연환경을 갖고 있다. 게다가 시시각각 엄습해 오는 지진해일, 화산 폭발의 공포까지 함께 하고 있다. 그래서 넓은 영토와 비옥한 토지를 가진 중국 대륙과 비교하면 자신은 무일푼의 가난한 집 자식이라는 것을 누구보다 잘 알고 있다. 살아남기 위해서는 끊임없이 노력해야 한다는 것도 너무 잘 알고 있다. 이런 환경 속에서 자란 일본 민족은 자연스럽게 검소한 생활이 몸에 배었고 물질적인 향유보다 정신적인 힘과 강인한 의지를 더 중시하게 됐다.

검소한 일본인

20세기 초, 중국은 빈곤에 시달리고 있었던 반면 일본은 이미 경제대국이었다. 이에 많은 중국인들이 자국의 발전 방향을 모색하기 위해 일본 유학길에 올랐다. 하지만 중국 유학생이 일본 생활에 적응하기란 쉽지 않았다. 중국인을 힘들게 한 것은 아이러니하게도 일본인의 '청빈한 생활'이었다. 자그마한 방바닥에 자리를 깔고 잠을 청해야 하고 선반에는 반찬거리, 생선요리 등이 놓여 있으며, 자려고 누우면 좁은 방에 무언가가 발에 걸리는 등 일본에 가본 중국인들은 이구동성으로 음식과 주거 환경에 대한 불편함을 토로했다. 그리고 2, 30년이 흘렀다. 대지진을 겪은 일본은 이국적인 스타일로 변모하기 시작했다. 건축물은 물론 음식, 주거 환경까지 모두 낡은 옷을 벗어던지고 새 옷으로 단장하면서 과거와는 사뭇 다른 일본이 됐다. 하지만 이 정도의 변신도 중국인의 성에 차지 않았다. 식탁 가득 거하게 차려야만 직성이 풀리는 중국인의 눈에는 일본 국민의 생활이 여전히 답답하기만 했다.

그러나 일본에 머무는 시간이 길어질수록 생각이 달라진다고 한다.

처음에 느꼈던 불편함이 익숙함으로 바뀌자 중국 어디에서도 느껴보지 못했던 편안함이 느껴진다는 것이다. 물질적 궁핍이 가져다주는 고통까지도 까마득하게 잊을 정도로 편해지며, 이렇게 정신이 맑아지고 마음이 평온해지니 자연스럽게 학문 연구에만 매진할 수 있었다고 말한다. 또한 일본에 오래 머문 사람일수록 중국으로 돌아간 후 일본에 대한 그리움이 더 깊어진다고 한다. 검소한 일본 생활에서 맛보았던 차나 음식, 심지어 일본에서 경험했던 검소한 생활, 아름다운 산수, 정신적인 만족, 흐트러짐 없는 질서정연함을 중국의 신선이 산다는 봉래산에서 느낄 수 있는 즐거움에 비유하곤 한다.

중국의 소설가 위다푸(郁達夫, 1896~1945)는 "일본은 국민의 검소함이 있었기에 오늘날 이 같은 발전을 거둘 수 있었다. 메이지유신이 있은 지 채 7, 80년도 지나지 않았는데 1천여 년의 문화 역사를 간직한 영국, 프랑스, 독일, 이탈리아와 견주어도 손색이 없을 정도다. '위기의식을 가지고 살면 살아남을 수 있고 안락함에 빠지면 죽는다.'라고 했던 맹자의 말씀에서 일본이 성공한 이유를, 그리고 중국이 실패한 이유를 찾을 수 있었다."라며 일본 유학생활 당시를 회상했다. 그는 이때 중국과 자신의 앞날에 닥칠 일을 상상조차 하지 못한 채 일본에 대한 아름다운 기억들을 담아내고 있었던 것이다. 일본은 얼마 지나지 않아 중국을 침략해 들어왔고 그는 일본 헌병의 칼날에 살해당하고 말았다.

일본을 아름답게 회상한 사람은 위다푸만이 아니었다. 일본에서 유학을 했던 중국인은 대부분 그들의 에너지 넘치는 정신력에 깊은 인상을 받았고 그들의 생활태도에 깊은 존경을 드러냈다. 일본에서 수년간 유학생활을 했던 장제스(蔣介石, 1877~1975)도 마찬가지였다. 그는 귀국 후 높은 관직에 올라 권력을 손에 넣었지만 변함없이 소박하고 검소하게 평생을 살았다고 한다. 매끼 소량의 밥 한 공기만을 먹었으며 엄격한 원칙을 정해 놓고 생활했다. 이 모든 것이 일본 유학생활 때 몸에 밴 습관이었다. 그는 평소 생활에서 자신을 엄격하게 통제하는 것은 정신건강을 지켜줄 뿐 아니라 의지력을 키우는 데도 도움이 된다고 했다. 문학가 루쉰이나 저우쯔런 역시 일본 유학생활에서 밴 생활습관을 평생 지켜나갔다.

예민한 일본인

일본이라는 젊은이의 두 번째 특징은 바로 예민함이다. 일본인은 줄곧 한 곳에서 홀로 생활한 민족이기 때문에 다른 민족과 거의 교류가 없었던 터, 그래서 조금은 내성적이고 외골수적인 성향을 보인다. 거대한 중국 대륙 옆에 위치한 일본은 영토나 문화 어느 면에서나 선천적으로 뛰어나지 못했다. 일본인이 다른 민족에 비해 왜소한 체구를 가지고 태어난 것처럼 말이다.

역사가 말해 주듯 일본인에게 외부 세계는 선진문명을 전파하는 전도사이자 폭탄을 안고 있는 무기고였다. 일본의 운명은 이 외부 세계에 의해 좌지우지됐다 해도 과언이 아니다. 그렇기에 외부 세계는 그들에게 공포의 대상이자 동경의 대상이었다. 찬란한 중국 문화가 아니었다면 일본인은 아직까지도 무지몽매함 속에서 살고 있을 것이고, 1281년 하늘에서 내려 준 그 신풍(神風, 가미가제)이 아니었다면 몽골 제국의 가혹함 앞에 철저히 응징당했을 것이다. 일본이 외부 세계에 극도로 민감하게 반응하는 것도 어찌 보면 당연한 일이다. 그들은 외부 세계에서 작은 바람에 풀잎이 움직이기만 해도 바싹 긴장하며 신경을 곤두세웠다.

일본은 대외적인 문호를 모두 걸어 잠그고 나가사키 일대에서만 대외무역을 허용하는 쇄국정책을 펼쳤던 막부시대에도 외부 세계의 일거수일투족을 놓치지 않았다. 당시 막부 정부는 대외무역 규정에 독특한 조항을 정해 두었다. 나가사키에서 거래를 하는 모든 외국 상인은 외부와 관련된 모든 소식을 일본 정부에 보고해야 한다는 것이었다. 여기에 예외는 없었다. 그들이 보고하는 각종 정보를 '풍설서(風說書, 후세쓰가키)' 라 불렀는데, 그중에서도 중국 상인들의 보고서는 '당(唐)풍설서', 네덜란드 상인들의 것은 '화란풍설서' 라고 했다. 일본인은 마치 아낙네가 옆집 일을 이것저것 물어보듯이 상인들에게 각 나라의 분위기, 사람들 사는 모습, 세간에 떠도는 풍문이나 기담 등 외부 세계에서 벌어지는 일들을 꼬치꼬치 캐물었다. 그들의 이런 정성은 아편전쟁 때 빛을 발했다. 아편전쟁이 터지고 얼마 지나지 않아 일본 국내에는 아편전쟁 관련 서적이 쏟아져 나왔고, 임칙서가 광동으로 가서 펼친 금연운동 과정, 아편전쟁 장면, 영국의 역사 · 지리와 현황 등을 상세하게 소개했다. 일본은 아편전쟁이 타국에서 발발하긴 했지만 자국에 영향을 줄 수 있다는 것을 인식하고 바로 경계 태세를 취했다. 일본은 늘 "우리는 문제를 만들려는 것이 아니다. 단지 만약을 위해 군비에 총력을 기울일 뿐이다." 라고 강조했다.

이것이 바로 일본에는 있고 중국에는 없는, 두 나라 간의 가장 큰 차이다. 중국은 일본과 달리 시종일관 외부로 '수출' 만 했지 외부의 것을 '수입' 하는 경우는 드물었다. 지난 수천 년 동안 세계를 호령했던 중국은 강한 우월감에 빠져 외부 소식에 눈과 귀를 막고 오로지 국내 일에만 몰두했다. 이 타성은 중국인에게 워낙 뿌리 깊게 박혀 있어서 좀처럼 고쳐지지 않았다. 결국 급변하는 역사에 적응하지 못하고 실패의 쓴

맛을 봐야 했다. 중국인은 지금도 전혀 달라지지 않았다. 어떤 난관에 부딪히면 습관적으로 안에서 그 해답을 찾으려 하지 주변을 돌아보지 않는다.

자존심 강한 일본인

일본이라는 젊은이의 세 번째 특징은 바로 주의주의자(主意主義者, 주지주의(主知主義)에 대립하여 의지가 지성보다 우위에 있다고 생각하는 입장)라는 것이다. 일본은 결코 패배를 인정하지 않는 민족이다. 과거 조선이 그랬던 것처럼 깨끗하게 패배를 인정하고 이소사대(以小事大, 작은 나라는 큰 나라를 섬긴다) 정신에 따라 흔쾌히 중국을 섬기려 들지 않았다. 어쩔 수 없이 입으로는 중국의 신하가 되겠다고 하지만 마음속으로는 늘 딴 생각을 품고 있었다.

당시 중국의 주변 국가들은 모두 국가 원수에 대해 '국왕'이라는 칭호를 썼다. 이는 중국을 염두에 둔 배려였는데, 유독 일본만은 당시 처지를 망각한 채 중국의 '황제'를 능가하는, 아니 한 단계 더 높은 칭호인 '천황'을 사용했다. 또한 중국과 마찬가지로 자국을 '신의 나라'를 뜻하는 '신주(神州)'라고 불렀다. 그뿐 아니라 자국을 일출지국(日出之國), 즉 해가 뜨는 나라라 일컬으며, 처음으로 중국에 보내는 국서의 머리말에 "해가 뜨는 나라의 군주가 해가 지는 나라의 군주에게 서신을 보냅니다."라고 썼다고 한다. 작은 나라 일본의 거대한 자존심을 느낄 수 있는 대목이다.

어쩌면 이토록 강한 일본의 자존심은 열등감에서 온 것인지도 모른다. 거대한 문명국가인 중국 옆에서 살아가야 하는 운명을 타고났으면서도 왜소한 체구와 낙후된 문화를 가졌기에 지독한 열등감을 갖는 것은 어쩌면 당연한 결과일 것이다. 그러나 일본이 이런 열등감 때문에 좌절한 적은 단 한 번도 없었다. 체격이 왜소한 남성이 그 열등감을 극복하기 위해 남들보다 더 노력하듯이 일본도 그랬다. 덩치는 작았지만 패기 만큼은 그 누구에게도 뒤지지 않았다. 선천적으로 가진 것이 적었던 일본은 더 악착같이 선진국을 배웠고, 끝내는 스승도 넘어섰다.

일본의 이런 정신은 민간설화에도 그대로 반영되어 있다. 일본 민간설화 대부분은 작은 것이 큰 것을 이기고 약한 자가 강한 자를 이긴다는 내용이다. 복숭아에서 태어난 모모타로, 손가락 크기만 한 잇슨보시 등도 모두 위험한 순간에 기지를 발휘해 거대한 덩치의 적수를 물리치는 소설 속 주인공들이다. 그 나라의 신화는 곧 그 민족의 잠재의식을 반영한다고 했다. 일본 민족은 스스로를 이겨내고 언젠가는 중국까지 넘어서겠다는 이상을 품고 있었던 것이다. 비록 실패로 끝나긴 했지만 중국을 향한 몇 차례의 도발은 그들이 이 꿈을 얼마나 이루고 싶어 했는지를 단적으로 보여 주는 예다.

자신의 약점을 극복하는 유일한 방법은 스스로를 더 강하게 만드는 것이다. 이를 위해서는 무엇보다 강한 의지력이 필요하다. 일본은 이미 완벽하게 이 이치를 실천하고 있다. 일본인은 스스로에게 가혹하다 싶을 정도로 엄격하다. '과로사'라는 단어도 그들의 지나친 성실함에서 탄생됐다. 지금의 일본을 만든 것은 바로 일본인의 꺾이지 않는 불굴의 정신이다. 다른 이유는 없다.

청일전쟁 당시를 돌이켜 생각해 보자. 그때 중국이 빈곤에 시달리긴 했지만 국토, 자원, 군사력만 놓고 본다면 일본을 크게 앞서 있었다. 게다가 중국의 북양해군(北洋海軍)이 거액을 들여 마련한 정원함과 진원함 두 척도 구비하고 있었다. 이 군함들은 세계적으로 불과 몇 개국만 구비하고 있을 정도로 강력한 최첨단 군함이었다. 하지만 일본인은 결연한 의지와 반드시 이겨야 한다는 필승 의지, 그리고 상황 변화에 따른 민첩한 전술로 자신들의 부족한 부분을 메워나갔고, 결국에는 북양함대를 침몰시키고야 말았다.

몇 년 후 일본은 다시 한 번 믿기 힘든 승리를 거뒀다. 바로 러일전쟁에서다. 당시 러시아와 일본의 실력 차이는 너무도 뚜렷했기에 어느 누구도 일본의 승리를 예상하지 않았다. 하지만 일본은 세계를 뒤흔들 만큼 놀라운 전술로 세계인의 시선을 작은 나라 일본으로 집중시켰다. 그들은 동화 속 주인공 모모타로가 그랬던 것처럼 거대한 러시아를 상대로 그들만의 강한 의지로 승리를 일궈냈다. 그것은 목숨을 내던진 그들의 필승 정신이 있었기에 가능한 일이었다.

하지만 자신들의 의지력을 너무 믿었던 일본은 결국 실패의 길로 들어섰다. 제2차 세계대전 당시 일본은 태평양 연안 주변국에 전쟁을 선포했다. 당시 미국, 영국, 중국, 소련, 네덜란드, 호주 등 26개 국가를 혼자 상대한 일본은 결국 현실의 벽을 넘지 못하고 무너졌다. 주의주의자인 일본은 그렇게 몰락했다. 하지만 광기 어린 그들의 강인한 의지는 전 세계를 두려움에 빠뜨렸다. 일본 군인은 최후의 순간까지도 무기를 버리지 않고 저항했기에 전장에서 포로로 잡히는 이들이 드물었다. 일본이 전쟁에서 패하자 일본 전역에는 옥쇄(玉碎, 충절을 위한 자결)를 부르짖는 목소리가 터져 나왔다. 전 국민의 목숨을 걸고 항복하지 않고 최후의 순간까지 싸우겠다는 일본 민족의 정신을 보여 주는 것이다. 다른 나라에서는 상상조차 할 수 없는 일이다. 전쟁이 끝난 후에도 일본의 많은 노병들은 동남아 밀림 지역에서 짐승처럼 살아갈지언정 끝까지 투항하지 않았다. 심지어 일본의 오노다 중위는 필리핀 무인도에서 무려 25

년 가까이, 그것도 혼자 미군과 전쟁을 치렀다. 압도적인 힘의 차이가 존재함에도 불구하고 일방적인 패배가 아니라는 점에서 무서울 만큼 놀라운 일본의 저력을 느낄 수 있다.

일본의 완벽주의와 열등감

일본인의 완벽주의 정신은 그들의 열등감과 주의주의가 만나 탄생된 것이다. 그들의 의식 저 깊은 곳에는 강한 열등감이 자리 잡고 있는데, 중국과의 커다란 격차 역시 선천적인 요소 때문이라고 생각한다. 그래서 항상 스스로를 완벽하게 만들기 위해 최선을 다하고, 있는 힘을 다해 다른 이의 장점을 배워 자신의 부족한 부분을 채운다. 일본인은 강한 열등감을 갖고 있지만 외부 세계를 배척하지 않는다. 그들은 배울 만한 가치가 있다고 생각되는 것은 그대로 흡수해버린다. 이것이 바로 일본의 독특함이다.

일본인은 완벽을 추구하기 위해서라면 어떤 대가도 기꺼이 치른다. 메이지유신 때 일본은 막대한 자금을 들여 외국 전문가를 대거 기용했다. 당시 일본 대신들의 한 달 녹봉이 800엔에 불과했던 반면 영국 전문가는 2천 엔에 달했다. 이는 당시 일반 공무원은 꿈도 꾸지 못할 금액이었다. 그때는 지방 교사의 월급이 10엔이 채 안 됐고, 심지어 1엔밖에 못 받는 교사도 있었다. 그런데도 일본인들은 전혀 원망하지 않았다. 일본이 서양 문명을 사회 전반에 반영할 수 있었던 것이 바로 이 외국 전문가들 덕분이라고 생각했기 때문이다. 정치 방침에서 행동이나 습관까지, 그렇게 일본은 나라 전체를 빠르게 서양화시키고 있었다.

일본인은 배움에 임해서는 누구보다도 진지하다. 그들은 먼저 스스로의 부족함을 인정하고 선진국을 열심히 배운다. 그리고 자신의 낙후된 부분을 과감히 버리고 그 자리에 선진국의 우수함을 채워 넣는다. 그들은 무엇이든 끝까지 완벽하게 배우지 않으면 포기하는 법이 없다. 그렇기 때문에 일본은 무엇을 배우든 제대로 배우는 민족이다.

이와 대조적으로 중국은 외래문화를 받아들일 때 항상 트집을 잡느라 정신이 없다. 게다가 좀처럼 자신의 부족한 부분을 인정하는 법이 없다. 외래문화를 자신의 입맛에 맞게 뜯어 고쳐야 직성이 풀리는 중국, 그러다 보니 어떤 물건이든 중국에만 오면 본래의 모습은 온데간데 없이 사라진다.

루쉰은 일본에서 오랫동안 생활하며 많은 것을 느꼈다. 그는 1932년 푸런대학에서 강연할 때 다음과 같이 중국의 문제점을 지적했다.

"일본인은 매사에 지나치게 진지한 반면 중국인은 너무 대충입니다. 중국인은 겨우 한 가지 일을 성사시켜 놓고도 마치 성공을 일궈낸 양 으스대지만 일본인은 그렇지 않습니다. 중국인처럼 그렇게 '쇼'를 하지 않는다는 겁니다. 매사에 '대충대충' 하다 보면 언젠가는 큰 낭패를 볼 것입니다."

루쉰은 임종 전까지도 일본에 대한 이야기를 계속했다고 한다.

"일본이 그립다. 나는 어떤 상황 속에서도 끝까지 일의 진상을 파헤치고야 마는 일본인들의 끈질긴 기질이 너무나 부럽다. 그것은 우리 중국인들이 갖지 못한 부분이다. 중국인은 결과야 어떻든 그 상황만 넘기면 된다는 생각으로 모든 일에 대충이다. 뭐든지 괜찮다는 식의 태도를 바꾸지 않는다면 중국은 아무리 노력해도 혁신을 이루지 못할 것이다."

Chapter 04
사교성 없는 일본

현재 일본은 세계에서 가장 부유한 나라 중 하나다. 하지만 아시아에서 그들은 '스크루지'로 통한다. 부유하면서도 제2차 세계대전으로 주변국에 진 빚을 청산할 움직임조차 보이지 않기 때문이다. 그런 이유로 아시아의 외톨이라고 불리는지도 모른다. 세계적으로드 자신의 위치를 찾지 못한 채 방황하고 있다.

세상 모든 것은 양면성을 갖고 있다

일본 민족의 장점 이면에는 그에 상응하는 단점이 있다. 먼저 그들의 거만함을 들 수 있다. 아직 혹독한 시련을 겪지 않은 소년처럼 일본은 매사에 조급하고 덤벙댄다. 메이지유신 이후 눈부신 발전을 이루며 급부상한 일본은 열강의 핍박 속에서 힘겹게 견디고 있는 중국에 동정이 아닌 멸시의 눈길을 보냈다.

그 옛날 현명하고 유능했던 중국인의 모습은 온데간데없고, 이제 일본인의 눈에 중국인은 오합지졸에 불과했다. 줄곧 중국이라는 대국의 그림자에 갇혀 생활해야 했던 일본은 자신들이야말로 진정으로 우수한 민족이라는 묘한 희열도 함께 느꼈을 것이다. 일본은 중국을 '지나(支那)'라 칭하며 수천 년 전 중국에게 '왜(倭)'라 불리며 조롱당했던 모욕을 고스란히 되돌려주었다. 갑오해전(청일전쟁)에서 중국을 쓰러뜨리자

멸시는 점차 복수로 변해 갔다. 일본의 혁명가 고토쿠 슈스이가 "일본인은 중국과 싸울 때면 전에 없던 애국주의가 솟구친다."라고 말한 것처럼 중국에 대한 근거 없는 복수심은 극에 달했다. 일본은 중국이 무능하고 약해 빠진 민족이라며 무시하고 괴롭혔다.

당시 일본인의 반(反)중국 감정은 언어로만 표출된 것이 아니었다. 백발노인부터 어린아이까지 모두가 중국인에 대해 강한 반감을 드러냈다. 도쿄 거리에서 중국 유학생이 변발을 했다는 이유만으로 일본 꼬마들의 조롱거리가 되기도 했다. 중국은 열등하고 진취적인 생각을 할 줄 모르는 민족이고, 게으르고 타락한 민족이며, 불결하고 지저분한 민족이라는 내용의 서적들이 쏟아져나왔다. 게다가 자신들이 갖고 있는 일부 문제점은 본래 일본인에게 있던 것이 아니라 중국에서 흘러 들어온 것이라는 황당무계한 주장까지 늘어놓았다. 일본인의 유치함과 경박한 성격을 단적으로 보여 주는 대목이다.

일본은 제2차 세계대전의 패배에도 불구하고 정신을 차리지 못했다. 전쟁이 끝난 후 일본 경제가 급속도로 성장하면서 그들의 오만방자함도 다시 고개를 들었다. 당시 일본에는 《안녕, 아시아》라는 베스트셀러가 등장했다. 하세가와 게이타로가 지은 이 책에서는 일본을 높이 솟아 있는 아름다운 빌딩으로, 주변 아시아 국가들을 도쿄만(灣)의 쓰레기 섬으로 묘사하고 있다. 게다가 일본이 아시아 국가와 계속 교류하는 것은 시간 낭비일 뿐 아무런 도움이 되지 않는다고 했다. 도움은커녕 주변국의 결점에 일본이 더럽혀질 수도 있으니 아시아의 가난뱅이 국가들과 단절을 선언하고 미국과 유럽으로 눈을 돌려야 한다고 강조했다.

결국 일본의 오만방자함은 유럽과 미국도 업신여기는 지경까지 이르렀다. 영국인은 의기소침한 민족이고 미국인은 지나치게 경망스러운 민족이라며 싸잡아 비판했다. 게다가 미국의 흑인, 푸에르토리코인, 멕시코인들은 미국의 전체 수준을 저하시키는 인종이라고 무시했다. 심지어 미국은 유럽의 하급계층 후예들로 이루어진 국가라는 발언까지 서슴지 않았다. 그들의 논리에 따르면, 다른 민족과 비교할수록 일본의 우수성을 확인할 수 있고 두뇌, 언어, 기질, 생활습관 등 모든 부분에서 세계 어느 민족보다 뛰어나다는 것이다. 일본이 나라를 세운 이래로 지금까지 이룩한 찬란한 성과들이 이를 증명해 준다는 논리였다.

일본의 치명적인 두 번째 결점은 이기심이다. 일본은 오래전부터 외부 세계와 거의 교류가 없었기 때문에 자연히 자기중심적인 성격을 갖게 됐다. 그들은 타인의 감정 따위는 안중에도 없고 타인의 입장에서 문제를 바라볼 줄 모른다. 오로지 '나'에서 출발해야 하고, 받을 줄만 알지 베풀 줄을 모르며, 나아갈 줄만 알지 물러설 줄을 모른다.

매년 8월이면 일본 각지에서 원자폭탄으로 폐허가 된 히로시마와 나가사키 지역의 사망자들을 애도하기 위한 행사가 성대하게 열린다. 이때는 일본 모든 국민이 슬픔에 잠겨 죽은 이들을 기린다. 일본에서 어느 도서관을 가든 원자폭탄 전쟁과 관련된 기록, 기억, 자료들을 만날 수 있고 그 양도 방대하다. 일본은 지금도 무고한 사람들을 몰살했다며 미국에 책임을 추궁하고 있다. 하지만 정작 일본은 전쟁으로 다른 나라에 남긴 처참한 고통과 재앙수많은 학살 사건과 착취, 전쟁 범죄 등에 대해 지금까지도 책임을 회피하며 사죄는커녕 잘못도 인정하지 않고 있다.

일본문제 전문가인 라이샤워(Reischauer)는 일본은 다른 나라를 대할 때 좌우로 움직이는 시계추처럼 열등감과 우월감 사이에서 우왕좌왕한다고 지적했다. 전자든 후자든 간에 일본이라는 나라는 타인을 대할 때 진심으로, 마음 깊이 상대의 마음을 헤아린다거나 동등한 입장에서 고려하는 민족이 아니라고 꼬집었다. 즉, 일본은 세계 여러 국가를 동등한 지위가 아닌 서열이 정해져 있는 대상으로 본다는 것이다. 제2차 세계대전 당시 일본인은 중국 노동자들을 무자비하게 학대하며 짐승 취급했다. 그 어디에서도 인도주의 정신은 찾아볼 수 없었다. 정복한 땅에서는 쌀 한 톨 남기지 않고 모조리 약탈해 갔고, 그곳 주민들의 극심한 고통을 눈여겨보지 않았다. 지금도 달라진 것은 없다. 일본은 자국의 산림을 보호하기 위해 다른 나라에서 목재를 수입해 오고, 빈곤을 빌미 삼아 그 나라에 핵폐기물을 수출한다.

현재 일본은 세계에서 가장 부유한 나라 중 하나다. 하지만 아시아에서 그들은 '스크루지'로 통한다. 부유하면서도 제2차 세계대전으로 주변국에 진 빚을 청산할 움직임조차 보이지 않기 때문이다. 그런 이유로 아시아의 외톨이라고 불리는지도 모른다. 세계적으로도 자신의 위치를 찾지 못한 채 방황하고 있다. 지금 이 순간까지도 국제무대에서 스스로의 경제적 지위에 상응하는 그 어떤 역할도 하지 않고 있다.

일본의 치명적인 세 번째 결점은 절대적인 가치 기준이 없는 것이다. 일본인을 보고 있노라면 야심에 눈이 멀어 수단과 방법을 가리지 않는 《홍여혹》에 등장하는 위롄이 떠오른다. 전쟁에서 일본인이 즐겨 썼던 전술은 기습이다. 그들은 어둠 속에 몸을 숨기고 있는 짐승처럼 사냥감을 소리 없이 지켜보다가 정확한 타이밍에 맞춰 한 번에 달려든다. 청일전쟁과 러일전쟁에서 그랬고 태평양전쟁에서도 예외는 아니었다. 일본 해군이 먼 바닷길을 헤치고 진주만을 기습한 도발에 대해 전 세계가 놀랐고, 지금도 가장 인상적인 작전으로 회자되고 있다.

야마모토 이소로쿠는 "선전포고도 없이 진주만을 기습 공격한 것은 사실이다. 적군이 잠든 틈을 타 그들의 목을 베어버린 것이다. 이는 동양 무사정신에 위배되는 부끄러운 행동이었다." 라고 인정했다. 일본인들은 그렇게 모험을 무릅쓰고 지름길을 택해 자국의 이익을 취했다. 이처럼 온화하고 우아해 보이는 일본 민족의 이면에는 모험을 즐기는 도박꾼 기질이 숨어 있다.

일본인은 자국에서는 너무나 온순하고 예의 바르지만 일단 외국에 발을 내디디면 전혀 다른 모습으로 돌변한다. 일본에서는 말 잘 듣고 상대방에게 깍듯했던 청년이 부대를 따라 중국 땅을 밟자마자 잔인한 야수로 돌변한 것이다. 그동안 억누르고 있었던 내면의 야수 본능이 한순간에 터져 나온 것이다.

일본 문화는 한마디로 치욕의 문화다. 중국은 전통적으로 '인(仁)'을 강조하며 최고의 가치를 부여하는 반면, 일본은 '충(忠)'이 그 자리를 대신했다. 일본은 자신의 이익에 부합되는 것이라면 무엇이든 허용하며, 과오를 저질렀다 하더라도 타인이 보지 못했다면 과오가 아니라고 생각한다. 이것이 일본식 논리다.

일본은 패기 넘치는 젊은이와 같다. 젊은이란 활력이 넘치고 용맹스러운 존재를 뜻하기도 하지만, 한편으로는 미숙한 존재를 뜻하기도 한다. 이미 스스로의 미숙함으로 많은 대가를 치른 일본, 그들은 아직도 더 많은 대가를 치르고 싶은 걸까?

Chapter 05
증오심을 버려라

중국에 대한 해박한 지식을 바탕으로 그들의 문제점을 조목조목 지적한 이 신세대 일본인 앞에서 중국 네티즌은 꿀 먹은 벙어리였을 것이다. 옳고 그름을 떠나 그의 한마디 한마디는 정신을 번쩍 들게 한다. 일본인의 비꼬는 말을 듣고서야 무언가를 느끼는 우리, 한심하지 않은가!

일본 하면 당신은 무슨 단어가 떠오르는가?

중국인은 이 말을 듣는 순간 머릿속에 '증오' 라는 단어를 떠올린다. 중국인의 반일 정서는 강할 뿐 아니라 쉬이 사라질 기미가 보이지 않는다. 중국인은 일본과 관련된 일이라면 무조건 싸잡아서 야유를 퍼붓고 의심의 눈초리를 보낸다. 그렇다면 중국인들은 왜 그렇게 일본을 미워하는 것일까? 비단 과거사 때문만은 아니다. 중국인들을 정말 화나게 하는 것은 과거의 잘못을 뉘우치지 않는 태도에 있다. 이러한 감정들이 한데 뒤섞여 민족 정서로 표출되고 있는 것이다. 하지만 지금 중국은 현실적으로 어쩔 수 없이 '철천지원수' 인 일본과 같은 하늘 아래 살아가야 한다. 게다가 바다를 사이에 두고 인접해 있는 '이웃' 이기에 일본과 여러 분야에서 얽힐 수밖에 없다. 그러므로 증오심만 가득한 태도로 일본을 상대해서는 안 된다.

권투 선수가 상대 선수에게 맞아 링에 쓰러진 채 상대 선수를 욕한다고 그 선수를 이길 수 있는가? 정말 그 선수를 쓰러뜨리고 싶다면 당장 일어나 라이벌에 대해 연구하고 자신의 기량을 키워야 한다. 증오심만 가득한 태도는 아무 쓸모가 없다.

인터넷에서 일본을 놓고 벌어지는 크고 작은 토론들을 보면 대부분 일본을 헐뜯는 내용들이다. 이성적인 시각으로 일본에 대한 문제를 바라보는 중국인은 거의 없다. 중국인의 막무가내식 헐뜯기나 중국이 무조건 옳다는 식의 자만은 오래전부터 존재해 왔고, 이를 고쳐야 한다는 지적도 여러 차례 있었지만 이미 중국인의 고질병이 되어버렸다.

한 일본인이 인터넷에서 중국 네티즌과 설전을 벌였다. 그 일본인은 "중국인은 일본을 헐뜯죠. 하지만 일본 야마토 민족은 게으르고 불성실하다, 가난하다, 부패했다, 조국을 위해 희생한 조상을 깡그리 잊는다, 일본 여성은 여성스럽지 못하다, 국내 파벌 싸움이 심각하다 등의 내용으로 욕하지는 않잖아요. 전 그것만으로도 만족해요."라고 했다. 이어서 "게다가 우리 일본은 중국처럼 누군가를 헐뜯어서 지금처럼 발전한 게 아니라 일본인만의 성실함과 노력, 단결정신으로 지금의 일본을 일궈냈어요."라고 꼬집었다.

그의 발언은 여기서 멈추지 않았다. "우리가 매년 야스쿠니 신사를 참배하는 것은 국가를 위해 기꺼이 희생해 주신 조상들을 잊지 않고 기리기 위해서예요. 설령 그들이 당신 중국인들을 죽였다 하더라도 말이죠. 그런데 중국인들은 어떻죠? 항일전쟁에서 나라를 위해 목숨을 바친 조상들을 기억하고 있나요? 일본인의 손에 죽어간 당신들의 할아버지, 할머니들을 위해 무엇을 하고 있나요?"라며 모욕적인 발언도 서슴지 않았다.

중국에 대한 해박한 지식을 바탕으로 그들의 문제점을 조목조목 지적한 이 신세대 일본인 앞에서 중국 네티즌은 꿀 먹은 벙어리였을 것이다. 옳고 그름을 떠나 그의 한마디 한마디는 정신을 번쩍 들게 한다. 일본인의 비꼬는 말을 듣고서야 무언가를 느끼는 우리, 한심하지 않은가! 일본에 대해 연구하고 공부하는 것은 그들을 증오하는 것보다 더 중요하고 우선시되어야 한다. 그래야만 중일전쟁에서 목숨을 잃은 조상들의 죽음이 헛되지 않을 것이다. 아울러 앞으로 일본과 이어갈 관계에서도 주도권을 잡을 수 있고, 냉정을 유지하고 있는 두 나라 사이에 숨어 있는 적대관계를 말끔히 해소할 수 있다. 이 모든 것이 이루어질 때 일본과 진정한 공생이 가능하다.

Chapter 06
일본인의
성공 노하우

매번 중국은 큰 기대를 품고 변화를 시도하지만 만족스러운 결과를 얻지 못하고 있다. 일본의 경험을 그대로 중국에 접목시키기엔 아직 기술적인 난관을 극복하지 못했다. 더 근본적인 원인은 중국과 일본은 너무나 다른 자연조건을 갖고 있다는 데 있다.

위기에 강한 일본인

서구 열강이 아시아를 정복하기 위해 증기선을 몰고 아시아 동부 해안 지역에 도착했을 때, 그들은 두 가지 사실에 놀라움을 금치 못했다. 거대한 강대국이라 들었던 중국이 자신들의 공격 앞에 저항 한 번 제대로 못한 채 맥없이 무너진 것에 한 번 놀라고, 소국 일본이 생각지 못한 지혜와 민첩함으로 위기에서 벗어나는 것에서 또 한 번 놀랐다. 그 어느 나라도 일본처럼 신속하고 성공적으로 서양 열강의 위협에 대처하지 못했다. 일본은 서양 배우기에 온 정신을 쏟아 붓더니, 40년이라는 짧은 시간에 손바닥만한 소국에서 세계적인 대국으로 멋지게 변신하는 데 성공했다. 반면 대제국 중국은 실패의 수렁에 빠져 현대화 과정에서 깊은 좌절과 지독한 고통을 겪어야만 했다. 그 후로 100여 년이 흐른 1949년이 되어서야 정치적 혼란에서 벗어날 수 있었지만 경제적으로는 여전히 산업화 이전 단계에 머물러야 했다.

중국은 일본이 성공한 것과 대조적으로 뼈아픈 실패를 겪었고, 그때부터 일본을 배워야 한다는 공감대가 형성됐다. 1898년 정치가 캉유웨이는 광서 황제에게 중국은 일본과 같은 문화권에 있는 같은 종족이며 국가 정세도 비슷하기 때문에 그들이 할 수 있는 것이라면 중국도 못할 것이 없다고 진언했다. 그리고 새로운 법을 제정할 때 일본을 배우는 길 외에는 다른 길이 없으며, 일본의 법을 본받는 것만으로도 충분하다고 강조했다. 외교 사절로 일본에 갔던 대신 달수(達壽) 역시 광서 황제의 숙적이던 서태후에게 비슷한 내용을 진언했다.

"개혁을 앞둔 지금 중국은 과거 일본의 모습을 그대로 닮아 있습니다. 굳이 다른 나라를 배우려 하지 말고 일본이 걸어온 길만 좇아간다면 작은 노력으로도 큰 결실을 거둘 수 있을 것입니다."

쑨원도 일본 요코하마에서 직접 변발을 자르고 일본 이름으로 개명하면서 중국을 일본과 같은 강대국으로 발전시키겠다는 결의를 다졌다. 장제스도 일본에서 유학생활을 하면서 길러진 일찍 자고 음식을 절제하는 생활습관을 평생 지켜나갔다. 1980년 중국이 다시 대외개방을 실시하던 당시, 일본의 경제건설 경험을 소개하고 그들을 배우자는 내용을 담은 서적들이 쏟아져 나왔다. 일본은 중국 개혁의 모델이었다 해도 과언이 아니다.

하지만 100여 년을 이어온 중국의 노력은 실망스러운 결과로 돌아왔다. 캉유웨이의 변법자강운동은 점차 패색이 짙어지고 있었다. 그의 변법은 광서 황제가 아무짝에 쓸모없는 조서를 남발하도록 도왔을 뿐 중국 사회를 변화시키는 데는 아무런 효과를 발휘하지 못했다. 서태후는 일본을 그대로 모방하면서 배워나가는 정책을 펼쳤다. 그러면서도 내심 일본을 넘어서길 기대했지만 입헌운동은 결국 해프닝으로 끝나면서 호랑이를 그리려다 개를 그린 꼴이 되고 말았다. 쑨원과 장제스 두 사람의 힘겨운 노력에도 불구하고 중국은 완전한 통일과 부국강병의 꿈을 이루지는 못했다. 오히려 1945년 이후 부패와 혼란으로 중국 사회는 큰 불안에 빠졌다. 그 후 중국은 개혁개방을 실시하면서 다시 한 번 서양 국가 배우기에 나섰다. 이번에는 일본과 정반대 노선을 걸으며 미국 스타일을 좇았다.

매번 중국은 큰 기대를 품고 변화를 시도하지만 만족스러운 결과를 얻지 못하고 있다. 일본의 경험을 그대로 중국에 접목시키기엔 아직 기술적인 난관을 극복하지 못했다. 더 근본적인 원인은 중국과 일본은 너무나 다른 자연조건을 갖고 있다는 데 있다.

일본이라는 나라를 언급하면 중국인은 가장 먼저 '가까운 이웃 나라', '같은 문화에 같은 종족'이라는 생각을 떠올린다. 중국인 누구나 일본이 과거 중국의 문하생이었고, 중국에서 장안성, 사서오경,《삼국지》, 다도, 의복 등을 가져갔다는 사실을 너무나 잘 안다. 그래서 중국인들은 100여 년 동안 중국과 일본의 국가 정세가 비슷하고, 그렇기 때문에 일본을 배우기가 가장 쉬울 것이라고 생각해 왔다. 정말 크나큰 착각이다. 일본이라는 민족은 매우 특이하다. 세계 어느 민족과도 닮지 않았다. 그러면 어떻게 다르냐고 묻는다면, 한마디로 정의 내리기가 너무 어렵다. 그만큼 독특한 민족이다.

일본은 서양인의 눈에 중국을 그대로 베껴놓은 작은 복제품처럼 보였다. 하지만 실제로는 메이지유신 이전 일본의 사회구조는 중국과 확연한 차이를 보였을 뿐 아니라, 오히려 중세기 서유럽을 닮아 있었다. 중국이 실시했던 관료통치 제도에 따르면 천하는 모두 황제 한 사람의 것이었지만, 일본의 사회제도는 서유럽의 장원제도와 비슷했다.

일본의 장자 계승제도, 세습 계급제도, 천황과 막부 중심의 양대 권력 체제, 무사제도 등은 전혀 다른 대륙인 서유럽의 봉건시대 모습과 놀라울 만큼 닮아 있다. 반면 바다 하나를 사이에 두고 인접해 있는 중국의 그것과는 너무나 달랐다.

몇 가지 예를 들어 보자. 첫째, 중국의 황제는 전권을 가진 존재로 그의 말이 곧 법이었던 반면, 일본의 막부는 권력을 공유하면서 정책도 서로 상의하여 결정했다. 실질적인 통치권을 가진 쇼군의 역할도 우리가 상상하는 것만큼 절대적이지 않았다. 일본의 천황은 이름만 최고 군주일 뿐 다른 사람의 도움 없이는 아무것도 할 수 없었다. 심지어 자신의 글을 팔아 돈을 구할 정도로 궁핍한 천황도 있었다고 한다.

둘째, 유교를 숭상하는 중국 민족에게 유교사상은 전 국민을 통제하는 절대적인 교리와도 같았던 반면, 일본은 대대로 무사 계급이 통치권을 장악하고 있었고 그들은 대부분 학문 연구와는 거리가 먼 이성주의자였다. 당시 지식 계층은 참모나 막료 신분이었다. 이처럼 일본은 이론보다는 실제를 중시하는 민족이었다.

아편전쟁 이후 웨이 위안(魏源)은 국제 정세를 소개한 《해국도지》를 편찬했는데, 중국의 지식 계층이나 관료들은 이 서적을 거들떠보지도 않았다. 결국 얼마 지나지 않아 이 책은 중국 대륙에서 자취를 감추었다. 이와 대조적으로 일본은 이 책을 보물처럼 귀중하게 여기며 여러 차례 인쇄해 읽어 내려갔다. 왕조마다 횡령과 부패로 몸살을 앓았던 중국과 달리 일본은 마치 횡령과 부패라는 말이 존재하지 않는 것처럼 역대 통치 계층은 모두 검소하고 청렴했다. 덕분에 일본은 현대화를 실현해 나가는 과정에서 부패로 골머리를 앓아본 적이 없다.

셋째, 중국인은 예부터 아들이 많으면 복이 많은 사람이라는 '다자다복(多子多福)' 사상을 숭상했던 반면, 일본은 다산에 대한 원망이 강하지 않았다. 멜서스(Malthus)가 인구론을 발표하기 전부터 일본은 이미 인구를 적절히 통제하고 있었다. 중국인은 가정을 무엇보다 중시하는 민족이고, 일본인은 소속 단체에서 최선을 다하는 것을 미덕으로 삼는 민족이다. 중국은 수천 년 동안 줄곧 소농경제를 고수해 왔기 때문에 정치체제도 함께 고착화됐다. 따라서 관료는 줄곧 높은 지위를 차지했고 상인은 낮은 지위에서 벗어나지 못했다. 반면 일본은 상품경제를 중시했기 때문에 상인이 높은 지위를 차지했다.

경제 분야에서 상인은 제후보다 더 큰 영향력을 행사했을 뿐 아니라 정치 분야에서는 정책 결정에도 참여했다. 그래서 메이지유신 당시 일본 경제는 별 어려움 없이 성공적으로 제도 전환을 이끌어낼 수 있었다. 중국의 소농경제는 지금까지도 중국 사회에 영향을 미칠 정도로 깊이 뿌리박혀 있다.

넷째, 중국은 예부터 '천조상국(天朝上國)'이라 하며 중국이 세계의 중심이라 여겼고 주변 국가들은 존재 가치가 없다고 생각했던 반면, 일본은 예부터 외부 세계의 작은 변화에도 큰 관심을 보이며 민감하게 대응했고 다른 나라의 우수한 점을 배우는 데 최선을 다했다. 일본이 아시아에서 누구보다 먼저 현대화의 길로 들어설 수 있었던 것도 이런 특수한 민족성 때문이다. 일본의 사회구조는 서유럽이 현대화를 실현하기 이전의 그것과 꼭 닮아 있었기 때문에 일본은 별 진통 없이 현대화로 전환하는 데 성공했다. 현대화 과정에서 많은 장애물로 골치를 앓은 중국과는 크게 대조적이다.

Part 2

중국인이
한국인에게
배워야 할 것들

최근 중국인들이 가장 민감하게 받아들이는 것은 다름 아닌 중국인을 무시하는 한국인의 태도다. 이는 아마도 느낀 바를 숨길 줄 모르고 거침없이 솔직하게 표현하는 한국인의 성격 때문일 것이다. 단지 '무시한다'라는 이 한 가지 이유만으로 한국 배우기를 포기한다면, 오히려 중국인의 우둔함을 세계만방에 떠벌리는 것이 아닐까?

Chapter 01
왜 한국인인가?

조선의 통치세력들은 '사회 안정'과 '지속적인 평안'을 정치 목표로 삼고, 사회 각 분야에서 중국을 모방하면서 중국보다 더 확고하고 보수적인 전제통치 사회를 형성했다. 결과적으로 사회 안정이라는 목표를 무난히 실현하면서 조선왕조는 500여 년 동안 그 명맥을 유지해 나갔다.

중국보다 더 중국다운 한국

일본의 실용주의 노선이나 경험은 일정한 범위 내에서 중국에게 도움이 된다. 그런데 일본보다 더 많은 부분에서 중국을 닮아 있는 나라는 바로 한국이다. 조선은 예부터 중국의 문물이나 사상, 제도를 받아들이는 한편 중국과 가장 충실한 협력관계를 유지해 왔던 나라이다. 당시 조선은 중국이야말로 완벽한 국가라고 여겼기에 중국의 행동 하나하나를 놓치지 않고 전수받으려 애썼다. 그야말로 최고의 '모범생'이었다. 조선은 지독할 정도로 철저히 중국을 배워 갔으며, 그 이론들을 고집스레 지켜나갔다.

조선을 세운 태조 이성계는 중국 조광윤이 송나라를 세울 때 그랬던 것처럼 군사를 움직여 왕위를 찬탈했다. 또한 한 가문에서 천추만대 통치권을 누릴 수 있도록 중국 황제의 통치술을 그대로 답습해 중문경무(重文輕武, 문을 중시하고 무를 경시하는 것) 사상을 채택하고 유교사상을 통한 전제

통치를 추진했다. 이성계는 중국 명 왕조 때와 마찬가지로 선비들의 사상을 철저히 통제하기 위해 과거시험으로 관료를 선발했다. 당시 선비들은 사서오경 외에 다른 서적을 읽을 수 없었으며, 과거시험에서도 자신의 견해를 쓰지 못하도록 규정하고 있었다.

인바오윈(尹保雲)은 자신의 저서 《유교 국가의 현대화》에서 "사지를 부지런히 움직여 일하지 않고, 오곡도 구분할 줄 모르는 사람들이 정치권력과 명예, 부를 모두 독점하고 있다. 일하지도 않고 배불리 먹는 저들이 가장 부패한 집단이다."라고 관리들을 비판했다.

조선의 조정 역시 명 왕조를 닮아 있다. 조선 조정에는 권신, 왕후, 외척들 간의 뒤엉킨 정치 암투가 끊이지 않았고, 그때마다 새로운 기득세력이 형성되곤 했다. 관리 사회도 명 왕조처럼 부패할 대로 부패해 있었다. 관직에 오르려는 사람들은 모두 부에 눈이 먼 자들이었다. 그들은 돈을 써서라도 관직을 얻으려 했고, 이렇게 관료가 된 이들은 백성의 재산을 수탈해 부를 축적했다. 관리들의 부패행위는 감옥에까지 손을 뻗칠 정도였다.

붕당 간의 정치 투쟁도 중국을 그대로 옮겨놓은 듯 닮아 있다. 조선 관료들은 당을 결성해 사리사욕을 채우기에 바빴고 권력과 이익을 둘러싼 암투도 끊이지 않았다. 명 왕조 때 동림당과 엄당이 당쟁을 벌였다면, 조선 조정에서는 동인과 서인, 노론과 소론 간의 붕당싸움이 치열했다. 어느 당파든 정권을 잡기만 하면 상대 당파를 말살하려 들었고, 일가족을 참수하는 일도 비일비재했다. 그들에게 당파싸움은 목숨을 건 투쟁이었다. 명 왕조는 당파싸움으로 나라가 망했고, 조선은 당파싸움 때문에 일본이 침략해 왔을 때 제대로 대항하지 못했다.

명 태조 주원장은 백성을 통제하고자 이갑제라는 촌락 자치 행정제도를 실시하면서, 노인(路引)제도라는 일종의 통행증 제도도 함께 시행했다. 이 제도는 백성들이 출생지에서 100리 이상 벗어날 때는 관부에서 발행하는 통행증을 반드시 지참하도록 규정하고 있다. 그렇지 않으면 도주죄를 적용해 처벌을 받았다. 이처럼 명 왕조 때 백성은 죄수와도 같은 존재였다. 조선에서는 백성들의 목에 성명, 연령, 신분, 거주지가 기록된 호패를 걸게 하는 호패제도를 실시한 적이 있었다. 관아에서 일하는 관리들은 언제든 행인의 호패를 확인할 수 있었다.

조선은 명 왕조와 마찬가지로 사회 안정을 최우선 과제로 삼았다. 관료 체제를 통해 사회를 엄격하게 통제했고 혹시라도 혼란이 발생할까 전전긍긍했다. 사회 안정을 저해한다는 이유로 백성들의 집회를 금했으며, 심지어 수도 이외의 지역에서는 상설시장을 열지 못하도록 단속했다. 조선 초기, 기근을 피해 호남지역으로 온 농민이 상설시장을 열었다가 사회 불안을 조장한다는 이유로 체포되기도 했다.

조선의 전제통치는 꼭 한 번 짚고 넘어갈 만하다. 조선 왕실의 적극적인 장려와 조선 민족의 강경한 성격이 함께 작용한 탓에 조선 지식인들은 중국 지식인보다 더 고집스럽게 성리학 교리를 지켜나갔다. 조선의 지식인들은 마치 종교의 원리주의자처럼 성리학을 철학이 아닌 보편성을 갖춘 불변의 절대 진리로 여기기까지 하였다. 조선의 지식계층은 성리학을 단 한 부분도 누락됨 없이 온전하고 완벽하게 받아들여야 하며 그 내용을 변화시켜서도 안 된다고 강조하기도 했다.

한국의 황병태라는 학자는 한국에서 유학(儒學)은 제도와 국민의 문화수요를 만족시키기 위한 것이 아니라 한국 사회제도와 국민들이 영원히, 그리고 보편적으로 지켜나가야 할 도덕적 가치관이자 정치적 규범이라고 했다.

조선의 통치세력들은 완벽한 사상통일과 전제통치를 이룩하는 데 온 힘을 쏟아 부었고, 그 어떤 이단사설(異端邪說)도 용납하지 않았다. 겉으로 보기에 유학은 사회 각 분야에 녹아들어 있었고, 유학과 충돌을 빚는 것은 무엇이든 배척했다.

조선의 통치세력들은 '사회 안정'과 '지속적인 평안'을 정치 목표로 삼고, 사회 각 분야에서 중국을 모방하면서 중국보다 더 확고하고 보수적인 전제통치 사회를 형성했다. 결과적으로 사회 안정이라는 목표를 무난히 실현하면서 조선왕조는 500여 년 동안 그 명맥을 유지해 나갔다. 하지만 이 전제 제도는 제도상의 변혁을 꾀하기가 다른 어느 제도보다 어렵다는 함정이 있다.

서양 열강이 아시아를 침략하기 전, 중국 사회가 안고 있는 폐단들이 조선 사회에서도 그대로 나타났다. 조선은 중국 사회의 발전을 저해했던 문화 요소까지도 모두 복제해 갔을 뿐 아니라 더 직접적으로 영향을 받았다. 그렇기 때문에 중국이 현대화를 실현해 나가는 과정에서 한국은 가장 좋은 거울이 될 수밖에 없다. 중국은 한국이 어떻게 전통문화의 부정적인 면을 극복했는지, 어떻게 전통문화의 긍정적인 요소를 현대화 요구에 결합시켰는지를 면밀히 관찰해야 한다. 또한 중국은 누에에서 나비로 성장해 가는 과정에서 한국이 겪었던 시행착오를 분석하고 그들의 노하우를 배워 교훈으로 삼아야 한다.

과소평가된 한국의 노하우

한국이 발전을 위한 기지개를 켜자 세계는 과거 일본을 보듯 놀랐다. 수천 년 동안 깊이 잠들어 있던 '은자의 나라' 한국이 이처럼 놀라운 잠재력을 품고 있으리라고 누가 생각했겠는가.

한국은 1962년에서 1995년 사이에 1인당 평균 GDP(국내총생산)가 83달러에서 10,037달러로 증가했다. 1988년에는 개발도상국 가운데 처음으로 올림픽을 개최했고 역대 최고의 올림픽이라는 평가까지 받았다.

한국의 민주정치는 좌절과 역경의 과정이 있긴 했지만 경제발전과 마찬가지로 빠른 속도로 한국 사회에 뿌리내렸다. 1997년 한국에서 실시된 대통령 선거에서 과거 10여 년간 옥살이를 했던 김대중 후보가 대통령에 당선되는 영광을 안았다. 1948년 건국 이래 최초로 야당 지도자가 대통령에 당선되는 기록을 남긴 선거였다. 그 후 한국에는 시민단체들이 대거 등장했다. 1987년 민주화 투쟁과 1993년 지방자치선거를 거치면서 등장한 이 단체들은 주민생활과 밀접하게 관련된 지방자치, 환경, 지역발전 등의 분야에서 중요한 역할을 담당했다.

2005년 미국의 한 연구기관이 발표한 보고서에 따르면, 한국의 정치적 자유 보장은 이미 세계 최고 수준에 도달했고 시민 인권 보장도 상위 수준이라고 한다. 한 가지 주목할 점은 한국이 권위주의 정치에서 민주주의 정치로 노선을 변경한 후에 경제성장 속도는 오히려 더 가속화되었다는 것이다. 즉, 민주정치를 시행한다 하더라도 경제성장이 저해되는 문제는 발생하지 않는다는 것이다.

한국의 성공을 다룬 서적을 여러 권 읽은 후 필자는 깨달은 바가 있다. 바로 작은 나라 한국이 지난 수천 년간 중국 문화를 통해 누린 반사이익을 지금은 문화의 종주국인 중국에 돌려주고 있다는 것이다. 유교 사회가 현대화라는 거대한 파도 속에서 어떻게 항해해 나가는지, 그 가능성을 중국에 제시해 주고 있다.

현재 한국은 중국을 위해 사회 발전의 모델을 제시해 주고 있는데도 이를 중국인은 본체만체하고 있다. 미국과 일본을 배우는 데 열을 올리면서 조심스러운 태도를 보이고 있는 반면, 바로 곁에 있는 한국에는 눈길조차 주지 않는다. 그러고 보면 중국인은 참 독특하다. 중국은 1978년을 시작으로 30년간 사회개혁을 실시한 결과 많은 결실을 일궈냈다. 반면에 해결해야 할 과제도 산적해 있다. 이런 중국에게 한국의 경험은 본보기를 삼을 만한 가치가 충분하다.

중국과 한국의 다른 점

중국의 개혁과 한국의 발전에는 몇 가지 다른 점이 있다.

첫째, 한국은 사회를 발전시키는 첫 단계로 기초부터 단단히 다진 후, 원대한 목표를 이루기 위해 흔들림 없는 정책을 펼쳐 나갔다. 특히 교육, 과학기술, 환경을 중시했다. 반면 중국은 지금까지도 눈앞에 보이는 결과에만 급급해 토지와 중공업 같은 1, 2차 산업을 위주로 하고 있다. 이는 교육, 환경, 자원의 파괴로 이어지고 있다. 결국 발전을 이루는 과정에서 중국의 국가 잠재력과 추진력은 계속해서 파괴되고 있다.

교육만 보더라도 그렇다. 한국은 국민의 인적 자질이 발전의 밑거름이라고 생각했다. 나라를 세울 당시부터 '교육 선행'을 주장하며 회초리를 들어 교육을 시켰을 정도로 교육은 언제나 '발전'보다 우선이었다. 오래전부터 한국은 개발도상국 가운데 교육에 대한 투자 비중이 가장 높은 국가로 손꼽힌 반면, 중국은 늘 후미에 거물렀다. 이는 중국인도 너무나 잘 아는 사실이다. 그뿐 아니라 개발도상국 가운데 교육투자 비율이 가장 낮은 국가라는 불명예도 얻었다. 심지어 최빈국이라 평가받는 우간다보다 낮다고 한다. 어느 UN주재 BBC 기자가 2003년 9월

20일자 기사에 한 UN고위인사가 중국 교육 현황에 대해 신랄하게 비판한 내용을 실었다. 중국은 세계에서 공교육비 투자가 가장 적은 나라이고, 교육 문제에서 빈곤 계층을 전혀 배려하지 않으며, 심지어 그들에게 능력 밖의 비싼 학비를 부담하게 한다는 것이었다.

중국은 한국과 같은 출발선에서 현대화 교육을 향한 발걸음을 내디뎠다. 1945년 한국의 문맹률은 78퍼센트로 중국과 막상막하하였지만 51년이 흐른 1996년 상황은 180도 바뀌었다. 한국은 대학생 비율이 전체 인구의 37퍼센트에 달하면서 미국, 호주를 제치고 세계 1위로 올라섰다. 일약 세계 최고의 교육국가로 급부상한 것이다. 하지만 중국은 5퍼센트도 채 안 되는 비율로 여전히 세계 꼴찌 무리에서 벗어나지 못하고 있다.

한국인의 높은 국민성은 경제발전을 앞당기는 촉진제가 되어 주었고, 이에 힘입어 '한강의 기적'을 일궈냈음은 물론이고 아시아 금융위기도 가장 먼저 벗어났다. 아울러 지식경제 분야에서도 두각을 나타내며 입지를 공고히 다지고 있는데, 현재 한국의 1인당 특허권 보유수는 일본에 이어 두 번째로 많다. 이와 대조적으로 중국은 저학력 인구가 갈수록 많아지고 있어 일자리 창출에도 큰 어려움을 겪고 있다.

고등학교 교육이 이미 보편화된 한국과 달리 중국은 2001년 당시 중학교 졸업생의 진학률이 52퍼센트에 불과했다. 이것은 중학교 졸업생의 절반 정도가 졸업과 동시에 취업 경쟁에 뛰어들거나 실업자 상태임을 의미한다. 해가 거듭될수록 늘어나는 중국의 저학력 인구는 급속도로 성장하고 있는 중국 경제에 어두운 그림자를 드리울 것이다.

이런 차이를 만든 가장 근본적인 원인은 어디에 있을까? 바로 눈앞의 결과만을 중시하는 근시안적인 정책에 있다. 공장에 투자하면 금세

가시적인 효과를 거둘 수 있지만 교육에 투자하면 몇 년을 기다려야 한다. 또 GDP를 끌어올리면 정치 업적으로 인정이 되지만 교육은 공직자의 정치 성적을 매기는 핵심 기준이 아니다. 이런 이유로 중국의 지방정부들이 교육투자에 적극적으로 뛰어들지 못하고 있다.

둘째, 한국 정부는 사회발전을 추진해 나갈 때 명확한 계획을 수립하고 이를 뒷받침할 수 있는 강력한 대책을 제시했다. 그래서 빈부격차, 농촌 문제 같은 사회문제가 발생했을 때 즉각적으로 대처해 발전의 흐름이 그 궤도를 이탈하지 않도록 만전을 기했다. 하지만 중국은 신중에 신중을 기하다 보니 풀어야 할 문제는 늘어나고 발전은 점점 지연될 수밖에 없었다. 또 중국 정치계의 기강 해이는 심각한 사회문제를 야기하고 있는데, 더 큰 문제는 이미 고질병처럼 퍼져서 고치기 힘든 지경까지 왔다는 것이다.

중국은 개혁개방을 추진하면서 곪아 있던 사회 문제점들이 불거져 나왔다. 하지만 상황이 악화되어 더 이상 그 해결을 미룰 수 없는 상황까지 오고서야 문제 해결에 나섰다. 삼농(三農, 농민 · 농업 · 농촌) 문제가 그렇고, 부패 척결도 마찬가지며, 금융 개혁도 예외는 아니다.

한국인은 중국인보다 참을성이 적은 편이다. 농촌 문제를 이야기해보자. 2002년 중국의 도시와 농촌 간의 수입 격차가 처음으로 3 대 1을 넘어서 3.1 대 1까지 벌어졌다. 이는 보통 1.5 대 1 정도 격차를 보이는 다른 나라에 비해 월등히 높은 수치다. 게다가 농촌은 도시에 비해 인프라가 현저하게 낙후되어 있는 데다 교육, 의료, 기타 공공시설 등에서도 도시에 비해 불공평한 대우를 받고 있고 지금 이 순간까지도 심각한 삼농 문제를 해결할 만한 강력한 조치가 나오지 않고 있다.

한국도 중국과 마찬가지로 농촌 문제로 골머리를 앓은 적이 있다. 박정희가 집권한 후 한국 공업은 농업을 제치고 빠른 속도로 발전해 나갔다. 1962년 한국 농민의 평균 수입은 도시 거주자의 71퍼센트 정도였다가 1970년에는 61퍼센트까지 떨어졌다. 당시 한국도 중국과 마찬가지로 농촌 인프라가 낙후되어 농민들은 열악한 환경에서 생활하고 있었다. 하지만 중국의 현 상황과 비교해 본다면 한국의 농촌 문제는 새 발의 피에 불과하다. 한국 사회는 유교사상을 중시하기 때문에 유교에서 말한 "부족한 것을 걱정하지 말고 고르지 못한 것을 걱정하라."는 사상의 영향을 받아 사회 불공정 문제에 대해 아주 민감한 반응을 보인다. 과거 박정희 대통령은 한국 특색의 '새마을운동'을 통해 농촌 문제를 해결하려고 안간힘을 썼다. 새마을운동이란 정부가 공업에서 벌어들인 돈을 농촌에 투자하는 동시에 도시 주민들의 일부 수입을 떼어 농민에게 나눠 주는 것이라 할 수 있다. 1972년에서 1978년까지 한국 정부의 총 지출액 중 농촌에 지출한 금액이 4퍼센트에서 무려 38퍼센트까지 상승했다. 물론 정부가 도시 몫의 돈을 농촌에 투자할 때 무조건 동일하게 나눠 준 것은 아니다. 선진화는 장려하고 낙후된 면모는 근절하는 방식을 채택해 농민들의 사고 전환을 이끌어냈다. 한국이 추진했던 새마을운동의 가치가 바로 여기에 있다.

역사적으로 볼 때 농민은 줄곧 사회 최하위 계층으로 쉽게 현실에 안주하고, 보수적이고 나약하며 운명을 믿는 성향이 강했다. 그들은 사회 발전 과정에 주동적으로 참여하기보다는 정부의 지시에 따르는 피동적인 태도를 보였다. 자신의 권리를 주장할 줄도 모르고 주인의식도 부족했다. 이 모든 원인이 농촌의 발전을 가로막고 있었다. 그래서 한국은 새마을운동의 첫 목표를 농촌 계몽에 두었다. 박정희 대통령은 새마을운동 시행에 앞서 농민들의 실질적인 참여, 스스로 변화하려는 의지,

협동정신, 근면정신 등이 없다면 새마을운동은 결코 성공할 수 없다고 강조했다. 따라서 한국 정부는 보조금을 책정할 당시 무엇보다 주민들 스스로 마을을 변화시키겠다는 자신감과 적극적인 참여 태도를 염두에 두었다.

한국의 새마을운동은 농촌 발전에 절대적인 기여를 했다. 단적인 예를 들어 보자. 1965~1969년에 도시 시민의 평균 수입이 14.6퍼센트 증가한 반면 농가 수입은 3.5퍼센트 증가하는 데 그쳤다. 하지만 1970~1976년에는 상황이 역전됐다. 당시 도시 시민의 평균 수입이 4.6퍼센트 증가하는 데 그친 반면 농가 수입은 무려 9.5퍼센트나 증가했다. 한국은 새마을운동을 계기로 도시와 농촌 간 소득격차를 줄이는 데 성공했다. 그뿐 아니라 도시의 문화정보가 농촌으로 전파되면서 농민의 정서, 사상, 생활태도에도 큰 영향을 주었다. 이로써 한국 농민의 보수적인 생각, 낙후된 시설, 어리석음 등은 점차 사라지고 대신 주인의식이 그 자리를 채웠다. 국가 행정기관이 이끄는 새마을운동 같은 다양한 프로젝트의 성공과 수출 목표 달성 등은 국민 전체의 사고방식을 전환하는 데 결정적인 역할을 했다.

한국인은 민족 기질의 특징 때문인지 일을 처리할 때 온화, 선량, 공경, 근검절약, 겸양의 다섯 가지 미덕이 부족한 편이고 큰 손해를 볼까 쉽사리 행동에 옮기지 못하는 경향이 있다. 또한 결과를 먼저 생각해 보고 일을 추진하다 보니 매사에 지나치게 조심하는 모습을 보인다. 하지만 부패 척결에서는 한국인 특유의 결단력과 굳은 의지를 보여 줬다.

한국의 역대 대통령 모두가 취임과 동시에 부정부패와의 전쟁을 선포했다. 부패를 추방하는 최고의 묘책이 재산 공개에 있다는 것은 누구나 잘 알고 있지만 실천하기란 쉽지 않다. 김영삼 대통령이 용기 있게 이 판도라의 상자를 열었다. 그는 1993년 2월 20일 본인을 포함한 모든 친족의 재산 전액을 공개했고, 그해 5월 20일 고위 공무원의 재산 공개를 주요 골자로 하는 〈공직자 윤리법〉 수정안을 임시국회에 상정, 통과시켰다. 이 법은 그해 7월 11일 발효됐다.

부패 척결을 위해 쏘아올린 폭탄의 여파는 어마어마했다. 우선 김영삼 정권에 치명타를 입혔다. 고위 공직자의 재산이 처음 공개된 후 재산의 출처가 불분명하다는 이유로 김영삼 내각의 두 장관과 서울시장이 바로 해임됐다. 아울러 집권당과 야당 의원 간에 재력 차가 뚜렷하게 존재한다는 것이 일목요연하게 드러났다. 당시 집권당 의원의 평균 재산은 25억 원으로, 야당 의원의 14억 원보다 크게 웃돌았다. 또 총재산이 100억 원 이상인 의원은 모두 여덟 명으로 그중 여섯 명이 집권당 의원이었다. 한국에서는 한 차례 거센 조사바람이 일었고, 집권당은 자체적으로 '재산공개 진상파악 특별위원회'를 구성해 조사에 착수했다. 그 결과 집권당의 의장 한 명과 국회의원 두 명이 사퇴했고, 또 다른 의장과 국회의원은 당에서 제명 처리 됐으며 경고 조치를 받은 의원도 여럿 있었다. 내각에서는 고위 인사 다섯 명이 면직 처분을 받았고, 열 명도 각종 처분에 처해졌다. 이 일로 집권당은 국민의 신뢰를 잃고 말았다. 비록 뼈아픈 대가를 치르긴 했지만 이 법안의 실시는 한국 정치계에 깊이 뿌리박혀 있던 부패, 특히 고위층 인사의 부패 문제를 발본색원하는 계기가 됐다.

김영삼은 한국 정치 역사상 처음으로 반(反)부패 정책을 실시한 대통령이다. 하지만 아이러니하게도 그 정책으로 가장 큰 상처를 입은 사람도 바로 그 자신이다. 김영삼 대통령은 특히 '윗물 맑기' 운동을 강조했는데 본인도 청렴결백을 몸소 실천하며 검소한 생활로 모범이 되었다. 하지만 그도 결국은 한국 사회의 부패라는 고질병에 무릎 꿇고 말았다. 그의 측근은 물론이거니와 친아들도 부패에 연루돼 구속되는 사건이 터지면서 김영삼 대통령은 명예에 돌이킬 수 없는 치명상을 입었다. 한국 사회의 부패 문제가 얼마나 심각한지, 이를 근절하는 것이 얼마나 힘든지를 단적으로 보여 준다.

김영삼 대통령에 이어 정권을 잡은 김대중 대통령은 앞 정권이 부패 척결 때문에 무너지는 것을 보았지만 이에 굴하지 않고 반부패 운동을 계속 펼쳐 나갔다. 한국인 특유의 강인한 의지력이 있기에 가능했다. 김대중 대통령은 부패 척결을 위한 제도적 기반을 마련하는 데 심혈을 기울였다. 〈부패방지법〉을 제정하고 재산 등록과 재산 공개자의 범위를 확대했으며, 재산 공개 심사와 사법기관의 독립성을 한층 강화했다. 아울러 과거 김영삼 정부와 달리 시민단체를 부패추방운동의 주요 역량으로 삼아 시민의 참여도를 높였다. 또 일정 수의 시민이 서명하면 상급기관에 감찰을 신청할 수 있도록 했다. 김대중 정부는 고위 공직자에게만 맞춰 있던 부패 척결의 대상을 중하급 공직자들에게까지 확대했다. 사회 전반에 걸쳐 중하급 공직자들의 부정부패가 고위 공직자보다 더 심각하고 더 만연되어 있을 뿐 아니라 사회에 미치는 파장도 훨씬 크기 때문이다.

김대중 대통령의 반부패 정책은 커다란 효과를 낳았다. 1999년 9월부터 2000년 6월까지 부패 관련 용의자 2,246명을 대상으로 조사를 진행했고 그중 810명을 구속했다. 2000년 미국 상무부는 OECD의 〈뇌물방지협약〉 이행 현황을 평가한 보고서를 발표했는데, 이 보고서는 한국 정부가 부패를 추방하기 위해 보여 준 노력을 높이 평가하면서 우수 회원국으로 소개했다.

재미있는 점은 한국 대통령들은 자신이 추진한 반부패 운동의 결실을 자신에게서 거둔다는 것이다. 김영삼 전 대통령의 아들을 감옥에 보내기도 했던 김대중 대통령은 실제 청렴결백한 인물이다. 하지만 그 역시 자신의 아들로 인해 부메랑을 맞았다. 그의 세 아들 중 두 아들이 부정부패에 연루돼 쇠고랑을 차는 신세가 됐다. 둘째 아들 김홍업은 48억 원을 부정하게 받은 죄와 탈세가 인정돼 2년형을 선고받았고, 셋째 아들 김홍걸 역시 35억 원의 뇌물을 챙긴 혐의로 2년형을 선고받았다. 김대중 대통령은 집권 말기 두 아들의 비리 스캔들 때문에 백발이 성성한 모습으로 무려 다섯 차례나 대국민 사과를 해야 했다. 그나마 국민이 화를 삭일 수 있었던 것은 두 아들 모두 김대중 대통령 집권 당시 고발되어 형을 확정지었기 때문이다.

이는 한국인이 가려고 하는 반부패의 길이 얼마나 멀고 험한지를 다시 한번 보여 주는 사건인 동시에 한국인의 불굴의 의지가 얼마나 강한지를 증명해 주는 사건이기도 하다. 노무현 대통령 집권 당시 2003년 3월 2일자 〈검사일보〉에서는 청와대의 한 고위 관계자의 말을 인용해서 노무현 대통령의 친족들이 부패에 연루되지 않도록 모든 친인척에 대해 24시간 감시체제를 가동하는 등 최선을 다하고 있다고 보도하기도 했다.

이 관계자에 따르면 대통령 반부패위원회의 팀원과 경찰이 지속적인 공동감시체제를 구축해 임무 수행에 들어간다고 했다. 이외에도 청와대는 별도의 독립된 팀을 조직해 대통령의 친인척과 고위 공직자들의 부정부패 행위를 사전에 차단할 수 있도록 관리, 감독했다.

필자는 과감히 부정부패와의 전쟁을 선포한 대한민국 역대 대통령들의 도덕성과 용기에 큰 박수를 보낸다. 그것은 단체나 당의 이익을 뒤로 한 채 민족과 국가를 먼저 생각했기에 가능했던 결단이다. 그들이 추진한 일련의 '수술'은 공직자 재산 공개, 금융실명제 등과 같은 가장 민감하고 접근하기 힘든 부분에서부터 시작됐다. 비록 자신이 속한 당에 가장 큰 타격을 입히더라도, 심지어 자신이 쏜 총알이 자신의 아들에게 박힐지라도 그들은 기꺼이 부패와의 전쟁을 이어 나갔다. 대한민국 대통령의 값진 자기희생 정신이야말로 한국 사회를 발전시킨 가장 큰 원동력이 아닐까 생각한다.

셋째, 전통적인 유교사상의 영향이다. 한국 사회는 전통적인 유교사상 영향으로 사회윤리 가치, 건전한 사회 분위기, 애국주의, 건강한 정신 등을 그 무엇보다 강조했다. 하지만 중국은 개혁개방을 실시하면서 이러한 정신적인 요소들을 경시하기 시작했다. 결국 중국 사회는 도덕적 가치가 흔들리고 배금주의가 만연되면서 GDP 수치가 유일한 신앙이 돼버렸다.

게다가 한국 사회는 과거의 전통을 상당 부분 유지 계승하고 있다. 한국은 전통적인 유교예절에 따라 제사를 지내고 있고, 특히 윗사람과 아랫사람 간의 예절을 강조하는 장유유서 사상이 사회 전체에 퍼져 있다. 또한 지금까지도 변함없이 전통적 도덕신념인 '인의충효(仁義忠孝)' 사상을 묵묵히 지켜나가고 있다. 한국인은 어떤 사람을 판단하는 기준은 크게 두 가지가 있다고 생각했는데, 첫 번째는 지식 수준, 두 번째는 윤리도덕 수준이다. 그들의 판단 기준인 사회 분위기나 사회 구성원의 도덕 수준을 놓고 보더라도 중국은 한국에 크게 뒤처져 있다. 애국주의와 민족주의야말로 한국인의 가장 두드러진 민족적 특징이라 할 수 있다.

아시아 금융위기 당시 한국인들이 '금 모으기' 운동으로 나라 살리기에 동참했던 것은 너무나 잘 알려져 있다. 당시 시민단체들은 '집에 잠자고 있는 금을 모아 한국을 금융위기에서 구해냅시다!'라는 구호로 국민들을 독려했다. 원화 가치가 폭락하는 상황에서 금을 파는 것은 절대적으로 불리한 선택인 데다가 당시 정부는 한 달 후에나 금값을 지불할 수 있다고 밝힌 상황이었다. 이런 악조건 속에서도 은행마다 매일 금을 팔아 금융위기를 극복하겠다는 사람들로 발 디딜 틈조차 없었다고 한다. 갓 결혼한 신혼부부, 일자리를 잃은 노동자, 정부 공직자, 그리고 사찰의 스님들까지 모두가 한마음이었다. 칠순을 바라보는 할아버지는 주택은행을 찾아와 입고 있는 옷에서 금 단추를 떼어 주며 미약하나마 나라 살리기에 동참하고 싶다는 뜻을 전하기도 했고, 부모의 품에 안겨 은행을 찾은 두 살배기 아이는 고사리 같은 손으로 자신이 생일 선물로 받은 금 목걸이를 내놓기도 했다.

반면 당시 중국은 이데올로기 가치가 실종된 시기였다. 계획경제 시대의 이데올로기가 이념적 호소력을 잃어가면서 더 이상 국민의 정신적 단결을 도모하는 역할을 수행할 수 없게 됐다. 게다가 공맹철학에서 강조했던 '온화, 선량, 공경, 근검절약, 겸양' 사상은 100여 년간 이어져 온 정치운동으로 처참히 망가졌고, 남은 것이라고는 그 파편들뿐이었다. 경제성장과 함께 지금까지 지켜온 중국인의 도덕적 가치관과 지혜가 순식간에 사라져버린 것이다. 중국 사회는 도덕적 가치관 실종이라는 최대 위기에 봉착했다. 오로지 물질주의, 금전숭배만 있을 뿐 정신적으로 공허감에 시달렸다. 민족주의의 결속력이 사라져버린 중국 사회는 마치 풍비박산난 가정을 보는 듯했다.

가족들이 서로에게 무관심하고 아무도 가정을 돌보지 않는다면 그 가정이 과연 지속될 수 있을까? 정말 행복한 가정이 될 수 있을까?

물론 한국도 의외의 면이 있다. 게다가 이 의외의 면은 중국과 몹시 유사하다. 한국도 중국과 마찬가지로 흔히 '짝퉁'이라 불리는 모조품을 만들어내는데, 그 실력이 가히 놀라울 정도다. 교량이 무너지는 대참사를 겪으면서 세상을 놀라게 한 것도 중국과 같다. 마지막으로 세계적으로도 유명한 부정부패 문제다. 중국과 마찬가지로 발본색원하는 데 애를 먹고 있다. 이런 일들은 일정 부분 한국과 중국의 공통된 문화와 관련이 있다. 다른 각도에서 본다면 한국의 경험과 교훈이 중국에게 중요한 의미를 가진다는 것을 말해 준다.

최근 중국인들이 가장 민감하게 받아들이는 것은 다름 아닌 중국인을 무시하는 한국인의 태도다. 이는 아마도 느낀 바를 숨길 줄 모르고 거침없이 솔직하게 표현하는 한국인의 성격 때문일 것이다. 아니면 갑자기 떼돈을 번 벼락부자가 자기보다 못사는 이웃사촌을 무시하는 것이거나, 좀 깊이 있게 본다면 한중 양국의 동양문화 속에 '관용'이라는 요소가 부족하기 때문일 것이다. 하지만 '무시한다'라는 이 한 가지 이유만으로 한국 배우기를 포기한다면, 오히려 중국인의 우둔함을 세상에 떠벌리는 것이 아닐까?

Chapter 02
한국인에게는 **있고** 중국인에게는 **없다**

한국인은 지금도 일본인이 가한 가혹한 폭행을 떠올리면 이가 갈린다며 분을 토해낸다. 일제 강점기 때 한국인이 느꼈던 고통과 모욕감은 지금도 한국 사회 곳곳에 스며들어 있고, 한국인의 뼛속 깊이 박혀 있다. 일본인이 안겨 준 모욕감은 수십 년 동안 뜨거운 불길이 되어 한국인의 가슴에 화상을 남기고 있다.

자전거와 일본인

한 중국인이 일본에 머물면서 쓴 《내가 아는 침략군》이 베스트셀러가 되면서 서점에는 《침략군의 만행》, 《군기혈루》 등과 같이 침략군을 다룬 내용의 서적들이 우후죽순처럼 쏟아져 나왔다. 대충 훑어만 봐도 책 속에는 온통 통속적이고 저급한 표현들 일색이다. 자극적인 제목에, 뻔한 스토리를 담고 있는 삼류 서적을 쓴 사람이나 이 책을 읽은 사람이나 모두 어두운 생각을 가졌다는 것을 짐작할 수 있다.

중국인은 세상에서 파괴 못할 것이 없다. 중국이란 민족에게서 '위엄'이란 찾아볼 수가 없다. 누군가가 이런 말로 자국 민족을 묘사한다면 어떤 반응을 보일까? 아마 분노에 차 격분하는 중국인을 만나기는 쉽지 않을 것이다. 중국인은 실용주의자들이다. 그들은 과거 수천 년 동안 온갖 좌절과 풍파 속에서 모든 것을 달관했다. 더 이상 화를 낼 기력도 없으며, 이 세상에 용서 못할 일도, 받아들이지 못할 일도 없다고 생각하는 사람이 중국인이다. 중국인은 자신의 병만 고칠 수 있다면 나라를 구한 영웅의 살도 베어올 수 있다. 목숨만 부지할 수 있다면 무자비한 정복전쟁도, 식민지 생활도 받아들일 수 있다. 선조들이 당한 고통이나 그들이 받았던 모욕을 이용해서라도 돈을 벌 수 있다면 당연히 그들은 돈의 편을 든다.

필자가 고향을 찾은 날이었다. 웃어른들과 밭에서 이런저런 이야기를 나누다 자전거에 대한 이야기가 나왔다. 숙부는 우리 마을에서 처음 자전거를 탄 사람은 바로 먼 친척 할아버지라고 했다. 사람들이 자전거 한 번 구경하려고 모여들어 마을 전체가 명절날처럼 들썩였다고 했다.

나는 숙부께 물었다.

"뭐하시는 분이셨어요?"

"통역관."

"통역관이요? 누구 통역관이요?"

"일본인이지 뭐, 일본인 아니면 누구겠어?"

"아니 그럼 매국노잖아요."

나는 놀라움을 감추지 못했다. 숙부는 입을 삐죽거리며 대수롭지 않다는 표정을 지었다.

"지금이야 매국노라 부르지, 그때는 정말 잘나갔어. 사실 별 나쁜 짓도 안 했고. 우리야 주인이 누군지 신경 쓰나. 그냥 무조건 시키는 대로 하는 거지. 그냥 그렇게 사는 거지 뭐. 언제는 안 그랬어?"

난 머리를 한 대 얻어맞은 듯했다. 거무스레한 얼굴에 순박한 표정을 지어 보이는 농부의 얼굴이 순간 달라 보였다. 그때 처음 기억을 떠올렸던 것 같다. 내 고향 이곳이 1945년 이전에, 그러니까 어르신들이 말하는 사변이 일어나기 전에는 만주국이라 불렸다는 것을.

나의 할아버지, 할머니, 숙부, 큰아버지 모두 일본의 식민 통치하에서 생활한 '일본 백성'이었다. 지금 내가 있는 이곳, 이 방 안의 창에도 오래 돼서 이제는 검게 변한 만주국 동전들이 커튼처럼 매달려 있다.

대화는 일본인 이야기로 흘러갔다. 일본인은 어떤 사람들인지, 옛날 누가 무슨 일로 끌려갔는지 하나 둘씩 풀어놓기 시작했다. 억지로 고춧가루 물을 먹여 피가 머리끝을 타고 흘렀던 이야기, 일본인이 농민들에게 아편을 심으라고 강요했던 이야기, 일본이 철군할 때 온 마을 사람들이 뛰어나와 구경했던 이야기 등도 들려주었다.

이미 여러 번 고향을 찾았고, 그때마다 셀 수도 없을 만큼 많은 옛날 이야기와 마을 곳곳에 퍼져 있는 소문들을 들었지만, 어르신들이 직접 일본인에 대해 말하는 것은 처음 들었다. 자전거 이야기를 꺼내지 않았다면 일본인 이야기도 나오지 않았으리라. 어쩌면 까마득하게 잊어버렸던 것은 아닐까? 왜 그럴까? 아마도 지독하리 만큼 평범한 그들의 삶 때문이리라. 게다가 일본인은 이미 이 마을을 떠나 눈앞에서 사라졌고 다시 올 리도 없는데 왜 떠올린단 말인가. 이곳 주민들은 살기 위해 살아가는 사람들이다. 생활해 나갈 수만 있다면 다른 것은 별 문제될 것이 없다. 수천 년이란 세월을 그렇게 살아온 사람들이다.

바보스러울 만큼 순박하고 무엇이든 금방 지워버리는 형제들! 그들은 자신을 다치게 했던 이들에게도 자비로우며 과거는 다 묻어 둔다. 그들 눈에는 바로 지금, 현실밖에 보이지 않는다.

지혜도 여러 가지가 있지만, 그중에서도 으뜸은 노자의 지혜가 아닐까 생각한다. 노자는 "물은 만물을 이롭게 하는 데 뛰어나면서도 공을 다투지 않는다. 그러므로 도(道)에 가깝다. …… 오직 다투지 않으니 허물이 없다."라는 '상선약수(上善若水)' 를 주장했다. 즉, 최상의 선은 물과 같다는 것이다. 물은 무엇을 고집하지 않는다. 물은 어떤 환경에도 적응할 수 있고 어떤 형태든 그 모습을 바꿀 수도 있으며, 어떤 오물도 수용할 수 있고 어떤 모서리도 둥글게 만들 수 있다. 그렇기 때문에 물은 가장 끈질기고 강한 생명력을 가지고 있다. 중국인이 세계에서 가장 똑똑한 민족에 속한다고 하는데, 아마도 물을 닮은 성격 때문이 아닐까?

한국인 가운데 일본인이 저지른 만행을 하나하나 또렷이 기억하는 사람도 있다. 이들은 "일본인을 용서할 수는 있지만 그들이 저지른 만행을 잊어서는 안 된다."라고 강조한다.

한국 국회는 몇 해 전 결의안 하나를 통과시켰다. 일본이 한국을 통치하던 당시 아시아를 침략했던 일본 노병들은 아무리 많은 돈을 지불한다 하더라도 한국에 입국할 수 없다는 것이 주요 내용이었다. 침략전쟁을 저지르고도 인정은커녕 반성조차 하지 않는 일본의 부당한 언행에 대한 대처였다. 한국 국회는 중국 측에 이와 같은 조치를 함께 취할 것을 건의하기도 했다. 2004년 4월 일본은 교과서 문제로 한국과 중국을 또 한 번 화나게 했다. 중국 정부는 대변인을 통해 유감의 뜻을 전했는데, 이는 그저 통상적인 대처일 뿐이다. 반면 한국 정부는 즉각 주일 한국대사를 일시 귀국시켰고, 분노한 국민은 일본 국기를 불태우는 등 각 도시에서 반일시위가 거세게 일었다. 40여 개의 사회단체는 일제히 일본 문화 추방과 일본상품 불매운동을 외쳤다.

한국인은 지금도 일본인이 가한 가혹한 폭정을 떠올리면 이가 갈린다며 분을 토해낸다. 일제 강점기 때 한국인이 느꼈던 고통과 모욕감은 지금도 한국 사회 곳곳에 스며들어 있고, 한국인의 뼛속 깊이 박혀 있다. 일본인이 안겨 준 모욕감은 수십 년 동안 뜨거운 불길이 되어 한국인의 가슴에 화상을 남기고 있다. 한국인들이 나라를 새롭게 건설하기 위해 쏟아 부은 노력 뒤에는, 한국 민족은 결코 열등한 민족이 아니라는 것을 증명해 보이려는 집단적 잠재의식이 숨어 있었다.

축구만 보더라도 그렇다. 한국 팀은 일본 팀과 경기 때마다 죽기를 각오한 듯 치열한 접전을 벌인다. 한국 국민은 자국 팀이 지구촌 어느 팀에게 패하든 크게 신경 쓰지 않는다. 하지만 그 팀이 일본이라면 이야기가 달라진다. 과거 일본의 침탈을 막아내지 못했던 한국은 축구장을 그 연장선이라고 생각하는 것일까? 경기 내내 단 한순간도 일본인들에게 기회를 주지 않는다. 마치 한국인은 겁쟁이가 아니라는 것을 증명이라도 하고 싶은 듯 말이다. 한일전 경기가 있으면 그 전부터 한국의 인터넷에서는 축구팬들이 다양한 의견을 쏟아낸다.

"한국 축구팀은 우리 선조들의 목숨을 앗아간 일본을 반드시 꺾어야합니다. 그래야 조상들 뵐 면목이 서죠."

"한국을 짓밟고도 아직까지 정식으로 사과 한마디 없는 일본입니다. 축구장에서 그들에게 본때를 보여 줘야 합니다."

한국 민족에게서는 풍부한 관용이나 자비심, 깊은 지혜는 볼 수 없지만 강인한 기개는 느낄 수 있다. 이처럼 한국인의 국민성은 결코 물 같지 않다. 단단한 암석처럼 한 치의 양보도 없다.

중국은 동북 지역 쪽으로 가면 어느 도시를 가든 일본식 건축물을 쉽게 접할 수 있다. 모두 1945년 이전에 일본이 지은 것으로 정밀한 시공을 자랑하는 이 건물들은 대부분 지금까지 그대로 보존되고 있다. 여전히 아름다운 자태를 뽐내며 도시 전체에 이국적인 분위기를 선사해 그 도시의 볼거리가 되기도 한다. 그러나 한국은 다르다. 무려 36년이나 일본 식민 통치하에 있었던 한국이지만 중국처럼 여기저기 솟아 있는 일본식 건축물은 거의 없다. 정확히 말하면 모두 철거해버린 것이다. 한국 민족은 몸에 난 상처를 없애듯 식민 통치의 상징물이라 할 수 있는 건물들을 거의 뜯어냈다. 아직 남아 있는 일본식 건물들은 나라를 잃었던 치욕을 되새기자는 의미에서 보존하고 있는 것들뿐이다.

정복당하지 않는 한국인

아시아 대륙 동북쪽에 위치한 한국. 원래부터 동아시아 국가의 일원이었지만 지난 수천 년간 세상에 이름이 알려지지 않은 탓에 한국을 주목하는 나라는 거의 없었다. 자그마한 땅덩어리를 가진 한국은 한문화의 영향으로 중국을 닮아 있어 그들의 독특한 특징은 묻혀버렸는지도 모른다. 청나라 때까지만 해도 중국 관리가 조선에 갈 때면 통역을 대동할 필요가 없었다. 당시 조선 왕실 역시 한자를 사용했기 때문이다.

한국은 한때 한자 사용을 폐지한 적이 있다. 하지만 한국의 가장 큰 신문사인 〈조선일보〉나 굴지의 대기업 현대그룹은 여전히 한자로 정식 명칭을 표기하고 있다. 게다가 한국의 민족의상인 한복에서는 중국 당송시대의 분위기가 농후하게 느껴진다. 한국인의 이름 역시 중국의 것을 그대로 답습했음을 알 수 있다. 아마 세계 여러 나라 중 중국인에게 문화 이질감이 가장 적은 나라가 한국일 것이다.

눈에 보이는 이런 '닮은꼴' 때문에 두 민족의 너무도 상이한 '다른꼴'은 감춰졌는지도 모른다. 중국 문헌에서 조선에 관한 기록을 찾기란 쉽지 않다. 과거 중국은 조선을 자주 방문하지 않았을 뿐 아니라 조선을 찾은 중국인은 작은 나라 조선의 가난함에간 흥미를 보였기 때문이다. 청나라 광서 연간 문헌을 보면 제독 섭사성이 조선에 들렀을 때의 감상이 기록되어 있는데, 그는 "조선의 가옥은 대부분 ㅁ자 형태에 마당이 가운데에 있는 구조이고 방바닥에 앉아 생활하는 습관이 있다. 남자들은 게으르기 짝이 없는 반면 여자들은 하루 종일 힘들게 일하고 있었다. 조선인들은 땅의 소중함을 잘 알고 있는 민족이지만 관민 모두 게으름이라는 타성에 젖어 이를 적극 활용하고 있지 못했다. 참으로 걱정스러운 모습이었다."라고 회고했다.

청나라 말기 무렵 중국은 거느리고 있던 속국을 하나씩 잃어가고 있었는데, 마지막 우방국가였던 조선마저 잃을 위기에 처했다. 일본이 금방이라도 집어삼킬 듯 조선을 호시탐탐 노리고 있었기 때문이다. 이에 정치가 리훙장은 조선을 성(省)으로 지정해 중국의 그늘에 둔다면 일본인의 야욕을 단념시킬 수 있을 것이라고 생각했다. 이렇게 해야만 힘없고 약해 빠진 조선 민족을 보호할 수 있다고 여겼다. 현대 외교상식으로는 도저히 납득이 안 가는 논리다. 실행 가능성도 없고 그다지 우수한 전략도 아니다. 이런 아둔한 발상을 했던 것을 보면 중국이 한국 민족에 대한 이해가 얼마나 부족했는지, 그들의 국민성을 얼마나 파악하지 못하고 있었는지 알 수 있다. 역사를 되돌아보면 중국은 조선을 집어삼키려고 여러 차례 시도했다. 가장 강성했던 수당성세 때도 그랬고, 패기와 용기가 넘쳐났던 두 황제 수양제와 당태종도 조선 정벌에 나섰다. 하지만 모두 실패하고 말았다. 리훙장은 역사가 말해 주는 조선 민족의 특징을 잊은 듯하다. 한국은 결코 정복당하지 않는 민족이다. 지금의 한국은 세계인의 주목을 받기에 충분할 만큼 성장했다.

축구와 국민성

중국이 한국이라는 나라에 관심을 갖기 시작한 계기는 축구를 통해서, 즉 중국 축구가 '공한증(恐韓症)'을 앓으면서부터였다. 세계 인구의 5분의 1을 가진 강대국 중국의 축구팀은 수십 년 동안 아시아 2인자로 그냥저냥 시간을 때웠다. 그러다가 최근에는 만년 2인자를 탈출하기 위해 스포츠에 과감한 인적, 물적 투자를 퍼부으며 스포츠 살리기에 나섰다. 모든 스포츠 가운데 한 나라의 국민성을 가장 잘 대변하는 종목이 바로 축구다. 축구를 보고 있으면 브라질인의 화려함, 프랑스인의 낭만, 영국인의 민첩함, 태국인의 맹렬함이 그대로 드러난다.

그럼 축구장에서 중국인은 어떤 국민성을 보여 주고 있는가? 중국에서 최고의 실력을 갖췄다고 선발된 11명의 축구 선수들, 이 정예 멤버들은 이상하게도 한국 팀과 붙기만 하면 그들 동무니만 졸졸 쫓아다니며 어쩔 줄을 몰라 한다. 한국 팀의 패기 넘치는 플레이에 벌벌 떨다가, 어쩌다 공격권을 잡을라치면 안절부절 못한다. 잔뜩 움츠러들어 공격할 엄두조차 내지 못하고 공만 계속 돌리는 모습이 정말이지 보기 민망할 정도다. 지고 있을 때도 마찬가지다. 투지라고는 찾아보기 힘들고 승패는 중요하지 않다는 듯 오히려 느긋함까지 보인다. 중국 팀은 그렇게 패배가 두세 번 이어지더니 열두 번까지 지는 진기록을 세웠다.

도대체 한국 팀에는 있고 중국 팀에는 없는 것이 무엇일까? 한국 팀과 중국 팀 모두를 훤히 꿰뚫고 있는 최은택 전 한국 축구대표팀 감독은 "중국 팀에 없는 것은 딱 하나예요. 바로 정신력입니다. 한국 선수들은 명예를 위해 축구를 하죠. 축구가 곧 자신의 목숨이라고 생각합니다. 그렇기 때문에 그라운드에서 죽는 한이 있어도 공을 넣겠다는 필승 의지로 똘똘 뭉쳐 있습니다. 이런 죽을 각오로 뛰는 필승 의지, 중국 선수에게서는 찾아볼 수 없더군요."라고 말했다.

중국 축구팀도 경기가 진행되는 90분 동안 최선을 다하는 모습과 환상적인 호흡으로 멋진 플레이를 선사하기도 한다. 하지만 순간의 방심으로 실수를 연발하는 모습도 꼭 빼먹지 않는다. "90분 내내 100퍼센트 집중력을 발휘하는 것은 무리예요."라고 말하면서 말이다. 최은택 감독은 신체조건이 뛰어나고 기술도 아시아에서 최고인 중국 선수들이 왜 훈련에서 최선을 다하지 않으며 경기장에서 적극적으로 뛰지 않는지 이해할 수 없다고 했다. 그는 "중국 선수들은 프로 선수들이 아닌가요?"라고 반문하기까지 했다. 한국의 축구 베테랑인 그가 간파하지 못한 것이 있다. 중국 선수들은 틀림없는 프로 선수이긴 하지만 죽을힘을 다해 뛰지는 않는다. 중국인에게 축구는 축구일 뿐이다. 이것이 바로 중국 축구 선수들의 현주소다. "그러면 중국인은 무엇을 위해 목숨을 거나요?"라고 질문할 수도 있겠다.

최은택 감독처럼 한국인은 중국인에 비해 세상 물정에 어둡고 천진난만한 듯하다. 중국에는 "훌륭하게 죽는 것보다는 비참하게라도 살아가는 편이 낫다."라는 속담이 있다. 이 속담은 수천 년 동안 변치 않고 이어져 온 생명에 대한 중국인의 생각을 보여 주는 한마디이자, 그들이 생존해 온 지혜를 보여 주는 한마디이기도 하다. 이에 반해 한국인은 매사에 고지식하고 진지하며 어떤 일이든 끝까지 파헤치고야 마는 습성이 있다. 중국 사회에서 가장 홀대받는 인간형 중 하나다. 중국인들은 이런 사람을 멀리하려 든다.

물론 중국 축구 선수들도 패하면 괴로워한다. 그러나 중국 선수들은 "우리만 패하나? 축구 강국 브라질도 경기에서 지는데 뭐. 괜찮아."라며 털고 일어난다. 반면 한국 선수들은 밤새 한숨도 자지 못하고 패배의 고통으로 눈물을 흘린다. 이런 정신이 있기에 중국 인구의 30분의 1, 중국 영토의 100분의 1에 불과한 작은 나라 한국이 매번 중국 팀을 격파하는 것이다.

비단 축구만이 아니다. 올림픽, 동계올림픽, 각종 세계선수권대회에서도 작은 나라 한국은 우수한 성적으로 세계인의 이목을 집중시킨다. 한국은 이미 명실상부한 스포츠계의 대국으로 당당하게 성장했다. 세계무대의 경기마다 강인한 정신력으로 끝까지 최선을 다하는 한국 선수들의 모습은 상대 선수들에게도 강한 인상을 심어 주고 있다. 거의 모든 경기에서 중국 선수들보다 체격적인 열세를 안고 있지만 그들은 중국과 대등한 경기를 보이고 있다. 이 모든 것을 가능하게 하는 것이 바로 '정신력'이다.

1954년에 한국 축구팀이 스위스 월드컵 예선전에 출전하기 위해 일본행 비행기를 탔을 때 한국 대통령은 친히 공항으로 나와 선수 한 명한 명을 격려하면서 필승의 메시지를 남겼다고 한다. "만약 이번 경기에 지면 대한해협을 다시 건너올 생각 마세요." 경기에 패하면 바다에 빠져 죽음으로써 국민에게 속죄하라는 의미다. 중국인들에게는 상상조차 할 수 없는 일이다. 한 국가의 대통령이 한낱 놀이에 불과한 축구 때문에 이렇게 요란을 떨 필요가 있는가? 국제 관계나 세계정세가 나라에 미칠 영향은 생각지도 않는가? 경기는 부차적인 것이고 국가 간의 우의가 가장 중요하다는 것을 잊었는가? 중국인들 눈에는 너무나 충동적이고 진중하지 못한 모습으로 비춰졌을 것이다. 그건 지혜롭지도 고상하지도 못한 행동이라고 생각하는 것이 중국인이다.

당시 한국 축구팀은 실력 면에서 일본 팀에 크게 앞서 있었다. 하지만 축구공은 둥근 법, 만약 한국 팀이 정말 졌다면 어떻게 됐을까? 사실 대통령이 선수들에게 이 말을 했던 것은 한국 축구팀이 이길 것이라는 확신, 특히 일본 팀에게는 반드시 이길 것이라는 믿음이 있었기 때문이다. 한국 민족은 자신의 목표를 위해서는 목숨도 아끼지 않는 정신이 있다. 그래서 그것을 이루지 않고서는 쉽사리 주저앉지 않는 투지를 보여 주는 것이다. 한국 민족의 몸에는 에너지가 가득하고 뜨거운 열정을 가진 순수한 피가 흐르고 있다.

전통을 아우르는 한국인의 현대화

전쟁이 끝나고 일본의 약탈에서 벗어난 한국인은 아무것도 남지 않은 황무지에서 경제건설을 위한 기초를 다지기 시작했다. 1967년 찢어지게 가난했던 한국은 황무지 위에서 자동차 산업을 세우려는 의지를 불태웠다. 이 말을 전해 들은 미국 GM의 한 관계자는 "만약 한국의 현대자동차가 자동차를 생산해낸다면 내 손에 장을 지지겠다."라고 말하며 한국의 실패를 장담했다. 하지만 20년이 흐른 어느 날 현대그룹은 보란 듯이 세계 자동차 시장을 평정하며 업계 최고의 자리에 올라섰다. 불과 몇 십 년 만에 일궈낸 성과였다. 과거 수천 년 동안 가난하고 힘없다는 이유로 무시당하던 한국도, 1인당 국민소득이 92달러에 불과하던 한국도 더 이상 찾아볼 수 없었다. 대신 우뚝 솟은 빌딩들과 넘쳐나는 차량 행렬, 화려한 조명과 건물들이 그 자리에 들어섰다. 이미 번데기에서 아름다운 나비로 변신한 한국은 그렇게 전 세계에 자신의 모습을 알리고 있었다.

중국이 한국이라는 나라에 눈을 돌리게 된 것도 아마 이때쯤이었을 것이다. 현대, 대우 등 한국 기업들이 소리 없이 중국의 대도시와 중소

도시를 공략하고 있었다. 중국 상점에는 한국 의류들이 넘쳐났고 한국 요리라는 음식점 간판들이 중국 도시의 밤을 밝히기 시작했다. 지금 한창 현대화를 위해 달려가고 있는 중국에게 한국이 걸어온 길은 좋은 모델이 되고 있다. 현대화! 얼마나 매력적인 말인가. 하지만 중국에서는 다르게 받아들이고 있다. 마치 베이징의 사합원, 하얀 벽에 검은 기와를 얹힌 강절의 마을, 푸젠 지역의 투러우라 불리는 흙집, 윈난 지역의 조각루 등과 같이 중국 색채를 띤 건물들은 이 ⽞구상에서 모두 사라지고, 대신 그 자리에 유리 커튼을 한 빌딩들이 들어서는 것뿐이라고 생각하는 듯하다. 또 식탁 위에는 중국 전통의 죽, 칸찬, 차들이 없어지고 햄버거, 코카콜라, 아이스크림 등이 대신 올라오는 것뿐이라고 인식하고 있다.

중국이라는 나라는 인문학적, 지리학적으로 고찰하려고 들면 정말 아리송한 예측 불허의 국가다. 불과 얼마 전만 해도 중국은 고집불통 노인네처럼 중국 특색의 생활방식을 고수해 나가겠다고 버텼다. 심지어 나라가 망하고 종족이 없어지는 한이 있어도 절대 바꾸지 않을 것이라며 문화 지상주의 정신을 고집했다. 그 말을 한 지 과연 얼마나 지났을까. 중국은 세계적으로 자국 문화를 가장 무시하는 나라로 얼굴을 바꿔버렸다. 마치 개성 있는 문화가 미개함과 불협화음의 상징이라도 되는 것처럼 말이다. 중국은 의도적이든 아니든 간에 나라의 운명을 걸고 지키려 했던 문화적 특색을 지금은 기를 쓰고 지우려 하고 있다. 중국의 이런 모습을 보고 있자면 막 상경한 시골 아가씨가 촌티를 벗으려고 안간힘을 쓰는 모습이 떠오른다. 중국은 사회 각 방면에서 그 어느 때보다도 최선을 다해 세계화를 이룩하려고 노력하는 반면, 중국만이 가지고 있는 특색은 너무나 쉽게 포기해버린다.

예를 들어 중국 대도시에서 가장 시끌벅적한 분위기가 연출되는 때는 다름 아닌 크리스마스다. 반면 역사적, 문화적 의미를 갖는 각종 건축물이 소리 없이 철거되어도 누구 하나 관심을 갖는 이가 없다. 게다가 세계적으로도 방대한 양을 자랑하는 고대 경전 모두가 중국 도서관에 비치되어 있음에도 불구하고 사람들은 도서관만 피해 다니는 듯하다. 마치 구멍 난 양말이나 찢어진 신발을 꺼리듯 조상들이 남긴 옛것을 소중하게 여기지 않는 것이다. 그런 탓에 중국은 세계적으로 '2등 국민'이라는 굴레를 벗어나지 못하고 있다. 여기에 무능한 선조들의 무기력함까지 더해져 옛것은 갈수록 볼품없는 존재로, 더 나아가 불명예스러운 상처로 취급받고 있다. 수천 년의 역사를 만들어 온 중국, 이러한 민족이 옛것을 이렇게 대해서는 안 된다고 생각한다.

한국을 보자. 이미 현대화를 이룩한 한국이지만 사회 곳곳에서 역사를 존중하고 소중히 여긴다는 것을 느낄 수 있다. 빌딩, 대기업, 고속도로 등 건축물부터 생활방식에 이르기까지 옛것을 지키려는 정성이 곳곳에 배어난다. 그뿐 아니라 한문화권에서 나타나는 독특한 문화적 요소도 고스란히 살아 있어 보는 이에게 놀라움과 감탄을 자아내게 한다.

중국학자 펑린은 한국을 방문한 소감을 담은 글을 한 편 썼는데, 그 속에는 그가 만났던 한국학자들의 놀라운 모습이 기록되어 있다. 그는 먼저 한국 전통문화에 조예가 깊은 김태인 선생의 집을 방문했다. 한국 경상남도 계팔이라는 외진 산골에 사는 그는 마치 옛 은자처럼 농사를 짓고 공부를 하면서 생활하고 있었는데, 그가 경작하는 밭이 무려 60묘나 됐다. 그리고 문에는 '소학세가(小學世家)'라는 네 글자가 써진 현관이 걸려 있었다. 한국의 유명한 유학자의 후손인 그는 중국 소학에 대해 많은 연구를 하고 있었다. 그 옆에는 '용인당(用因堂)'이라고 그가 직접 쓴 현판도 걸려 있었다. 이 글귀는 '용천인지(用天因地)'를 뜻하는 말로 《노경》에서 발췌한 것이다. 그는 한국 특색의 음식으로 펑린을 대접했고 식사를 마친 후에는 고대 문화에 대해 이야기꽃을 피웠다. 김태인 선생의 부인은 손님을 위해 옛날 창법으로 소동파의 《적벽회고》를 선사했다. 이 창법은 중국에서는 이미 자취를 감춘 것이지만 때로는 구성지게, 때로는 격앙되고 힘 있게 쏟아내는 그녀의 곡조에 펑린은 찬사를 보내지 않을 수 없었다. 이 정도의 실력은 국내에서도 접해 보지 못한 것이었다. 《적벽회고》가 끝나자 이번에는 주희의 《소학서》를 멋들어지게 불렀다. 한국인이 중국 시가를 그토록 멋지게 불러내는 상황에서 펑린은 중국 민가 외에는 달리 화답할 것이 없었다.

펑린이 그 다음으로 찾은 곳은 하유집이라는 한국학자의 집이었다. 하유집 선생은 현대화된 한국 사회에서 옛것을 고집하면서 생활하고 있었다. 일상생활은 물론 벗을 사귀고 대접하며 조상을 모시는 것 등 모든 면에서 옛 전통을 따르고 있었다. 그는 어머니가 세상을 떠났을 때도 옛 풍습에 따라 3년 상을 치렀다고 한다. 펑린이 그의 집을 찾았을 때는 마침 추석이었다. 추석은 설날과 함께 한국의 최대 명절 중 하나로, 가정에서 대부분 조상을 모시며 하루를 보낸다. 하 선생은 제사를 모시기 하루 전날 반드시 목욕재계를 한다. 추석 당일 이른 아침이 되자 가족 전체가 제사상을 차리느라 분주했다. 하 선생의 주관 아래 제사가 진행되고 차례대로 조상의 신위 앞에 무릎을 꿇고 앉아 제를 올렸다. 제를 올리는 과정을 지켜보니 산 사람에게 술과 음식을 대접하는 것과 전혀 다르지 않았다. 장남부터 조상에게 술을 올렸는데, 가족 모두가 제를 올리는 데 1시간 정도 걸렸다. 산 사람의 식사시간과 거의 같다. 공자가 "조상에게 제를 올릴 때는 조상이 와 계신 듯해야 하고,

신에게 제를 올릴 때는 신이 와 계신 듯해야 한다."라고 말한 예법을 그대로 실천하고 있었다.

한국의 일부 서원에서는 일 년에 봄과 가을 두 번 전통 제례의식을 거행하는데, 이 행사는 예법 전문가로 명성이 높은 하 선생의 지휘 아래 진행된다. 전통 제례의식이 있는 날이면 그는 유관을 쓰고 검은 제복(祭服)을 입고서 능숙하게 의식을 진행한다. 한국 문하생들은 그의 지시에 따라 맹자에게 공손하게 절을 하며 제를 드린다. 한국에는 지금도 이처럼 전통적인 방식에 따라 수업을 진행하는 곳이 있다. 경기도 남양주시에 있는 대동고전연구소가 대표적인 곳인데, 이곳의 교육과정은 사서오경 중심으로 짜여 있다. 학생들은 옛날 서생들처럼 일 년 내에 사서를 모두 암기해야 하고, 그중에서 가장 긴 맹자 부분은 두 차례로 나눠 각각 4시간 만에 암기해야 한다. 다른 부분도 완벽하게 암기해야 하는 것은 마찬가지다. 이곳의 학습방식은 고대의 그것과 전혀 다를 바가 없으며 암기할 때도 음의 고저를 살려 리듬감 있게 외워야 한다. 이런 방식으로 교육을 해야 학생들이 진정으로 고전을 이해하고 습득할 수 있다고 여겼다. 이곳 학생들은 모두 학사 이상의 학위를 소지한 사람들로, 다양한 전공자들이 와서 배움을 구한다. 하유집 선생은 "경제 흐름은 빠르게 변하고 복잡하지만 고전은 심오한 철학을 담고 있어 통찰력을 높이는 데 도움을 준다."라고 했다.

현재 한국 사회의 보편적인 도덕관은 중국 송나라 때 제창됐던 팔덕(八德), 즉 효제, 충신, 예의, 염치 등 여덟 가지 덕이다. 특히 혈통을 중시하는 한국인들은 대부분 3일 동안 쉬는 추석 명절이면 고향을 찾아 조상에게 제사를 드리며 그분의 은덕을 기린다. 이는 한국 정부에서 의도적으로 추진하는 것이 아니라 국민 스스로 행하는 일종의 사회현상이다.

오늘날 서양 문화는 거칠 것 없는 기세로 전 세계를 휩쓸고 있다. 물질주의를 중심으로 하는 세계관과 여기서 파생된 허무주의가 결합된 서양 문화는 현재 다양한 피부색을 가진 민족 속으로 스며들고 있다. 이처럼 맹렬한 공격 앞에서 다른 문화는 맥없이 무너지고 있다. 말라비틀어져 곧 죽어버릴 화초처럼 말이다. 이런 세계적인 흐름 속에서도 현대화를 진행해 나가는 과정에서 자국의 문화를 굳건히 지켜나가는 한국을 보면 감탄이 절로 나온다. 한국의 자국 문화사랑은 연출된 것도 아니며, 서양 문화에 대한 반발심에 편승해 국민의 환심을 사고자 하는 쇼도 아니다. 이 같은 행동은 전통에 대한 깊은 이해와 자국 문화에 대한 자신감에서 나오는 것이요, 순박하고 천진함이 묻어나는 한국인의 성격, 그리고 매사에 말과 행동이 일치하고 끝까지 파헤치는 집념에서 나오는 것이다. 우뚝 솟은 고층 빌딩과 도심을 잇는 고속도로가 급속도로 퍼져 나가고 있는 현 시점에서 한국이 보여 주는 자국 문화사랑은 많은 점을 시사한다.

일본 천황이 영국을 국빈 방문한 소식이 텔레비전에 방송됐다. 당시 영국 황실은 동양에서 온 이 일본 손님을 영국 전통의 사륜마차로 모셨고, 이를 이끌던 황실 근위병에게는 과거 잉글랜드 군복을 입혔다. 또한 버킹검 궁전 앞에서 거행되는 영국 근위병 교대의식은 수백 년이 지난 지금도 변함없이 계속 이어져 오고 있다. 인도인 역시 외교적인 행사에서는 코끼리 떼를 이용한 그들만의 독특한 방식으로 손님을 맞이한다. 한국인과 일본인은 전통 명절에는 민족의상을 즐겨 입고, 인도네시아는 외교적 모임에 참석할 때면 검은색의 통 모양 모자를 쓴다. 텔레비전에서 아프리카 인사들이 내방하는 모습을 보면 그들은 대부분 독특한 스타일의 도포 같은 것을 입고 있다. 사실 평소에는 자국에서도 이런 의상을 입지 않을 것이다. 다만 세계인의 이목이 집중되는 국제적인 행사이므로 정중하게 차려입는 것이다. 왜냐하면 의상 역시 그 나라의 정신을 보여 주는 것이기 때문이다.

중국인에게 없고 한국인에게 있는 것

한국은 1960년대까지만 해도 민둥산 천지였지만 지금은 숲으로 뒤덮혀 전혀 다른 모습으로 변신했다. 도시, 농촌 어느 곳을 가든 깨끗한 환경을 만날 수 있고 아무 곳에나 쓰레기를 버리는 모습도 찾아볼 수 없다. 한국인은 환경을 매우 중요하게 생각한다. 음식점에서는 전분으로 만든 친환경 이쑤시개를 사용하고 호텔에서는 일회용 칫솔, 치약, 슬리퍼를 사용하지 않는다. 물건을 살 때도 마찬가지다. 손님에게 무료로 비닐봉투를 제공하는 법이 없다. 그렇기 때문에 알뜰한 주부들은 각자 장바구니를 챙겨온다. 한국인들은 한국 땅을 자신의 집처럼 아끼는 듯하다. 반면 중국에서는 철도와 도로를 따라가다 보면 사람들이 버린 쓰레기들이 마치 띠처럼 길게 늘어져 있는 것을 볼 수 있다. 비닐봉투, 일회용 도시락 등의 쓰레기들이 길마다 널려 있다. 특히 중국 북방지역을 거닐다 보면 푸르른 산을 찾기란 쉽지 않다. 속살을 그대로 드러내고 있는 민둥산이 대부분이다.

영화 쪽으로 가보자. 중국인은 미국 블록버스터 영화를 즐겨 보며, 최근에는 한국 드라마가 중국 대륙을 강타하고 있다. 미국의 〈타이타닉〉이 개봉했을 당시 중국의 모든 박스오피스 기록을 갈아치우면서 최고의 수익을 냈다. 그런데 한국에서는 특이한 상황이 연출됐다. 수많은 사람이 '타이타닉 안 보기 운동'을 펼친 것이다. 이유는 너무도 단순했다. 만약 300만이 넘는 한국인이 이 영화를 보면 엄청난 외화가 미국으로 빠져나간다는 것이 그 이유이다. 한국인은 영화를 선택할 때 할리우드 영화나 유럽 영화보다 자국 영화를 편애하는 경향이 뚜렷하다는 것이 영화 전문가들의 분석이다.

한국인의 편애는 영화에만 국한되어 있지 않다. 그들은 자국 제품에 자긍심을 가지고 신토불이, 국산 애용을 끊임없이 외친다. 수입품이라면 사족을 못 쓰는 중국인과는 대조적이다.

중국인들은 어릴 때부터 절대 손해 보지 말라고 배운다. 그래서일까? 중국 대학교의 구내식당을 가보면 서로 먼저 밥을 푸려고 몸싸움을 벌이는 모습을 쉽게 볼 수 있다. 반면 한국은 누가 지시하거나 감시하지 않아도 자발적으로 줄을 서고 식권을 직접 박스 안에 넣는다. 중국에서는 찾아볼 수 없는 낯선 장면이다. 공원에서도 낯선 상황을 만나게 된다. 바로 꼬마 아이가 먹고 있던 과자를 다른 아이에게 나눠 주는 모습이다. 중국인의 눈에는 생소하기 그지없다.

"처음에는 정말 이상했어요. 부모님도 어떻게 그냥 받아먹게 놔두는지 이해가 안 됐죠. 하지만 시간이 흐르면서 저도 제 아이에게 다른 친구와 같이 나눠 먹으라고 가르치게 되더라고요."

축구는 어떠한가? 축구팬부터 보자. 2002년 한일 월드컵 때 한국의 축구팬들은 전 세계인에게 깊은 인상을 남겼다. 한국 축구를 응원하기 위해 모인 팬들은 똑같은 의상, 응원도구, 구호를 이용해 거대한 붉은 물결을 이뤘고, 한 목소리로 '대한민국'을 외쳤다. 이 모습은 보는 이에게 가슴 벅찬 감동을 선사했다. 하지만 중국은 축구팬 수도 적었을 뿐 아니라 4, 50명으로 구성된 여러 응원단은 각기 개인플레이 하느라 바빴다. 의상부터 구호까지 어느 것 하나 통일된 것이 없어 보는 이에게 난잡하다는 인상만 남겼다. 무엇보다 두 나라 축구팬의 다른 점은 경기 후 나타났다. 한국 축구팬은 경기가 끝나자 주위에 있는 쓰레기를 정리해 각자 가지고 간 반면, 중국 축구팬이 앉았던 곳은 온통 쓰레기 더미였다. 그 안에는 중국 오성기도 들어 있었다.

한국은 전통을 지켜나간다. 한국인은 전통적인 도의(道義)문화를 숭상하는 민족인데, 사실 이 도의문화가 바로 중국 전통문화 속에 녹아 있는 충의와 절기다. 중국 사회도 한때 충의와 절기를 제창한 적이 있지만 오래가지 못했다. 중국 사회에서 충의와 절기라 함은 과거 왕권이 교체되던 때 충절을 지키던 신하들의 전유물일 뿐 우매했던 일반 백성에게는 먼 나라 이야기였다. 그들은 폼은 나지만 아무런 실익이 없는 이런 정신적인 장식품은 과감히 버리고 오로지 생계를 위해 열심히 뛰었다. 중국인들을 이렇게 만든 것은 과거 그들이 지긋지긋하게 겪었던 고난, 고통, 위선, 기만 탓이리라. 마치 종이 한 장을 계속 비비면 처음에 깨끗하고 **빳빳했던** 그 모습이 사라지듯이, 마치 강이 너무 많은 지역을 경유하면 결국에는 오염돼 원래의 투명한 색을 잃어버리듯이 그렇게 변해버린 것이다. 문득 한 편의 글이 떠오른다.

"과거 춘추전국시대 이야기를 살펴보면 당시 중국인들은 호탕하고 강직한 삶을 살았다. 진정한 인간으로서의 삶을 말이다. 그들의 모습을 보면서 동방문화 속에 춘추정신, 춘추인격이라는 게 있는 것이 아닐까 생각하기도 했다. 춘추인격이라 함은 스스로의 품위를 지키고(自尊), 부끄러움을 알며(知恥), 나를 희생하고(忘我), 남을 이롭게 하는(利他) 성품을 갖춘 사람을 말한다. 지금의 중국인에게서는 더 이상 찾아볼 수 없는 모습이다."

이 글을 쓴 작가는 마지막에 "춘추정신이 지금은 한국으로 옮겨간 것이 아닌가라는 생각이 든다."라고 하며 아시아 금융위기 때 한국인이 보여 주었던 모습을 언급하기도 했다.

이 작가의 말처럼 옮겨간 것이 아니라 한국도 원래부터 갖고 있던 모습이다. 한국 민족은 장백산(백두산) 남쪽에 위치한 지리적 환경 때문에 수천 년 동안 상대적으로 외부와 단절돼 있었다. 덕분에 깨끗하고 소박한 그들의 성품을 지켜올 수 있었던 것이다.

그렇다면 중국인은 도대체 언제쯤 원래의 모습을 되찾을 수 있을까?

Chapter 03
한국인의 변화에서 해답을 찾다

한국인의 우직함과 강인함은 경제발전 과정에서도 빛을 발했다. 현대화를 실현해 나가는 과정에서 나타난 한국인의 고질적인 타성을 그들만의 강한 의지로 극복해낸 것이다. '과거의 일은 과거에 묻어 두고 오늘의 일로 오늘을 살자'라는 결의를 되새기며 과거의 생활습관을 바꿔나갔다. 한국인은 뱉은 말은 무조건 행동으로 옮겼고 굳건히 지켜나갔다.

중국 국민성 변천사

중국에 "강산은 변하기 쉬워도 타고난 본성은 바꾸기 어렵다."라는 속담이 있다. 한국에 "세 살 버릇 여든까지 간다."는 속담처럼 사람이란 쉽게 변하지 않음을 나타내는 말이다. 하지만 실제 과거를 거슬러 올라가 보면 중국인의 민족성이 끊임없이 변화했음을 알 수 있다. 《춘추열국전》을 들여다보면 혈기 넘치는 중국인을 묘사한 내용을 쉽게 만날 수 있다. 특히 조씨고아, 칠백장사, 섭정자협루, 형가자진왕 등 이야기 하나하나가 모두 감동적인데, 당시 중국 젊은이들의 장렬한 죽음과 결연한 의지를 통해 후대에게 죽음 앞에서도 정의를 지켜나가고 생사를 함께하는 용기가 무엇인지를 보여 준다.

춘추시대 이야기를 듣노라면 중국인의 수수하고 순진한 모습에 놀라게 된다. 당시 역동적인 삶을 살았던 중국인들은 죽음 앞에서는 깨끗하고 의연한 모습을 보였다. 후세 사람들의 눈에는 조금은 유치하고 단순해 보일지도 모르지만, 소년에게서 느낄 수 있는 강직하고 아름다운 생명력을 당시 중국인들에게서 느낄 수 있다. 주변 민족들이 모두 몽매함에 빠져 있을 때 중국인은 이미 사상적 계몽운동을 벌이고 있었다. 당시 중국인들은 생각이 살아 있고 지혜가 넘쳤다. 그런 사회 분위기 덕분에 많은 인재들이 배출되고 수많은 학설이 탄생했다. 이제 막 사상 부흥기에 접어들어 창조에 대한 갈망과 학설어 대한 열망으로 가득했던 중국인들은 초기 중국문명사에 눈부신 업적을 남겼다.

하지만 좋은 날은 그리 오래가지 못했다. 겉으로는 나약하지만 냉혹한 가슴을 가진 영정(진시황)이라는 인물은 꽃을 채 피우지도 못한 중국 사상에 탄압의 칼날을 겨눴다. 진시황의 과오는 천하를 통일한 것도, 만리장성을 세운 것도 아니다. 바로 세상 모든 사람을 자신의 사냥감으로 여긴 것에 있다. 진시황의 스승이었던 한비자는 인간이란 본래 비열한 동물이라고 단정 지었다. 그는 "인간이 갈망하는 것은 단 하나, 바로 재물이요, 그들이 두려워하는 것도 단 하나, 바로 폭력이니 인간을 존중할 필요도 없고 믿어서도 안 된다."라고 가르쳤으며 채찍만이 천하를 다스릴 수 있고 법, 규칙, 지위로 천하를 억압하고 조정해야 한다고 했다. 마치 마차를 끄는 가축을 다루듯 말이다.

역사적으로 뛰어난 재능과 계략을 가진 인물로 비쳤던 진시황은 폭력을 앞세운 통치체제를 확립했고, 이때부터 모든 백성은 자신의 어가를 끄는 가축과 같은 취급을 받았다. 그는 분서갱유(焚書坑儒, 학자들의 정치 비평을 금하기 위해 시서 육경을 불태우고 유학자를 생매장한 일), 이리위사(以吏爲師, 능숙한 법관을 스승으로 삼아야 한다는 주장), 이우검수(以愚黔首, 백성을 어리석게 만드는 일) 등의 정책을 펴 백성의 자존심과 사상을 말살하기 시작했다. 불평을 늘어놓는 자는 길 한복판에서 사형에 처했고 마음속으로 왕실을 비방하는 자도 사형에 처했다. 그렇다 보니 백성들은 길에서 아는 사람을 만나도 눈짓으로만 말을 할 뿐 감히 입을 열지 못하는 지경까지 이르렀다. 이는 중국인이 처음으로 처참하게 인격을 말살당한 것으로, 당시 수단과 방법을 가리지 않던 실용주의자들만이 이 가혹한 사회 속에서 살아남을 수 있었다. 한고조 유방이 가장 전형적인 인물이다.

초한전쟁 당시 유방은 전쟁에서 크게 패하자 자식들과 모사 등공만 데리고 수레를 타고 달아났다. 이때 말이 더디게 달리자 유방은 두 아이를 마차에서 떨어뜨리려고 했다. 그때마다 등공이 아이들을 살려냈고 유방은 목을 베어버리겠다며 크게 노했다. 항우가 유방의 아버지를 죽여 육젓을 담그겠다고 엄포를 놓았을 때도 유방은 피식 웃으며 나에게도 맛볼 기회를 달라고 응수했다.

사서의 기록을 살펴보면 "한고조는 책을 가까이하지 않으나 성격이 밝고 계략 짜는 일을 좋아하며 남의 말에 귀를 잘 기울인다. 문지기부터 수비병까지 모두 그를 오랜 벗으로 여겼다."라고 유방을 평가했다. 그러나 이처럼 친화력이 좋았던 유방은 천하를 손에 넣자마자 자신을 위해 목숨을 걸고 싸워준 이들에게 칼을 겨누었다. 험한 말을 입에 달고 살았던 불한당 유방의 승리는 중국 백성에게 정신적인 좌절을 안겨주었을 뿐 아니라, 고귀하고 자긍심 가득했던 항우의 이상주의는 진시황 이후의 중국에는 더 이상 맞지 않음을 보여 준 것이기도 했다.

역사상 가장 아름다운 추억

그나마 다행인 것은 진시황이 단명했다는 것이다. 그 후 황로사상을 숭상하는 한^(漢) 왕조가 등장해 무위이치^{(無爲而治, 아무것도 하지 않으면서 다스리는} ^{정치)} 정책을 실시함으로써 백성에게 활력을 불어넣었다. 아울러 흉노족을 내쫓아 한나라의 위대함을 만천하에 과시했다. 그 후 중국에는 왕도와 패도가 함께 등장하는 왕패잡용^(王覇雜用) 통치제도가 자리를 잡았고, 백성은 폐쇄적인 환경 속에서 해가 뜨면 일을 하고 해가 지면 쉬는 식의 고대 사회의 생활방식이 그대로 묻어났다. 중화 문화는 점차 주변 국가를 이끌어 나가기 시작했고 국민들 역시 대국이라는 명성에 걸맞게 강한 자긍심과 자신감을 보였다. 중국의 자신감은 당나라 때 절정에 달했다.

◆ 당나라 시대, 등과를 축하하는 춤을 추는 무희들

당나라 시대는 중국인들에게 가장 아름다운 추억으로 기억될 것이다. 당시 중국은 세계적으로 최강대국이라 평가받았으며, 중화문명의 찬란한 문화는 먼 유럽까지 전파될 정도였다. 이웃 국가들은 중국에 충성을 맹세하며 중국 배우기에 뛰어들었다. 장안에는 거리 곳곳에 유럽 대륙에서 건너온 물건들이 진열되어 있었고 어디를 가든 다양한 피부색을 가진 상인이나 학자를 쉽게 만날 수 있었다. 당시 중국인은 개방, 낙관, 진취적인 정신으로 똘똘 뭉쳐 있었다. 이때만 해도 전족, 도학, 패방 등이 등장하지 않았고, 백성을 속박하는 이상한 규율도 생겨나기 전이었다. 여성은 남편이 죽으면 재혼할 수 있었고 부부가 궁합이 맞지 않으면 이혼도 할 수 있었다. 이 시기 문인들은 화려한 사부(辭賦) 문체로 성애를 찬미하는 노래를 읊조렸고, 시인들은 참신한 시가를 이용해 생명력을 묘사하곤 했다. 중국 역사상 가장 완벽한 인격을 지닌 황제 당태종이 바로 이 시기에 등장했다. 그는 이지적이면서도 인간미 넘치는 인물이자 뛰어난 재능과 원대한 포부를 가졌으며, 동시에 민심을 헤아릴 줄 아는 인물이기도 했다. 중국 역사상 가장 위대한 시인으로 칭송받는 이백 역시 당나라 사람이다. 아니 당나라 시대였기에 이백과 같은 인물이 배출되었다고 표현하는 것이 더 정확할 것이다. 그는 자신만의 호탕한 시풍으로 당나라의 정신과 포부를 고스란히 담아냈다.

그러나 재앙은 숙명인 듯 끊임없이 중국을 괴롭혔다. 당 왕조 이후 1,000년 동안 중국 대륙은 계속된 왕권 교체와 외세 침략으로 시련의 나날을 보내야 했다. 이런 시련들은 중국인의 심리 상태와 인격 형성에 막대한 영향을 미쳤다. '왕권 교체' 라는 말은 다른 민족과는 달리 중국인에게는 특별한 의미로 다가온다. 중국은 본디 '충' 과 '효' 를 근간으로 하는 민족이다. 그렇기에 군주가 살면 함께 살고, 군주가 망하면 함께 망한다. 그뿐 아니라 여자는 두 지아비를 섬기지 않고, 신하는 두 군주를 모시지 않는다. 그래서 매번 왕조가 바뀔 때마다 백성, 특히 사대부들은 깊은 시름에 빠졌다. 왕권 교체는 그들에게 시험대 같은 것이었다.

왕권 교체는 가혹한 형틀처럼 100년 또는 200년마다 중화민족을 옭아맸다. 한 가문의 권력을 통째로 빼앗아 또 다른 가문으로 옮기기를 여러 차례 반복했다. 왕권 교체가 일어날 때마다 무수히 많은 사람이 자신의 충절을 증명하고자 죽음을 택하기도 했지만, 목숨을 부지하기 위해 모욕을 견디며 살기도 했다. 이런 과정에서 대부분의 중국인들은 인격적인 모독을 감수하고 자아를 버리는 희생도 참아내야 했다.

중국인이 이 같은 시련을 겪어야 했던 것은 중국의 왕위가 실로 탐나는 자리였기 때문이다. 역대 황제들은 하나같이 왕권을 지키기 위해 온갖 수단과 방법을 동원했다. 중국처럼 왕권이 자주 교체된 역사는 세계적으로도 드물다. 1,000년 동안 한 가문이 왕권을 이어온 일본은 놔두더라도, 조선 왕조보다도 더 불안한 나날이었다. 당이 멸망한 후 한국에는 고려, 조선 두 왕조가 등장한 반면 중국은 5대 10국(五代十國)의 혼란기와 송원명청(宋元明淸) 네 왕조가 등장했다. 그리고 불과 54년에 지나지 않았던 당송시대 당시 중국 북방 지역에만 양, 당, 진, 한, 주 5개 왕조가 난립했고, 그중 집권기간이 가장 짧았던 후한 왕조는 겨우 4년 만에 자리에서 물러났다.

좌절의 역사

아무리 좋은 재질의 강철이라 하더라도 구부렸다 폈다를 반복하면 끊어지기 마련이다. 마찬가지로 아무리 소박한 국민성을 가진 민족이라 하더라도 이처럼 어쩔 수 없는 상황에 놓이다 보면 자신도 모르는 사이에 냉혹하게 변해버린다. 중국인의 자존심과 자긍심은 충효사상에 근간을 두고 있다. 하지만 매번 새로운 왕조가 탄생할 때마다 '충의' 는 말살되고 '투항' 만이 권유됐다. '이십사사(二十四史)' 라는 역사서가 말해 주듯 중국 민족은 24번의 좌절을 겪어야 했다. 이처럼 왕권이 주마등처럼 바뀌면서 충절을 지키고자 하는 기개는 사람들의 조롱거리가 됐고 점점 많은 사람이 이전에 가졌던 충절, 믿음, 정의감을 잃어갔다. 순박하고 강직했던 중국인의 국민성은 거듭되는 좌절 앞에 조용히 자취를 감췄고, 중국 사회를 지탱하고 있던 삼강오륜의 도덕관 역시 설 자리를 잃게 됐다. 이런 환경 속에 중국인은 점차 교활하게 변했다. 어느 나라, 어느 민족이 군대를 몰고 성으로 쳐들어오든 중국인은 아주 자연스럽게 명찰을 바꿔 달았고, 길가에 무릎을 꿇고 머리를 조아리며 그들에게 충성을 맹세했다.

중국인의 좌절은 여기서 끝나지 않았다. 더 참담한 좌절이 그들을 기다리고 있었다. 송 왕조가 중국 백성들 앞에 나타난 것은 다름 아닌 노린내 나는 오랑캐 민족을 통해서였다. 이미 왕권 교체에 익숙해질 대로 익숙해진 중국인에게도 이것은 엄청난 충격으로 다가왔다. 중국 백성은 '최하층' 백성으로 치부당하는 모욕을 견디며 100여 년간 야만스러운 몽골족의 폭정 속에 살아야 했다. 만주족이 청을 세운 이후 중국인들은 더 어려운 상황에 처하게 됐다. 중국은 부모에게서 물려받은 몸을 소중히 여겨 함부로 손상시키지 않는다는 사상을 지켜온 민족으로, 머리카락도 함부로 자르지 않았다. 하지만 몽골족과 만주족의 지배를 받으면서 정수리에 동전 크기만큼만 남기고 모두 깎았고, 그 머리는 변발로 만들어 쥐꼬리처럼 길게 늘어뜨리고 다녔다.

치욕을 참아가며 목숨을 구걸하는 상황에서 과연 건강한 인격이 유지될 수 있을까? 물론 불가능하다. 원나라와 청나라 왕조 때는 오랑캐의 노예 노릇까지 해야 했고, 이는 중국인의 자존심과 자신감에 돌이킬 수 없는 상처를 입혔다. 송원시대 때 국민성은 다시 한 번 크게 악화됐다. 송 왕조 시기에는 국민성이 쇠약해지기는 했지만 악비, 양가장, 문천상과 같은 민족 영웅이 탄생하면서 백성들의 항쟁이 여기저기서 터져 나왔다. 하지만 송 왕조 이후 강직하던 중국인은 역사의 무대 뒤로 사라졌고, 점점 많은 중국인의 영혼과 신체가 분리됐다. 그들은 점점 더 자연스럽게 도덕적 관념에서 벗어나는 행동을 했고 아무런 망설임 없이 동물적인 생존방식을 택했다. 또한 "훌륭하게 죽는 것보다는 비참하게라도 살아가는 편이 낫다." "얼굴에 침을 뱉어도 닦지 않고 저절로 마르기를 기다린다." "한 걸음만 물러서면 세상은 끝없이 넓다." "사람마다 자기 집 문 앞의 눈은 쓸어도 남의 지붕 위의 서리는 신경 쓰지 않는다." 등과 같은 중국식 '지혜'가 만연하기 시작했다.

춘추시대만 해도 중국인은 빳빳한 백지와도 같았다. 빳빳하고 깨끗한 백지가 수천 년 동안 수없이 구겨지고 비벼진다면 결국에는 흐물흐물해지고 더럽혀져 본래의 깨끗한 모습을 잃게 된다. 중국인의 운명도 이 백지처럼 변해버린 것이다. 왕권 교체와 외세의 침입이 공존했던 당시 중국은 더 강력한 전제통치 체제를 확립해 나갔다. 진시황을 시작으로 매 왕조마다 '어떻게 하면 왕위를 지켜나갈 수 있을까?', '어떻게 하면 왕위를 넘보지 못하게 할 것인가?'에만 집중했다. 이것은 모든 왕조의 공통된 고민거리였다. 이 문제의 해답을 찾고자 역대 왕조들은 노심초사하며 애를 태웠고, 황제들은 잠을 편히 이루지 못했다. 그들이 찾은 해답은 간단했다. 바로 수단과 방법을 가리지 않고 국민들의 정신을 말살시키고, 어떤 대가를 치르더라도 사회 안정을 지켜나가는 것이었다. 그래서 사람들의 독립적인 사고를 막고 자발적으로 조직을 구성하는 것을 금했으며 왕권에 위협이 되는 그 어떤 세력도 용인하지 않았다. 그렇다 보니 아무리 통치자의 지지 세력이 미약하다 해도 사회는 그가 바라는 대로 흘러갈 수밖에 없었다. 그가 가고자 하는 방향이 황당무계하고 다수에게 불합리한 결정이라 하더라도 상관없이 말이다. 결국 중국은 2천 년이라는 기나긴 시간 동안 점점 더 강력한 전제정치의 노선을 걸었고, 그 결과 사회는 다른 목소리를 내는 사람이 사라진 경직된 사회로 변해 갔다.

한무제는 제도 통일을 이룩한 진시황의 뒤를 이어 등장한 인물이다. 그는 백가(百家)를 파직시키고 유가의 학설만을 신봉하면서 사상적 전제 통치를 실시했다. 당태종은 과거제도를 시행해 사회의 모든 지식층이 관직과 이익에만 몰두하도록 함으로써 지식 활동이 다양하게 이루어지지 못하도록 미연에 방지했다. 원나라 황제들은 이갑제와 연좌제를 강화해 한인에게는 무기뿐 아니라 식칼조차도 사용하지 못하도록 했다. 까막눈으로 알려진 주원장은 승상제를 폐지했다. 그리고 농부 출신의 기질을 발휘해 사회 전체를 농업사회로 퇴보시키고 자신은 모든 일의 결정권을 가진 촌장을 담당했다. 심지어 백성들이 무슨 옷을 입어야 하고 어떤 집에서 살아야 하는지, 뒷마당에는 어떤 나무를 심어야 하는지, 앞마당에는 닭을 몇 마리나 길러야 하는지 등 시시콜콜한 일들을 결정하는 데도 그의 손을 거쳐야 했다.

청대에 이르러서는 아예 내각을 없애고 오직 한 사람을 위해 존재하는 천하로 만들어버렸다. 청대에 가장 위력적이었던 강희, 옹정, 건륭 3대 황제 때는 백성들이 함부로 입을 놀리거나 소란을 피우지 못하도록 하기 위해 실시했던 문자옥(文字獄, 자신의 글 때문에 화를 당하는 일)이 가장 맹위를 떨쳤다. 한 도교 신도는 "인간은 대뇌로 사고하는 존재이지 마음으로 사고하는 존재가 아닙니다."라고 말했다가 강희 황제에게 위험인물로 낙인찍혀 처결당했다. 건륭 황제는 어떤 정신병자가 정신발작을 일으켜 자신을 황제라 칭했다 하여 사형시켰다.

문자옥이 기승을 부리던 당시에는 일반 백성은 물론 조정의 대신들조차 꼬투리를 잡혀 목숨을 잃을까봐 두려워서 함부로 서신 왕래를 할 수 없었고 일기도 쓸 수 없었다. 역대 황제들의 '지혜'가 모아져 중국의 전제 제도는 흠잡을 데 없이 완벽한 경지까지 이르렀고, 중국 사회는 마침내 견고한 공동체로 탄생됐다. 이 공동체는 완벽에 가까운 안정성을 보이며 그 어떤 개혁 의지에도 반응하지 않는 사회였다. 커다란 희생을 대가로 얻은 사회 안정은 수천 년의 시간이 흐르면서 수많은 병폐를 양산해냈다. 작은 변화를 꿈꾸며 개혁을 시도하려 해봐도 병폐가 워낙 심각해 불가능해 보였다. 그동안 수억 명에 달하는 중국인의 지혜는 꼼짝달싹 못하게 묶여 있었고, 중국인의 활력은 처참히 말살당하고 있었다. 모든 사회 구성원들이 무거운 족쇄를 찬 듯 말이다.

청대 말기에 한 외국 정치 평론가가 말한 것처럼 이런 환경 속에서 중국인들은 심각한 정신적 무감각에 빠져들었고 극한의 참을성을 배우게 됐다. 중국 역사서의 페이지가 뒤로 넘어갈수록 인문적 색채는 옅어진다. 고귀, 인자, 관용, 존중이 담긴 아름다운 글귀들은 사라지고 의심, 이기, 잔인, 비열 등이 담긴 저속한 글귀들이 그 자리를 차지하고 있다. 중국 문화는 찬란한 꽃을 피우며 최고의 부흥기를 맞이했지만, 그 후 점점 시들어 지금은 곰팡이 냄새만 피우고 있다. 중국의 통치자들은 하나같이 의심이 많고 악독하며 잔인하다. 문학예술은 힘이 느껴지지 않고 창작력도 찾아볼 수 없다. 본디 강직했던 중국인들은 나약하게 변해 갔고, 혹독한 가난은 중국인에게 어떤 환경 속에서도 견딜 수 있는 참을성을 길러 주었다.

이 분석은 어쩌면 너무 포괄적이고 감성적이며, 완전하지 않고 구체적이지 못한 것일지도 모른다. 하지만 한 가지 분명한 것은 어떤 성격이든 그 성격을 결정짓는 유전자가 있듯이 중국 국민성 중 부정적인 부분 역시 그 결정 요소가 존재하며, 그것이 바로 기나긴 중국 역사에 있다는 것이다. 중국인의 참을성과 정신적인 무감각은 과거 역사 속에서 반항이 아무런 소용이 없다는 것을 여러 차례 경험하면서 만들어진 것이다. 일찍이 열정이 넘치는 수많은 혁명 지사들이 중국 사회의 심각한 병폐를 바꾸려고 과감히 나섰다. 하지만 왕안석의 변법, 장거정의 개혁, 캉유웨이의 변법자강운동이 그랬듯이 대부분의 개혁가들은 지위, 명예 모두를 한순간에 잃고 말았다.

중국인들은 폭력과 전제통치로 얼룩진 역사 앞에서 치열하게 투쟁하여 전제통치를 자행하던 역대 왕조들을 무너뜨렸다. 몽골족이 유럽과 아시아 대륙을 정복하는 과정에서 만났던 가장 강력한 적수도 다름 아닌 중국인이었다. 만주족이 산해관을 뚫고 중원으로 들어와 체발령(剃髮令)을 내렸을 때도 남방 지역의 수많은 도시지역 주민들은 궐기하여 저항했다. 하지만 중국이 아무리 거세게 저항하고 죽을힘을 다해 싸워도 외세 침략이라는 숙명은 벗어날 수 없었다. 그들의 저항으로 전국의 강이 백성들의 피로 물들었지만 국민의 인권을 되찾아오는 데는 실패했다. 반면 전제통치 제도는 갈수록 엄격해졌다.

이처럼 오랜 역사 속에서 중국인들이 깨달은 것이 있다. 바로 중국 사회의 작은 한 부분을 개혁하는 것조차 불가능하다는 것이다. 탈옥을 시도할 때마다 실패한 죄수가 할 수 있는 일이라고는 군소리 없이 감옥의 규정을 따르는 것뿐이라는 듯 그들은 점점 체념하게 되었다. 아편 전쟁이 끝난 후 중국을 찾은 서양 정치가들은 뜻밖의 광경을 목격했다. 당시 부자들은 먹을 것이 넘쳐났기 때문에 누가 훔쳐간다고 한들 대수롭지 않게 여겼다. 그런데도 배고픔에 허덕이던 수천 명의 사람들은 아무런 행동도 취하지 않은 채 굶어 죽어가고 있었다. 바로 역사 속에서 길러진 중국인의 참을성이 가져온 가장 처참한 모습이었다. 이 이상한 현상을 두고 외국인은 놀라움을 금치 못한 반면 중국인은 대수롭지 않게 넘겼다. 외국인이 정말 이해할 수 없었던 점은 기근으로 허덕이던 힘든 세월 동안 왜 단 한 번도 힘을 합쳐 지방 관원에게 구조를 요청하지 않았는가 하는 것이다. 이 같은 질문에 돌아오는 대답은 한결같았다. "감히 어떻게 그렇게 합니까?"

중국인은 표리부동하다. 하지만 그들의 표리부동함에는 어떤 원칙도 없다. 때로는 이 원칙이라는 것이 중국인들의 삶에 장애물로 작용하기 때문이다. 통치자들은 모든 것을 포기하고 사회 안정만을 추구했다. 그런 탓에 불합리한 제도가 마구잡이로 생겨났고, 제때에 적절한 개혁조치가 취해지지 않으면서 사회제도는 점차 실용성을 잃어갔다. 이에 표면적인 제도 아래에서 실효성을 갖춘, 그러나 겉으로 드러나지 않는 잠규칙(潛規則)이 나타나게 됐다. 이런 분위기 속에서 원칙만을 고수해 나가는 사람들은 도학자들이거나 아니면 바보로 취급받았고, 결국 사회에서 무자비하게 버림받았다. 반면 입으로는 도덕적인 구호를 외치면서 실제로는 이익을 추구하는 사람들은 쉽게 성공을 거두었다. 그래서 중국인들은 중용(中庸, 한쪽으로 치우치지 않음)과 원융(圓融, 원만하여 막히는 데가 없음)을 중시했다. 이처럼 모난 데가 없는 인재만이 오늘날과 같은 비정상적인 사회구조 속에서 물 만난 고기처럼 잘 적응해 환영받는 존재가 될 수 있다는 것이다.

중국인은 독실한 믿음이 부족하다. 수천 년 등안 이어져 온 중국 역사는 그야말로 비열한 경쟁의 연속이었다. 그 경쟁 구도 속에서 악한 사람일수록, 믿음과 정의를 저버리는 표리부동한 사람일수록 더 쉽게 성공을 손에 넣을 수 있었다. 유방, 주원장, 서태후 등이 전형적인 인물이다. 물론 연기자 기질을 충분히 발휘해 누구보다 온순하고 자비로운 척했다. 이와 대조적으로 순진하고 자비로운 사람일수록 참담한 결말을 맞았다. 체면을 중시했던 항우가 그랬고, 성서를 즐겨 읽던 건문 황제 주윤문도 그랬다. 역대 황제들의 파렴치한 '연기'와 파괴적인 사용으로 인의도덕(仁義道德)과 삼강오륜은 본래의 의미를 잃은 지 오래였다. 과거 너무 많은 속임수를 당했던 중국인들은 그 어떤 것에도 믿음을 주지 않을 뿐 아니라 서로 신뢰하지도 않는다. 그래서 생겨난 유명한 말이 있지 않은가. "한 명의 중국인은 한 마리의 용과 같지만, 세 명의 중국인이 모이면 세 마리의 벌레와 같다."

중국인은 공중도덕을 잘 지키지 않으며 지저분하고 더러운 민족이다. 그 이유는 역사 속에서 쉽게 찾아볼 수 있다. 루쉰은 중국 역사는 크게 두 시대로 나뉜다고 했다. 노예가 되고 싶었으나 그 꿈을 이루지 못한 시대와 잠깐이나마 편하게 노예로 살았던 시대다. 중국인은 지금껏 주인의식을 가져본 적이 없으며, 국가 역시 나 아닌 다른 사람의 재산일 뿐이라고 생각하며 살고 있다. 다른 사람의 노예이기 때문에 누군가를 위해 어떤 물건을 소중히 다뤄야 할 필요성을 느끼지 못하는 것이다. 그래서 중국인들은 내 손에 쥔 물건은 애지중지하는 반면 남의 손에 있는 물건은 부서버리고 싶은 파괴 심리를 갖고 있다. 예를 들어 가로등이 내가 하고자 하는 일을 방해하는 것도 아닌데 왠지 부숴버리고 싶은 충동이나, 아름다운 광장을 아무런 죄책감 없이 더럽히는 행동, 복을 가져다준다는 벽돌을 가질 수 있다면 레이펑 탑이야 붕괴되든 말든 상관하지 않는 행동 등과 같은 것이다.

중국인은 잔인하고 동정심이 부족하다. 바로 생활환경이 그렇게 만든 것이다. 너무나 열악한 생활환경이 그들을 괴롭히고 학대한 것이다. 중국인에게서 장애인을 배려하는 모습을 찾기란 어렵다. 그들은 생활 속에서 잔인한 장면을 목격해도 눈 하나 깜짝하지 않는다. 심지어 타인이 고통 받는 모습을 보면서 심리적 보상을 받으려는 사람도 있다.

효과 없는 '국민성 개조'

서양인들은 중국 여행길에 오르기 전에 갖가지 환상을 품는다. 볼테르는 "중국인은 세계에서 가장 우수한 민족이자 예의바른 민족이다. 어떤 민족보다 우위에 있다고 할 수 있다."라고 중국을 극찬했다. 중국에 대한 서양인들의 환상은 유럽으로 전파된 중국 서적에서 비롯됐다. 서적을 통해 본 중국은 자원이 풍부하고 문명이 발달했으며, 현명한 황제가 나라를 잘 다스리는 모습이었다. 또한 백성들은 모두 점잖고 예의가 바르며 도덕적이면서 고상한 모습이었다.

하지만 아편전쟁 당시 배를 타고 중국에 온 서양인들은 뜻밖의 모습에 놀라지 않을 수 없었다. 직접 눈으로 본 중국은 책에서 읽었던 모습과 정반대였기 때문이다. 중국 도시 곳곳은 쓰레기로 넘쳐났고 사람들은 느리고 흐리멍덩했다. 서양인 눈에 비친 중국인은 수갑을 찬 죄수 같았다. 사고력이나 창작력은 찾아볼 수 없고 이기심만 가득했다. 낡은 것을 개혁할 줄도 모르고, 시간 개념이나 대처 능력, 동정심도 없으며, 걸핏하면 거짓말을 하고 말과 행동도 달라 신용할 수도 없었다. 이것이 서양인이 본 중국인이다. 무려 30년 동안 중국인과 가까이 지내면서 그들의 성격에 대해 깊이 연구했던 전도사 아서 헨더슨 스미스(Arthur Henderson Smith)는 한 가지 결론에 도달했다.

"지금 중국인에게 필요한 것은 너무나 많지만 가장 절박한 것은 바로 인격과 양심이다."

중국이 문호를 개방한 후 생각이 깨어 있는 중국인들은 자국 국민성에 문제가 있음을 인식하기 시작했다. 이런 선각자들은 자신을 되돌아보며 그 누구보다 뼈아픈 고통과 실망을 절감해야 했다. 그렇기 때문에 외국인보다 더 예리하고 적나라하게 중국을 분석하고 비판했다. 옌푸, 량치차오, 쑨원을 시작으로 루쉰, 후스, 바이양, 룽잉타이로 이어졌다. 모두 중국의 문제점에 대해 분석한 내용을 열거했고 매 왕조마다 뼈아픈 성찰을 했다. 그들은 약속이라도 한 듯 모두 '국민성 개조'를 외치며 제도 개선보다는 사람이 먼저 바뀌어야 한다는 데 뜻을 함께 했다. 이 가운데 선봉자적 역할을 담당한 것으로 평가받는 루쉰은 1925년 유명한 말을 남겼다.

"앞으로 무엇보다 중요한 것은 국민성을 개조하는 것이다. 국민성이 변화하지 않는다면 전제통치제가 됐든 공화제가 됐든 모두 허사다. 간판이나 물건 색깔을 바꾼다고 해서 해결될 문제가 아니다."

그는 그중에서도 중국인의 열등감이 모든 문제의 원인이라고 지목했다. 중국 전체가 환골탈태해 새로운 모습으로 다시 태어나야만 현대화를 위한 각종 제도가 빛을 발할 수 있고, 과거의 영광을 다시 찾을 수 있다고 강조했다. 이를 실현하지 못한다면 아무리 좋은 물건이라도 중국에 들어오면 본모습을 잃게 된다고 했다.

그럼 어떻게 환골탈태할 것인가? 전도사 스미스는 그 해결책이 기독교에 있다고 했다. 그는 기독교라면 중국인들에게 참된 인품과 남을 위하는 마음을 길러주고 독실한 믿음도 가져다줄 것이라고 말했다. 량치차오가 속한 노장파는 신민설(新民說)을 강하게 주장했다. 그들은 모든 중국인은 각자의 의지력으로 자신의 머릿속에 쌓여 있는 낡은 생각을 씻어낼 수 있다고 주장했다. 루쉰과 천두슈가 속한 급진주의자들은 전통문화를 완전히 쓸어내야 한다고 주장했다. 그리고 중국 서적이 중국 국민성을 파괴하는 원인이라며 읽지 말아야 한다고 강조했다. 그의 제자였던 마오쩌둥은 이 주장을 가장 완벽하게 관철시켰다.

마오쩌둥은 가장 확고하게 국민성 개조 운동을 실시한 인물이다. 마오쩌둥을 가리켜 많은 사람은 옛 중국을 갈아엎고 그 자리에 새로운 중국을 건설하는 데 평생을 헌신했다고 말한다. 하지만 필자는 중국 국민들의 국민성을 변화시키는 데 평생을 바쳤다는 말이 더 옳은 표현이 아닐까 생각한다. 마오쩌둥은 젊은 시절부터 국민성을 완벽하게 개조해야만 중국을 살릴 수 있다는 말을 해왔다.

중국 국민이 안고 있는 적폐가 너무 깊고 사상이 너무 낡았으며 도덕심은 실종됐다. 중국인의 사상과 도덕심은 "꾸밈만 있을 뿐 진실함이 없고, 포장을 했으나 실속이 없다."라는 단 두 마디로 요약할 수 있다. 5천 년을 흘러 오늘날까지 깊이 뿌리박혀 있기 때문에 죽을 힘을 다하지 않으면 완전히 없앨 수 없다.

마오쩌둥은 중국이 살길은 국민의 근본적인 사상을 바꾸는 데 있다고 했다. 그래서 그는 평생을 국민성 개조에 바쳤던 것이다. 그는 여러 칭호 가운데 '위대한 스승'이라 불리는 것을 가장 좋아했다. 마오쩌둥은 모든 일은 사람의 사상의식에 따라 결정된다고 생각했다. 이는 그의 확고한 신념이었기 때문에 무슨 일을 하든 생각을 바꾸는 것에서부터 출발했다. 거칠 것 없는 강한 패기로 전통문화를 타파하자는 사회운동을 일으켰다. 비판을 통해 4구(四舊, 낡은 사상, 낡은 문화, 낡은 풍습, 낡은 습관)를 타파할 것을 주장하고 4신(四新, 신사상, 신문화, 신풍습, 신습관)을 세울 것을 강조했다. 이것이 바로 마오쩌둥이 추진한 문화대혁명이다. 그는 문화대혁명을 통해 중국인의 머릿속 깊이 박혀 있는 봉건문화를 뿌리째 뽑아내고 새로운 공산주의 정신을 심으려고 했다. 이는 성공적이었다. 중국인들의 마음속 깊은 곳에 잠자고 있던 혁명정신이 터져 나왔고, 중국인은 순식간에 공산주의자로 변모했다.

하지만 최근 100년 동안 거세게 몰아붙였던 국민성 개조 운동의 효과는 별로 탐탁지 않았다. 량치차오가 죽음을 앞두고 바라본 중국의 모습은 너무나 실망스러웠다. 그가 어렸을 때 보았던 중국보다 더 엉망이었다. 루쉰도 마찬가지였다. 그는 중국인의 국민성은 개조할 수 없다는 절망감을 안은 채 세상을 떠났다. 그리고 마오쩌둥이 추진했던 국민성 개조 운동의 효과는 그가 세상을 떠난 후 수면 위로 떠오르기 시작했다. 뜻밖에도 그가 기대했던 것과 정반대의 결과를 가져왔다. 반(反)우파 투쟁과 문화대혁명을 계기로 중국인들은 남을 믿는 마음이 완전히 사라진 듯 보였다. 상대방에 대한 의심은 그 어느 때보다 심해졌고 마음의 벽을 높이 쌓기 시작했다. 이상, 숭고, 순결 등의 단어가 아름다운 줄은 알지만 이를 실천하려는 마음은 전혀 없었다. 이처럼 중국인들은 문화대혁명을 겪으면서 역사상 가장 심각한 도덕적 상실을 경험했다.

개혁개방 후 현대화를 추진하는 과정에서 나타나는 문제들은 모두 민족성과 깊은 관련이 있음이 속속 드러났다. 국민의 소양, 공직자의 자질, 믿음·도덕성·진실성의 붕괴, 고질적인 부정부패, 공중도덕심 부족, 내부 투쟁, 느린 대처능력, 정신적인 해이 등 모든 것이 민족성에서 나온 것들이다. 지금 중국은 급속한 경제성장으로 우쭐대며 나날이 새로워지는 면모를 과시하고 있고 일부 지역은 이미 현대화를 실현했다고 떠벌리고 있지만, 과연 중국인의 머릿속은 1911년 그때보다 깨어 있는가?

오늘날 중국의 모습을 돌아보자. 수세식 변기를 설치해 둔 화장실에는 악취가 코를 찌르고, 외국에 여행 간 중국인들은 여전히 아무 곳에나 침을 뱉는다는 이유로 벌금을 물기 일쑤다. 이런 행동을 보고 있자면 중세기에 살고 있는 것은 아닌지 착각이 든다. 2002년 8월 31일 〈치루석간〉에 실린 기사에 따르면, 어떤 공사장 인부가 트럭을 몰고 가다 한 노인을 치어 중상을 입혔는데 병원으로 데려가지 않고 도랑으로 밀어버렸다고 한다. 결국 그 노인은 사망했다. 더 놀라운 것은 그 트럭에 10명의 농민 노동자가 타고 있었는데 아무도 꼼짝하지 않았다는 점이다. 〈성휘일보〉에도 비슷한 기사가 실렸다. 9월 2일 후난에서 16세의 류양이라는 소년이 PC방에서 5세의 어린아이가 휘두른 칼에 목숨을 잃었는데, 수십 명의 사람들이 마치 폭력영화를 감상하듯 이 광경을 구경했다는 것이다. 아무도 경찰에 신고할 생각도 않은 것이다.

선양시에서 무마^(慕馬)사건(시장 등 16명이 연루된 비리사건)이 발생했다. 하지만 이 사건에 연루된 탐관오리들을 미워하는 시민은 찾아볼 수 없었다. 시민들은 선양시를 위해 아무것도 하지 않는 공직자보다 그래도 뭔가를 해보려고 시도한 정성이 가상하다고 생각했다. "그들이 죄를 짓긴 했지만 그게 다 선양 시민들을 위한 일이었잖아요."라고 말하며 그들을 감싸기까지 했다. 심지어 일부 시민들은 그들이 청렴한 공직자 축에는 못 끼어도 그렇다고 아주 부패한 공직자라고 말할 수도 없다며 다만 운이 없어 걸린 것뿐이라고 생각했다.

이런 소식을 접할 때면 우리는 자연스레 루쉰이 말했던 '구경꾼 심리'가 떠오른다. 지금 우리가 사는 세대의 '구경꾼'들은 루쉰이 당시에 비판했던 그 구경꾼들보다 더 냉담하다. 객관적인 관점에서 오늘날 중국인들의 도덕적 소양을 평가해 본다면 루쉰 시대보다 훨씬 엉망이라고 말할 수밖에 없다. 그렇기 때문에 신문마다 절망의 비명이 담긴 비평들이 쏟아져 나오고, 이를 접한 외국인들에게는 중국인의 부정적인 이미지가 부각될 수밖에 없다.

100여 년 동안 쌓여 온 실망감은 결국 하나의 결론에 이른다. 중국인의 열등감은 세상에서 가장 깨기 힘들고 가장 강력하다는 것이다. 중국인은 태어날 때부터 '여과성 바이러스'를 갖고 있는데 이는 치료방법이 없는 불치병이다. "자기를 버리고 자신을 낮춰야 한다."라는 말은 국내외를 막론하고 유명한 글귀다. 룽잉타이는 자신의 저서《중국인은 왜 화를 내지 않는가》에서 이 현상을 다음과 같이 묘사했다.

하루는 한 스웨덴 친구와 일몰을 보기 위해 단수이(대만의 해안도시)로 향했다. 강물이 빠지자 검은 기름이 잔뜩 낀 진흙 여기저기에 쓰레기가 박혀 있었다. 쓰레기가 좀 덜한 곳을 간신히 찾아내 자리를 깔고 앉았다. 이때 밤톨머리를 한 다섯 살 된 남자 아이가 우리를 뚫어지게 보더니, 몸을 휙 돌려서는 인형을 안고 있는 더 어린아이에게 앳된 목소리로 말했다.

"내가 영어를 좀 알아듣는데 저 외국인이 대만은 미개하다고 말했어."

나는 어리둥절했다. 외국인 친구는 단 한마디도 하지 않았기 때문이다. 이 꼬마가 이야기를 지어낸 것이다. 어떻게 이런 이야기를 지어낼 수 있을까? 중국 국민의 열등감이 이 정도로 심각했단 말인가?

닮은 듯 다른 한국인

칭하이의 룽양샤에서 처음으로 황허 상류를 보았는데 바닥이 훤히 보일 정도로 맑고 투명한 황허의 물줄기를 보고 놀라지 않을 수 없었다. 이처럼 황허 역시 소년 같은 순박함을 지니고 있었다. 다만 하류로 내려갈수록, 만나는 토지가 척박할수록, 유입되는 지류가 많을수록 심하게 더럽혀졌을 뿐이다. 지금은 세계에서 가장 오염된 강이라는 불명예까지 갖고 있지만 말이다. 중화민족도 마찬가지다. 중국을 상징하는 황허처럼 오랜 역사를 거치면서 점차 시들해지고 많은 것들이 그 순박함을 잃은 것이다.

한국인은 일찍이 황허 상류 물줄기를 압록강으로 유입시킨 적이 있다. 압록강은 물줄기가 짧고 물살이 곧은 데다가 외진 곳에 있어 육지와 만나는 곳만 약간 오염됐을 뿐 강물은 비취색을 띨 정도로 맑다. 한국인과 오래 알고 지내면 중국 춘추시대 인물들에게서 느꼈던 기질을 보게 된다. 명쾌하면서 솔직하고, 정의를 지킬 줄 아는 강직함을 가진 한국인! 그들의 본성은 전혀 오염되지 않고 지금까지 내려오고 있다.

한반도 역사의 뿌리는 중국과 뗄 수 없는 관계에 있다. 은나라 주왕은 어리석고 도리를 모르는 인물이었다. 그런 주왕이 못마땅하게 여겼던 그의 숙부 기자는 멀리 조선까지 넘어가 나라를 세웠다고 전해진다. 진 왕조에서 한 왕조로 정권교체가 일어나던 당시 수많은 연나라 사람들이 전쟁을 피해 조선으로 도망갔다. 그중 위만이란 자가 그들을 선동해 기자의 후손들을 조선 땅에서 내쫓고 위씨(衛氏)조선을 건설했다. 그 후 한 왕조가 조선을 정복했고, 그곳에 한나라의 4개 군, 즉 한사군(漢四郡)을 설치했다. 한 왕조가 멸망하자 삼국은 싸움이 벌어졌고 조선은 점차 중국에서 떨어져 나가 독립했다. 조선은 독립한 후에도 역대 중원 왕조와 긴밀한 관계를 맺으면서 종번(宗藩, 종주국과 변방국)관계를 유지해 나갔다. 문화적으로도 상당 부분 중국의 영향을 받았다. 당 왕조 때는 조선의 수많은 지식인이 과거에 응시하기 위해 먼 중국 땅을 찾았고, 과거에 붙은 자는 관리가 됐다. 송원 시기에는 주희의 이학이 등장해 중국에서 크게 유행했고, 조선 역시 주자학설을 도덕관의 기초로 삼았다. 명 왕조 때는 왕양명이라는 대학자가 등장했고, 조선의 지식인들은 이에 발맞춰 양명학을 연구하기 시작했다. 당시 조선은 중국 문화를 가장 많이 닮아 있는 자국의 모습에 강한 자긍심을 보였다. 중국의 뒤를 이어 세계에서 두 번째로 문명이 발달한 국가라고 자부하며 스스로를 소중화(小中華)라고 칭했다.

중국과 한국은 같은 문화를 가지고 있기에 민족성 역시 상당 부분 닮아 있다. 조선의 국왕은 중국 황제의 통치술을 제대로 배워 갔다. 굳이 다른 점을 말한다면 조선의 전제통치 제도는 중국보다 더 엄격했다는 것이다. 주원장은 백성들에게 특별한 사유가 없이는 외출을 하지 못하도록 했고, 꼭 문밖을 나서야 한다면 반드시 통행증을 끊도록 했다. 하지만 조선의 임금은 백성의 목에 아예 호패를 걸도록 명했다. 백성들은 성명, 연령, 출신, 거주지 등이 적힌 호패를 항상 걸고 다녀야 했고, 관원들은 수시로 행인들의 호패를 검사했다. 또한 과거시험을 보고, 절부와 열녀에게 표창하는 것, 득실거리는 부패한 탐관오리들, 꽉 막힌 지식인 등이 중국과 너무나 닮아 있었다. 왕실에는 피비린내와 잔인한 살상이 끊이지 않았다. 어쩌다 태평성대가 찾아오면 대신들은 당파싸움을 하느라 정신이 없었다. 동인, 서인, 노론, 소론은 서로를 죽이지 못해 안달이었다. 한국인도 중국인과 마찬가지로 권위를 숭상하고 직위나 권력으로 사람을 평가한다. 경제가 급성장하고 있을 당시 한국은 중국보다 더 지저분하고 더러웠다. 이는 인바오윈이 옛 조선 사회를 묘사한 《한국의 현대화 과정》에 잘 나타나 있다.

봉건주의의 속박 속에 많은 백성은 낙후된 생활과 우매함으로 신음하고 있다. 조선의 백성은 해가 뜨면 밭으로 나가 일을 하고 해가 지면 집으로 돌아온다. 무미건조한 시간을 보내면서 간신히 입에 풀칠할 정도로 농사를 지으며 살아간다. 과거의 중국을 닮아 있는 조선은 유교의 전통적인 통치방식에 익숙해져 있고, 사람 간의 정과 관계를 중시하는 반면 법규나 원칙은 중요하게 여기지 않는다. 백성은 관리들에게 선물을 보내고 술과 식사를 대접하면서 돈독한 관계를 맺어 두었다가 무슨 일이 생기면 찾아가 도움을 청한다. 관리들 역시 술을 대접받고 뇌물을 챙기며 술자리에서 나라를 팔기도 한다. 관아에 줄만 잘 대두면 편안한 나날을 보낼 수 있을 뿐 아니라 세금도 감면받을 수 있다. 형법을 어겨도 관아에 줄만 있으면 처벌이 훨씬 가벼워진다.

당신은 이 글이 중국에 대해 말하는 것인지, 한국에 대해 말하는 것인지 구분할 수 있겠는가? 아마 힘들 것이다. 이처럼 한국과 중국은 많이 닮아 있다. 하지만 그 속에 숨어 있는 아주 미묘한 차이점도 찾을 수 있다. 한국인과 중국인의 가장 큰 차이점은 바로 강(剛)과 유(柔)에 있다. 중국은 광활한 영토와 시시각각 변하는 기후를 갖고 있으며, 동서남북 지역의 사람들은 각기 다른 성격을 보인다. 중국은 오랫동안 이동과 융합을 반복하면서 관용과 평화를 사랑하는 마음과, 어떤 상황에도 잘 적응하는 성격을 갖게 됐다.

불굴의 한국인, 유연한 중국인

한국은 국토 면적이 아주 작은데, 중국의 성(省) 하나 정도의 크기다. 지리적으로 볼 때 중국보다 폐쇄적인 위치에 있기 때문에 수천 년이란 기나긴 시간 동안 단일민족을 유지해 올 수 있었다. 지리적으로 인접해 있는 탓에 한국인은 중국 북방 지역 사람들과 닮아 있는데, 소박하면서도 화통하고 불의에 굴하지 않는 강직함을 간직하고 있다. 반도와 산악지대라는 지역적 폐쇄성으로 한국인들은 특유의 고집과 꿋꿋함이 있다.

중국은 역사적으로 수많은 재난과 외세의 침입을 견뎌야 했다. 이런 경험은 중국인에게 타협할 줄 아는 지혜와 임기응변에 능한 재능을 주었다. 이길 수 있는 상대라면 싸우고, 그렇지 않으면 무기를 버리고 도망가는 것이 바로 중국 민족이다. 반면 한국은 예부터 외부와의 접촉이 거의 없었다. 그렇기 때문에 한국인의 민족성에서 여전히 상고시대의 유풍이 느껴지고 그들의 피에는 알타이 산맥을 오르던 사나운 기질이 남아 있다.

한나라 말기부터 청나라 말기까지 2천 년 동안 조선은 여러 차례 외세의 침략을 받았지만 단 한 번도 다른 민족에게 통치권을 허락하지 않았다. 그들은 수많은 도전과 위험 앞에서도 망설임 없이 적들과 맹렬히 싸웠고, 그들의 끈질긴 의지와 굴하지 않는 정신으로 승리를 이끌어냈다. 서기 612년, 수양제는 130만에 달하는 육군과 해군을 호령하며 조선으로 진군해 들어갔다. 당시는 수나라 왕조가 가장 번창하던 때로 주변국들은 모두 수나라에 머리를 조아리며 충성을 다짐했다. 수나라는 거의 한나라 왕조의 명성을 회복한 상태였다. 그런데 작디작은 땅덩어리를 가진 조선만은 여전히 굴복하지 않고 있었다. 당시 수나라는 작은 조선쯤은 쉽게 손아귀에 넣을 수 있을 만큼 막장한 병력이었기 때문에 이쯤 되면 조선이 항복하고 자신의 신하가 되겠다고 청할 줄 알았다. 하지만 조선은 달랐다. "시대의 변화를 아는 자가 영웅이다."라는 말을 처음 듣는 양 전혀 굽힐 줄을 몰랐다. 오히려 요동성과 평양성에서 수나라 군대를 막아서며 '무리한 승부수'를 던졌고, 결국 그들만의 불굴의 끈기로 수나라 군대를 대파했다.

작은 나라 조선에 패한 수치심과 분에 못 이겨 수양제는 모든 군사력을 동원해 몇 번이나 조선을 공격했다. 하지만 매번 조선 땅도 밟지 못한 채 돌아와야 했다. 수나라 왕조는 조선 정복에 너무 많은 힘을 쏟아붓다 결국 얼마 지나지 않아 멸망하고 말았다.

20년 후에 중국 역사상 최고의 황제로 칭송받고 있는 당태종이 왕위에 올랐다. 그 역시 군사를 이끌고 평양성 점령에 나섰다. 당태종은 조선인의 불굴의 정신이 전설처럼 그리 강할 것이라고 생각하지 않았다. 조선을 손에 넣지 못한 것은 수양제의 무능함 때문이라고 생각했다. 당시 18세에 불과했던 당태종은 중국의 잃어버린 체면을 되찾아오겠다며 조선 정복에 나섰다. 하지만 결과는 마찬가지였다. 세 번의 정복 시도는 모두 실패로 끝을 맺었다.

조선인은 단 한 번도 휘어진 적이 없는 강철 검과도 같았다. 조선에게서 적의 침입은 검에 담금질을 하는 것과 같았고, 결국 조선이라는 검은 점점 예리하고 강해졌다. 중국이 외세에 당했던 굴욕감이나 패배감이 어떤 것인지 한국은 단 한 번도 맛본 적이 없다. 그렇기에 한국인의 머릿속에는 받은 만큼 되갚아 준다는 뜻의 '이에는 이 눈에는 눈'과 같은 말만 있을 뿐 굴복, 인내, 포용 등의 말은 없다. 한국인은 비록 천년 동안 살벌한 봉건제도의 통치 아래 놓여 있었지만 그들의 기개를 꺾지는 못했다. 그들은 지금도 변함없이 강직하다. 20세기에 들어서면서 한국은 잠자고 있던 의식이 깨어나기 시작했고, 그들의 강건한 의지는 경제를 건설하고자 하는 노력으로, 스포츠 경기를 이기고자 하는 필승 의지로, 국제 교류에서 굴하지 않는 불굴의 정신으로 나타났다.

가벼운 한국인, 진지한 중국인

한국인과 중국인이 본질적으로 다른 한 가지는 바로 진지함과 가벼움이다. 수천 년 동안 중국은 경제와 문화 분야에서 한국을 압도해 왔다. 중국은 넓은 영토와 풍부한 자원을 가진 대국으로, 인구가 많고 문화가 널리 보급되어 있으며 경제도 발달했다. 아울러 사회 유동성이 크고 사회 구성원 간의 경쟁도 치열하다. 이런 환경 속에서 단련된 중국인들은 갈수록 영리해졌다.

반면 한국 사회는 오랜 시간 경제성장을 이룩하지 못했고 문화 보급률도 상당히 낮았다. 일반 백성들은 그야말로 눈을 가리고 귀를 막은 채 방치된 삶을 살아왔다. 그 때문에 중국 문화의 부정적인 영향도 적게 받은 편이다. 중국 변두리 지역 주민들이 순박하고 자연친화적 삶을 살고 있듯이 한국 역시 자연적인 본성을 유지해 나갈 수 있었다.

중국인의 믿음에는 허와 실, 그리고 진과 퇴가 공존했다. 입으로는 공명정대한 예의와 삼강오륜을 외쳤지만, 실제로 문제를 해결할 때는 주판을 튕기며 이익을 따지곤 했다. 중국에서는 임기응변에 강한 인재가 진정한 영웅호걸로 인정받는다. 역대 위대한 군주로, 걸출한 대신으로 칭송받았던 인물들 모두가 그랬다. 그들은 한 손에는 도의를, 다른 한 손에는 이익을 움켜쥐고 자유자재로 활용하면서 공을 세워 이름을 날렸다. 중국에서 진정으로 유학을 신봉하는 자들은 학업에 매진 중인 지식 계층이나 도학자(道學者)가 전부였다. 하지만 지식인도 학업을 마친 후 사회에 발을 들여놓는 순간 더 이상 책벌레가 아닌 임기응변의 달인으로 변했다. 도학자들은 더했다. 그들은 줄곧 세인의 웃음거리였고 '도학'이라는 두 글자는 사람을 욕하는 대명사가 됐다. 일반 백성은 말할 나위가 없었다. 그들은 하늘의 이치나 사람의 욕망에 대해 전혀 관심을 갖지 않았다. 다만 풍속과 습관에 따라 살아갈 뿐이었다.

한국인은 중국인보다 뜨거운 가슴을 가졌다. 그들은 융합이나 영합이란 단어 자체를 모른다. 당시 조선은 유교를 받아들인다면 불교를 깨끗이 버리자는 입장이었기 때문에 한국 불교는 중국이나 일본만큼 발달하지 못했다.

유학이 한국에 전파된 후 유교와 불교 간에는 사활을 건 투쟁이 벌어졌는데, 그 결과 불교가 완전히 밀려났다. 한국학자 한병태는 한국 유교는 '근본주의'와 유사하기 때문에 한국에서는 유교학설의 정통성을 확고하게 지켜나가고 있다고 했다. 또 한국 사회는 주희의 이학과 같은 보편성이 강한 문화체계를 계승했기 때문에 유학도 이를 충실히 적용하고 따랐다. 당시 한국에서 유학이란 제도와 국민의 문화 수요를 만족시키기 위한 것이 아니라 한국 사회제도와 국민이 영원히, 보편적으로 지켜나가야 할 도덕적 가치관이자 정치적 규범으로 인식됐다. 한국의 이런 모습을 보고 많은 사람들은 이학이 중국에서 전파된 것이기는 하나, 한국 사회의 이학이 중국보다 더 세심하고 정통성을 갖고 있다고 말한다. 과거 조선시대 지식인들은 대부분 고지식하고 실용성이 부족했다. 그들은 주자학설의 교리만을 고집하면서 일상생활에도 그대로 반영했는데, 매번 책을 찾아가며 행동으로 옮겼다. 지식인들을 통해 한국에서 주자학이 보편화되면서 일반 백성의 생활규범으로 자리 잡았다. 현대 유학자인 두웨이밍 교수는 다음과 같이 말했다.

"유교 전통이 일반화된다는 것은 흥미로운 일이다. 한국인은 자신들이야말로 유학의 모국이라고 주장하는데, 전혀 근거 없다고 할 수는 없다."

조급한 한국인, 느긋한 중국인

한국인과 중국인의 세 번째 차이점은 바로 조급함과 느긋함이다. 한국인의 성급한 성격은 세계적으로도 유명하다. 한국인들은 늘 "좀 더 빨리!"라고 말한다. 무엇이든 빨리 빨리다. 길을 걸을 때도, 운전을 할 때도, 경제성장에서도, 물론 빌딩을 지을 때도 '빨리'를 외친다. 인내심이 없고 극단적으로 문제를 바라보는 한국인의 성향이 그들의 가장 큰 단점일지도 모른다.

반면 중국인의 굼뜬 행동도 그에 못지않게 유명하다. 중국의 공직자에게 가장 중요한 자질은 다름 아닌 숙련됨과 진중함이다. 그들은 무엇이든 '연구'를 외친다. 중국인은 문제를 풀어나갈 때 전면적이고 변증법적으로 풀어나가기 때문에 매사에 지나치게 조심한다. 어떤 학자는 침착하고 여유 있는 태도가 바로 중국인의 장점이라고 강조했다. 그는 중국 손님은 아무리 오래 기다리게 해도 화를 내는 법이 없다고 했다. 그들의 여유, 인내심이 있기에 그들이 원하는 것을 이루어낸다고 했다. 중국인은 화를 내는 것은 에너지만 허비할 뿐 아무런 효과가 없다고 생각하기 때문에 느긋하게 행동한다. 이런 대조적인 결과를 낳은 이유는 두 나라의 지리적 위치와 역사에서 찾을 수 있다.

조선은 좁은 영토와 적은 인구를 가지고 있기 때문에 빠르게 반응할 수 있었다. 하늘에 구름이 잔뜩 끼면 조선 전 지역에 비가 내렸고, 임금이 하명하면 다음 날 바로 그 결과를 볼 수 있었다.

하지만 거대한 몸집을 가진 중국은 동작이 느려질 수밖에 없었다. 코끼리를 보자. 아무리 민첩하게 움직이더라도 우리 눈에는 우둔해 보일 뿐이다. 정보화 시대 전에는 중국의 한 지역에서 다른 지역으로 소식을 전하려면 짧게는 몇 개월, 길게는 몇 해가 걸리기도 했다. 황제의 명이 아무리 화급을 다투는 일이더라도 소용이 없었다.

중국은 국내 사정도 너무나 복잡하다. 그렇기 때문에 어떤 조치를 취하려면 신중에 신중을 기해야 했다. 그렇지 않으면 이미 엎질러진 물이 되어 수습이 불가능해진다. 장자는 이미 수천 년 전에 이에 대해 명쾌한 견해를 제시한 바 있다. "큰 나라를 다스리는 일은 작은 생선을 굽듯이 해야 한다." 즉, 굽고 있는 작은 생선을 익을 때까지 기다리지 못하고 뒤집으면 부스러지듯이 대국을 다스릴 때도 일이 될 때까지 가만히 지켜보지 않고 조급히 움직이면 일을 그르친다는 뜻이다.

중국의 방대함 때문에 역대 정치가들은 중책을 맡으려 하지 않았다. 그래서 그들은 꾀를 부렸다. 무슨 일이든 전례대로 하는 것이다. 그러다 난관에 봉착하면 한쪽에 미루어 두고 처리하지 않았다. 결국 문제는 점점 쌓여가고 제도는 날이 갈수록 기형적으로 변했다. 중국학자 황런위는 중국이 '수치에 근거한 관리'를 실시하지 못한 것을 가장 통탄해했다. 하지만 당시 '수공시대'에 수치에 근거한 관리방법을 거대한 중국에 적용시킨다는 것은 맞지 않는 옷을 입히는 것과 같았다. 이런 필요에 따라 과학에 근거한 이성적인 관리방법이 서유럽의 작은 국가가 아닌 중국과 같은 대국에서 싹튼 것이다. 그리고 한국과 같은 소국들이 빠르게 이를 응용하기 시작했다. 정작 중국은 아직도 단칼에 모든 일을 해결하려는 방법을 쓰고 있는데 말이다. 이를 종합해 볼 때 한 가지 결론에 도달하게 된다. 중국의 부진, 중국인의 비과학적인 도구, 시간개념 부족, 정확도 부족 등은 다름 아닌 중국의 거대한 몸집과 관련이 있다는 것이다. 또 다른 각도에서 본다면 중국을 통일한 진시황의 업적이 얼마나 위대한 것인지 말해 주는 것이기도 하다.

한국인과 중국인을 비교하다 보니 마치 소년과 노인을 비교하는 느낌이 든다. 중국인은 차를 즐겨 마신다. 뜨거울수록 좋아한다. 차 한 주전자면 오전 내내 우려내 마실 수 있다. 반면 한국인은 차를 즐겨 마시지 않는다. 그들은 겨울에도 찬물을 마신다. 심지어 한겨울에도 냉수를 단숨에 들이킨다. 중국은 부귀영화도 누려 봤고 쇠락의 길도 몇 차례 걸어 봤다. 또 오랜 시간 태평성대도 누려 봤고 어렴풋한 기억이긴 하지만 폭정, 혼란, 재난도 겪어 봤다. 유구한 역사를 가진 만큼 일어날 수 있는 모든 일을 겪었다. 세계적으로 가장 경험이 풍부하고 박식한 민족으로 역사 속에서 생존에 필요한 지혜도 다양하게 쌓았다. 중국은 너무 늙었다. 다리에 힘도 빠지고 영민함도 사라졌다. 매사에 믿는 둥 마는 둥하고, 대충대충이고, 느릿느릿하고, 또 매사에 조심한다. 모든 문제는 논증을 거쳐 객관적인 방법만을 적용한다.

반면 한국인은 아직 세상풍파를 덜 겪은 소년과도 같다. 그래서 모가 나 있지 않고, 자신감을 잃지 않았다. 그들은 혈기 왕성하고 행동이 민첩하다.

서양의 포함이 날린 포성에 잠자고 있던 중국이 깨어나기 시작했다. 계속되는 그들의 공격 앞에 중국은 스스로 강해져야 한다는 사실을 깨달았다. 하지만 중국은 오랫동안 신경을 안 쓰다 보니 관절은 여기저기

녹슬었고 오랜 시간 형성된 고질병은 너무 깊이 뿌리박혀 있어서 국력을 기르는 여정은 험난하기만 했다. 점점 조여 오는 주변 정세 앞에서 반응은 더 느려졌고 주저하는 모습은 무능하기 짝이 없었다. 과거 경험의 그늘에서 벗어나지 못하여 문제만 터지면 반사적으로 과거의 낡은 수단을 모방하려 했다. 계속되는 외세의 침입 앞에 자신감은 바닥에 떨어졌고, 강인하고 고집스럽던 나라가 순식간에 나약하고 열등감이 가득한 나라로 전락했다.

중국은 스스로 집 안을 둘러보기 시작했다. 보는 것마다 눈에 거슬리고 마음에 드는 것이 없었다. 그래서 집 안의 옛것을 사구(四舊)라 이름 짓고는 그것들을 모두 불태워버리고 그 자리에 서양가구를 하나씩 들여놓았다. 하지만 방 구조가 서양과는 다르다 보니 서양 스타일의 가구가 맞지 않았다. 이에 중국은 '끼워 맞추기' 능력을 십분 발휘했다. 가구 다리 하나를 잘라내고 문도 한 짝 떼내고, 심지어 냉장고를 옷장으로 쓰기까지 했다. 결국 정체를 알아볼 수 없게 만들어 놓고는 '중국 특색'이라고 말한다.

전 세계 어디를 봐도 중국만큼 현대화 과정이 고달프고 힘겹고 고통스러운 나라는 없다. 중국 스스로 그 원인이 문화에 있음을 인정한 지도 벌써 100여 년이 흘렀지만 어떤 새로운 문화를 채택할 것인지를 두고 아직도 입씨름 중이다. 이데올로기 타령에 빠져 헤어나지 못하고 있는 것이다. 선조 대대로 전해 내려온 유교 문화나 우수한 전통들은 모두 봉건적이라는 이유로 버린 반면, 수천 년이란 긴 시간 동안 형성된 고질적인 습관은 버리지 못한 채 지금까지도 중국인의 숨통을 조이고 있다. 이는 문화와 민족성은 완전히 일치하지 않는다는 것을 분명히 말해 준다. 문화는 일종의 관념인 반면 민족성은 일종의 습관을 통해 형성된 것으로 잠재의식에 더 가깝다고 할 수 있다. 이는 습관적으로 코를 후비는 것과 같다. 생각은 분명 아름답지 못한 행위라는 것을 인식하고 있지만, 어떤 때는 자신도 모르게 잠재의식 속에서 쾌감을 느끼고자 손가락을 움직이는 것이다.

1840년 중국이 잠에서 깨어 기지개를 켜고 있을 때도 조선은 아직 중국 곁에서 곤하게 자고 있었다. 중국이 양무운동을 펼칠 때도 마찬가지였다. 그러다 일본에게 잡아먹힌 후에야 퍼뜩 정신을 차렸다.

위기가 닥쳤을 때도 노인과 소년의 반응은 각기 달랐다. 일본의 침략을 받은 한국인들은 강한 자존심에 큰 상처를 입었다. 그 후 그들이 겪었던 굴욕은 시시각각 불길이 되어 한국인에게 화상을 입혔다. 조급한 성격을 가진 한국인들은 서둘러 현대화 실현을 위한 준비 작업에 착수했다. 정치적 환경이나 조급한 성격 덕분에 그들은 이데올로기 타령이나 하며 시간을 허비하지 않았다. 한국인은 스스로 방도를 모색해 경제 발전의 길로 들어섰다.

한국의 기적

한국인의 우직함과 강인함은 경제발전 과정에서도 빛을 발했다. 현대화를 실현해 나가는 과정에서 나타난 한국인의 고질적인 타성을 그들만의 강한 의지로 극복해낸 것이다. "과거의 일은 과거에 묻어 두고 오늘의 일로 오늘을 살자."라는 결의를 되새기며 과거의 생활습관을 바꿔나갔다. 한국인은 뱉은 말은 무조건 행동으로 옮겼고 굳건히 지켜나갔다.

1961년 한국에서 쿠데타가 일어났다. 그 장본인은 박정희였다. 그는 쿠데타로 순식간에 정권을 장악하더니 10여 년간 지속된 무능한 정권과 사회 혼란을 무력으로 종식시켰다. 박정희를 통해 한국 사회는 군사 정권으로 들어섰다. 그는 '자력갱생' 정책을 추진해 부패한 전 정부에 대해 대대적인 숙청작업을 감행했다. 그리고 젊은 군인들이 정권을 장악했다. 그 후 10여 년간 박정희는 계속 부정부패 척결운동을 실시했는데, 심지어 커피를 마시거나 춤을 추는 공직자나 일본 음악을 듣는 공직자들도 그 대상이 됐다. 그는 그 죄가 아무리 경미한 경우라도 무조건 제거 대상에 포함시켰다. 박정희는 전제정론을 이용해 의지력과 청교도 정신으로 똘똘 뭉친 군사정권을 수립했다.

개발도상국의 사회발전을 저해하는 가장 큰 장애물은 다름 아닌 부패한 관료들이다. 이에 박정희는 한국 사회에 뿌리박혀 있는 전통적인 권위주의의 힘을 바탕으로 관료 집권주의를 이용해 한국 전역에 군대를 조직했다. 경제를 발전시키겠다는 명목을 내 걸었다. 한국인의 복종의식, 질서의식, 단체의식, 계급의식 등은 경제성장과 사회발전을 실현해 나가는 데 큰 기여를 했다. 당시 한국에서는 회사도 군대처럼 변해갔다. 직원에게 짧은 두발과 회색 제복 착용, 명찰 부착 등을 지시했다. 이외에도 '산업전사', '수출전쟁', '100억 달러를 달성하자.' 같은 군대식 구호도 외치게 했다. 기업은 직원들의 사상을 통제하기 시작했다. 부모를 공경하듯 회사 지시에 고분고분 따르도록 했고, 열악한 근무 조건과 낮은 임금으로 연장 근무를 하도록 강요했다.

한국인의 급한 성미와 성실함은 경제성장을 이루는 데 중요한 견인차 역할을 했다. 1960년 이전까지만 해도 한국은 게으른 민족이라는 평가를 받았다. 그러나 지금은 세계무대에서 전혀 다른 면모를 과시하고 있다. 한국은 빠르게 성장해 나갔고 홍콩, 도쿄보다도 발 빠른 행보를 보이며 세계인의 주목을 받았다. 1970~1980년대는 한국 국민들이 임금을 받지 않고 자발적으로 연장 근무를 했다. 한국은 이를 발판 삼아 불과 몇 십 년 만에 경제대국으로 성장했다. 세계에서 가장 가난하던 한국이 세계 13위 경제대국으로 눈부시게 도약한 것이다. 한국인은 무서운 집중력을 발휘하며 한 치의 소홀함도 보이지 않았다. 그들은 서양 문화를 배우는 일에 대충하는 법이 없었고 모든 부분에서 제대로 배웠다. 몇 십 년 전 한국 자동차가 미국 시장으로 진출하겠다는 포부를 밝혔을 때만 해도 세계는 이를 비웃었다. 그러나 불과 얼마 후 한국의 자동차 생산량은 100만 대를 돌파했고, 후발 주자로 출발한 한국 휴대전화는 불과 몇 년 만에 세계시장을 장악했다. 그 주역은 한국의 삼성이었다.

한국은 경제성장을 통해 물질적인 부를 창조했을 뿐 아니라 사회구조를 변화시키는 성과도 얻었다. 박정희는 강압적인 방법으로 불합리한 사회제도를 타파하고 정치체제를 머리부터 발끝까지 완전히 뜯어고쳤다. 과거에는 사회 활력을 짓누르는 도구로 인식됐던 관료기구는 경제발전을 위해 봉사하는 현대적인 관리기구로 탈바꿈했다. 사회 분위기도 쇄신했다. 직위나 권력이 평가 기준이 되던 것을 혁신하고 사상을 숭배하던 풍토를 몰아냈다. 대신 과학·이성·개성이 존중받고, 실리를 추구하는 사회 분위기를 만들었다.

교육이 보급되면서 한국인의 정치 참여의식과 능력도 크게 향상됐다. 한국인은 '불굴의 정신'으로 민주화를 쟁취했고, 한국의 미래와 발전을 위해 한 목소리를 냈다. 비록 중국보다 인구는 적지만 민주화 투쟁에서 보여 준 한국인의 패기는 중국을 압도하기에 충분했다. 민주화 과정에서 펼쳐진 학생운동이나 각종 시위에서 그들만의 정신을 보여

췄다. 자신들보다 강하고 수적으로도 훨씬 많은 군경이나 독한 최루탄 가스 앞에서도 물러서지 않고 앞으로 나아갔다. 국민의 희생과 진보정치 지도자들이 있었기에 한국은 권위주의 정치에서 벗어나 민주주의 정치로 진입하는 데 성공했다.

사회가 발전함에 따라 한국인의 마인드도 크게 달라졌다. 1960년대 이전까지만 해도 한국은 최빈국 명단에 들어 있었고, 한국인은 세계인이 가장 무시하는 민족이었다. 량치차오가 쓴 《조선 멸망의 원인》을 보면, 한국이 멸망한 이유가 한국인의 국민성 때문이라고 비판하고 있다. 그는 "한국인은 허풍이 세고 중국보다 내분이 심각하며 철면피라 수치심이 무엇인지도 모른다. 성격이 음흉하고 욕심이 많으며 편한 것만 찾는다."라며 한국인의 국민성을 꼬집었다.

한국인은 스스로 그것을 인정하기도 했다. 박정희 대통령은 취임연설에서 '독립심이나 창조력 · 진취적 정신 · 명예욕 · 정확한 판단력 부족과 게으름, 이기심' 등 한국인의 문제점을 조목조목 지적했다. 이어서 그는 다음과 같이 선언했다.

"혁명의 최종 목표는 우리 조상들이 남겨놓은 폐단을 송두리째 뽑아버리는 데 있습니다. 서로를 증오하는 마음이나 종교파벌주의, 낭비, 혼란, 나태 등의 적폐를 완전히 제거할 것입니다."

지금 한국의 모습을 보자. 당시 박정희 대통령이 언급했던 문제점이 대부분 고쳐졌음을 확인할 수 있다. 나아가 한국인의 단결력, 민족주의, 근면성실, 청결, 강인함은 이미 세계적으로 정평이 나 있다.

화장실 문화로 보는 민족성

화장실은 많은 사람 입에 오르내리는 화젯거리다. 어떤 의미에서 본다면 화장실은 나라 간의 문화를 비교하는 대상이 되면서 하나의 전문 분야가 된 듯하다. 오늘날 화장실은 중국과 서양의 문화를 대변해 주는 상징이 됐다. 어떤 이들은 화장실 줄을 서면서 한담을 나누는 베이징 사람들의 모습에서 동양인의 일상을 논하고, 어떤 이들은 공중화장실의 개방성을 두고 중국인의 집단주의 사상을 해석하기도 한다. 또 어떤 이들은 다른 화장실 외관을 두고 중국의 '상징정신'과 '실용정신'의 차이점을 말하기도 한다.

최근 들어 한국을 찾는 중국 관광객이 늘고 있다. 그만큼 한국 화장실에 대해 이야기하는 중국인도 늘었다. 그들의 한국 방문기를 보면 한국의 화장실에 대해 꼭 한마디씩 하는 것을 볼 수 있다. 2000년에 어떤 중국인이 쓴 한국 방문기에는 다음과 같은 내용이 담겨 있다.

서울의 공공시설은 너무나 완벽했다. 가장 감탄스러운 것은 공중화장실이었다. 호텔이나 여관은 물론이고 탁자 몇 개가 고작인 작은 음식점의 화장실도 아주 청결했다. 한국에는 유료 화장실이 거의 없으며, 그런데도 화장실마다 휴지, 세면대, 거울 등을 갖추고 있었다. 공공기관의 화장실에는 장애인 전용 칸도 마련되어 있었다. 한국인의 따뜻한 배려가 느껴졌다. 그에 비하면 중국 화장실은 끔찍하다. 한국 화장실에서는 이름에 걸맞게 거울을 보며 화장을 고치는 한국 여성들을 항상 볼 수 있다.

이 글에서처럼 화장실은 한국과 중국을 평가하는 잣대가 되고 있다. 한국에 가본 사람은 모두 "한국인은 듣던 대로 정말 청결하더군요.",

"청결함을 중시하는 민족이더군요.", "한국은 거리도 깨끗하더군요." 라며 칭찬 일색이다. 이처럼 화장실은 자연스럽게 그 민족성을 평가하는 하나의 대상이 되었다.

사실 화장실은 중국인이 열등감을 갖게 된 이유 중 하나다. 중국에 여행 온 외국인들마다 하는 말이 있기 때문이다. 그들은 중국 하면 만리장성과 자금성의 찬란함이 떠오르기도 하지만, 중국 스타일의 변기에서 나던 악취도 잊을 수 없다고 말한다. 수많은 외국인이 중국 화장실에 대해 써놓은 글들을 보면 중국인 스스로도 부끄러워 얼굴이 화끈 달아오른다. 중국은 화장실이 겉으로 드러나는 거대한 건물이 아니라는 이유로 소홀히 했다. 이런 태도 때문에 중국인은 허술하다, 국민적 소양이 떨어진다 등의 말을 듣는 것이다. 또 중국의 화장실을 보고 있으면 중국은 낙후됐다는 말이 신빙성을 갖게 되고, 중국인에게는 열등감을 가질 수밖에 없는 근거가 된다.

이렇게 화장실을 이야기하다 보면 아무 데서나 침을 뱉는 중국인이나 지저분한 도시도 함께 언급되곤 한다. 중국인은 교통질서와 공중도덕을 안 지킨다는 말도 빠지지 않는다. 심지어 중국은 환경 파괴로 토양이 유실되고 있고, 모조품(짝퉁)이 판을 치며, 탐관오리가 득실거린다는 등의 말까지 꼬리를 물고 이어진다. 마치 화장실이야말로 국가 수준을 판가름하기에 최적의 잣대인 듯 말이다.

지금 중국에 중요한 것은 중국 문화의 근본적인 병폐를 발본색원하는 것이다. 그래야만 중국인의 민족성을 개조할 수 있고, 중국 화장실에서 나는 악취도 완전히 제거할 수 있다.

화장실은 실로 많은 것을 말해 준다. 100여 년 전만 해도 한중일 삼국의 화장실은 대동소이했다. 모두 땅에 구덩이를 파고 그 위에 나무판

두 개를 나란히 두어 사용했다. 그리고 100년이 흘렀다. 일본인은 일명 '비데'라고 불리는 새로운 개념의 변기를 개발했다. 일본인들은 화장실을 방처럼 꾸민다. 화장실에 방향제를 두는 것은 기본이고 마치 공예 전시실처럼 꽃이나 각종 인테리어 소품으로 장식한다. 한국은 1960년대부터 수세식 변기를 사용하기 시작했는데, 지금은 일본과 비슷한 수준까지 끌어올렸다. 또한 언젠가부터 '변소'를 '화장실'로 바꿔 부르기 시작했다. 생각지도 못한 한국인의 발상에 중국은 놀라울 따름이었다. 새마을운동이 시작된 후부터 한국은 현대식 화장실이 보편화됐다. 아주 외진 곳에 가야 재래식 화장실을 간혹 볼 수 있을 뿐이다.

중국은 어떠한가? 베이징, 상하이 같은 대도시의 고급 화장실은 한국이나 일본보다 훨씬 호화롭다. 하지만 농촌으로 발길을 옮기면 대부분 100여 년 전 모습 그대로다. 분명한 것은 화장실의 변천사가 동아시아 문화권에 속하는 한중일 삼국의 현대화 추진 속도를 고스란히 반영하고 있다는 점이다.

시야를 좀 더 넓혀 화장실 문화를 비교해 보면 새로운 각도의 결론을 얻게 된다. 청나라 건륭 45년(1780년) 6월, 조선 사절단이 건륭 황제의 일흔 번째 생일을 축하하기 위해 평양에서 출발해 중국 승덕으로 향하고 있었다. 당시 사절단의 일원이었던 박지원은 화려하고 웅장한 문장으로 당시의 여행기를 기록했다. 그는 당시 문화 종주국이었던 중국에 큰 관심을 보였다. 조선으로 돌아와 중국에서 보고 듣고 느낀 것을 써내려 갔는데, 이것이 그의 대표작인 《열하일기》다. 이 책은 당시 조선인의 눈에 비친 중국 사회의 다양한 면면을 담고 있다.

《열하일기》를 쓴 박지원의 당시 마음이 요즘 유럽, 미국, 일본 등을 여행하는 중국인의 마음과 같았으리라. 박지원은 중국에서 만나는 모든 것에 그저 감탄할 따름이었다. 그의 눈에는 당시 중국의 모습이 지금의 미국이나 일본 같은 선진국으로 보였을 것이다. 막 조선을 벗어난 박지원은 국경 너머로 보이는 중국의 도시들을 보며 부러움에 휩싸였다. 그는 《열하일기》에 "용마루가 높이 솟아 있고 대문들이 번듯했다. 거리는 가지런하고 평평하게 닦여 있었으며 담장은 모두 벽돌로 쌓여 있었다. 사람을 태운 수레, 짐을 실은 수레가 왔다 갔다 하고, 진열해 둔 식기마다 그림이 그려져 있었다. 여기에 있는 모든 것은 전혀 촌스럽지 않았다."라고 중국의 도시 풍경을 묘사했다.

중국의 이런 모습에 마음이 상한 박지원은 갑자기 귀국하고 싶은 생각이 들기도 했다. 그는 "기가 꺾여 발길을 돌리고 싶은 생각이 치밀었으며 가슴 속에서 무언가가 치밀어 올랐다."고 당시를 회상했다. 박지원은 현대화된 중국의 모습을 보며 뇌리에 떠오르는 조선의 낙후된 모습에 화가 나 견딜 수 없었을 것이다. 그는 순간 자신이 질투하고 있음을 발견했다. 그리고 한 걸음 내디딜 때마다 보게 될 중국의 새로운 모습에 조선을 떠올리며 고통스러워할까 두려워졌다. 그는 지금까지 본 것은 중국의 변방 지역에 불과하며, 앞으로 더 갔고 놀라운 것들이 그를 기다리고 있다는 것을 너무나 잘 알고 있었기 때문이다. 길에서 우연히 본 평범한 농가의 모습에도 감탄이 절로 나왔다. 그는 "주변을 훑어보니 모든 것이 가지런하게 배치되어 있고 단정한 모습이었다. 무엇하나 소홀히 지은 것이 없고 어지럽게 흐트러진 것도 없었다. 외양간이나 돼지우리도 튼튼하게 지어졌고, 장작더미나 변소는 마치 한 폭의 그림 같았다."라며 찬사를 아끼지 않았다.

중국인조차도 '한 폭의 그림 같다'는 표현으로 자기 나라의 장작더미나 변소를 형용한 적은 없다. 작은 마을에 머물던 박지원은 하루는 시간을 내서 마을 구경에 나섰다. 그는 "이 마을은 번화하고 화려한 면모를 갖추고 있다. 그래서 굳이 도읍까지 갈 마음이 들진 않았다. 이 마을만 보더라도 중국이 얼마나 발전했는지 짐작할 수 있었다. 양쪽으로 늘어선 시전은 휘황찬란했고, 아로새긴 창과 화려한 문양의 문들, 그림을 넣은 기둥과 적색의 난간, 푸른 명패와 금색 편액, 이 모든 것이 진귀한 물건들이었다."라고 그 광경을 묘사했다. 박지원은 어딜 가도 아름다운 광경이 기다리고 있고, 거의 모든 곳이 자국보다 뛰어나다고 생각했다. 당시 지식인의 눈에는 중국의 모든 것이 불필요하고 낡아 빠진 것들이었지만 박지원의 눈에는 모든 것이 간소한 모습이었고 낭비라고는 찾아볼 수 없었다. 그는 조선이 하루빨리 모든 분야에서 중국을 배워야 지금의 낙후된 모습을 벗어버릴 수 있다고 생각했다.

그리고 113년이 흐른 1893년 중국은 열강들의 침략에 손 한번 써보지 못하고 무너지면서 쇠락의 길을 걷기 시작했다. 그래도 여전히 조선보다는 월등한 힘을 갖고 있었다. 그해 가을, 중국의 무관 섭사성이 동북 지역의 세 개 성(省)을 시찰하던 길에 조선을 들렀다. 그는 조선에서 보고 듣고 느낀 것을 일기장에 기록했는데, 모두 조선의 낙후된 모습에 관한 내용뿐이었다고 한다. 그가 조선에 도착한 첫날, 지역 지부사는 호위대를 대동하고 그를 마중 나왔다. 섭사성은 "조선 호위대는 옛날 군인과 다를 바 없었다. 여전히 화승총을 사용하고 있었는데 중국의 조총병이 사용하는 총구보다 못했고 제복도 엉망이었다. 또 8척이 채 안되는 성벽은 돌로 쌓아 올린 것으로 엉성하기 짝이 없었다. 건물과 성벽은 무너져가고 있었고 성안에는 큰 길도 닦여 있지 않았다. 민가들이 뒤엉켜 복잡했고, 백성들은 모두 초가집에 살고 있는데 집 앞은 매우 지저분했다."라고 조선에 대한 첫인상을 이야기했다.

섭사성이 쓴 글을 보면 100년 전 박지원이 중국의 마을을 보고 왜 그토록 감탄했는지 십분 이해할 수 있다. 잠시 후 지부사는 중국에서 온 손님을 위해 연회를 베풀었는데 이를 두고 섭사성은 "작은 상에 동으로 만든 그릇을 사용했고, 비린내 때문에 삼키는 것조차 힘들었다."라고 기록했다. 며칠 후 섭사성은 부령부란 마을에 갔다. 그는 이곳에서 느낀 바를 다음과 같이 기록했다.

"마을은 황량하기 그지없어 백성들이 얼마나 힘들지 짐작이 됐다. 조선 백성들은 게을러서 입에 풀칠할 정도만 농사를 지을 뿐 곳간에 쌓아 둘 줄을 몰랐다. 무슨 일이든 옛날 방법을 고집했고 융통성이라고는 찾아볼 수 없었다. 책은 폐물 취급했으며 모두 노느라 정신이 없었다. 글을 아는 이가 드물어 열 문장을 적으면 그중 절반은 이해하지 못했다. 참으로 가련한 백성들이다."

당시 중국인은 이미 사상적 변화를 보이며 서양 배우기를 외치는 양무운동이 진행되고 있었다. 반면 조선은 국문을 단단히 걸어 잠근 채 외부 세계와 단절된 상태에서 생활했다. 섭사성이 그랬던 것처럼 조선을 방문했던 모든 사람은 조선은 아무 희망이 없는 나라라고 여겼다. 청일전쟁이 발발하자 영국은 조선에 총독부를 두고 힐리어(Hillier)에게 총사령관직을 맡겼는데, 그는 서신에서 "나도 그렇고, 다른 사람도 그렇고 조선을 바라보는 관점은 딱 하나다. 어떤 일이 됐든 조선인에게 넘어가면 결실 없이 허송세월만 보내고 만다. 사회 전반에 만연한 부정부패도 개선의 기미가 보이지 않는다."라고 썼을 정도로 조선에 대해 비관적이었다.

1961년까지만 해도 상황은 별로 달라지지 않았다. 한국은 여전히 '희망 없는 국가'로 낙인찍혀 세계에서 가장 가난하고 정치적으로 가장 부패한 나라로 인식됐다. 중국 역시 가난한 나라로 인식되기는 했지만 한국만큼은 아니었다. 미국인은 당시의 한국을 '바닥이 어딘지 보이지 않고 희망도 보이지 않는 깊은 수렁에 빠진 나라'라고 평했다.

그런데 지금 한국을 보자! 230여 년 전 박지원이 중국을 보며 감탄사를 연발했던 것처럼 지금 한국의 모습에 탄복하지 않을 수 없다. 박지원이 그랬던 것처럼 필자도 중국의 낙후된 모습이 떠올라 가슴이 아려온다. 그 옛날 박지원은 중국 도시의 화려함과 정갈함에 놀라움을 금치 못했다. 지금 한국을 찾는 사람들이라면 '한국의 청결함'에 깊은 인상을 받을 것이다.

"서울에 와보니 베이징과 눈에 띄게 다른 점이 있었다. 서울의 거리에는 베이징처럼 여기저기 날아 다니는 먼지와 오염된 공기가 없었다. 중국인에게는 생활의 일부분처럼 친숙한데 서울에서는 보이지 않으니 조금 낯설다. 눈길 가는 곳마다 깨끗한 도로와 푸른빛 잔디가 가득하다. 파란 하늘은 방금 물로 씻은 듯 깨끗하고 높기만 하다. 뭉게뭉게 떠다니는 구름이 참으로 여유롭다."

한 중국인이 서울의 모습을 표현한 글이다. 옛날에는 박지원이 중국 백성들의 기질에 탄복했지만 지금은 중국인이 한국인의 국민성에 박수를 보내고 있다.

"노약자에게 자리를 양보하지 않는 것을 부끄럽게 생각하고, 교통법규를 지키는 것을 당연하게 생각하는 것이 한국의 사회 분위기다. 한국인은 횡단보도에서 파란 불로 바뀌기를 기다렸다가 길을 건넌다. 그 누구도 중국인처럼 함부로 길을 건너지 않는다."

섭사성은 당시 조선인의 게으름에 혀를 내둘렀지만, 지금은 한국인의 부지런함에 부러움의 시선을 보낸다.

"'걸음걸이를 보면 그 지역 사람들의 성실성과 시간관념을 읽을 수 있다.' 라는 말이 있다. 일본 사람들은 유럽이나 미국 사람들보다 걸음걸이가 훨씬 빠르다. 하지만 그들도 홍콩 사람들의 걸음걸이에는 당할 수가 없다. 놀라운 것은 한국인이 홍콩 사람들보다 더 빠르다는 것이다. 일본인도 그들의 이런 모습에 놀라움과 감탄사를 연발한다. 오늘날 한국인은 일본인과 마찬가지로 열심히 일하고 있다."

이렇게 중국과 한국의 면면을 하나하나 따져 보니 시간을 거슬러 올라간 듯, 하늘과 땅이 뒤바뀐 듯 많은 것이 달라졌다. 실로 변화무쌍함을 느낀다. 아이러니하게도 중국과 한국을 대변하던 '발전'과 '낙후'라는 수식어가 불과 몇 십 년 만에 뒤바뀌어 버렸다.

그래도 200년 전만 해도 중국은 명색이 아시아 최고의 문명국가였다. 한국이 처음부터 청결한 민족이 아니었듯이 중국도 처음부터 더럽고 지저분하고 낙후된 민족이 아니었다. '한국인은 듣던 대로 청결한 민족이다.', '중국인은 한국인의 청결함을 거울로 삼아야 한다.' 등의 말이 나온 것도 한국이 경제성장을 이룬 후부터였다. 세상사의 변화무쌍함일 뿐, 화장실이나 쓰레기 더미가 민족성과 직접적인 관계가 있는 것은 아니다.

중세 유럽의 화장실 문화

역사적 관점에서 중국과 서양의 화장실 문화를 비교하면 더 놀라운 점을 발견하게 된다. '유럽' 이라는 단어는 고풍스러운 성루와 푸른 잔디가 펼쳐진 들판을 연상케 한다. 또한 유럽의 궁정을 상상해 보면 대리석으로 된 바닥, 금테를 두른 기둥, 아름답게 흔들리는 샹들리에가 떠오르고 왕자와 공주들이 모여 성대한 댄스파티를 여는 모습이 떠오르기도 한다. 잠깐, 더 많은 상상을 하기 전에 우선 1589년에 출판된 《브런즈웍의 궁정예절》을 한번 훑어보자.

"어떤 사람이든 식사 후에 복도로 나올 수 없다. 낮이든 밤이든 마찬가지다. 그래서 거실이나 계단 아무 데서나 변을 보거나 오물을 버린다."라는 글귀가 눈길을 끈다. 서유럽 궁정은 온통 황금빛인 연회석과 대리석으로 장식된 바닥이 당신을 기다리고 있지만, 운이 없으면 오물을 밟을 수도 있다.

만약 명나라 때 유럽을 방문했다면 어땠을까? 임금은 궁전 여기저기에 널린 오물을 보고 얼마나 놀랐겠는가. 분명 지금 중국 화장실을 보고 놀란 유럽인보다 더 많이 놀랐을 것이다. 유럽의 이런 풍습은 1731년까지 계속 이어졌다. 그해 출간된 《기사도 윤리학》에는 작가가 독자들에게 부탁한 글이 담겨 있다. "혹시 변을 보고 있는 사람 곁을 지나가게 되면 못 본 척해야 한다. 그 사람에게 인사를 하는 것은 예의에 어긋나는 행동이다."

이처럼 각도를 조금만 바꿔 생각하면 다른 결과가 나온다. 화장실을 놓고 보면 중국은 유럽보다 최소한 2천 년 더 앞서 있었다. 유럽이 중국을 따라잡은 건 불과 200년밖에 되지 않는다. 만약 200년을 거슬러 올라가 화장실 문화를 논한다면 정반대의 결론이 나온다는 것이다. 서유럽 사람들이 향수를 뿌리며 우아한 자태를 뽐내기 시작한 것도 산업화로 부유해진 이후부터다. 그 전에는 아무 데서나 변을 보는 것이 예사였고 탁자에 침을 뱉는 경우가 허다했다. 그래서 중세 유럽 《예의서》에 "탁자에 침을 뱉지 마세요." 라는 글귀가 있다. 1774년 유럽의 《예의와 기독교 예절 수칙》에서는 "창밖으로 침을 뱉거나 벽, 가구에 침을 뱉을 경우 더 이상 용서하지 않는다."라는 글귀도 찾아볼 수 있다.

이때만 해도 중국인이 유럽인보다 훨씬 문명적이었다. 중국의 선조들이 아무리 한심했어도 탁자에 침을 뱉는 몰상식한 행동은 하지 않았다.

그렇다고 악취가 진동하는 중국 화장실이 별문제가 없다거나 아무데나 침을 뱉는 중국인의 행동이 옳다는 것은 아니다. 다만 악취 나는 화장실, 아무 데나 침을 뱉는 행동, 지저분한 거리, 공중도덕심 결여, 교통규칙 위반, 나아가 참을성이나 정확성 부족 등과 같은 문제가 결코 중국인에게만 있는 특유의 폐단이 아니라는 점을 말하고 싶은 것이다.

결론은 간단하다. "가난은 사람을 구차하게 만든다."라는 말처럼 한 민족이 고난을 겪다 보면 쉽게 무너지게 마련이다. 한중일 삼국이 나라를 세웠을 때 초기에는 삼국 모두 사회적인 공중도덕심이 부족하다는 진단을 받았다. 쓰다 소키치는 1961년에 출간한 《우리나라 국민사상의 연구》라는 저서에서 "일본 국민성에는 공공의식이 빠져 있다."라고 했다. 또한 한국의 김재은 교수는 "한국인의 정신에는 권위주의, 이기심, 무질서가 깊이 뿌리박혀 있다."라고 지적했다. 한국이 일본에 나라를 빼앗겼을 당시 한국인들은 열등한 자신들의 근성 때문이라며 통탄했다. 이에 《민족개조론》을 펴내 국민성을 완전히 개조해야 한국을 되찾을 수 있다며 국민에게 호소했다. 량치차오 역시 《조선 멸망의 원인》이란 책에서 한국인의 성격에 대해 강하게 비판한 바 있다.

한국인은 1960년대까지만 해도 스스로를 희망이 없는 민족이라고 여겼다. 그러다 1970년대 들어서면서 경제성장과 함께 자신감을 되찾았다. 다른 민족보다 뛰어난 면모를 발견하게 됐고, 심지어 자국의 국민성은 세계 어느 곳에서도 뒤지지 않는다는 확신을 갖게 됐다. 일본도 비슷한 경우다. 1950년대까지 일본은 자국 문화를 깎아내리기에 바빴다. 1960년대에 경제성장을 이룩하면서 자국 문화를 치켜세우는 학자들이 하나 둘 등장하기 시작했다. 일본은 경제성장을 이룩한 후, 그 원동력이 중국과 근본적으로 다른 유교 문화를 갖고 있기 때문이라고 강조했다.

한국인은 중국 축구팬들의 몰지각한 행동에 비난을 퍼붓곤 한다. 하지만 한때 한중일 축구팬 모두 쓰레기를 여기저기 함부로 버리는 모습을 보였었다. 그러다 서양인이 자발적으로 쓰레기를 수거하는 모습을 보고 일본이 제일 먼저 이를 배운 것이다. 뒤이어 일본에게는 절대 지지 않으려는 한국이 따라한 것이다.

한중일, 국민성 분석

한 나라, 한 민족이 발전해 나가려면 반드시 장기적인 안목을 갖춰야 한다. 또 자기 민족의 역사와 문화에 대한 정확한 이해와 기본적인 자긍심도 갖고 있어야 한다. 문제가 불거져 나올 때마다 민족성이라는 틀 안에 넣고 분석해 봐야 한다. 그래야만 문제의 본질을 정확하게 파악할 수 있고, 문화적 열등감이나 우월감에 빠지지 않을 수 있다. 이렇게 할 때 발전을 위한 발판을 견고하게 마련할 수 있고, 문제를 풀기 위한 정확한 판단력을 갖출 수 있다. 병이 위급하다고 해서 아무에게나 진찰을 받으면 가벼운 위궤양도 불치병으로 진단해 심장, 신장, 간, 폐를 모두 들어내 버릴 수도 있다. 자신의 모든 것을 바꿔버리고 나면 남는 게 무엇이겠는가. 결국 진정한 자아를 잃어버리고 뿌리를 잃은 근본도 없는 민족으로 전락해버리고 만다.

사람마다 각자 개성이 있듯이 모든 민족은 고유한 민족성을 갖고 있다. 한 나라의 민족성은 그 나라의 지리적, 기후적, 문화적, 제도적 요소가 상호 작용하여 형성된다. 이렇게 형성된 민족성은 세월과 함께 끊임없이 변한다. 한국인이 봉건시대에는 보수적이고 참을성이 강한 민족으로 유명했고, 현대 역사에서는 민주화를 쟁취하기 위해 보여 준 강한 투쟁의지로 이름을 알린 것처럼 말이다. 이렇듯 그 민족성을 들여다보면 바꿀 수 있는 부분과 그렇지 않은 부분, 또는 바꿔야 하는 부분과 그렇지 않은 부분으로 나눌 수 있다. 그중 바꿀 수 있는 부분은 다시 바꾸기 쉬운 부분과 어려운 부분으로 나눌 수 있다. 한국인의 급한 성미가 바꾸기 어려운 부분에 들어가지 않을까 생각한다.

중국인의 국민성 가운데 부정적인 면은 대부분 사회제도와 사회발전 과정에서 형성된 것이다.

중국의 국민성을 분석하려면 먼저 '열등감'에 대한 새로운 정의를 찾아야 할 것이다. 소위 말하는 '열등감'이란 전근대적 성격을 말하는 것이다. 산만, 단결력 결여, 나태 등은 해가 뜨면 밭일을 하고 해가 지면 집으로 돌아가 쉬는 소농사회의 생활리듬과 맞아떨어진다. 독창적인 사고 결여, 창작력 부족, 낡은 사상 답습 등은 전제통치 속에서 길러진 순종 근성 때문이다. 자존심 부족, 원칙 상실, 동물적 생존력 등은 가혹했던 생활환경으로 생겨난 왜곡성이라고 할 수 있다. 지금 현대사회는 이런 저열한 근성이 아닌 단결, 협력, 애국, 청결, 개방, 학습 등의 아름다운 성품을 요구하고 있다.

이런 흐름 속에 무려 2천 년 가까이 고여 있었던 중국이 최근 몇 백년 사이 급속한 발전을 보인 서양과 만나게 되면 충돌로 인해 어마어마한 고통을 느낄 수밖에 없다. 현대화된 유럽, 미국, 일본, 한국이 아직 현대화를 실현하지 못한 중국을 바라보는 것은 우뚝 솟은 고목이 이제 막 싹을 틔우기 시작한 묘목을 보는 것과 같다. 차이가 클 수밖에 없다. 하지만 세상은 변화무쌍하다. 중국이라고 항상 꼴등이란 법 없고 서유럽이라고 항상 일등이란 법은 없다. 과거 수천 년 동안 세계를 호령했던 중국이 다시 한 번 세계를 이끌지 어찌 알겠는가? 그때가 되면 모두 중국 특유의 우월성을 찾아내느라 혈안이 될 것이다.

현재 중국 사회가 안고 있는 문제들은 현대화로 가는 길목에서 나타나는 문제점들이다. 결코 중국인의 근성 때문에 생겨난 '중국문제'가 아니다. 우리는 중국인이 공중도덕을 지키지 않고 규칙을 준수하지 않는다는 이유로 자주 비판을 가한다. 이제까지의 사회체제 환경 속에서 중국 국민은 진정한 주인의식이나 규칙에 대한 신뢰를 가져본 적이 없다. 또 그들의 자아의식은 수천 년 동안 정부의 통제를 받아 왔기 때문에 주인으로서의 자긍심이나 책임감, 적극성이 실종된 것이다.

중국인이 시정부 광장에 함부로 쓰레기를 버리는 것도 나름 이유가 있다. 막대한 자금을 들여 짓긴 했지만 국민의 의견이나 선호도와는 상관없이 오직 공직자들이 공적을 쌓기 위해 지은 것이기 때문이다. 그러니 아끼고 보호하고 싶은 마음이 들겠는가?

흔히 중국인은 잘 참는다고 한다. 이는 의견을 반영할 수 있는 방법이 적을 뿐 아니라 설령 문제를 제기했다 하더라도 제대로 된 해결책을 제시해 주지 않는 사회 분위기 때문이다. 참을성이 강하다기보다는 지쳤다는 표현이 더 옳다고 할 수 있다. 실효성 있는 제도가 마련된다면 중국인도 두 팔 벌려 환영하고, 또 이를 충실히 지켜나갈 것이다. 그럼에도 불구하고 중국인이 고질적인 습관을 떼어내지 못하는 것은 현재 사회에서 먹혀들기 때문이다.

한 개인에게서 성격이란 그 사람의 운명을 결정짓는 중요한 부분이다. 하지만 바꿔 생각해 보면 운명에 따라 그 사람의 성격이 결정될 수도 있다. 한 민족에게서 역사란 성격을 결정짓는 요소이고, 또 성격이 역사를 바꿔 놓기도 한다.

사람은 자신의 잘못된 생각과 삐뚤어진 행동을 고치지 않는다면 성격도 바꿀 수 없다. 다른 것은 그대로 두고 성격만 바꾸겠다는 것은 어불성설이다. 같은 이치다. 어느 민족이 사회체제는 개혁하지 않고 단순히 낙후된 국민성만 개조하겠다고 덤빈다면 이 역시 어불성설이다. 현대화된 사회 분위기가 무르익어야만 비로소 현대화된 성격이 길러지는 것이다. 그렇지 않다면 아무리 죽을힘을 다하고 적극적으로 홍보하고, 훌륭하게 지도한다 해도 결국 사상누각에 불과하다. 성공 가능성 제로에 본말이 전도된 어처구니없는 행동인 것이다.

역사적으로 재난과 고난을 많이 겪은 탓에 중국인은 성격적, 기질적으로 많은 문제점을 안고 있다. 중국인은 성격과 기질적인 면에서 근본적인 변화를 꾀하려면, 한국인처럼 끊임없이 노력하고 최선을 다해 사회체제 속에 숨어 있는 불합리성을 근절해내야 한다. 그렇지 않으면 국민성 개조는 요원해진다. 따라서 국민성을 되돌아보는 노력에만 그치지 말고, 제도와 경험까지 되돌아보는 노력이 절실하다. 중국이 세계무대에 다시 우뚝선 후 국민이 살맛나는 중국 사회를 만들어야 중국 국민 역시 춘추시대의 강인함과 성당시대의 자신감을 회복할 수 있을 것이고, 대국의 위풍당당한 패기를 되찾을 수 있을 것이다.

중국인에게 '여과성 바이러스' 따위는 없다. 중국인의 결점이 치료약도 없는 불치병은 더더욱 아니다. 중국인은 스스로를 비하할 필요도 없고, 할 수 없다고 포기할 이유는 더더욱 없다. 하지만 제도에서부터 손을 대지 않는다면 아무리 열심히 갈고닦은 기술이라 해도 중국인이 앓고 있는 '병'을 치료할 수는 없을 것이다.

'저급한 근성'이라는 단어에는 항상 '중국 특색'이란 단어가 그림자처럼 붙어 다닌다. 즉, 다른 지역에서는 작동되는 물건이 중국에 가면 고장이 나거나 일시적으로 말을 안 듣는 경우가 생긴다는 것이다. 그만큼 중국이라는 나라는 독특하다는 의미다. 90년 전 위안스카이는 중국인이 황권(皇權) 지상주의를 가졌기 때문에 민주제도보다는 황제 제도가 중국인에게 더 적합하다고 했다. 그가 이런 독특한 생각을 한 것은 화장실과 깊은 관련이 있다고 한다. 그의 딸 위안징쉐는 저서《나의 아버지 위안스카이》에서 이렇게 말했다.

> 아버지가 생활하시는 거인당에는 세면시설이 모두 갖추어져 있다. 하지만 아버지는 연말에 한 번만 목욕을 하신다. 그리고 양변기를 사용하지 않고 목제 변기를 고집하신다. 일반 변기보다 높은 이 목제 변기에 앉아 있으면 꼭 의자에 앉아 있는 것처럼 보인다.
> 하루는 아버지께 물었다.
> "아버지, 왜 욕실 변기를 사용하지 않으세요?"
> "그 변기에서는 이상한 냄새가 난단다."
> 자동으로 물이 나오는 욕실의 양변기는 냄새가 나고 물이 나오지 않는 목제 변기는 냄새가 안 난다니, 정말 특이한 논리시다.

위안스카이는 다른 사람과는 다른 '위안 특유'의 코를 가진 것일까? 그가 코로 맡는 냄새는 당연히 일반 냄새와는 다른 독특한 냄새일 것이다. 그래서일까? 위안스카이는 정치 흐름을 잘못 판단해 황제 제도를 추진하더니 결국 처절한 패배를 맛보고 말았다.

　세상에는 '중국 특색' 이나 '저급한 근성' 같은 불치병은 존재하지 않는다. 그러므로 중국 사회나 중국인이 앓고 있는 문제점을 두려워할 필요가 없다. 다른 민족에게 듣는 '처방전' 이라면 중국에서도 분명 효과를 발휘할 것이다. 하지만 중국이 계속 '중국 특색' 의 진찰이나 치료 방법만을 고집한다면 정말 위독한 상태까지 갈 수도 있음을 명심해야 한다.

Chapter 04
한국이 중국에게 주는 메시지

한국과 일본은 한미일 군사적 · 정치적 동맹관계로 묶여 있으며 한국 경제의 대일 의존도는 중국보다 훨씬 크다. 그럼에도 불구하고 한국은 일본에 대한 원한을 숨기지 않는다. 국제무대에서도 대세를 핑계 삼아 일본에게 양보하는 일은 더더욱 없다. 잘못을 인정하지 않는 파렴치한 일본인의 태도에 한국인은 언제나 분노한다.

어리석은 척? 정말 어리석은 것?

중국은 줄곧 주변국들에게 위협적인 존재로 인식됐다. 중국이 급부상하자 '중국위협론'까지 운운하며 중국을 곤혹스럽게 했다.

하지만 진실은 언젠가는 밝혀지는 법이다. 고대 역사에서도 말해 주듯 세계에서 중국만큼 선량한 대국은 없었다. 중국은 착하다 못해 나약하다는 소리까지 들었다. 진시황 때부터 중국은 대외관계에서 줄곧 방어태세만 취했다. 만리장성이 바로 그 증거다. 중국은 과거 역사 속에서 귀중한 양식, 비단, 심지어 공주를 희생시키면서까지 평화를 지키려고 애썼다. '황화(黃禍)'는 유목민족에게는 영광이자 씻을 수 없는 죄악이기도 하다. 중국은 황화로 상처를 입은 여러 피해자 중 한 명일 뿐이다. 그런데도 모든 죄를 중국에 뒤집어씌우니 억울할 수밖에 없다. 유사 이래로 중국은 대외관계에서 지속적으로 '베푸는 정책'을 펼쳤다.

중국의 조공관계도 알고 보면 중국 백성들의 피땀 어린 노동을 대가로 얻은 번지르르한 허울에 지나지 않는다. 조공관계로 중국이 얻은 거라곤 어리석기 짝이 없는 심리적인 우월감이 전부다. 반면 상대국은 상당한 이윤을 챙겼다.

근대 역사를 돌아봐도 중국처럼 마음이 어질고 모든 일을 배려하고 양보하는 모범적인 국가는 없다. 중국은 일본과의 전쟁에서 승리하긴 했지만 이 전쟁으로 거의 모든 가산을 탕진했다. 하지만 중국과 대만은 원수인 일본에게 아량을 베푸는 대범함을 보였다. 인도와의 전쟁에서도 마찬가지였다. 인도 군대는 전쟁이 시작되자마자 자멸했고 사방으로 줄행랑을 쳤다. 다음 날 뜻밖에도 중국 군다는 이미 인도 국경지역에서 철수한 상태였고 몰수했던 인도군의 군용차를 깨끗이 닦아 그대로 돌려주었다. 또 자국민이 기근에 허덕이며 힘들어 하고 있음에도 불구하고 제3국의 국민들을 위해 중국의 쌀을 나눠 주었다.

중국의 이런 행동에 전 세계는 이해할 수 없다는 시선을 보내곤 했다. 중국은 그들이 놀라는 모습을 즐겼다. 이해하지 못하는 그들을 탓하지 않았다. 고작 몇 백 년의 짧은 역사를 가진 그들이 어찌 이해하겠는가. 걸출한 철학자 한 명 배출하지 못한 그들이 아니던가. 그들이 대지약우(大智若愚, 큰 지혜는 어리석어 보인다)라는 말을 들어 봤겠는가. 상선약수(上善若水, 최고의 선은 물과 같다)라는 말을 이해하겠는가. "사람의 마음이 전쟁의 승패를 결정짓는다."라는 말의 참뜻을 알겠는가." 그들에게 "한순간을 참으면 안정이 오고, 세 걸음만 물러서면 편안해진다."라는 주옥같은 말이 있긴 하겠는가. 걸핏하면 다른 나라의 이익을 운운하는 그들이 어리석어 보이지 않는가. 순간의 이익 때문에 양보하지 않고 서로에게 총을 겨누는 그들의 무지하고 근시안적인 모습이 놀라울 따름이다. 그들이 한 번이라도 중국의 고서를 펼쳐 봤다면 지금 그들이 자행하는 것이 '패도'이고, 패도는 결국 말을 아끼고 이익을 멀리하는 '왕도' 앞에 무릎 꿇게 된다는 사실을 알고 있을 것이다. 중국의 정책은 나약해 보이지만 실제로는 무엇보다 강력한 힘을 가지고 있다. 외유내강의 모습을 가진 점에서 태극권과 상당히 닮아 있다.

중국은 넓은 안목과 원대한 포부를 가진 나라다. 언젠가는 세계인들도 중국이 결코 이기적인 나라가 아니며 주변국을 이롭게 하는 나라임을 알게 될 것이다. 언젠가는 중국이 전 세계를 감동시켜 그들이 더 이상 싸우지 않고 진정으로 중국을 신뢰할 수 있도록 할 것이다. 그래서 중국이 앞장서서 세계의 아름다운 내일을 만들어 갈 것이다. 그들이 중국위협론을 거론해도 중국은 본분을 잊지 않고 착실하게 진실을 향해 나아감으로써 그들이 말하는 모든 것이 헛소문에 불과하다는 것을 증명해 보일 것이다.

그러나 진실로 가는 길은 멀고도 험하다. 중국의 배려에 세계 어느 나라도 감동하지 않는 듯하다. 오히려 일본은 실속을 챙기고 잘난 체까지 하며 사과할 생각조차 하지 않고 있다. 한술 더 떠서 야스쿠니 신사 참배나 역사 교과서 문제로 중국을 자극하고 있다. 인도인은 더 가관이다. 중국이 한발 물러나 후퇴해 왔음에도 불구하고 당연하다는 듯 남의 영토를 자기 지역으로 편입시켜 버렸다. 그러고는 전 세계를 향해 중국을 겨냥한 원자폭탄 실험발사를 한다고 공표까지 하고 나섰다. 사실 지금 남중국해에 위치한 섬들 절반 정도가 다른 나라의 통제를 받고 있다. 아이러니하게도 베트남을 지원하기 위해 보냈던 쌀은 훗날 중국 군대와 전쟁을 할 때 그들의 전투 식량으로 쓰였다.

한국인에게 한 수 배우다

한국이 일본과 영토 문제를 놓고 발끈했던 것처럼 중국도 일본과 영유권을 놓고 오랫동안 다투어 왔다. 바로 조어도인데, 중국어 이름 댜오위다오, 일본어 이름 센카쿠열도다. 한국과 일본 사이에는 작은 섬이 하나 있다. 폭이 200미터도 채 안 되는 이 섬은 암석으로 이루어져 있어 풀과 나무가 자라지 않는다. 한국인은 이곳을 독도, 일본인은 다케시마라고 부른다. 이 섬이 한일관계에 미치는 영향력과 조어도가 중일관계에 미치는 영향력은 비슷하다. 제2차 세계대전이 발발하기 전에 이 섬은 일본 소유였다가 한국의 독립과 함께 영유권이 한국에 넘어갔다. 조어도 분쟁을 둘러싸고 일본이 보여 준 '영토 수호' 결심은 중국인에게 깊은 인상을 남겼다. 일본은 독도 영유권 분쟁에서도 고스란히 재현했다. 그들은 교과서에도 영유권에 관한 내용을 실으며 시시각각 이 섬의 주인은 일본임을 주장하고 나섰다.

한국전쟁이 한창이던 1953년 5월, 일본의 한 우익인사가 무인도였던 이 섬에 몰래 푯말을 세웠다. 사실 일본의 이런 도발은 조어도 문제에서도 그대로 연출됐던 수법이다. 다른 점이 있다면 일본인의 상대가 지혜로운 중국인이 아니라 이번에는 강직한 한국인이라는 점이다. 한국인은 어떻게 대처했을까? 일본인이 이 섬에 상륙했다는 소식이 전해지자 당시 23세에 불과하던 한국 청년 홍순칠이 들고 일어났다. 그는 전쟁기간에는 무기관리가 소홀한 것을 이용해 불법으로 총 몇 자루를 구했다. 그리고 열혈청년 몇 명과 함께 독도에 상륙해 일본인을 내쫓고 그 자리에 태극기를 꽂았다. 그 후 홍순칠은 소총 한 자루에 의지하면서 홀로 독도를 지켰다. 그 기간이 무려 3년 8개월이다.

그의 일기에는 일본 함정, 일본 어선과 대치했던 기록들이 빼곡히 적혀 있었다. 1956년 한국전쟁이 종식된 후 정부는 독도수비대를 파견했고 홍순칠의 신성한 '국토 수호 대장정'도 마침표를 찍었다. 한국 정부는 규정을 무시한 홍순칠을 처벌하지 않았고 오히려 훈장을 수여해 그의 깊은 애국정신을 치하했다. 지금도 한국 해군은 독도를 굳건히 지키고 있다. 한국 정부는 독도에 34명의 상주 경찰을 파견하고 구축함, 쾌속정, 헬리콥터까지 배치해 시시각각 이어지는 일본 어선이나 해군의 침략을 막고 있다. 그들이 있기에 일본은 함부로 독도를 넘보지 못하고 있다. 그저 항의 성명서만 보낼 뿐이다.

너무 지혜로운 중국인, 너무 충동적인 한국인(?)

중국인의 대처가 정말 지혜로운가? 이 문제는 잠시 접어 두고 한국에 대해서 이야기해 보자. 한국의 행동은 확실히 충동적이고 무모하며 이성적이지 못한 면이 있다. 한국의 성장과 번영을 이야기하다 보면 일본은 빠지지 않고 등장한다. 또한 한국과 일본은 한미일 군사적·정치적 동맹관계로 묶여 있으며 한국 경제의 대일 의존도는 중국보다 훨씬 크다. 그럼에도 불구하고 한국은 일본에 대한 원한을 숨기지 않는다. 국제무대에서도 대세를 핑계 삼아 일본에게 양보하는 일은 더더욱 없다. 잘못을 인정하지 않는 우익 일본인의 태도에 한국인은 언제나 분노한다. 성난 불길처럼 일본인에 대한 분노는 거세다. 일본이 역사 문제에서 꼼수를 부리면 한국 전체가 들고일어난다. 고이즈미 수상이 야스쿠니 신사를 참배했다는 소식이 전해지자 한국은 즉각 반응했다. 몸에 태극기를 두른 한국 청년 20명은 서울의 독립공원에서 항의 집회를 가진 후 새끼손가락을 잘라 주한 일본대사관으로 보냈다. 또 9명의 한국인은 단식투쟁을 벌이며 일본에게 사과할 것을 요구했다. 한국 정부도 주일 한국대사를 귀국시키며 강력한 항의 의사를 표명했다. 일반 시민들은 거리로 나와 일장기를 불태웠고 일본상품 불매운동을 펼치기도 했다.

한국은 중국처럼 일본인을 전범자와 선량한 일본 시민으로 구분해서 생각하지 않는다. 그들은 일본인 자체를 증오한다. 심지어 일본의 까마귀, 가옥 등 일본과 관련된 모든 것을 미워한다. 한국에서 누군가가 일본차를 구입했다면 며칠 지나지 않아 유리가 깨지고 타이어에 구멍이 나는 등의 고초를 겪기도 한다. 담배를 파는 노점에서는 '일본 담배를 팔지 않습니다'라는 문구를 쉽게 찾아볼 수 있다. 한국의 인기스타 김희선은 한 행사장에서 마무리 인사를 일본어로 해줄 것을 요구하는 사회자에게 크게 화를 낸 적이 있다고 한다. 중국의 인기스타 자오웨이가 일장기가 그려진 의상을 입어 물의를 일으켰던 것과 사뭇 비교된다. 1992년 이상옥 한국 외교부장관은 일본 정부에 전쟁 피해자와 그 가족들에게 배상할 것을 요구했고, 한국 정부는 이를 위한 전담팀을 구성했다.

모든 일본 분쟁에 대해서 한국 국민은 물론 정부 역시 예리한 칼날을 세우고 한 치의 양보도 하지 않는다. 중국인은 한국인의 이러한 대처가 소(小)를 위해 대(大)를 희생하는 것이고, 양국관계에 걸림돌로 작용할 것이며, 지나치게 감성적이고 어리석으며 신중하지 못한 행동이라고 판단했다. 이렇게 하다 보면 결국 한국이 정치와 경제 관계에서 타격을 받을 것이기 때문에 스스로 제 발등을 찍고 있다고 생각했다.

하지만 정말 이상하게도 한국의 이런 강력한 대응이 한일관계에 전혀 영향을 주지 않고 있다. 오히려 일본인은 한국인에게 우호적인 태도를 보였고 한일 경제관계 역시 지속적인 성장을 보였다. 1995년에는 한일 교역액이 485억 달러를 넘어섰고, 월드컵 공동 개최라는 성과까지 거두었다.

더 이해할 수 없는 것은 좀처럼 잘못을 인정하지 않던 일본인이 한국인에게만 사죄했다는 사실이다. 1992년 방한한 미야자와 기이치 수상은 서울에 머무는 3일 동안 무려 여덟 번이나 사죄와 반성의 뜻을 표명했다. 1998년 김대중 대통령은 4일 일정으로 일본을 국빈 방문했다. 그 기간 동안 한일 양국은 공동 성명서를 발표하고 일본 수상은 일본의 한국 침략을 시인하면서 정식으로 사죄의 뜻을 밝혔다.

명분에 집착하는 중국

중국은 전통적으로 이익만을 논하는 것은 부끄러운 행동이라고 생각해 왔다. 이는 중국인이 이익을 바라지 않는다는 의미가 아니다. 중국인이 바라는 것은 '이익의 최대화', 즉 가장 큰 이익을 노리는 것이다. 그럼 어떻게 해야 가장 큰 이익을 손에 넣을까? 중국인은 '인의(仁義)'라고 답한다. 중국 옛말에 "가지고 싶으면 먼저 주어야 한다." "물은 만물을 이롭게 하면서도 다투지 않기 때문에 이길 수 있는 것이다."라는 말이 있다. 큰일을 이루려면 자신만의 인의를 펼쳐야 한다는 뜻이다. 그래야만 상대방을 감화시켜 정복할 수 있고, 기꺼이 자신을 위해 일하는 자기 사람을 만들 수 있다는 것이다. 인의의 핵심은 "작은 손해를 감수하고 큰 이익을 차지한다."에 있다. 한 번의 양보와 희생으로 높은 명성을 얻고 타인의 무조건적인 신뢰를 얻어 든든한 기초를 다지고, 그 위에서 자신의 큰 뜻을 펼치는 것이다. 그래서 역대 영웅호걸들도 순간의 욕심을 참고 '인의'라는 대의를 따랐다. 그리고 자신의 군대는 인의지사(仁義之士, 인의에 입각해 싸운다), 조민벌죄(弔民伐罪, 불쌍한 백성은 돕고 죄지은 백성은 벌한다) 정신으로 무장시켰다. 유방이 함양에 들어갔을 때 약법삼장(約法三章)을 발표해 민심을 얻은 것 역시 인의요, 전쟁에서 패한 유비가 피난민을 모두 데리고 위풍당당하게 퇴각한 것 역시 인의를 실천한 것이다. 이자성이 천하를 얻고 백성에게 "틈왕(闖王, 이자성의 칭호)을 받드는 자는 곡식을 내지 않아도 된다."라고 말한 것도 인의정신이다.

중국 사회를 가장 정확하게 꿰뚫고, 가장 훌륭하게 이끌었다고 평가받는 인물은 마오쩌둥이다. 그는 '왕도'와 '인의'를 자유자재로 펼쳤고 가히 신화의 경지에 도달했다는 칭송을 받았다. 홍군과 공산당은 마오쩌둥의 남다른 노력이 있었기에 탄생할 수 있었다. 그는 자신의 생업을 포기하고 길거리에서 잠을 잘지언정 백성들에게는 희생을 요구하지 않았고, 힘든 고통 속에서도 국민을 먼저 생각했다. 그리고 나라를 위해, 큰 뜻을 이루기 위해 갖은 모욕을 참아냈다. 그의 강인한 희생정신에 사람들의 마음은 점차 움직이기 시작했고, 공산주의를 반대하던 세력도 무너뜨릴 수 있었다. 이어서 미국 언론인 에드가 스노우(E. Snow)와 스메들리(Smedley), 문학가 루쉰, 원이둬, 선뎌오루 등도 그의 정신에 감동했다. 그렇게 한 걸음씩 다가가 중국 국민의 마음을 얻더니 결국에는 정권까지 잡았다.

마오쩌둥은 신중국 건국 후 군사투쟁 당시의 경험을 경제건설에 그대로 접목시켰던 것처럼 중국의 사상 정치 운영 노하우를 국제무대에서 그대로 활용했다. 그는 놀라울 만큼 강한 중국인의 자기희생과 대의를 위해 고통을 감내하는 모습에 세계가 감동할 것이라고 확신했다. 이를 통해 국제무대에서 제3세계 국가와 의기투합해 세계혁명을 성공리에 이끌 수 있다고 생각했다. 그래서 자국도 힘겹게 버티고 있는 상황 속에서도 양식을 가득 실은 배를 제3국으로 보내 주었다. 중국은 모든 주변국에 대해 이처럼 관대하면서도 대범한 태도를 보였다.

하지만 국제사회는 이익을 두고 치열하게 싸우는 전쟁터이자 이익을 사고파는 거대한 시장이었다. 결코 중국 사회와 같지 않았다. 깊은 뜻을 담고 있는 중국식 대지혜를 외쳐봤자 이곳에서는 쇠귀에 경 읽기였다. 국제사회의 생존법칙은 간단명료했다. 이기는 패가 아니면 지는 것이다. 국제사회는 대가 없는 희생도, 대범한 양보도 존재하지 않았다. 그렇게 하면 결국 자신만 낭패를 보게 된다.

국제무대에서 혼자 '레이펑(雷鋒, 인민영웅)' 역할을 고집해 봤자 소용없다. 명나라 만력년 시대에 일본이 조선을 침략했을 때 중국은 군사를 파병했고, 많은 희생을 감수하면서 조선을 지켰다. 하지만 오늘날 한국 역사서를 보면 한국을 위해 죽어간 중국 병사의 이야기는 없고, 대신 군대 규율을 어기고 조선에서 약탈과 강간을 범했던 중국 군인에 대한 이야기만 가득하다. 중국이 인도에게 베풀었던 아량도 중국인에 대한 증오심으로 되돌아왔다. 지금도 인도 사람들은 중국을 가장 큰 위협이라고 여긴다. 하지만 인도의 중국 배척 움직임에 중국은 한마디도 언급하지 않았다. 그러자 동남아 국가들은 오히려 중국의 행동에 의구심을 표했다. "대장부가 원수 갚는 데는 10년 후라도 늦지 않다."라는 말처럼 중국인은 분명 다른 꿍꿍이가 있을 것이라고 생각했다.

영토분쟁에서 중국이 약한 모습을 보일 때면 주변국들은 "저렇게 큰 나라가 왜 나약한 모습을 보이는 것일까?"라고 생각하며 의문의 시선을 보냈다. 전 세계에 살아 있는 '레이펑'을 보여 주고 싶었던 중국에게 돌아온 것은 의심과 손해뿐이었다. 진정한 친구도 얻을 수 없었다.

오히려 자신의 이익밖에 모르고 유엔 회비도 쳐 납하고 있는 미국은 국제사회에서 수많은 '형제 국가'를 끌어 모았다. 승산이 없으면 덤비지도 않는 미국은 자신의 힘만 믿고 제멋대로 날뛰고 있다.

지금 이 세계가 과연 함께 번영하고 함께 평화로울 수 있을까? 그러나 한 가지 분명한 사실이 있다. 국가가 생겨난 때부터 국가 간의 관계는 누가 더 힘이 센가, 어느 쪽이 더 이익이겠는가에 따라 움직였다는 것이다. 실속 없이 이름만 거창한 '도의(道義)' 같은 건 애당초 없었다.

서울에서 살펴본

한국인

필자는 솔직히 지금까지 외국에 몇 번 갔다 왔다고 자국에 대해 불만을 쏟아내는 사람들이 내심 못마땅했다. 하지만 평범하다고 생각했던 중국의 모습이 한국에서 돌아온 후에는 왠지 모르게 뭔가 이상하다는 생각이 들었다.

Chapter 01
에너지 넘치는 서울

서울 거리를 거닐다 보면 훤칠한 키에 체격 좋은 멋쟁이들이 자주 눈에 띈다. 티셔츠를 입고 커다란 검은색 배낭을 메고 거리를 활보하는 모습이 멋스럽다. 이렇게 혈기 넘치는 모습의 주인공은 대부분 젊은이들이지만, 젊음으로만 할 수 있는 것은 아니다.

인천공항 입국심사대에서 한 한국 여성을 봤다. 아름다운 외모에 가늘고 여린 손으로 작은 캐리어 하나를 끌며 입국심사를 기다리고 있었다. 하얀 치마 밑으로 날씬하게 뻗은 종아리가 눈에 들어왔다. 더 눈길을 끄는 것은 스타킹도 신지 않은 맨발에 슬리퍼 차림이었다는 것. 주위 아주머니들은 모두 두꺼운 파카를 입고 있는데 말이다. 문득 바깥기온이 영하 4도라고 했던 기내방송이 떠올랐다.

다음 날 아침 일찍 산책을 나섰다. 문을 나서니 기온이 영하 7, 8도 정도 되는 듯했다. 찬 공기 가득한 거리에 출근길인 듯 보이는 아가씨 두 명이 걸어왔다. 짧은 치마, 그것도 옆이 트인 치마를 입고 찬바람을 막으려는 듯 어깨를 잔뜩 움츠리며 걷고 있었다. 서울 거리를 거닐다 보면 훤칠한 키에 체격 좋은 멋쟁이들이 자주 눈에 띈다. 티셔츠를 입고 커다란 검은색 배낭을 메고 거리를 활보하는 모습이 멋스럽다. 이렇게 혈기 넘치는 모습의 주인공은 대부분 젊은이들이지만, 젊음으로만 할 수 있는 것은 아니다.

한국인은 중국인보다 추위에 훨씬 강하다. 심지어 한겨울에도 냉수를 벌컥벌컥 들이마신다. 직접 본 한국은 상상만큼 서양 문화의 색채가 강하지 않았다. 오히려 고풍스러운 느낌이 살아 있었다.

유사 이래로 조선은 줄곧 가난했다. 그래서 백성은 차를 마실 엄두도 못 냈고 그냥 물 한 바가지에 만족해야 했다. 이런 환경이 지속되다 보니 자연스럽게 강골 근성이 길러졌다. 반면 배부르고 따뜻하게 살아온 중국은 약골 근성이 뚜렷하다. 먹는 것도 마찬가지다. 우선 한국 식당에 가보자. 청결함이야 굳이 언급할 필요가 없다. 작은 접시에 김치, 오이지, 콩나물 등이 담겨 나오는데 배불리 먹을 생각은 말아야 한다. 좀 더 고급 식당에 가면 과일이 후식으로 나오기도 하지만 일반적으로 한참을 먹어도 뭔가 부족하다는 느낌을 지울 수 없다. 작은 나라 조선은 천여 년 동안 이런 식습관을 유지해 왔다.

음식점을 나와 길을 걸으면서 한국인 가이드와 한국의 먹을거리에 대해 이야기한 적이 있다. 가이드는 젊은 여성이었는데, 그도 보통 한국인처럼 민족주의적 성향이 강했다. 한국 것은 덮어놓고 좋다는 식이었다. 그녀는 한국이 지금처럼 발전을 이룰 수 있었던 이유 중의 하나가 바로 먹을 것에 시간을 허비하지 않았기 때문이라고 했다. 한국인은 모든 신경을 업무, 학업, 여행, 생활 등 중요한 부분에 쏟아 붓느라 먹을 것에는 신경 쓸 시간이 없었다는 것이다. 그녀 말을 듣고 있자니, 그럼 중국인은 먹을 것에 집착한다는 뜻인가 하는 생각이 들었다.

문득 이 한국인과 똑같은 생각을 가진 중국인이 한 명 생각났다. 원래 중국 랴오닝 대학에서 교수로 재직했던 사람인데, 지금은 서울 경희 대학교에서 연구 활동을 하고 있다. 한국생활도 벌써 10년차다. 그가 작년에 잠깐 중국에 들렀을 때 중국인의 식습관에 대해 깨달은 바가 컸다고 했다. 중국인은 먹는 것을 너무 중요하게 생각한다는 것이 그의 결론이었다. 그는 귀국하는 그날부터 환영회, 접대, 약속 등이 있어 하루 종일 먹다 보니 체중이 5킬로그램이나 늘었다. 그가 관찰한 바로는 중국 공무원들이 가장 많은 시간을 투자하는 부분이 식사였다. 그들은 접대 장소, 스타일, 수준 등을 결정하느라 골머리를 앓고 있었다. 계속 되는 접대로 폭식에 폭음을 하다 보니 건강도 말이 아니었다. 그는 중국 공무원들이 먹을 것에 쏟는 정성의 반만 업무에 쏟아 붓는다면 중국은 크게 달라질 거라고 확신했다.

청와대 앞을 지날 때 두꺼운 흰색 파카를 입고 한 글이 가득 적힌 피켓을 든 사람이 눈에 들어왔다. 가이드의 설명어 따르면 그는 정부정책에 불만이 있어 시위를 하는 일반 시민이라고 했다. 그를 에 워싸고 구경하는 사람은 없었다. 아니 아무도 그에 게 관심을 가지지 않았다.

자본주의 사회는 당연히 상업이 사회 분위기 전체를 지배할 것이라고 생각했다. 사람들은 돈을 버느라 바쁘다 보니 잡생각을 하지 않게 되고 사회는 자연히 안정을 찾는 것이라고 생각했다. 그러나 한국에서 지내는 며칠 동안 '정치'를 자주 접했는데, 좀 뜻밖이었다.

한국에 온 지 이틀째 되던 날은 한국의 독립운동 기념일인 3월 1일이었다. 버스가 서울 거리를 지나가고 있을 때 갑자기 무장한 경찰들이 저벅저벅 걸어와 버스를 막더니, 경찰차까지 등장했다. 버스에서 일대 소란이 일었다. 가이드에게 무슨 일인지 물었더니 삼일절을 맞아 광장에서 기념집회가 열린다고 설명해 주었다. 그제야 차량 행렬 주위에 모인 수많은 인파가 눈에 들어왔다. 길게 늘어선 인파 속에서 비분강개하는 한 여성의 목소리가 확성기를 타고 전해졌다. 그 소리는 너무도 처량하게 울려 퍼졌다. 이어서 이 여성의 목소리와 함께 하얀 깃발을 흔들며 집회 참가자들이 울분이 담긴 함성을 터트렸다. 이 집회는 반북한 인사들이 참여한 집회로, 그들은 한국 사회에 남아 있는 북한 간첩들을 숙청해 줄 것을 정부에 요구하기 위해 모인 것이라고 했다.

필자는 이 광경이 익숙하면서도 신선한 충격으로 다가왔다. 5·4운 동과 12·9운동을 그린 다큐멘터리 영화나 〈청춘의 노래〉 등과 같은 영화 속에서 많이 봤던 장면이고 수없이 들었던 뜨거운 눈물 섞인 함성 이었다. 하지만 실제 생활에서 보는 건 이번이 처음이었다.

한국은 가는 곳곳마다 '정치적 분위기'를 만날 수 있는 나라다. 정치 란 길을 가다 병원 건물을 보듯, 그렇게 일반 국민의 생활 속에 녹아 있 는 일부분일 뿐이다. 생소한 주제가 아니라는 뜻이다.

청와대 앞을 지날 때 두꺼운 흰색 파카를 입고 한글이 가득 적힌 피 켓을 든 사람이 눈에 들어왔다. 가이드의 설명에 따르면 그는 정부정책 에 불만이 있어 시위를 하는 일반 시민이라고 했다. 그를 에워싸고 구 경하는 사람은 없었다. 한국인들은 이미 익숙한 모습인 듯 그들에게 관 심을 보이지 않았다. 한국은 공개적으로 '정치'를 논함으로써 조화로 운 사회를 실현해 나가고 있었다. 정치를 논하는 장에서 연설자는 한국 국민이었고, 그 연설을 듣는 청중은 다름 아닌 한국 정부였다.

Chapter 03

국민의 소양이 문제다

'소양 문제'는 사소한 부분에서 드러나는 법이다. 한국을 여행하다 보면 '현대화됐다는데 우리와 별로 다를 것도 없네'라는 생각이 든다. 중국의 베이징이나 상하이, 다롄 등과 견주어 봐도 그렇게 뛰어난 구석이 없어 보인다. 한국 도시는 중국 대도시에 비해 좁고 오래됐으며 너무나 평범하다. 하지만 세심한 부분으로 파고 들어가면 한국의 다른 점, 한국만의 개성을 볼 수 있다.

외국에 나가면 누구나 그 나라 국민의 소양에 대해 이야기를 나누곤 한다. 그럴 때마다 아무리 감정을 억제해 보려 하지만 결국은 얼굴을 붉히고야 만다.

한국 거리에서 한자를 보기란 쉽지 않았다. 온통 한국어뿐이고 가끔 중간에 끼어 있는 영어만 눈에 들어왔다. 서울 상암 월드컵 경기장에 가보면 입구에 마스코트 인형이 세워져 있는데, 그 받침대에는 마스코트의 이름이 한국어와 영어로 표기돼 있다. 중국어는 찾아볼 수 없었다. 하지만 눈에 확 들어오는 중국어 문구가 있었다. 바로 '만지지 마세요'라는 내용이었다.

한국 음식점도 상황은 크게 다르지 않다. 가장 눈에 잘 띄는 곳에 삐뚤빼뚤하게 '흡연금지(吸煙禁止)'라는 중국어가 쓰인 종이가 붙어 있다. 아무리 주위를 둘러봐도 'NO SMOKING'이라고 쓰인 종이는 없었다.

한국인은 쩨쩨하고 욱하는 성미가 있으며 남을 존중할 줄 모른다고 아무리 이야기해 봤자 소용없다. 이것은 한국인들의 문제일 뿐 중국인이 관여할 바가 아니다. 중국인은 스스로의 문제부터 해결해야 한다.

안내를 맡은 여성 가이드는 작은 체구에도 불구하고 지칠 줄 모르고 최선을 다해 안내해 주었다. 지나가는 곳마다 끊임없이 설명해 주고 쏟아지는 질문에 하나하나 성실히 답변해 주었다. 게다가 여행객들의 가방을 대신 메주기도 하고 카메라를 대신 들어 주기도 했다. 세심한 배려심이 느껴졌다. 피곤하다거나 귀찮다는 표정도 전혀 볼 수 없었다. 그녀의 작은 체구에서 한국인의 악바리 근성을 볼 수 있었다. 만약 어떤 질문을 던졌을 때 그녀가 그 답을 모른다면 가족, 친구 등에게 전화하느라 분주해진다. 오전에 그 답을 알아내지 못했다면 '답 찾기'는 오후까지 이어진다. 정확한 답을 알아내야만 비로소 전화기를 내려놓는다. 꼭 가볼만한 장소에 도착했다고 생각되면 그녀는 하나도 빠트리지 않고 꼼꼼하게 설명해 준다. 여행객들이 별 관심 없는 표정을 지어도 열심히 설명한다. 다음 장소로 이동하려면 그녀의 설명을 끝까지 경청할 수밖에 없다.

그녀는 솔직하고 털털한 성격이었다. 함께 보내는 시간이 길어지면서 솔직한 대화도 주고받게 됐다. 중국인에 대해 어떻게 생각하는지 물었다. 원래 일본 가이드였기 때문에 아직 적응이 안 된다고 솔직히 대답했다. 아무 데나 침을 뱉거나 무턱대고 사진 찍기, 인색한 팁, 잦은 지각 등이 대표적인 이유라고 했다. 특히 중국 관광객을 통솔하다 보면 지각하는 한 사람 때문에 일정에 차질이 생기는 경우가 많다고 했다. 게다가 스케줄에 없는 사항까지 요구하기도 한다고 했다. 예를 들어 카지노에서 놀고 나서 호텔로 돌아온 후, 본전을 찾아야겠다며 다시 카지노에 데려다 달라고 떼를 쓴다는 것이다.

'소양 문제'는 사소한 부분에서 드러나는 법이다. 한국을 여행하다 보면 '현대화됐다는데 우리와 별로 다를 것도 없네'라는 생각이 든다. 중국의 베이징이나 상하이, 다롄 등과 견주어 봐도 그렇게 뛰어난 구석이 없어 보인다. 건물이나 길도 중국보다 못하고 중국처럼 량화(亮化) 프로젝트나 대규모 광장, 드넓은 잔디밭 같은 것도 없다. 한국 도시는 중국 대도시에 비해 좁고 오래됐으며 너무나 평범하다. 하지만 세심한 부분으로 파고 들어가면 한국의 다른 점, 한국만의 개성을 볼 수 있다.

한국은 대부분의 건물, 특히 모든 아파트의 위쪽과 아래쪽에 아파트 명칭과 동수가 크게 쓰여 있어 금방 눈에 들어온다. 반면 중국은 건물 아래쪽에 작은 팻말만 걸어 두어서 찾으려면 꽤 고생한다. 한국인은 놀이시설, 공원, 마트 등 가는 곳마다 질서정연하게 줄을 선다. 줄이 아무리 길어도 여유롭게 기다리는 모습을 볼 수 있다.

서울 남산에 갔을 때 일이다. 그곳의 한옥마을 마당에서 한창 전통혼례 공연이 진행 중이었다. 별도로 안내원이 배치되어 있지 않았지만, 관중들은 자발적으로 공연할 수 있는 충분한 공간을 남겨둔 후 그 뒤쪽부터 자리를 잡고 앉았다. 공연을 보려는 사람들로 미어터질 만큼 북적댔지만 앞으로 가서 앉는 사람은 찾아볼 수 없었다. 이보다 더 기억에 남는 광경이 있었다. 한국 마트에는 계산원만 있을 뿐 중국처럼 판매대 앞에서 손님을 뚫어져라 쳐다보는 판매원이 없다는 점이다. 또 한 가지, 한국 아파트에는 대부분 방범 창이 설치되어 있지 않았다. 이는 이웃을 경계하는 마음이 중국보다 훨씬 적다는 것을 증명해 주는 것이다.

한국에는 유난히 차가 많다. 도로는 몰려드는 차들로 매일 몸살을 앓고 있었다. 하지만 함부로 교통법규를 위반하는 차량이나 무질서한 차량으로 정체가 일어나는 일은 드물다. 또 맞은편에서 차량이 오는 경우 한국 운전자들은 대부분 서로 양보하는 모습을 보였다. 귀국한 지 이틀 만에 빨간 불인데도 무시하고 건너는 경우를 네 번이나 목격했다. 그중 두 번은 직접 택시를 탔을 때였다. 이처럼 중국 도로에서 끼어들기, 불법 차선 변경, 불법 유턴은 부지기수다. 필자는 솔직히 지금까지 외국에 몇 번 갔다 왔다고 자국에 대해 불만을 쏟아내는 사람들이 내심 못마땅했다. 하지만 평범하다고 생각했던 중국의 모습이 한국에서 돌아온 후에는 왠지 모르게 뭔가 이상하다는 생각이 들었다.

하나만 놓고 본다면 규칙을 깨는 것이 순간적인 효율 상승을 가져다줄지도 모른다. 하지만 모든 사람이 규칙을 지키지 않는다면 사회 전체의 효율성은 떨어질 수밖에 없고, 결국 개개인에게 그 피해가 돌아간다. 사실 이 이치를 모르는 사람은 없다. 다만 자신도 모르는 사이에 이런 함정에 빠져 헤어나지 못하는 것일 뿐이다. 그 이유는 간단하다. 스스로가 이 사회의 중심이라는 주인의식이 없고, 다만 스스로를 관리당하고 통제당하는 대상이라고만 여기기 때문이다. 그래서 제약과 통제 속에서 오는 자유를 탐닉하려 하는 것이고, 생활 속의 중요한 즐거움 중 하나가 되어버렸다. 공항 출국 수속장에는 노란 선이 그어져 있다. 앞사람이 출국수속을 밟는 동안 뒷사람은 노란 선 밖에서 기다리라는 의미다. 그런데 꼭 노란 선을 밟고 있거나 노란 선을 반 이상이나 넘어가 있는 사람들이 있다. 바로 중국인이다. 중국인에게 이 노란 선은 마치 인생이라는 경주에서 출발선을 의미하는 듯하다. 그래서 감독관이 보지 않는 틈을 타 좀 더 앞에 가 있으면 더 좋은 성적을 낼 수 있다고 생각하는 듯하다.

우리 여행팀에는 젊은 사업가들도 몇몇 있었다. 부유한 집안에 공부도 할 만큼 한 사람들이었다. 그래서인지 상류사회의 거만함과 우월감이 몸에 배어 있었다. 오는 내내 그들이 한 이야기라고는 내가 누구를 잘 알고, 어디가 돈벌이가 좋으며, 또 어느 거물이 어느 공직자에게 줄을 잘 대서 상대 회사를 한 방에 쓰러뜨렸다더라, 누구는 인맥관리를 잘해서 쉽게 돈을 벌었다더라 등의 이야기들뿐이었다. 필자가 눈길이 갔던 이유는 대화 내용이 아닌 그들의 태도 때문이었다. 그들은 너무도 진지하게, 자랑스러운 듯 이야기를 나누고 있었다. 공직자와 사업가가 결탁했다는 이야기, 어느 마피아의 명성이 유명하다는 이야기를 할 때는 부러움을 넘어 존경스럽다는 말투였다. 그도 그럴 것이 그 바닥이 원래 그런 분위기다. 도덕이란 깡그리 무시하고 권력을 절대적으로 믿으며 '형제들'과의 의리를 무엇보다 중시하는 문화, 이것이 바로 그들이 성공을 이룬 문화적 배경이기도 하다. 또 그들과 함께 있으면 순간순간 동북 지역의 허세가 느껴지곤 했다. 그들은 매일 저녁 사람들에게 술을 대접했고, 중간에 무슨 문제라도 생기면 서로 해결하겠다고 나서곤 했다. 카지노에 갔을 때 그들의 씀씀이는 절정에 달했다. 동북 사람들의 허세와 호탕함은 어딜 가나 흘러넘쳤다. 물론 그들의 경박함도 함께 흘러넘쳤다.

일행 중에는 서른 살을 갓 넘긴 듯한 젊은 여성이 한 명 있었다. 대학 졸업 후 성(省)재정청에 취직했었는데, 몇 년 하다 보니 재미도 없고 싫증이 나서 그만두고 전당포를 차렸다고 했다. 물론 자금은 공직자였던 아버지 주머니에서 나온 것이었다. 그녀는 한국은 이게 싫다, 이게 마음에 안 든다고 하며 하루 종일 투덜거렸다. 아침식사로 나온 빵이 프랑스 것보다 못하다는 둥, 커피는 역시 미국 커피가 맛있다는 둥, 서비스가 일본만 못하다는 둥 입만 열면 불만이었다.

첫날 일정을 모두 마치고 호텔로 들어섰을 때 가이드가 말했다.

"내일 모닝콜은 7시 반입니다."

이름 모를 재경대학을 나왔다는 이 젊은 여성이 물었다.

"모닝콜? 그게 뭐죠?"

옆에서 필자가 거들었다.

"아침에 깨워 주는 거요."

그녀는 순간 당황한 듯 말했다.

"아, 모닝콜! 난 또 뭐라고. 유럽에서도 호텔에서 모닝콜을 해주죠."

다음 날 여행할 때 이 여성은 목에 깁스라도 한 듯 고개를 빳빳하게 세우며 말했다.

"한국엔 고층 빌딩이라고 할 만한 것도 별로 없네요. 그래봤자 20층 정도던데, 이 정도 가지고 잘 산다고 할 수 있겠어요?"

유럽, 미국, 일본을 여러 번 갔다 오면 뭐하겠는가. 이 동북 시골 처녀의 촌스러움은 그대로인 것을.

중국인과 유대인
닮은꼴과 다른꼴

중국인과 유대인은 교류가 많지 않았음에도 불구하고 서로가 놀라울 만큼 많이 닮았다. 그러나 현재 두 민족의 모습은 너무도 다르다. 닮은꼴이 많은 두 민족이 왜 근대사에 접어들면서 전혀 다른 길을 가게 된 것일까?

Chapter 01
중국인과 유대인의 닮은꼴

모든 이가 이구동성으로 말하는 두 민족의 닮은꼴은 바로 학구열이 세계에서 가장 강한 민족이라는 것이다. 중국인과 유대인 모두 교육을 으뜸으로 여긴다. '모든 것은 하찮은 것이고 오로지 독서만이 고상한 것이다.' 라는 말만 보더라도 잘 알 수 있다. 심지어 그들은 가진 것을 전부 내다 파는 한이 있어도 자식은 공부를 시켰다.

중국인과 유대인은 교류가 많지 않았음에도 불구하고 서로가 놀라울 만큼 많이 닮았다.

첫째, 중국인과 유대인은 세계적으로 가장 오랜 역사를 가진 민족이다. 유대문명의 《성경》은 세계적인 영향력을 가진 서적이고, 중국의 《노자》,《논어》는 동양문명의 근간이 되는 서적이다. 역사를 되돌아보면 무수히 많은 우수한 민족이 등장하고 사라졌다. 피라미드를 탄생시킨 이집트인, 함무라비법전을 만든 바빌로니아인, 니네베 도서관을 건축한 고대 아시리아인, 페니키아 문자를 발명한 페니키아인을 꼽을 수 있다. 하지만 안타깝게도 수천 년 동안 지속된 전쟁과 이동생활로 민족 간의 융합이 빈번하게 일어나면서 그들은 차츰 자취를 감추기 시작했다. 이들과 함께 찬란한 문명을 꽃피우던 여러 민족 가운데 역사의 흐름에 도태되지 않고 유일하게 살아남은 민족이 바로 중국인과 유대인이다. 두 민족 모두 선조들의 전통과 혈통을 고집스럽게 계승해 오고 있다. 이뿐이 아니다. 그들은 선조들이 창조한 문화적 특징까지도 거의 그대로 이어오고 있다.

중국인, 특히 중국 농민들은 지금까지도 생활 속에서 조상을 기리고 숭배하는 풍습을 그대로 고수하고 있다. 또 인간관계나 일을 처리할 때 가장 먼저 혈연을 따지는 경향이 강하다. 이것이 바로 공자, 그리고 공자 이전의 선조들이 남긴 정신적 유산이다.

유대인, 특히 정통파 유대인은 '천불변도역불변(天不變道亦不變, 하늘이 변함 없으니 도 또한 변하지 않는다)'이라는 사상과 하늘이 정한 생활방식은 영원히 지켜나가야 한다는 사상을 섬겼다. 모두 하늘이 만물의 창조주임을 강조하는 사상으로, 중국의 전통 사대부들이 숭상했던 사상이기도 하다. 그들은 지금도 기원전 1000~2000년경에 형성된 고대 풍습을 고스란히 지켜나가고 있는데, 할례의식이나 안식일이 대표적인 예다. 일부 유대인은 그들의 상징이 되어버린 검은색의 둥근 모자와 두꺼운 외투를 평생 착용해야 한다고 주장한다. 그들은 더운 한여름에도 결코 벗지 않는다. 어쩌면 그들에게는 지금보다《성경》의 시대가 더 어울릴지도 모르겠다.

둘째, 중국 문화와 유대 문화 모두 자만심이 지나치다. 흔히 원시민족일수록 문화에 대한 자만심이 강하다고 말한다. 아메리카 인디언이 스스로를 가리켜 선택받은 민족이고 전 인류의 근간이라고 했던 것이나, 서인도제도의 카리브인들이 오로지 자신의 종족만이 인간이고 다른 종족은 모두 동물이라고 여겼던 것을 봐도 그렇다. 사실 모든 민족은 초기에 이런 자기중심적인 '유아독존' 사상이 상당히 농후했다. 다만 중국인과 유대인은 이 특징을 오늘날까지 완벽하게 지켜오고 있을 뿐이다.

중국인의 유아독존 사상은 하 왕조 때부터 시작됐다. 이때부터 중국인은 스스로를 세상의 중심이며 유일하게 문명을 가진 민족으로 여겼다. 반면 다른 민족은 아직 진화가 덜 된 인종이라면서 "견양(犬羊)과 같은 본성을 타고나 짐승을 사냥하여 생식한다."라고 비유하곤 했다.

유대인도 중국인 못지않다. 유대교 교리 중에는 "유대인은 하느님의 특별한 백성으로, 세계 만물 가운데 가장 사랑받는 백성이다. 또 세상에 종말이 오면 하느님은 반드시 유대인을 구원하실 것을 약속하셨다."라는 내용이 담겨 있다. 《성경 신명기》에도 비슷한 내용이 실려 있다.

"여호와께서는 지상의 만백성 가운데 너를 선택하시어 자신의 선민으로 삼으셨다. 여호와께서는 너희들을 사랑하시니……"

여기서 유대인들의 자만심이 시작됐다. 남들과 달리 천성적으로 우수한 민족이라 자부했던 유대인들은 스스로를 천민(天民), 즉 하늘의 백성이라고 했다.

◆ 예루살렘거리의 유대인들

셋째, 중국인과 유대인 모두 동양적 특징이 농후하다. 두 민족 모두 중용과 조화를 으뜸으로 꼽는다. 공자는 "기소불욕물시어인(己所不欲勿施於人)"이라 했다. 즉, 자기가 하기 싫은 일은 남에게도 하게 해서는 안 된다는 이치를 강조했다. 유대교 핵심 법전인 《트라》에도 "나에게 해가 되는 것을 같은 민족에게 행하지 말라."는 비슷한 내용이 담겨 있다. 두 나라 민족 모두 분수를 중시하고 타협과 양보를 미덕이라 생각했다. 그래서 서양인들이 보기엔 중국인과 유대인은 모두 동양적 인품을 가진 민족으로 많은 부분이 닮아 있었다. 융통성 있는 일처리, 타인을 헤아릴 줄 아는 마음, 대접하기를 좋아하고 실리를 좇는 모습, 전체 흐름을 해치지 않는다는 전제하의 타협 등이 그렇다.

넷째, 중국 문화와 유대 문화는 단점까지도 닮았다. 남존여비 사상이 그 대표적인 예다. 정통파 유대교 신도들은 과거 중국인이 그랬던 것처럼 남존여비 사상과 남녀수수불친(男女授受不親, 남녀 간에는 물건을 직접 주고받지 않는다) 사상을 엄격히 지켰다. 그 후 유대인은 천여 년간 서유럽의 영향권에 있었지만 '레이디 퍼스트'라는 서양 특유의 문화는 끝까지 받아들이지 않았다. 대문을 들어가고 나설 때는 반드시 남자가 앞에 서고 여자는 그 뒤를 따라야 한다. 젊은 남녀가 공공장소에서 애정표현을 하면 안 되고, 심지어 전통적인 유대인 사회에서는 공공장소에서 남녀가 손을 잡는 것도 금지되어 있다. 직장이라 해도 마찬가지다.

중국은 전통적으로 농장(弄璋), 농와(弄瓦)라 하여 아들을 낳으면 구슬(璋) 장난감을 주고 딸을 낳으면 실패(瓦) 장난감을 줬다. 중국과 그 표현법은 다르지만 유대 민족 역시 성차별을 단적으로 드러낸 글귀가 있다. 《탈무드》에 실린 "사내아이를 낳은 자는 복이 있고 계집아이를 낳은 자는 슬픔이 가득하다."라는 글귀가 바로 그것이다. 유대인들은 집안에 아들이 태어나면 출생한 지 8일째 되는 날 할례의식을 거행하고 한 달이 지나면 큰 잔치를 열어 축하했다. 반면 딸이 태어나면 주위에 알리지도 않고 조용히 지나갔다.

다섯째, 중국인과 유대인은 우수한 기질이 몸에 흐르고 있다. 리선즈의 말처럼 중국인과 유대인은 모두 부지런하고 근검절약 정신이 강한 민족이고 사업수완도 뛰어나다. 하지만 모든 이가 이구동성으로 말하는 두 민족의 닮은꼴은 바로 학구열이 세계에서 가장 강한 민족이라는 것이다. 중국인과 유대인 모두 교육을 으뜸으로 여긴다. "모든 것은 하찮은 것이고 오로지 독서만이 고상한 것이다."라는 말만 보더라도 잘 알 수 있다. 심지어 그들은 가진 것을 전부 내다 파는 한이 있어도 자식은 공부를 시켰다. 덕분에 서양에서는 유대인과 중국인 대학생은 우수학생의 대명사로 인정받는다.

여섯째, 외국에 나가 있는 중국인과 유대인의 운명이 닮았다. 그들은 지독할 정도로 각자의 민족 특성을 지켜나가기 때문에 현지 문화와 융합되지 못하고 자민족끼리 의기투합해 '차이나 타운'이나 '유대인 타운' 등의 공동체를 형성하는 경우가 많다. 또 사업수완이 뛰어난 민족 특성을 살려 현지 부유층으로 급부상했다. 반면 타국의 사회적 갈등으로 인해 희생양이 되기도 하는데, 언제나 약탈이나 살해의 위험에 노출되어 있다. 전 세계를 통틀어 봐도 지리적으로 멀리 떨어져 있는 두 나라가 이렇게 많이 닮아 있는 경우는 중국인과 유대인밖에 없을 것이다.

Chapter 02
너무 다른
중국인과
유대인

중국인의 상업적 재능은 유대인 못지않게 세계적으로 이름나 있다. 하지만 아직 '세계 부호' 대열에 이름을 올리지 못하고 있다. 〈포브스〉가 발표한 '세계 40대 부호' 순위를 보면 유대인이 45퍼센트를 차지하고 있는데, 이는 미국 인구의 3퍼센트도 안되는 유대인이 미국 재화의 70퍼센트 이상을 장악하고 있다는 뜻이다.

중국인과 유대인의 다른꼴은 그들의 닮은꼴 만큼이나 홍미롭다. 두 민족 모두 배우기를 좋아하고 지능이 뛰어나기로 정평이 나 있지만, 세계 5분의 1의 인구를 가진 중국은 지금까지 단 한 번도 노벨상을 수상하지 못한 반면 유대인은 1901~2001년 동안 무려 152차례나 노벨상을 수상했다. 22.35퍼센트의 노벨상을 가져간 것이다. 세계 인구 300분의 1에 불과한 유대 민족이 말이다. 최근 중국은 하이브리드 쌀을 개발한 것 말고는 과학기술 분야에서 이렇다 할 성과를 내지 못하고 있다. 이와 대조적으로 인류의 운명을 좌지우지할 만한 위대한 발명은 모두 유대인 손에서 탄생했다. 광속을 측정해낸 것도, 네 가지 혈액형을 발견한 것도, RNA와 DNA의 생합성 원리를 처음 제시한 것도, '쿼크(quark)'라는 단어를 처음 탄생시킨 것도, 원자폭탄과 수소폭탄을 발명한 것도 모두 유대인이다. 과학 분야 외에도 그들의 발명품은 넘쳐난다. 브래지어, 피임약, 청바지 등 모든 사람에게 필요한 제품까지도 유대인이 발명했다. 유대인이 없었다면 지금 세상은 어떤 모습일지 도무지 상상이 되지 않는다.

중국인의 상업적 재능은 유대인 못지않게 세계적으로 이름나 있다. 하지만 아직 '세계 부호' 대열에 이름을 올리지 못하고 있다. 〈포브스〉가 발표한 '세계 40대 부호' 순위를 보면 유대인이 45퍼센트를 차지하고 있는데, 이는 미국 인구의 3퍼센트도 안 되는 유대인이 미국 재화의 70퍼센트 이상을 장악하고 있다는 뜻이다.

1960년대 무렵 중국은 자강(自強)이라는 구호를 외치기 시작했고, 이 무렵 유대인의 시오니즘이 등장했다. 그들은 100여 년의 노력 끝에 이스라엘을 건국함으로써 유대 민족의 부흥을 전 세계에 알렸다. 정치적으로 낙후된 중동 지역에 등장한 이스라엘, 이 작은 나라는 믿기 힘든 기적을 만들어내면서 세상을 여러 번 놀라게 했다. 그들은 중동 지역 한가운데에서 현대적인 민주정치를 실현했고, 이를 바탕으로 민족의 응집력과 단결력을 이끌어냈다. 작고 불안해 보였던 신생국가 이스라엘은 그들보다 훨씬 숫적으로 우월한 아랍 연합군을 여섯 차례나 격파했다. 이스라엘은 그렇게 총성만이 가득하던 사막에서 끈질기게 살아남아 슈퍼대국으로 성장했다. 작은 땅덩어리에 인구도 적고 전쟁도 끊이지 않는 중동국가 이스라엘. 그럼에도 불구하고 GDP총액 2,500억 달러, 1인당 GDP 32,000달러를 달성하며 선진국 대열에 당당히 들어섰다. 그렇게도 닮은꼴이 많은 두 민족이 왜 근대사에 접어들면서 전혀 다른 길을 가게 된 것일까?

Chapter 03
문명의 진화

인류 역사는 우리에게 한 사회의 문화가 그 주변 사회의 경험을 얼마나 유기적으로 잘 흡수하느냐에 따라 자신의 운명이 결정된다는 것을 말해 주고 있다. 어느 한 사회가 새롭게 발견한 사실은 다른 사회에 전파될 수도 있다. 이렇듯 상호 간의 교류가 다양하게 이루어질수록 서로 배울 수 있는 기회도 많아진다.

생물의 진화과정을 관찰해 보면 한 가지 규칙을 발견할 수 있다. 세상과 단절된 곳일수록 생물종이 원시상태에 가깝다는 것이다. 호주는 오래전부터 다른 대륙과 분리되어 독립적으로 발전해 왔다. 그래서 그곳에는 원시 동식물, 특히 포유동물 가운데 가장 낮은 단계에 속하는 오리너구리나 바늘두더지 같은 단공류(單孔類)가 서식하고 있다. 그들은 조류처럼 알을 낳고 포유류처럼 모유를 먹인다. 단공류는 이처럼 대조적인 두 가지 특징을 동시에 갖고 있기 때문에 부화기간 동안 죽을 위험이 다른 동물보다 훨씬 크다. 다른 지역에서 그들의 모습을 볼 수 없는 것도 이 때문이다. 호주에는 천적이 없기 때문에 오리너구리나 바늘두더지 같은 희귀생물이 오늘날까지 살아남아 있다.

생물종이 그러하듯 문명의 진화도 마찬가지다. 인류사회 가운데 문명 수준이 가장 낮은 민족은 다른 대륙과 3만 년 가까이 단절된 채 살아온 호주 토착민이다. 그들은 불과 몇 십 년 전만 해도 식물을 채집하고 동물을 사냥하며 생활했다. 아메리카 대륙의 인디언은 호주 토착민보다 문명이 일찍 시작됐다. 인디언은 1만 5000년 전에 아시아 대륙을 벗어나 아메리카 대륙으로 이주했다. 아시아 인류가 고향인 인디언들은 아시아 문명 유전자를 갖고 있었기 때문에 좀 더 일찍 원시적 생활에서 탈피할 수 있었다. 당시 멕시코, 중앙아메리카, 페루 등지에서도 문명이 싹트기 시작했다. 하지만 그들은 1만 5000년 전부터 외부 세계와 단절된 상태에서 지낸 탓에 인디언 문명은 지속적인 발전을 이루지 못하고 멈춰버렸다. 유럽이나 아시아 문명과는 현격한 차이를 보인다. 유럽인이 이 대륙에 발을 내디딘 순간 인디언은 멸망의 길을 걷기 시작했다.

인디언 문명보다 한 단계 위에 있는 것이 아프리카 문명이다. 아프리카의 일부 지역은 외부와 단절된 채 생활하여 호주 토착민처럼 원시적인 모습을 보인다. 반면 지중해, 중동, 유라시아 대륙과 간헐적으로 교류가 있었던 다른 지역은 문명의 흔적이 곳곳에 보인다. 유라시아 대륙에서 배워 온 농업이나 제련기술이 있었기에 그들의 고대 왕국을 건설할 수 있었고, 수준 높은 통치체제를 갖출 수 있었다.

인류사회 문명의 중심에는 유라시아 대륙이 있다. 이는 부정할 수 없는 사실이다. 유라시아 대륙은 신석기시대부터 줄곧 세계 역사의 심장부였다. 인류 역사상 가장 선진화되고 오래된 문명이 바로 그곳에서 탄생했다. 실제로 고대에는 지구 면적의 5분의 2에 해당하는 유라시아 대륙에 지구 인구의 10분의 9가 살고 있었다. 인류의 거의 모든 문명의 결실이 이곳 유라시아 대륙에서 탄생했다고 해도 과언이 아니다. 인류 문명 발전사를 단계별로 정리하고 보니 한 가지 결론을 얻을 수 있다. 문명 발전은 지리적 환경과 뗄 수 없는 상관관계가 있다는 사실이다.

인류 역사는 우리에게 한 사회의 문화가 그 주변 사회의 경험을 얼마나 유기적으로 잘 흡수하느냐에 따라 자신의 운명이 결정된다는 것을 말해 주고 있다. 어느 한 사회가 새롭게 발견한 사실은 다른 사회에 전파될 수도 있다. 이렇듯 상호 간의 교류가 다양하게 이루어질수록 서로 배울 수 있는 기회도 많아진다. 결과적으로 가장 원시적인 문화를 가진 민족은 가장 오랫동안 외부 세계와 단절한 채 지낸 민족이다. 이웃 민족에서 일궈낸 문화적 성과를 함께 공유하지 못한 것이다.

유라시아 대륙은 상대를 배우고 교류하기에 더 없이 좋은 여건을 갖추고 있다. 광활한 초원은 아시아와 유럽을 하나로 연결해 주는 다리 역할을 하고 있다. 유라시아 대륙에서 생활하는 민족들은 수천 년 동안 전쟁, 상업, 사랑, 외교를 통해 상대방을 멸망시키고 잔인하게 죽이고 괴롭히기도 하고, 가정을 이루기도 했다. 이런 과정 속에서 서로 배우고 영향을 주고 충돌해 가면서 수천 년 문명의 역사를 써내려왔다. 그 가운데 가장 두드러지는 문명이 바로 유대문명이다.

Chapter 04
정처 없는 유랑길 위의 개방과 고수

그들은 지역적인 국경선은 잃었지만 자신들의 문화적인 국경선은 끝까지 지켜냈다. 유대문명은 다른 문명과 교류하는 과정에서 줄곧 충돌과 흡수, 분열과 융합이 공존하는 상황에 놓여 있었기 때문에 언제나 긴장하며 경계심을 늦추지 않았다. 이 속에서 유대 민족은 더 강한 의지력과 자기 발전성을 키워나갔다.

유대문명의 지리적 환경

《성경》에는 유대인의 고향인 가나안 땅을 '젖과 꿀이 흐르는 땅'이라고 묘사하고 있다. 사실 가나안은 땅덩어리가 작고 지형이 복잡하며 물도 부족한 곳이다. 그뿐 아니라 경작지나 목장의 수량도 한정돼 있기 때문에 결코 사람이 살기에 적합한 곳이 아니다. 하지만 이 지역은 '개방성'이라는 아주 특수한 지리적 강점을 갖고 있다. 즉, 가나안 지역이 위치한 곳은 지중해 연안이면서 세계 삼대주(三大洲)가 모두 만나는 교차점이기도 한 것이다. 세계 지도를 아무리 뒤져 봐도 가나안 지역만큼 외부 세계와 교류하기가 편리한 곳이 없다. 장치엔홍이 쓴《유대 문화의 현대화》에서 "역사를 되짚어 보면 역사 교류가 가장 빈번하게 일어났던 민족은 유대 민족일 것이다. 상고시대 때부터 유대인들은 가나인, 아시리아인, 페니키아인, 바빌로니아인 등과 폭넓은 교류를 펼쳤다."

라는 글귀가 이를 뒷받침해 주고 있다.

유대인은 팔레스타인에서 천여 년 가까이 정착해 생활했다. 이 기간이 유대인들의 첫 번째 황금기였다. 그들은 웅장하고 휘황찬란한 첫 번째 성전과 두 번째 성전을 연이어 지으면서 세계 역사에 《성경》을 등장시켰다. 이와 함께 다윗 왕과 솔로몬이라는 위대한 인물까지 탄생시키면서 유대 역사상 최고의 전성기를 누렸다. 유대문명은 유대 민족이 무시당하고 억압당하고 정복당하는 과정에서 함께 발전했다. 이러한 역사는 유대인에게 뼈아픈 고통을 준 동시에 새로운 문명적 씨앗도 가져다주었다. 그 후 유대인은 피정복자로서 그리스, 로마 문화를 접하기 시작했고, 오랜 기간 교류하면서 버릴 것은 버리고 흡수할 것은 흡수했다. 히브리 문화와 그리스 문화와 함께 기독교 문화를 탄생시켰다.

이때의 전성기를 끝으로 유대 역사는 암흑기에 접어들었다. 추방, 무시, 살해 등은 유대 민족을 그림자처럼 따라다녔다. 로마가 팔레스타인을 통치하기 시작하면서 성전인 예루살렘은 처참히 파괴됐고 도시 전체는 폐허로 변했다. 그릇에 담겨 있던 물이 엎질러진 것처럼 유대 민족은 그렇게 사방으로 뿔뿔이 흩어졌다. 인도, 이란 등 동쪽 지역으로 가거나 영국, 이탈리아 등 서쪽 지역으로 가기도 했고, 무더운 날씨가 계속되는 아프리카나 매서운 추위가 기다리고 있는 코카서스 지역으로 간 유대인도 있었다.

그들은 무려 2천여 년 동안이나 나라도 국토도 없이 떠돌아다녔다. 기나긴 유랑생활 동안 그들은 독특한 종교를 가졌다는 이유로 수많은 지역에서 멸시와 핍박을 받아야 했다. 거지보다 못한 가혹한 운명이라고들 했다. 간혹 일부 대공과 국왕들은 유대인들의 체류를 허용하기도 했지만, 이는 오로지 지역발전을 위한 선택이었다. 부를 챙긴 국왕들은 쓸모가 없어진 유대인들을 가차없이 내쫓았다. 그것도 빈손으로 말이다. 유대인의 이런 운명은 무슨 법칙이 되어버린 듯 계속 반복됐다.

1182년 프랑스 국왕은 자국 영토 내에 거주하는 모든 유대인의 재산을 몰수하고 추방한다고 선언했다. 하지만 얼마 지나지 않아 다시 유대인을 불러들였다. 프랑스의 세금 대부분이 유대인에게서 나온다는 것을 뒤늦게 알아차렸기 때문이다. 영국은 1253년에 일부 왕실 하인을 제외한 모든 유대인은 그들의 재산을 모두 놓아두고 잉글랜드와 웨일즈를 떠나라고 명했다. 중세기와 근대 유럽 역사에서 유대인은 이처럼 집단적인 추방을 무려 34번이나 당했다. 어느 통치자가 관대한 은혜를 베풀어 유대인을 장기간 거주하도록 허가했다고 하더라도 그들은 나병환자 취급을 받으며 격리당했다.

그들은 다른 민족과 구별될 수 있도록 로고를 달고 다니는 모욕도 감내해야 했고, 이를 어기는 자는 목숨을 보존할 수 없었다. 이런 로고를 달고 다니는 유대인들은 멸시의 대상이었다. 길을 다닐 때는 고개를 푹 숙이고 숨소리조차 제대로 내지 못한 채 쥐죽은 듯 지냈다. 게다가 그들을 향해 오물이나 돌멩이를 던지고 침을 뱉는 사람이 많았다. 만약 길을 걷다가 한 기독교 신도가 유대인에게 "나에게 예의를 표하라."고 외치면 그는 즉시 모자를 벗고 머리를 조아려야 했다. 이런 상황은 그나마 견딜 수 있었다. 유대인을 더 비참하게 했던 것은, 어느 지역에서 사회적 갈등이나 문제가 불거져 나오면 그들을 무슨 속죄양인 양 무참하게 약탈하고 죽이는 것이었다. 근대 역사가 시작되기 전까지만 해도 유대 민족의 운명은 비참하기 짝이 없었다.

유대 민족은 이런 역경과 떠돌이 생활을 모두 견뎌내고 기적적으로 생존해 왔다. 유대문명은 중국 문명과 마찬가지로 천여 년의 정착 생활을 하는 동안은 보수적 색채가 강했다. 그들이 환경적 변화를 겪지 않았더라면 분명 오만하게 굴면서 폐쇄정책을 폈을 것이지만 운명은 그들에게 다른 길을 제시했다. 다른 낯선 문화와 교류하게 했고, 또 다른 성격의 문화에 적응하고 받아들이고 배우도록 했다. "유랑생활은 유대인을 역사와 교류하도록 그 소용돌이 속으로 몰아넣었다. …… 이처럼 특수한 역사적 처지에 놓인 유대인은 끊임없이 다른 민족과 문화와 교류해야 했다. 그 깊이와 폭은 감히 어느 민족도 다라올 수 없다."(장치엔홍, 《유대 문화의 현대화》)

유대인의 정신

서기 8세기 아랍인이 스페인을 정복할 즈음, 수많은 유대인은 아랍인을 따라 스페인으로 넘어갔다. 8~13세기에 유대 문화와 아랍 문화는 지중해 지역에서 공존하고 있었다. 그러다 이벼 리아반도 문화와 융합하고 결합하면서 마침내 세파르디 문화를 탄생시켰다. 세파르디 문화는 유대종교와 철학, 문학을 발전시켰고 8~13세기 동안 메말라 있던 유럽 문화에 촉촉한 비를 내려 주었다. 그 후 동쪽으로 이주한 유대인들은 게르만과 슬라브 문명과 만나게 됐고, 그곳에서 유대 문화의 새로운 뿌리를 내렸다. 이것이 이디시 문화다.

유대문명 역사상 가장 의미 있는 문화 융합은 18세기 중엽에 시작해 19세기까지 지속됐던 '유대 계몽운동'을 꼽을 수 있다. 멘델스존은 고착화된 유대전통을 타파하고, 족쇄처럼 그들을 옭아매고 있던 격리조치를 향해 저항하자고 호소했고, 수많은 유대인들이 그와 뜻을 함께했다. 그들은 유대인 민족 특징은 버리지 않은 채 유럽 계몽운동의 문화적 결실만을 전면적으로 받아들였다.

이로써 완벽하게 유럽인으로 변신한 유대인은 중세기에서 벗어나 현대적인 민족으로 탈바꿈하는 데 성공했다. 이를 기점으로 유대인 출신의 걸출한 사상가와 우수한 문학작품들이 쏟아져 나오기 시작했다. 근현대에 접어들면서 유대인들은 미국으로 대거 이주했고, 유대 문화와 미국 문화가 융합되면서 독특한 미국 유대 문화가 형성됐는데, 이는 훗날 미국 문화가 발전하는 데 밑거름이 됐다. 이처럼 광범위한 역사 교류가 있었기 때문에 유대인은 다양한 문화를 소개하는 이주민 역할을 충실히 수행할 수 있었다. 또 문화는 다양성을 보이게 됐고 유대 민족은 활기가 넘치는 민족으로 성장할 수 있었다. 그뿐 아니라 유대인은 폭넓은 교류를 통해 다른 민족이 가지지 못한 세계적인 안목과 영웅호걸의 패기도 갖게 됐다.

폴란드 태생인 도이처(Deutscher)는 "유대인의 뛰어난 우월성은 다양한 문명 속에서 생활하고 종교와 민족문화가 적절히 어우러졌기 때문에 가능했다. 유대인은 시대 교체가 일어나는 순간마다 새로이 태어나고 끊임없이 발전해 왔다. 그들이 살던 국가의 가장 어둡고 외진 곳에서 생활하면서 서로 소통하고 배우며 그들의 사상을 확립해 나갔다. 유대인들은 자신이 속한 사회에서 다른 구성원보다 뛰어난 면모를 보였고 그들을 압도해 나갔다. 바로 이 점이 있었기에 유대인은 그 사회와 나라, 시대를 뛰어넘어 동시대 사람들보다 우수한 사상을 창조해낼 수 있었다. 바로 이 점이 있었기에 유대인의 정신세계는 넓은 지평선을 향해, 머나먼 앞날을 향해 달릴 수 있었다."라고 말했다.

물론 모든 일에는 양면성이 있다. 문화 융합이란 이점도 있지만 문화의 개성을 소멸시킨다는 단점도 간과할 수 없다. 이는 역사에서도 말해 주는 사실이다. 여러 민족이 문화 교류 과정에서 잘못된 정책으로 인해 아예 동화되어버리거나 멸망의 나락으로 떨어진 경우를 종종 봐왔다. 하지만 유대 문화는 달랐다. 그들은 역사의 다양한 움직임 속에서 문화의 폐쇄성과 개방성을 정확하게 측정해 이를 조절해 나갔기 때문에 성공할 수 있었다. 세계 각지로 흩어져 2천 년 동안 떠돌이 생활을 하면서 서로 소식도 전하지 못한 채 생활했지만, 그들은 변함없이 다윗 왕 시대부터 내려오던 오랜 풍습들을 지켜나갔다. 그곳이 아프리카의 고원이든, 영국의 작은 마을이든 상관없었다. 유다 인들은 모두 매일 똑같은 기도문을 외웠고, 똑같은 할례의식을 거행했으며 안식일을 지켰다. 이렇듯 유대인은 자신들의 문화 뿌리를 굳건히 지켰기에 문화의 순수성을 잃지 않았다. 아울러 그토록 강렬했던 문화충돌과 수천 년 동안 이어진 방랑 속에서도 유대문명은 살아남을 수 있었다. 유대 민족의 강인한 정신에 절로 감탄이 나온다.

유대 민족이 그들의 민족 특성을 지킬 수 있었던 중요한 원인 중 하나는 바로 '배척' 때문이었다. 로마시대 때부터 형성된 유대인에 대한 멸시와 핍박은 끊임없이 유대인들을 괴롭혔다. 이런 멸시와 핍박은 오히려 그들의 민족의식을 더 고취시켰고, 민족정신을 더 강하게 만드는 촉진제 역할을 했다. 여러 나라로 뿔뿔이 흩어진 유대인들은 초기에는 현지 문화에 융화돼 그 사회의 구성원이 되려고 노력했다. 하지만 그들에게 돌아온 것은 냉정한 눈길과 배척뿐이었다. 하스칼라 시대에 일부 유대인들은 생명처럼 소중히 여기던 유대교를 포기하고 기독교로 개종하면서까지 그 사회 속에 들어가려고 노력했다. 그럼에도 불구하고 사회는 유대인들을 '이방인' 내지는 '믿을 수 없는 사람'이라며 멸시와 의심의 눈초리를 거두지 않았다. 반유대주의가 괴롭힐 때마다 유대인은 스스로가 다르다는 것을 분명히 인식했고, 유대 문화의 전통을 굳건히 지켜나가는 것만이 그들에게 할 수 있는 최고의 복수라는 것을 깨달았다.

"유대인들의 남다른 반항 방식은 억압으로 인해 몸은 힘들었지만 그들의 정신은 지켜낼 수 있었다. 또 물질적으로는 힘든 삶이었지만 정신적으로는 풍요로운 삶을 살았다. 유대인은 핍박당할수록 정신적인 극복과 초월을 추구했다."(쉬신, 《반유대주의 해석》)

숱한 고난과 역경 속에서도 유대인의 민족정신은 무너지지 않았다. 자신의 처참한 운명마저도 하느님이 유대 민족을 시험하고 있는 것이라 생각하며 견뎠다. 그들은 줄곧 낙관적인 태도와 자신감을 잃지 않았다. 하느님의 약속을 믿었기 때문이다. 그들은 하느님이 말씀하셨듯이 언젠가는 꿀과 우유가 흐르는 꿈의 땅 팔레스타인으로 돌아가 유대 민족이 다시 한 번 부활할 것이라고 확신했다. 2천여 년이란 긴 시간 동안 세계 각지의 모든 유대인은 똑같은 기도문을 외웠다.

"내년에는 예루살렘에서."

◆ 유대 광야

유대 민족은 어떻게 보면 역사적으로 가장 불행한 운명을 타고났다고 할 수 있지만, 또 어떻게 보면 가장 특별한 운명을 타고났다고 할 수 있다. 그들은 지역적인 국경선은 잃었지만 자신들의 문화적인 국경선은 끝까지 지켜냈다. 유대문명은 다른 문명과 교류하는 과정에서 줄곧 충돌과 흡수, 분열과 융합이 공존하는 상황에 놓여 있었기 때문에 언제나 긴장하며 경계심을 늦추지 않았다. 이 속에서 유대 민족은 더 강한 의지력과 자기 발전성을 키워나갔다. 마침내 동서고금을 막론하고 모든 문화체계를 아우를 수 있는, 진정으로 세계적 특징을 갖춘 유대문명이 탄생했다.

힘든 시련이 지나고 나면 좋은 세월이 온다고 했다. 이 말은 유대 민족에게 꼭 들어맞았다. 2천 년 동안의 시련과 시험을 모두 감내한 유대 민족은 또 한 번의 황금기를 맞이했다. 근대가 시작되면서 유대 민족은 어두운 운명 속에서 힘겹게 버텨왔던 과거를 한순간에 떨쳐버리고 활기 넘치고 눈부신 미래를 향해 내달렸다. 고대의 유대문명은 천여 년 동안 계속된 서양문명과의 힘겨운 진통을 참아낸 끝에 그 누구도 상상하지 못한 눈부신 성과를 거뒀다.

유대인은 이미 오래전부터 진취적인 사고방식을 보인 반면, 이웃 아랍 국가들은 2천 년 전 유대인들이 떠났을 당시의 고루한 사고방식 그대로였다. 권위주의 정치, 전제통치 체제, 폭력지상주의 등 모든 것이 제자리였다. 문화적으로 봤을 때 동질성이 강한 문화를 가진 국가들은 강한 응집력을 보이기 마련이다. 그러나 아랍 국가와는 별개인 듯 보인다.

이스라엘의 부활

기도의 힘인지, 아니면 하느님이 《구약》에 사인해 둔 약속이 갑자기 생각난 것인지 알 수는 없지만 우리 눈앞에 실로 믿기 힘든 기적이 일어났다. 1948년 5월 14일, 핀란드에서 건너온 유대인 벤구리온이 가나안에서 장엄한 분위기 속에서 전 세계를 향해 선언문을 낭독했다.

오늘 우리 유대인은 민족적, 역사적 권리와 UN의회의 결의에 따라 이스라엘 땅에 유대인의 나라 이스라엘의 건국을 선언한다.

멸망한 지 2천 년이란 세월이 흐른 그날, 유대인은 다시 부활했고 새로운 인류 역사를 탄생시켰다. 고향 가나안에 세운 이스라엘은 더 이상 2천 년 전의 그 유다 왕국이 아니었다. 영토, 나라이름, 종교, 이 모든 것은 옛날 그대로였지만 유대인만은 더 이상 과거 사람들이 알던 그 유대인이 아니었다. 2천 년 전 이곳 가나안 땅을 등지고 떠날 때 그들이 가졌던 사상, 정신세계, 아랍 민족 등 주변 상황은 변한 것이 별로 없었다. 하지만 그들이 가나안 땅을 다시 밟았을 때 유대 문화의 깊이에는 큰 변화가 있었다. 오래된 소수민족 문화에 지나지 않았던 유대 문화는 무한한 포용력을 가진 깊이 있는 현대문화로 변모해 있었다. 이제 주변의 아랍인들과는 격이 달라진 것이다. 몇 차례 있었던 중동전쟁이 이를 여실히 보여 준다.

당시 유대인이 나라를 다시 세우자 아랍인들은 강하게 반발하고 나섰다. 이스라엘 건국 선언문을 낭독한 지 만 하루도 지나지 않아 다섯 아랍 국가들이 연합해 이스라엘을 공격했다. 당시 10만에 달하는 군사력을 자랑하던 아랍 연합군은 이스라엘을 초전박살내겠다고 호언장담했다. 그도 그럴 것이 아랍 연합군의 군비나 인구는 유대인보다 훨씬 강력했다. 반면 신생국가인 이스라엘은 병력 3만에, 그것도 급조된 군대에 불과했다. 탱크도 한 대가 전부였다. 유대인은 전력상 절대적인 열세를 보였고 삼면이 모두 적으로 둘러싸인 상태였다. 승패는 불 보듯 뻔했다. 하지만 7개월간 악전고투한 끝에 이스라엘은 아랍 연합군에게 기적적인 승리를 거두면서 영토를 3분의 1 확장했다.

1967년에 발발했던 '6일 전쟁'에서도 이스라엘은 약세였다. 전쟁 초기 이스라엘은 병력 25만, 아랍 연합군은 병력 325만이었다. 전투기 286대, 탱크와 장갑차 2,500대, 대포 750문, 미사일 50발이 전부였던 이스라엘과 달리, 아랍 연합군은 576대, 4,183대, 3,246문, 160발의 강력한 전투력을 갖추고 있었다. 너무도 분명한 이스라엘의 열세였다. 그럼에도 불구하고 이스라엘은 선제공격을 감행해 각개격파 작전을 펼치더니 6일 만에 시나이반도, 골란고원, 가자지구, 그리고 예루살렘까지 손에 넣었다. 이 전쟁으로 이스라엘 영토는 4배나 확장됐다. 반면 이집트, 요르단, 시리아 등 아랍 연합국은 사망자 수와 포로 수가 6만에 달하는 치명타를 입었다. 이스라엘 사망자 수가 983명에 불과했던 것만 봐도 얼마나 처참한 패배였는지 짐작할 수 있다.

1973년 다시 전쟁이 불붙었다. 이 전쟁은 그나마 민족 자긍심과 자신감을 회복했다며 아랍인 스스로 가장 잘 싸웠다고 자부한 한 판이었다. 하지만 사망자 수의 격차만 줄였을 뿐 승리라고 할 수는 없었다. 6일 전쟁에서 빼앗긴 영토를 찾기 위해 치밀한 계획을 세운 이집트와 시리아는 1973년 10월 이스라엘에 기습공격을 감행했다. 이 전쟁으로 아랍 국가는 병사 8,446명, 탱크 2,554대, 전투기 392대를 잃었고, 이스라엘은 병사 2,838명, 탱크 840대, 전투기 103대를 잃었다. 하지만 아랍 국가가 염원했던 국토 회복의 꿈은 이루지 못했다.

몇 차례의 전쟁을 통해 이스라엘은 아랍 국가보다 전투력에서 한 수 위라는 사실을 분명히 확인하면서 밝은 앞날을 예고했다. 몇 차례 연이어 발발한 중동전쟁을 보면서 세상 사람들의 뇌리에 가장 깊이 박힌 것은 놀라운 단결력을 보여 준 이스라엘과 그렇지 못한 아랍 국가였다.

이치적으로 따져 보자면 신생국가들은 쉽게 무너지기 마련이다. 이스라엘은 전형적인 다문화 국가로, 이라크와 예멘에서 온 동방 유대인도 있고 서유럽에서 온 아시케나지, 아프리카에서 온 검은 피부의 유대인도 있었다. 수천 년을 세계 각지에 흩어져 살아왔던 유대인은 마치 다른 나라 사람을 보듯 서로가 낯설었을 것이다. 당시 그들이 구사했던 언어가 무려 82가지였다고 한다. 이스라엘은 작은 땅덩어리를 가진 나라였지만 그 속에는 서로 다른 혈연, 문화, 언어, 경험을 가진 사람들이 살았다. 그들의 다원성은 세계 어느 나라보다도 복잡했다. 그중에서도 핵심 구성원이었던 동방 유대인과 아시케나지 유대인은 겉모습부터 정신세계까지 무엇 하나 비슷한 것이 없었다. 그래서 그들은 '두 개의 이스라엘'이라고 불리기도 했다.

유럽에서 온 유대인은 중앙유럽과 북유럽 쪽 사람들과 비슷한 외모를 갖고 있었다. 금빛 머리카락, 하얀 피부, 파란 눈동자가 그들과 닮았고 언어도 이디시 말을 구사했다. 반면 동방 유대인은 짙은 피부색, 검은 머리카락, 갈색 눈동자에 아라비아 말을 구사했다. 대부분이 시오니즘을 믿었던 서방 유대인들은 교육 수준을 갖고 있었다. 그들은 사람을 대하고 일을 처리할 때도 서양의 법칙을 따랐다. 반면 동방 유대인은 시오니즘을 믿어서가 아니라 상황에 떠밀려 이스라엘로 피난온 난민들이 대부분이었다. 그래서 자신의 생활에만 관심을 가졌고 정치는 거들떠보지도 않았다. 건국 이래 줄곧 충돌과 갈등이 존재했던 이스라엘 사회에서 동방 유대인은 좀 더 나은 경제 여건을 만들기 위해 가두 시위도 서슴지 않았다. 또 하나 잊지 말아야 할 것은 이스라엘 인구 중 5분에 1에 해당하는 150만 정도가 아랍인이라는 사실이다. 이 점에서 본다면 작디작은 이스라엘은 세상에서 하나로 뭉치기가 가장 힘든 나라다. 하지만 실제로 이스라엘이 건국 이후 보여 준 단결력과 희생정신은 놀라울 정도였다.

이스라엘의 민주주의

이스라엘이 건국 후에 일군 수많은 업적은 그들이 민주주의를 선택했기에 가능했던 것들이다. 이 민주주의는 수천 년 동안 유럽 지역에서 방랑했던 아시케나지 인들이 가져온 것이었다. 이스라엘은 아시케나지 인들의 민주사상을 기초로 건국 초기부터 민주주의 체제를 확립했다. 선거에는 비례대표제를 도입해 공평한 선거 시스템을 구축해 나갔다. 이를 통해 유권자 의견을 충분히 반영하고 이익단체의 대표들은 누구나 권력기구에 들어갈 수 있는 공평한 기회를 갖게 됐다. 또 지방정부는 강력한 자치권을 행사할 수 있었고, 하부조직이나 민간단체들이 적극적으로 활동함으로써 국민들이 사회활동에 활발하게 참여했다. 아랍 공민(公民)은 병력이 면제되는 특혜가 주어졌을 뿐 아니라 다른 공민들과 마찬가지로 모든 민주 권리도 누릴 수 있었다. 그들은 예루살렘을 팔레스타인에 반환해야 한다는 주장을 펴는 정당을 세운 후 대선에 참가하기도 했다. 그들은 자치도시의 정치나 행정업무를 완벽하게 장악하고 있었고, 이스라엘 의회에서 대표로 당선되어 아랍인들의 이익을 대변하기도 했다. 대표로 당선된 인물들은 정치계에서 활발한 움직임을 보이며 아랍인들의 권리를 행사했다.

이런 건설적인 논쟁이 바로 단결의 밑거름이 된 것이다. 건국 이래 200여 차례의 내각 위기가 찾아오긴 했지만 이스라엘은 민주체제하에서 단결할 수 있었다. 또 서로 다른 민족 간의 사회갈등 역시 적절한 선에서 통제되면서 강력한 응집력과 효율적인 결정 능력을 유지해 나갔다. 유대인들은 의회에서 끊임없이 논쟁을 벌였지만 일단 위기가 터지면 즉각 하나로 뭉쳐 함께 싸웠다. 전쟁이 터졌을 때도 이스라엘을 구한 것은 하느님이 아니라 일사분란하게 움직인 유대인 국민의 대처 능력이었다. 사실 이스라엘의 상비군 규모는 얼마 안 되지만 효율적인 정치 시스템이 뒷받침되기 때문에 전쟁에 동원할 수 있는 인력은 상당하다. 이스라엘인들은 스스로를 "1년에 11개월은 결근하고 전장에 나가는 사병이다."라고 우스갯소리를 할 정도다. 전시 상황이 발생하면 이스라엘 예비군들은 18시간 이내에 무기를 들고 집결한다. 24시간이면 예비역 기동부대는 모두 자기 위치에 가 있고, 36시간이면 전장에 투입돼 적과 맞설 수 있다고 할 정도다.

이스라엘은 평생 전쟁 속에서 살긴 했지만 민주제도가 있었기에 군인들의 정치 간섭을 성공적으로 막아낼 수 있었다. 1967년 6일 전쟁이 발발하기 전 이스라엘과 아랍 국가 간에는 팽팽한 긴장감이 감돌았다. 요르단, 이집트, 시리아, 이라크는 상호 간 전쟁을 지원하겠다는 조약을 체결하며 이스라엘과의 전쟁을 준비하고 있었다. 상황이 이 지경인데도 당시 총리였던 에쉬콜은 외교적 방법으로 위기를 해결해 보겠다는 의지를 보이며 우유부단한 모습을 보여 이스라엘을 위기로 몰아넣었다. 만약 이스라엘이 전제통치 체제였다면 그들이 맞이하게 될 결말은 두 가지였다. 첫째, 지도자의 나약함과 준비 부족으로 전쟁에서 실패하는 것이고, 둘째, 쿠데타나 내분이 일어나 지도자를 몰아내는 것인데, 이런 집안싸움은 국력 낭비로 이어지기 때문에 대외전쟁에도 치명적인 영향을 미칠 수밖에 없다.

이스라엘의 민주주의는 여기서 빛을 발했다. 이스라엘은 6월 1일 노동당이 에쉬콜 총리 반대파를 내각에 동참시키고 시나이 전쟁 영웅인 다얀을 국방장관에 임명했다. 이로써 주전파가 정부를 이끌면서 재빠르게 전쟁준비에 돌입했다. 불과 4일 만에 정부를 개편한 것이다. 그리고 6월 5일 이스라엘 내각은 다얀의 군사계획을 통과시키고 선제공격을 단행하며 전쟁을 선포했다. 이날부터 6월 11일까지 전광석화 같은 공격을 퍼붓더니 이집트, 시리아, 요르단을 차례로 무너뜨렸다. 민주주의는 국가를 나약하게 만들고 혼란에 빠트린다고 말하는 이도 있다. 그렇기 때문에 위기 상황이나 전시 때는 권력집중체제가 더 큰 힘을 발휘한다고 말한다. 그들의 말이 틀렸음을 이스라엘이 증명한 것이다.

아랍으로 눈을 돌려보자. 그들은 낙후된 정치체제로 인해 군사 운용에서도 실패를 맛봐야 했다. 중동의 아랍 국가들은 전통적으로 족벌독재 통치를 해왔기 때문에 횡령과 부패가 사회 곳곳에 만연해 있다. 능력에 상관없이 가까운 사람을 임용하다 보니 자연히 군사력이 약화될 수밖에 없다. 석유를 가진 그들은 세계경제의 운명은 쥐락펴락하고 있지만, 정작 자기 나라의 운명은 스스로 결정하지 못하는 처지다.

정치체제는 그 나라의 국력과 관계가 있다. 이는 중동의 영원한 앙숙인 이스라엘과 팔레스타인을 보면 잘 알 수 있다. 민주주의 체제에서 이스라엘 정치계는 제도적인 제약으로 청렴하다. 건국한 지 수십 년이 흐른 후에도 큰 부정부패 사건이 터지지 않았다. 반면 마땅한 관리감독 기관이 없어서 나라를 세우기 전이었던 당시에도 팔레스타인 해방기구(PLO)의 주류 온건파는 지금처럼 부패해 있었다. 민족의 앞날이 한 치 앞도 보이지 않았던 당시, 이재민이 전국에 넘쳐났고 가난한 국민들은 먹고 살길이 없어 힘들어 했다. 이런 상황에서도 알파타 관료들은 고급 승용차를 몰고 시내 한가운데를 돌아다녔고, 부인과 자식들을 프랑스로 보내 돈을 흥청망청 쓰게 했다. 적이 바로 곁에 있는데도 불구하고 알파타 내부의 각 파들은 서로를 헐뜯으며 집안싸움하는 데 정신이 없었다.

당시 동예루살렘에서 생활하던 아랍인들은 "팔레스타인 당국의 지배를 받는 것은 생각만 해도 오금이 저립니다."라며 공포심을 드러냈다. 실제로 프랑스 신문사의 보도에 따르면, 이스라엘 점령지에서 생활했던 20만 명의 팔레스타인 중 70퍼센트는 계속 이스라엘 통치하에 있길 바랐다. 오히려 자국 통치하에 들어가는 것을 꺼려 한 것으로 조사

됐다. 이스라엘 총리는 2004년 2월 관측용 기구를 띄우면서 갈릴리 지역을 팔레스타인 쪽에 반환하겠다고 발표하자 현지 주민들은 강하게 반발했다. 어떤 현지인은 "이스라엘 지옥에서 지내는 것이 팔레스타인 천국보다 행복할 겁니다."라며 불만을 드러냈다. 한 아랍 청년은 "이스라엘에서는 너무나 자유롭게 의견을 개진할 수 있고, 국가 안보를 위협하는 일만 아니라면 하고 싶은 일은 뭐든지 다 할 수 있어요. 팔레스타인이요? 그곳에선 아라파트 부인에 대해 이야기만 해도 초죽음이 되도록 매질을 당해요."라며 자신의 생각을 전했다. 29세인 또 다른 청년은 "우리가 가야 하는 그곳은 의회도 없고 정의감 넘치는 경찰도 없는 곳이에요. 물론 대학다운 대학 하나 없어요. 그곳에는 우리 가족들이 살고 있지만 그래도 난 이곳을 선택하겠어요."라고 답했다.

유대인은 이미 오래전부터 진취적인 사고방식을 보인 반면, 이웃 아랍 국가들은 2천 년 전 유대인들이 떠났을 당시의 고루한 사고방식 그대로였다. 권위주의 정치, 전제통치 체제, 폭력지상주의 등 모든 것이 제자리였다. 문화적으로 봤을 때 동질성이 강한 문화를 가진 국가들은 강한 응집력을 보이기 마련이다. 그러나 아랍 국가와는 별개인 듯 보인다. 20세기에 들어서면서 아랍 국가들 사이에는 '민족 지도자' 만들기 붐이 일었다. 나세르 이집트 대통령, 사담 후세인 이라크 대통령, 가다피 리비아 국가 원수 등이 대표적인 인물인데, 이들 모두 광활한 아랍 지역을 통일해 보겠다고 나섰다. 그들은 모두 강권과 폭력 위에서 통일을 이루려 했다. 사담 후세인이 쿠웨이트를 공격했던 것도 이런 아랍인들의 사상을 그대로 보여 준다. 하지만 이런 중세기의 강권주의는 통일에 전혀 도움이 되지 않았을 뿐 아니라 아랍세계를 철저하게 산산조각냈다. 결국 서로를 의심하며 잡아먹지 못해 안달했다.

이렇게 분열된 아랍 국가는 공공의 적을 앞에 두고도 함께 힘을 내지 못했다. 역대 전쟁을 되돌아보면 아랍 국가의 최대 적은 이스라엘이 아닌 바로 자신들이었다는 사실을 발견하게 된다. 아랍과 이스라엘 간에 처음 전쟁이 발발했을 때도 여러 아랍 국가들은 자국의 이익을 따지며 주판알을 튕기느라 군사적 지원을 꺼렸다. 당시 이 전쟁에 가장 열을 올린 인물은 아랍 국가 최고 지도자 자리를 넘보고 있던 이집트 국왕 파루크였다. 이때 요르단 국왕은 전쟁을 틈타 팔레스타인의 일부분을 집어삼키고 그곳에 요르단 왕국을 세울 심산이었다. 또 시리아는 팔레스타인 땅을 나눠먹기 할 목적이었다. 그렇다 보니 전쟁이 시작되자마자 이집트 국왕은 두 파트너를 방어하고 감시하는 데 주요 병력을 동원해야 했다. 전쟁이 치러지는 동안 아랍 국가들은 자신들만의 소리내기에 바빴고 상호 지원은 찾아볼 수 없었다. 전쟁이 채 끝나기도 전에 팔레스타인의 향후 노선을 놓고 입씨름을 벌이는 동안 이스라엘은 각개격파 전술을 펴 전쟁을 승리로 이끌었다.

　　3차 중동전쟁이 발발했을 당시 아랍 국가들은 이스라엘 주변을 철저히 봉쇄하고 병력을 동원해 꽁꽁 에워싸는 데 성공했다. 하지만 통일된 움직임과 긴밀한 협력을 이끌어낼 만한 전술이 부족했다. 전쟁이 진행되는 동안 아랍 국가들은 서로에게 전쟁 상황을 숨기면서 아무런 지원도 하지 않은 채 각자 전투를 벌여나갔다. 전략에서도 밀리고 전장에서도 계속 깨지더니 결국 잡고 있던 주도권을 이스라엘에게 고스란히 갖다 바치고 말았다.

　　사실 드러난 실력만 놓고 본다면 유대 민족은 아랍 민족을 상대할 수준이 못됐다. 당시 이스라엘이 관할하던 지역은 3만 제곱킬로미터에 인구 600만이 고작이었고, 22개 국가로 이루어진 아랍은 3억 인구와

1,400만 제곱킬로미터의 광활한 영토를 갖고 있었다. 이처럼 뚜렷한 체격 차이가 존재함에도 불구하고 정치체제의 차이점으로 이스라엘은 흥하고 아랍은 망했다. 로렌스(Lawrence)는 "아랍이 지금도 내부투쟁이 끊이지 않고 탐욕과 야만성, 잔인함을 버리지 못했다면, 그들은 여전히 약소민족이요, 우매한 민족이다."라는 명언을 남긴 바 있다. 이 명언은 참으로 공감이 간다.

Chapter 06
위기의식이 있으면 흥하고, 안락함에 빠지면 망한다

모든 민족은 타고난 운명이 있다. 유대인은 나라 없이 떠도는 방랑자의 운명을 타고났지만, 그 운명 속에서 세계를 보는 안목과 사고방식을 얻었다. 그들은 "위기의식이 있으면 흥한다."라는 옛말을 고스란히 증명해낸 민족이다.

중화문명은 수많은 원시문화와 교류하고 충돌하면서 탄생했다. 역사를 돌이켜보면 하느님은 유대인보다 중국인을 더 총애한 듯하다. 유대인에게는 중동 사막 한가운데 척박한 땅을 주신 반면 중화민족에게는 비옥하고 광활한 대지를 주셨으니 말이다.

고고학자들의 연구결과를 살펴보면 초기 중국 문화는 다중심적이고 다원적인 특징을 보였다. 신석기 초기부터 중국 대륙 곳곳에서 탄생하기 시작한 문명의 싹은 중국 전역으로 퍼져 나갔다. 중국 동부 산둥성에서 룽산(龍山)문화와 다원커우(大汶口)문화가 탄생했고, 남부 양자강 유역에서는 량쭈(良諸)문화와 취자링(屈家嶺)문화가, 옌산산계(燕山山系)에서는 훙싼(紅山)문화가 탄생했다. 또 중국 서부에서는 치자핑(齊家坪)문화, 서남부에서는 쓰촨의 산싱두이(三星堆)문화가 싹을 틔웠다. 각기 다른 지역에서 탄생한 초기 문화는 너무도 다른 강한 개성을 가지고 있었다. 당시 단절된 생활 속에서 탄생한 문화임을 짐작할 수 있다.

중국 중원 일대에는 드넓은 평원이 펼쳐져 있고 푸른 강물이 흐르고 있어 교통이 편리하다. 이런 지리적 특징은 문화 교류를 활성화하는 데 긍정적인 역할을 했다. 시간이 흐르고 인구가 늘어나면서 각 문화 거점들은 영역 확장과 다른 문화와의 교류에 힘을 쏟기 시작했고, 이런 노력에 힘입어 서로 다른 문화 간의 교류가 활기를 띠기 시작했다.

기원전 3500년경 산둥성 다원커우 마을에서 조상님께 제를 올릴 때 사용했던 것으로 추정되는 '세발 솥'이 발견됐다. 얇은 질감과 무늬 없는 단색에 독특한 모양을 한 이 솥은 그 이후에드 계속 발굴됐다. 룽산시대라 불리는 기원전 2900년부터 2100년까지의 유적지인 산둥, 허난, 저장, 장시, 산시, 간쑤, 허베이 등 여러 성(省)에서 출토됐고, 얼리토우(二里頭)문화시대인 기원전 1900년의 유적지인 랴오닝, 네이멍구, 쓰촨, 후난 등에서 광범위하게 발견됐다. 이는 상고시대에 원시문화 간의 교류가 얼마나 자주, 빠르고 광범위하게 이루어졌는지를 잘 보여 주는 것이다. 이런 교류가 있었기에 각 문화권은 서로를 배우고 자극하면서 빠르게 성장해 나갈 수 있었다.

룽산시대에는 길이 험하고 도로가 없어 교통이 발달하지 못했다. 그럼에도 불구하고 당시 간쑤에서 랴오닝 지역, 네이멍구에서 량후 지역에 걸쳐 생활했던 원시인들은 신앙, 사상 관념, 정치제도까지 꼭 닮아 있다. 그들은 모두 동물 견갑골을 사용해 부족의 운명을 점쳤고, 옥기와 토기 술잔으로 조상에게 제를 올렸다. 심지어 제기의 문양까지 놀라울 정도로 흡사하다.

이처럼 서로 다른 색깔을 가진 문명이 교류와 충돌을 반복하면서 하나로 융합되고, 또 질적 향상을 실현하면서 오늘날의 중화문명을 탄생시켰다. 바로 황하 중하류 지역 허난 일대에서 가장 찬란한 중화문명의 꽃이 핀 것이다. 이로써 허난 지역은 명실 공히 중화문명의 중심지로 부상했고, 이때부터 중국은 국가의 모습을 갖추게 됐다.

그렇다면 왜 허난 지역이었을까? 문명이 빨리 시작된 곳이어서일까, 아니면 비옥한 땅과 온화한 기후를 가져서일까? 허난 지역이 이 영예를 차지할 수 있었던 것은 주변 지역과 유기적으로 교류할 수 있었던 지리적 특성 때문이다. 문화 거점지의 중앙에 위치한 허난 지역은 무엇보다 주변 지역과의 교류가 편했기 때문에 각종 정보와 지식을 빨리 받아들였다. 하지만 지리적 특징 때문에 해결해야 할 문제도 많았다. 다른 문화의 압력, 그들과의 갈등, 끊임없는 도전 등은 그 어느 문화와 민족보다 심했다. 이에 그들은 강력한 대응책으로 극복해냈고 마침내 비약적인 발전을 이루면서 최고의 자리에 올라선 것이다.

이때 황하 중하류 지역에서 형성된 화샤민족(華夏民族)은 영토 확장에 박차를 가하기 시작했다. 황제를 필두로 한 화샤민족은 주변 민족과의 전쟁과 교류를 통해 다른 민족들을 조금씩 동화시켜 나갔다. 그리고 이 속에서 주변 문화의 다양한 장점을 흡수하면서 오늘날의 한(漢)문화를 이끌어냈다. 분명한 것은 지리적 강점이 있었기에 오늘날의 중화문명이 탄생할 수 있었다는 점이다.

하지만 중원의 모든 지역이 개발된 후 중화 문화는 점점 시들해져 갔고, 민족 교류 역시 더 이상 새로운 성장 동력이 될 수 없었다. 폐쇄적 지리조건을 갖고 있는 중국은 지중해 연안과 비교해 보면 내향적 폐쇄형이라고 할 수 있다. 서북쪽으로는 파미르 고원과 인접해 있고, 그나마 외부 세계로 통하는 실크로드가 있다고 하지만 길이 끊겨 있고 좁아서 효과를 별로 발휘하지 못했다. 게다가 서남쪽에는 티베트 고원이 버티고 앉아서 서아시아나 동남아시아와의 교류를 원천봉쇄하고 있다.

북쪽 내몽구초원은 거주 인구가 적은 메마른 사막이고, 동남쪽은 드넓은 대해가 펼쳐져 있어 해상민족이 아닌 중국에게는 육지보다 더 험난한 길이었다. 이러한 지리적 환경 탓에 중국은 세계 각국과 점차 소원해졌고 외부 세계의 소식을 접하기도 어려웠다. 예를 들면 현장법사가 인도로 가는 데만 꼬박 10년의 세월이 걸렸고, 간잉은 외교 사절로 로마제국에 파견됐으나 길이 멀어 아무런 성과 없이 중도에 돌아와야 했다. 이처럼 사방이 막힌 중국 대륙을 빗대 '벽 문화'라고 부르는 이도 있었다.

중국 문명이 시작되고 얼마 지나지 않아 '벽 문화'의 치명적인 허점이 드러나기 시작했다. 중국인은 춘추전국시대 때부터 시야를 중원 지역에만 고정해 둔 채 스스로를 세계의 중심이라 여겼다. 그들은 "세상 모든 지역이 중국의 땅이요, 세상 모든 사람이 왕의 신하로다."라고 말하며 주변국은 영원히 중국 문명을 넘어설 수 없다고 자부했다.

예부터 중국은 유라시아 대륙 국가 중 유독 외부 세계와의 교류가 적어 '특별 지역'으로 여겨졌으며 유럽인들에게는 신비의 대상이었다. 세계 대문명과 비교해 볼 때 중국 문명은 독립성과 개성이 유난히 강했다. 2천 년간 폐쇄된 환경 속에서 구축된 중앙집권체제는 효율적이면서도 강력했다. 이를 기반으로 중국은 민족통일과 사회 안정에 박차를 가했다.

수천 년 동안 중국이 펼친 외부 세계와의 교류는 북방 초원민족과의 전쟁과 친화(親和) 두 가지로 집약할 수 있다. 그나마 유라시아 대륙에서 받아들인 거라곤 불교 문화가 전부였다.

오랜 세월 동안 중국은 자국을 세계의 중심이라 여기며 천조상국(天朝

上國)을 외쳤다. 당시 자급자족 경제 시스템을 갖추고 있던 중국은 외부와의 교류가 무의미하게 느껴졌고 자연스럽게 그들에 대한 호기심도 사라졌다. 그러다 점점 중국은 자국의 폐쇄정책에 심각한 폐단이 있음을 인식하기 시작했다. 모든 유기질은 폐쇄적이고 고정된 환경 속에서 변질되고, 근친교배나 자기복제는 생물체를 멸종 위기로 몰아넣는 이치와 같음을 깨닫기 시작한 것이다. 같은 것만 먹으면 질리고 체하듯이 수천 년 동안 조상들이 물려준 단 몇 권의 경전만이 유일한 교재였던 중국인들은 점점 더 폐쇄적으로 변해 갔다. 자만에 빠지고 보수적으로 변해 가더니 나중에는 창조력이라고는 찾아볼 수 없는 민족이 되어버렸다. 천조상국이라 자만하던 중국은 명청시대에 이르러서는 '폐관쇄국'을 단행하더니, 급변하는 세계정세를 보고도 못 본 척 눈을 감고 귀를 막아버렸다.

"중국인은 선조들이 갔던 길을 계승하고 있지만 아무도 선조들이 왜 이길을 택했는지 생각하지 않는다. 선조들이 물려준 과학 공식을 그대로 사용하고 있지만 왜 이런 결론이 나왔는지 생각하지 않는다. 선조들이 사용했던 도구를 쓰고 있지만 아무도 이런 도구들을 업그레이드시킬 생각은 하지 않는다. 그들은 변혁에 대한 모든 희망을 포기한 채 아무런 개혁도 진행하지 않고 있었다. 선조들의 발자취를 벗어나지 않으려고 안간힘을 썼고, 예측 불허의 모험은 가능하면 피하는 등 무슨 일이든 과거 선조들을 답습했다. 중국인에게서 인간은 지식의 원천이라는 말은 더 이상 찾아볼 수 없었다. 불어난 물줄기처럼 새로운 길을 찾으려 하지 않았다."

프랑스 역사학자 토크빌(Tocqueville)의 말이다. 중국은 이처럼 다른 문화를 배척하던 타성에 젖어 아편전쟁 이후 계속된 외부 침략에 신속하게 대응하지 못했다. 결국 중국 문화가 현대화를 실현하는 데 큰 걸림돌로 작용했다.

모든 민족은 타고난 운명이 있다. 유대인은 나라 없이 떠도는 방랑자의 운명을 타고났지만, 그 운명 속에서 세계를 보는 안목과 사고방식을 얻었다. 그들은 "위기의식이 있으면 흥한다."라는 옛말을 고스란히 증명해낸 민족이다. 이와 대조적으로 하느님의 총애 덕분에 산과 바다로 둘러싸인 안락한 환경 속에서 수천 년간 외부 침략 없이 생활해 온 중국은 지금 결국 우물 안 개구리로 전락하고 말았다. 현실에 안주해 발전은 이루지 못한 채 그야말로 "안락함에 빠지면 망한다."라는 옛말을 몸소 실천하고 있다.

타고난 운명이라고 해서 영구불변한 것은 아니다. "마음을 다하면 도를 얻고, 도를 실천하는 것은 사람이다."라는 옛갈처럼 모든 일의 절반은 운명이 결정짓지만 그 나머지 절반은 사람의 노력에 따라 결정된다.

전 세계가 중국을 향해 문을 두드리고 있는 지금, 중국은 더 이상 교류하기 힘든 머나먼 이웃이 아니다. 중국은 마음의 문을 활짝 열고 세계 각국의 새로운 문화, 특히 정치 문화를 받아들여야 한다. 정치 문화의 가치가 그 어느 때보다 중요한 이때에 아직도 '자만'의 수렁에 빠져 세계 흐름에 역행한다면 중국의 운명은 불 보듯 뻔하다. 보수적인 생각과 좁은 시야를 과감히 버려야 한다. 지금 이 순간 중국은 "하늘이 내린 재앙은 피할 수 있으나, 스스로가 만든 재앙은 피할 수 없다."라는 《상서》의 말을 다시금 되새겨봐야 한다.

상상과는 전혀 다른 미국인

필자는 미국인은 다들 제멋대로인 데다 자신의 개성을 가장 중시할 것이라고 생각했었다. 그러나 가까이에서 본 미국인은 상상 속의 모습과 전혀 달랐다. 미국인 대다수는 깔끔한 차림에 매사에 조심스러운 태도를 보였고 무엇보다 매너를 중시했다. 누군가와 이야기를 나눌 때면 항상 입가에 미소를 머금고 있는 미국인의 모습을 잊을 수 없다.

필자의 눈에 비친 미국은 낙후된 곳이었다. 우뚝 솟아 화려함을 뽐내는 고층 건물과 시끌벅적한 분위기가 가득한 중국의 신흥도시와 달리, 미국 도시는 작고 낮고 낡고 조용했다. 18, 19세기에 세워진 것으로 보이는 교회들은 2, 3층짜리 건물들 틈에 끼여 길가에 자리 잡고 있었다. 웅장한 기개라고는 찾아볼 수 없었다. 그들은 '높이'의 미학을 모르는 것일까?

아버지가 소장하고 계신 책들 가운데 세 권 정도는 미국과 관련된 것이었다. 1980년대 초에 출판된 소책자《미국 방문 기록》, 그 뒤를 이어 출판된《미국 주마간산 기록》과 1994년에 출판된 천엔니의 베스트셀러《진짜 미국을 말하다》가 있었다. 아버지 세대 사람들은 '종이 호랑이' 미국을 진저리 칠 정도로 싫어했다. 하지만 그 이면에는 미국을 향한 무한한 동경도 품고 있었다. 일반 노동자들도 자가용을 몰고 다니고, 식당 안에서 스트립쇼를 하며, 삼류배우도 대통령 역할을 할 수 있다는 등의 여러 가지 이미지가 뒤섞여 오색찬란하게 돌아가는 네온사인을 보듯 미국에 대한 묘한 감정을 갖게 됐다. 이처럼 미국이란 나라는 아버지 세대에게 얼굴을 붉히며 미워하는 증오의 대상이었지만, 마음 한 구석으로는 부러움의 대상, 나아가 동경의 대상이었다. 그랬기에 중국이 해외 문호를 개방하자 미국을 알기 위해 수많은 중국인이 미국행 비행기를 탔다. 당시 미국은 서양세계 그 자체를 의미했다. 1980년대 중국에서 글깨나 쓴다는 작가들은 미국에서 돌아오기 무섭게 여행기나 감상문을 쏟아내며 미국 찬양에 나섰다.

"미국 식탁은 날마다 진수성찬이었어." "미국인은 소파나 텔레비전이 고장 나면 그냥 버리고 새로 사." "성인용품을 길에 펼쳐 놓고 팔아. 눈뜨고 보기 민망한 것들도 어찌나 많은지. 사창가도 널렸어." "노출이 심한 선정적인 광고가 매우 많아." "고속도로가 어찌나 잘 돼 있는지 전국 어디든지 한 번에 갈 수 있어."

중국인은 미국을 실제로 보고 듣고 느꼈다. 미국의 부유한 환경, 퇴폐적인 문화, 발전된 모습은 눈으로 보고도 믿기 힘들 정도였다. 중국인에게는 마치 별나라처럼 보였다.

하지만 아버지 책에서 본 내용과 달리 필자의 눈에 비친 미국은 낙후된 곳이었다. 우뚝 솟아 화려함을 뽐내는 고층 건물과 시끌벅적한 분위기가 가득한 중국의 신흥도시와 달리, 미국 도시는 작고 낮고 낡고 조용했다. 18, 19세기에 세워진 것으로 보이는 교회들은 2, 3층짜리 건물들 틈에 끼여 길가에 자리 잡고 있었다. 웅장한 기개라고는 찾아볼 수 없었다. 그들은 '높이'의 미학을 모르는 것일까? 그들은 마치 무슨 규칙이라도 있는 것처럼 낡은 건물도 뜯어내지 않고, 새로운 고층 건물도 짓지 않았다. 대부분 도시에서 빼곡히 들어선 고층 빌딩을 보려면 시내로 나가야 했다. 맨해튼은 그 이름값을 하느라 그나마 나은 상황이었다. 미국에서 동해안을 따라 여행하다 보면 고속도로 양쪽으로 보이는 것은 온통 숲뿐이다. '미국이 혹시 정글이었나?' 하는 의심이 들 정도였다.

사실 미국 땅을 밟기 전에 이미 미국의 '낙후성'을 예견할 수 있었다. 미국 노스웨스트 항공사의 항공편을 탔을 때였다. 나를 향해 친절하게 미소 지으며 말을 건네는 사람은 승무원 아가씨가 아닌 '승무원 아줌마'였다. 지극히 평범한 외모에 복도를 지나다니기 버거워 보이는 몸매는 젊은 승무원 아가씨의 아름다움에 익숙해져 있는 중국 남자에게는 너무 생소한 모습이었다.

미국 땅을 밟은 후에도 상황은 크게 다르지 않았다. 미국 어디를 가도 미녀에게 서비스를 받기란 쉽지 않았다. 호텔, 술집, 상점, 심지어 은행 창구에 가도 아름다운 아가씨들이 웃으면서 고객을 맞이해 주기 때문에 남자 고객들의 눈이 즐거워지는 중국과는 달랐다. 미국은 외모, 연령 등은 직업을 구하는 데 아무런 기준이 되지 않는 듯 중년 남녀가 넘쳐났다. 텔레비전 아나운서도 젊고 준수한 외모의 남성과 여성이 대부분인 중국과 달리 미국은 채널을 돌리는 곳마다 4, 50세의 아줌마, 아저씨들이 열변을 토하고 있었다. 미국의 유명한 프로그램 MC들은 나이가 들수록 더 큰 인기를 누렸다. 미국 시청자들은 그들의 농익은 입담, 해박한 지식, 개성 넘치는 매력을 높이 평가하는 것이다.

미국에서 꽤 오래 지낸 한 화교 친구는 "CCTV4 채널에는 미녀 아나운서밖에 없어. 집중이 안 돼. 예쁘장한 외모 말고는 달리 뛰어난 것도 없던데."라고 말했다. 미국인은 미녀들을 아무 이유 없이 폄하한다는 생각마저 들었다. 중국에서 누리면서 살던 중국인이 미국에서 지내려면 불편한 점이 한두 가지가 아니다. 예를 들어 환경보호 차원에서 슬리퍼나 일회용 칫솔, 치약이 없는 호텔에 묵고 있다고 가정해 보자. 중국이라면 호텔 문만 나서면 길거리에 가판을 펼치고 이런 물건을 파는 노점상을 언제든지 만날 수 있다. 하지만 도시계획이 철저한 미국에서는 골목 몇 개를 지나야만 슈퍼 하나가 나올까 말까다.

예전에는 돈을 횡령해 미국으로 도주하는 중국 관리들을 보면 실컷 욕해 주곤 했는데, 미국에 와보니 오히려 그들이 불쌍하게 느껴졌다. 그들은 분명 미국생활에 적응하지 못했을 것이다. 미국에서는 중국의 공직자들이나 샐러리맨처럼 매일 이어지는 접대나 회식도 찾아볼 수 없고, 식사를 마친 후 이발을 하거나 노래를 부르거나 안마를 하면서 여유를 만끽하는 모습도 찾아볼 수 없었다. 미국은 중국처럼 이발소, 발마사지, 노래방, 안마센터 등이 곳곳에 있지 않을뿐더러 음식점이나 술집도 그리 많지 않다. 중국 공직자들은 흔히 식사를 마치고 별실에서 몇 시간씩 이야기를 하거나 아예 밤을 새워 술을 마신다. 미국에서는 상상도 할 수 없는 일이다. 그들은 식사를 마치면 바로 일어서 자신의 위치로 돌아간다.

　또한 미국의 밤 풍경은 중국보다 삭막하다. 중국처럼 막대한 자금을 들여 도시경제 살리기 프로젝트를 진행하지도 않고, 늦은 밤까지 차량 행렬이 이어지지도 않으며, 길가 포장마차에서 삼삼오오 모여 맥주를 마시지도 않는다. 가끔 행인들이 눈에 띄긴 하지만 그들도 걸음을 재촉하고 있었다. 이렇듯 말도 통하지 않고 생활습관도 다른 이곳에서 탐관오리들이 할 수 있는 것이 무엇이겠는가? 호화로운 주택에 들어앉아 CCTV4 채널을 틀어놓고 미녀들을 감상하는 것 말고는 없을 것이다.

Chapter 02
금욕의 나라 미국

미국이라는 나라를 탄생시킨 주역으로 꼽히는 청교도는 금욕, 극기, 절약을 주장했고 하느님을 숭배하면서 힘들게 일했다. 그들의 업무 스트레스, 노동 강도, 프로정신은 중국인이나 유럽인들보다도 뛰어났다. 밤 문화를 즐기는 미국인도 그리 많지 않았다. 교외에는 유흥시설이라고는 찾아볼 수 없었다.

중국인 대부분은 할리우드의 블록버스터, 로큰롤, 현대 미국 문학 등에서 미국에 대한 이미지를 키워 왔다. 미국은 개방적이고 앞서가는 문화를 가진 나라, 열정적이고 자유분방한 나라, 좀 더 솔직히 표현하자면 버릇없는 나라, 사창가와 카지노가 거리에 가득한 나라, 부패하고 음탕한 분위기가 짙은 나라, 사치와 낭비가 팽배한 나라 등으로 기억되어 있다. 또한 미국인은 언제든 '원 나이트 스탠드'를 즐기고, 거리에 다니는 사람마다 무기를 소지하고 있고 마약을 숨기고 있으며, 우울증으로 의사를 찾아 심리 치료를 받아야 하는 사람들이라고 인식하고 있다.

하지만 실상은 그렇지 않다. 미국 사회는 오히려 지금 중국 사회보다 보수적이고 꽉 막혀 있다. 미국의 일부 도시에서 아직도 '금주'를 시행하고 있는 것이 그 단적인 예다. 물론 아주 극소수의 도시이기는 하지만 말이다. 2001년 5월 29일 부시 미국 대통령의 딸 제나와 바바라가 오스틴에 있는 한 멕시코 식당에서 술을 사려다 체포됐다는 소식이 그날 메인 뉴스를 장식하기도 했다. 그들은 21세 이상의 성인만 술을 살 수 있다는 텍사스 주의 법 규정을 어겼기 때문에 체포된 것이다.

미국 정부는 중국보다 더 적극적으로 포르노 단속에 나서고 있다. 미성년자는 절대 성인용품을 살 수 없도록 엄격히 통제하고 있다. 영화 대국인 미국은 에로영화에서 노출 수위가 서양 다른 나라보다 훨씬 엄격하다. 예를 들어 설령 에로영화라 해도 남성 배우의 경우 정면 나체 신은 화면에 담을 수 없고 화보에서도 여성 모델은 가슴 노출선이 엄격히 제한되어 있다.

필자는 미국인은 다들 제멋대로인 데다 자신의 개성을 가장 중시할 것이라고 생각했었다. 그러나 가까이에서 본 미국인은 상상 속의 모습과 전혀 달랐다. 미국인 대다수는 깔끔한 차림에 매사에 조심스러운 태도를 보였고 무엇보다 매너를 중시했다. 누군가와 이야기를 나눌 때면 항상 입가에 미소를 머금고 있는 미국인의 모습을 잊을 수 없다.

미국에서 오래 생활한 한 화교 친구가 미국인은 중국인보다 더 허례허식을 따지고 소소한 것에 마음을 쓴다고 했다. 예를 들어 공중화장실에 들어갈 때 뒤에 누군가 이어서 들어오면 그 사람을 위해 문을 잡아준다. 이에 뒷사람이 "고마워요."라고 말하면 "별말씀을요."라고 꼭 응답을 한다. 남성들은 여성과 함께 문을 나설 때면 언제나 "먼저 나가시죠."라는 말과 함께 문을 열어 주는 게 몸에 배어 있다. 사람들이 많이 모인 장소에서 계속 재채기를 하면 주위 사람들에게 미안하다는 말을 하는데, 그럼 그들은 "하느님이 지켜주실 거예요.(God bless you)"라고 말해 준다.

미국은 청교도를 바탕으로 세워진 나라다. 신교는 열심히 일하는 것이 하느님을 충실히 섬기는 것이라 여겼다. 미국이라는 나라를 탄생시킨 주역으로 꼽히는 청교도는 금욕, 극기, 절약을 주장했고 하느님을 숭배하면서 힘들게 일했다. 그들의 업무 스트레스, 노동 강도, 프로정신은 중국인이나 유럽인들보다도 뛰어났다. 밤 문화를 즐기는 미국인도 그리 많지 않았다. 교외에는 유흥시설이라고는 찾아볼 수 없었다. 그들은 퇴근하면 집에 가기 바빴고, 잠깐 책을 보거나 텔레비전을 보고 잠자리에 들었다. 하루는 시내에 나갔다가 교외에 위치한 친구 집으로 돌아오는 길이었다. 아직 10시도 안 된 시간이었지만 창밖에 보이는 집들은 모두 불을 끈 상태였고, 칠흑 같은 어둠과 정적만이 남아 있었다. 다음 날 자신과 가족들을 위해 일터로 나가야 하기에 일찍 잠자리에 든 것이리라.

　보통 미국인들은 가족을 가장 소중히 여기며 많은 시간을 아이들과 함께 보내려고 노력한다. 그들은 여가시간이 생기면 마당의 잡초를 뽑거나, 일광욕을 하거나, 아니면 부인과 아이들과 함께 놀아 준다. 미국 박물관을 참관하러 갔을 때다. 그곳에는 아이를 데리고 온 부모들이 대부분이었는데, 그들은 모두 허리를 굽히거나 아예 무릎을 꿇고 아이들에게 하나하나 상세하게 설명해 주고 있었다. 아이를 향한 부모님의 사랑을 느낄 수 있는 감동적인 모습이었다.

　필자가 미국에 간 날은 2004년 11월 2일이었다. 마침 대통령 선거가 있는 날이었는데, 친구는 일부러 나에게 투표장 모습을 보여 주기도 했다. 이튿날 대선 결과가 나왔다. 예상을 깨고 부시가 압도적인 차이로 당선됐다. 왜 부시가 당선됐냐고 친구에게 묻자, 지금 미국인들은 그 어느 때보다 보수적이기 때문이라고 했다. 물질적 풍요와 도덕적 가치관 중에서 미국인들은 도덕적 가치관을 더 강조한 부시의 손을 들어준 것이다. 그들은 설령 자신이 직장을 잃더라도 미국인의 전통 도덕관을 고수하겠다고 한 부시에게 한 표를 던졌다. 이는 교회와 청소년의 순결 운동을 지지하고 동성애와 낙태를 반대한 부시의 공약에 공감을 표한 것이다. 물론 당시에 "폭정에 찌든 이라크 국민을 구해내자!"라고 외치며 이라크를 침공했던 것도 그중 한 요소다.

연임에 성공한 부시는 예상대로 '금욕'을 골자로 하는 성교육에 막대한 자금을 쏟아 부었다. 즉, 성교육 동안 청소년이 혼전 순결을 지킬 수 있도록 교육하고, 피임 관련 지식이나 피임 자체를 아예 언급하지 않았다.

Chapter 03
파리떼의 진원지를 찾아서

필자처럼 한심한 영어 실력을 가진 사람도 얼마든지 미국을 종횡무진 돌아다닐 수 있다. 남의 일을 자신의 일인 듯 흔쾌히 도와주는 미국인이 있으니까. 미국에 있을수록 이곳은 결코 위험하지 않다는 것을 깨달았다. 중국과 비교하면 더더욱 그랬다. 미국에서는 중국을 여행할 때처럼 혹시나 하며 마음 졸일 필요가 없었다.

개혁개방 초기, 중국인들은 문호를 개방하면 서양 자본주의가 안고 있는 온갖 문제점이 파리떼처럼 몰려 들어올 거라며 걱정했었다. 하지만 실제로 둘러본 미국에서 중국인이 우려했던 '파리떼'는 그리 많지 않았다. 미국에 가기 전에 엉망인 영어 실력 때문에 걱정을 많이 했다. 혼자서 동해안 쪽을 여행하면 어려움은 없을까, 길을 잃어버리지는 않을까, 혼자서 밥은 사 먹을 수 있을까, 호텔 예약을 못하면 어쩌지, 혹시 뉴욕 지하철에서 흑인에게 소매치기 당하면 어쩌지, 길에서 동성애자에게 붙잡혀 강제로 마약을 하고 강간까지 당하면 어쩌지 등의 걱정들로 머리가 아플 지경이었다. 하지만 미국에 며칠 머물러 보니 이런 걱정들은 연기처럼 사라졌다. 미국인은 중국인처럼 아는 친구라고 따뜻하게 대하고 낯선 사람이라고 무조건 차갑게 대하지 않았다. 그들은 처음 보는 사람에게도 친근하게 다가와 미소 띤 얼굴로 먼저 "하이!(Hi)"하며 인사를 건네곤 했다. 도움의 손길도 잊지 않았다.

워싱턴에 도착한 첫날, 백악관을 둘러보고 싶었지만 가는 길을 몰랐다. 급한 듯 빠른 걸음으로 걸어가던 한 백인을 잡고 길을 물었다. 그 미국인은 정말 유창하고 아름다운 영어로 설명을 해주었지만 필자가 알아들은 거라곤 고작 10퍼센트였다. 그 미국인에게 미안하지만 영어 실력이 부족해 당신 말을 알아듣지 못하겠으니 다른 사람한테 다시 물어보겠다고 했다.

그는 안타깝다는 듯 어깨를 한 번 으쓱하더니, 마음이 안 놓였는지 가방에서 지도 한 장을 꺼내 글을 써가며 설명했다. 지하철을 타는 것이 가장 좋긴 한데 이미 한 코스를 지나버렸다고 말하는 듯했다. 필자가 난처한 표정을 짓자 미국인은 "따라오세요.(Follow me.)"하며 앞장섰다. 빠르게 걷는 그의 뒤를 열심히 따라가서 그가 시키는 대로 지하철 역으로 들어가 표를 샀다. 그래도 마음이 안 놓였는지 그 미국인은 표를 한 장 더 사더니 지하철을 함께 타는 것이 아닌가! 자신이 가려는 곳도 비슷한 방향에 있다고 했다.

지하철을 타고 가는 동안 이런저런 이야기를 나눌 수 있었다. 그는 필자를 배려해 가장 간단한 영어 표현을 써가며 대화를 이어갔다. 중국에 가본 적은 없지만 일본에서 파견 근무를 한 경험이 있어 베이징, 상하이, 홍콩 같은 유명한 도시들은 안다고 했다. 지하철에서 내린 후 출입구 쪽으로 향했다. 서두르는 모습이 역력했다. 밖에 나가 다른 사람한테 물어보면 되니 굳이 지하철 밖에까지 데려다 주지 않아도 된다고 했지만 그는 끝내 괜찮다고 했다. 지상으로 올라와 상세하게 길을 설명해준 후 필자가 이해했다는 확신이 들자 그제야 안심하며 자기 길을 갔다.

미국에 있는 며칠 동안 '레이펑 정신'을 실천하는 미국인들을 적잖게 만날 수 있었다. 길에서 지도를 펼쳐 보고 있으면 "무엇을 도와 드릴까요?"라고 웃으며 도우미를 자청하는 미국인도 여러 명 있었다. 그 중에서도 가장 기억에 남는 '레이펑'은 맨해튼에서 만난 미국인이었다. 자연사 박물관으로 가던 길에 한 할머니에게 길을 물었다. 얼핏 봐도 80세 정도 돼 보이는 할머니였다. 주름이 가득한 얼굴에 허리가 구부러진 그 할머니는 미소를 잃지 않고 차근차근 대답해 주었다.

"앞으로 쭉 가서 좌회전을 해요. 그럼 특이한 표지판이 있는 대문이 보일 거예요. 그럼 바로 도착한 거예요. 매우 큰 간판, 잊지 마세요."

필자는 감사하다는 말을 전하고 걸음을 재촉했다. 잘못했다간 목적지까지 데려다 준다고 나설지도 모를 일이기 때문이었다. 연세도 많고 거동도 편치 않은 분인데 혹시나 번거로워질 수도 있다는 생각이 들었다. 300여 미터를 걸어가 왼쪽으로 돌았더니 길가에 천체 모형의 대문이 세워져 있었다. 문으로 들어서려는 순간 등 뒤에서 노파의 목소리가 들렸다.

"거기가 아니야. 좀 더 가야 해."

고개를 돌리는 순간 깜짝 놀라지 않을 수 없었다. 바로 그 할머니였다. 종종걸음으로 필자 뒤를 따라오셨던 것이다. 그곳은 우주박물관이고, 한 블록 더 가야 자연사 박물관이라고 했다.

"아무래도 길을 잘못 들 것 같더라니, 내 예상이 맞았어."

할머니는 가쁜 숨을 내쉬며 웃으셨다.

필자처럼 한심한 영어 실력을 가진 사람도 얼마든지 미국을 종횡무진 돌아다닐 수 있다. 남의 일을 자신의 일인 듯 흔쾌히 도와주는 미국인이 있으니까. 미국에 있을수록 이곳은 결코 위험하지 않다는 것을 깨달았다. 중국과 비교하면 더더욱 그랬다. 미국에서는 중국을 여행할 때처럼 혹시나 하며 마음 졸일 필요가 없었다.

워싱턴 교외에 위치한 친구 집에서 며칠 묵은 적이 있다. 외진 곳이라 매우 조용했다. 친구는 이곳 사람들은 문을 안 잠그고 급하게 출근하는 경우가 종종 있지만 수십 년간 단 한 번도 강도가 든 적이 없다고 했다. 미국은 중국과 달리 '정신적 낭비'가 훨씬 덜하다. 최소한 일상생활에서 그렇게 많은 의심을 키울 필요도 없고 경계심을 가지지 않아도 되기 때문이다.

중국에서는 오강사미(五講四美, 교양, 예의, 위생, 질서, 도덕을 중시하고, 마음, 언어, 행동, 환경을 아름답게 하는 것)'와 팔영팔치(八榮八恥, 여덟 가지 영예로운 일과 여덟 가지 수치스러운 일)'를 목이 터져라 외치고만 있는데, 미국에서는 이를 실천하고 있었다. 물론 미국에도 새치기하는 사람이 있고, 아구 데나 침을 뱉거나 사기를 치는 사람도 있다. 짧은 여행기간 동안 이런 사람을 만날 수 있었던 건 아이러니하게도 모두 차이나타운에서였다.

미국에 있는 동안 세 곳의 차이나타운을 둘러봤는데 다른 지역과 확연하게 달랐다. 차이나타운에 들어서자 꼭 낙후된 시골동네에 온 것처럼 지저분하고 거리는 오물과 쓰레기로 넘쳐났다. 잔디나 다람쥐는 찾아볼 수 없었다. 그 흔한 비둘기도 구경하기 쉽지 않았다. 이곳 사람들은 쌀쌀한 표정으로 바쁜 걸음을 재촉하고 있었다. 빨간 불인데도 아랑곳하지 않고 건너기 일쑤라 길거리에는 언제나 자동차 경적소리가 끊이지 않았다. 길가에는 어김없이 가판이 늘어서 있었다. 이를 쑤시며 큰소리로 손님을 불러 모으는 가게 주인도 빠지지 않고 등장했다.

한번은 이곳 음식점에서 식사를 했다. 식사를 마치고 계산을 했는데 거스름돈이 1위안 적게 나왔다. 어찌된 영문인지 묻자 음식점 주인은 무표정한 얼굴로 1위안만 건네고 가버렸다. 또 한번은 화교가 운영하는 여행사에서 폭포 여행상품을 예약하고 호텔로 돌아오는 길이었다. 그쪽 바닥을 잘 아는 화교 친구가 전화해서 다른 여행사보다 30퍼센트나 더 비싸게 지불했다고 했다. 당장 여행사로 돌아가 사장에게 물었더니 그 음식점 주인과 마찬가지로 아무런 해명도 하지 않은 채 차액만 돌려주었다.

미국의 차이나타운에서 생활하는 중국인의 80퍼센트는 밀입국자들로 푸젠(福建, 타이완의 북서쪽에 있는 중국의 성) 농민들이 대부분이라고 한다. 이들을 도와 새로운 신분증을 만들어 주는 화교 변호사는 그 재주가 어찌나 뛰어난지 미국 정부가 손을 쓸 수 없을 정도라고 한다. 서류 대부분이 위조된 것으로 중국 국내에서 공수되어 온다고 한다. 많은 중국인이 100퍼센트 가짜 서류로 영주권을 획득하고 국적까지 취득하는 것으로 알려졌다.

차이나타운에서 오랫동안 생활한 먼 친척 어르신을 찾아뵈러 갔다. 어르신은 중국 새 이민자를 보는 미국인들의 시선이 곱지 않다고 했다. 그도 그럴 것이 막강한 현금을 보유한 중국 이민자들이 집을 사들이는 바람에 집값이 천정부지로 치솟아 일반인은 엄두도 내지 못한다. 게다가 운전할 때는 험악하기 짝이 없으며 공공장소에서는 옆에 아무도 없는 듯 고래고래 고함을 질러대기 일쑤다.

지구촌을 오염시키는 바이러스는 다름 아닌 중국인이라고 지적하는 이도 적지 않다. 실제로 필자가 눈으로 확인한 사실도 그랬다. 중국 불법 이민자들은 이미 미국 사회 분위기를 좀먹고 있었다. 다른 곳에서는 바르고 착하기만 하던 백인이 차이나타운에 와서 무단횡단을 배운다고 할 정도다.

친척 어르신은 본인이 만약 미국 대통령이라면 이민자를 억제할 것이고, 특히 중국 이민자는 철저히 통제할 것이라고 했다. 그의 말에 씁쓸한 미소를 지을 수밖에 없었다. 중국이 걱정했던 '파리떼'가 과연 어디서 생겨났고, 또 어디로 날아갔는지는 다시 한 번 신중하게 연구해 봐야 할 문제다.

하편

양의 속성과 늑대의 속성

초원민족과 농경민족의 운명이 변화하는 과정을 통해 우리는 중국 문명이 기나긴 발전의 역사 속에서 어떻게 자신만의 현실과 이성, 활력을 잃고 정체와 보수, 어리석음의 늪에 빠지게 되었는지를 명확히 볼 수 있다. 모든 민족에게는 자신만의 운명이 있다. 「우환 속에 흥함이 있다」는 말과 「안락 속에 쇠함이 있다」는 말은 국가와 민족 발전의 영원한 규율이다.

Part 1

잘못 알려진
춘추
전국시대

- 춘추전국사와 고대 그리스사의 비교

대통일사상의 성숙기

춘추전국시대 영웅들은 무력 정벌로 덕치를 대신했고 강력한 권력으로 인의를 대신했다. 아들이 아비를 죽이고 신하가 임금을 죽이는 패륜이 흔한 일이 되어버렸다. 이는 무정부 무질서의 혼란 시대였다.

(1)

현대인에게 춘추전국시대는 생기발랄하고 화려하며 다채로운 동경의 시대다. 그러나 실제로 그 역사 속에 살고 있던 사람들은 역사 밖의 사람들이 보는 것과는 전혀 다른 느낌을 갖고 있었다. 춘추전국시대에 쓰인 문장과 서적 속에서 우리의 눈길을 끄는 것은 애탄, 원망, 저주다. 노자의 눈에 춘추시대는 혼란, 살인, 전쟁, 도적, 가혹한 세금, 기아로 가득 찬 말세였다. 공자는 당시를 혼란의 시대라고 표현했다.

君不君, 臣不臣
父不父, 子不子
是可忍也孰不可忍.
임금이 임금답지 못하고, 신하가 신하답지 못하고

아비가 아비답지 못하고, 아들이 아들답지 못하다.
이런 짓마저 할 수 있다면 그 무슨 짓인들 하지 못하랴!

장자의 사회 비판은 더욱 날카로웠는데 그는 당시를 대변혁의 시대
라고 비판했다.

竊鉤者誅 竊國者爲諸侯.
갈고리를 훔친 자는 벌을 받고, 나라를 훔친 자는 제후가 된다.

맹자는 당시의 참혹한 실상을 이렇게 표현했다.

庖有肥肉, 廐有肥馬, 民有飢色, 野有餓莩
老羸轉乎溝壑, 壯者散之四方.
부엌에는 기름진 고기가 있고 마구간에는 살찐 말이 있는데
백성들은 굶주리고 있고 들에는 굶어 죽은 시체가 있다.
노약자들의 시신은 구덩이에 뒹굴고,
장성한 자들은 사방으로 흩어졌다.

기원전 593년 제나라와 진나라의 대신인 안자와 숙향이 외교 연회에서
만났다. 그들은 천하의 형세에 대해 논하며 몹시 절망했다.
숙향이 물었다.
"제나라의 형세는 어떻습니까?"
안자가 한숨을 내쉬며 대답했다.
"말세의 징후로 가득합니다. 국고에는 식량이 산더미처럼 쌓여 썩어가고

있는데 길에서는 백성들이 굶주려 죽고 있습니다. 제나라의 국가 대권은 머지않아 진씨의 손아귀로 넘어갈 것 같습니다. 지금의 임금은 권력을 장악하지 못하고 진씨의 말에 찍소리도 내지 못합니다. 백성들 수입의 3분의 2가 모두 그들에게 착취당하여 나머지 3분의 1로 겨우겨우 연명하고 있습니다. 범죄가 들끓어 두 다리가 베이는 범죄가 허다합니다. 덕분에 신발 가격은 나날이 떨어지고 의족은 없어서 못 팔 지경이니 대체 무슨 세상이란 말입니까!'

숙향이 연신 고개를 끄덕이며 말했다.

"맞습니다. 진나라는 비록 대권이 남의 손에 넘어가지는 않았지만 마찬가지로 말세의 징후가 보입니다. 가난한 이들이 날이 갈수록 늘어나고 온통 기근이 들었는데 귀족들은 서로 앞다투어 사치하고 욕심이 끝이 없습니다. 군대는 전투력이 없고 백성들은 나라에 믿음이 없으니 나라에서 명령이 떨어져도 마치 도적이나 원수를 만난 듯 피합니다." ─《좌전 소공 삼년》

그렇다면 춘추전국시대에 어떤 일이 일어났기에 철학자와 지자(智者)들이 이토록 절망한 것일까?

(2)

사람들을 가장 불안에 떨게 한 것은 사회의 질서가 사라져버린 것이었다. 서주 초기에는 왕조의 기율이 엄격하고 통치가 효율적으로 이루어져 군신의 기강이 바로 잡혀 있었다. 그러나 네 번째 천자인 주나라 소왕 때부터 서주는 쇠락의 길을 걷기 시작했다. 여러 제후국이 차츰 강대해져 제어하기 힘들어지면서 주나라 왕실의 중앙집권체제는 나날이 힘을 잃어갔다. 그들은 주나라 천자의 말을 듣지 않고 제멋대로 굴기 시작했다. 서주가 수도를 낙양으로 옮기자 제후국들은 천자를 더욱 깔보고 심지어 조공도 바치지 않았다. 이에 주나라 천자는 끼니를 걱정해야 할 정도로 심각한 경제적 위기에 봉착했다. 아무리 애를 써도 뾰족한 수가 없자 그는 얼굴에 철판을 깔고 각 제후국으로 사신을 보내 구걸을 하기에 이르렀다. 역사 기록에 따르면 주 환왕, 주 경왕은 노나라로 사신을 보내 "굶주림을 알리고, 수레를 요청하고, 돈을 구걸했다."고 한다.

천하의 주인이 없어지자 주나라 왕실의 중앙 권위에 기대 유지되던 대통일 정치 질서는 자연스레 그 효력을 잃었다. 권위주의적 관리체제에서는 최고 권위자가 모든 것을 규정하고 결재했기에 관리를 받는 각 나라끼리는 서로 간에 효율적으로 연락하고 소통할 수 있는 방식이 적었으며 협상을 하고 함께 일할 수 있는 능력이 부족했다. 그렇기 때문에 권위가 무너지는 즉시 천하가 혼란에 빠졌다. 공동의 기준과 원칙이 사라지고 효율적인 협조 메커니즘이 사라지자 춘추전국시대는 약육강식이라는 정글의 법칙에 따라 움직이기 시작했다. 춘추 242년 동안 총 36명의 임금이 시해됐고, 나라가 망한 것은 52차례였으며, 크고 작은 전쟁은 수를 헤아릴 수 없을 정도였다. 역사가들은 "춘추시대에는 정의를 위한 싸움이 없었다."라고 설명한다.

전국시대 248년에는 크고 작은 전쟁이 무려 222차례나 발발했다. "땅을 쟁탈하느라 전쟁을 하여 죽은 백성이 들에 가득하고, 도시를 쟁탈하느라 전쟁을 하여 죽은 백성이 거리에 가득하다.(爭地以戰 殺人盈野 爭城以戰 殺人盈城)" 기록을 보면 주나라 왕실에는 170여 개의 제후국이 있었는데 모두 몇몇 봉국(封國)에 의해 병탄되었다. 웃어른을 공경하는 질서는 이미 없어진 지 오래고 각국의 임금과 권력을 잡은 신하들은 신성한 예의제도를 따르지 않았다. 예법을 무시하고 봉호를 남용하여 귀하고 천함이 어지러웠다. 춘추전국시대 영웅들은 무력 정벌로 덕치를 대신했고 강력한 권력으로 인의를 대신했다. 아들이 아비를 죽이고 신하가 임금을 죽이는 패륜이 흔한 일이 되어버렸다. 이는 무정부 무질서의 혼란 시대였다. 옛 도덕과 질서가 무너짐으로써 사람들은 무도덕을 도덕으로, 무질서를 질서로 여겼다. 개인의 이익을 위해서라면 물불을 가리지 않았다. 인간이 살아갈 만한 사회는 거의 명을 다한 듯했다. 인구의 급속한 증가와 토지의 사유화로 점점 많은 토지가 소수의 손아귀로 넘어가 빈부 양극화가 나날이 심해졌다. 일반 백성은 점점 궁핍해졌고 신흥 귀족과 기존의 봉군(封君) 사이에서는 서로 질세라 사치 풍조가 일어나 봉기와 반란이 끊이지 않았다.

(3)

후대의 지식인들은 흔히 춘추전국시대를 서양의 고대 그리스 시대와 비교한다. 춘추시대와 고대 그리스 시대는 닮은 점이 많다. 몇 백 년의 세월 동안 중국 대지와 에게해 연안은 나란히 눈부신 발전을 이룩한 사춘기에 접어들었다. 그리스 반도에 소크라테스, 플라톤, 아리스토텔레스가 등장했을 때 동쪽에서는 공자, 맹자, 노자, 장자, 묵자, 한비자 등의 대사상가들이 연이어 등장해 위대한 업적을 남김으로써 후세에 이름을 전했다. 그들은 서로 앞 다투어 저술을 발표하고 서로의 사상에 변박함으로써 중국 역사상 유일하게 눈부신 사상의 유전(油田)이 되었다. 그들이 남긴 저작은 후세 중국인들에게 영원불멸의 경전이자 영원히 마르지 않는 지혜의 샘이 되었다.

그러나 동서양 철학가들의 사상은 매우 달랐다. 중국의 제자(諸子)는 줄곧 서로 비방을 일삼기는 했으나 "한 나라에 두 명의 군주를 섬기는 일은 있을 수 없다."—(좌전)라는 데는 의견을 같이했다. "하늘 아래 있는 땅이 천자의 것이 아닌 게 없고 땅덩이 끝에 사는 사람들까지도 천자의 신하 아닌 자가 없다.(普天之下 莫非王土 率土之濱 莫非王臣)" 이는 각 학파가 모두 똑같이 지향하던 정치 국면이었다. 그들은 눈길이 닿는 중국의 땅 전부를 나눌 수 없는 전체로 보았고, 천하에 통일되고 일원화된 지도자가 없다는 것은 비정상적이고 용인할 수 없는 일이며 사람들을 불안하게 만들어 혼란과 전쟁이 끊이지 않는다고 생각했다.

맹자는 공자의 말을 인용하여 "하늘에는 두 개의 태양이 있을 수 없고 땅에는 두 명의 왕이 있을 수 없다.(天無二日 土無二王)"—《맹자·만장상》라고 했다. "천하는 어떻게 안정되겠습니까?"라는 물음에 맹자는 "하나로 통일되면 안정될 것입니다."—《맹자·양혜왕상》라고 대답했다. 즉, 통일을 통해서만이 가능한 일이라는 것이다.

묵자는 절대적 전제군주제로 통치되는 대통일 국가를 건설해야 한다고 주장했다. 그의 정치적 이상은 '상동(尙同)' 사상이다. 즉, 계층이 분명하고 규율이 엄격하고 획일적으로 정돈되고 개성과 다양성이 소멸된 사회를 건설해야만 '역량을 집중시키고 큰일을 이루어내어' 국가를 부강하고 안정되게 할 수 있다는 것이다.—《묵자·상동》

노자는 우주의 본질은 '一'로, 통일이 모든 문제를 해결할 수 있다고 생각했다. "하늘은 하나를 얻음으로써 맑아지고, 땅은 하나를 얻음으로써 편안해지며 …… 임금은 하나를 얻음으로써 천하를 곧게 하는 것이다.(天得一以淸 地得一以寧 …… 侯王得一以爲天下貞(正)"—《노자, 제39장》

법가는 대통일 정치제도에 가장 큰 공헌을 한 사상 유파다. 한비자는

'한 우리에 두 마리의 수탉이 있고', '한 집안에 두 사람의 주인이 있고', '부부가 함께 집안일을 관장하는' 것은 재난과 변란의 원인이라고 여겼다. —《한비자·양권》 법가는 가장 설득력 있게 통일의 필요성을 설명했을 뿐 아니라 가혹한 형벌과 법률의 군국주의라는 강력한 통일 수단을 제시했다.

사실 통일이든 분열이든, 일원화든 다원화든 모든 문화가 동일한 태도를 취하는 것은 아니다. 고대 그리스는 '폴리스'라는 도시국가에서 하나의 나라와 같이 독립되어 자치권을 갖고 있었는데 작고 인구가 적은 폴리스는 그들이 상상할 수 있는 유일한 국가의 형식이었다.

아리스토텔레스는 플라톤을 비판하면서 "폴리스의 본질은 수많은 분자의 집합이다."라고 하며 만약 지나친 '획일'을 추구한다면 '폴리스의 본질이 소멸'하는 결과를 낳을 것이라고 지적했다. 고대 그리스인들의 분열에 대한 용인과 향수는 과대한 국가는 시민에 의한 민주주의 실행에 불리할 것이라는 믿음에서 비롯되었다. 폴리스의 지나친 영토 확장은 곧 시민 집단의 확대, 시민과 국가 관계의 소원, 공공생활의 해이, 심지어는 완전한 상실을 의미한다. 이것이 고대 그리스인들이 정치 통일을 반대했던 근본적인 이유다. 고대 그리스인들은 일찍부터 일원화가 아닌 다원화의 가치를 깨닫고 이를 추구했다.

그러나 중국인들은 다음과 같이 말한다.

"양쪽이 모두 귀하면 서로 섬길 수 없고 양쪽이 모두 천하면 서로 부릴 수 없다."

"천하에 두 명의 천자가 있으면 천하를 다스릴 수 없다. 나라에 두 명의 군주가 있으면 나라를 다스릴 수 없다. 집안에 두 명의 아비가 있으면 집안을 다스릴 수 없다. 무릇 명령이 높지 않으면 행해지지 않고,

전해지지 않으면 듣지 않는다."

사람과 사람 사이에 반드시 높고 낮음이 구분되어야만 질서가 세워진다는 것이다. 그러나 고대 그리스인은 하늘에 두 개의 태양이 있음을 보여 주고 있다. 두 명의 국왕이 다스렸던 스파르타가 좋은 예다. 아테네의 정권 구조는 더욱 복잡한데 9명의 집정관인 아르콘이 교대로 집정했다. 그들의 관계는 수평의 상호 제약적인 관계이지 종속적인 수직 관계가 아니었다. 그들은 이런 방법만이 전제정치를 막을 수 있다고 생각했다.

상동(尚同), 정우일(定于一)이라는 민족 집단 의지의 움직임 아래 춘추시대 이후 각 나라 사이에 500여 년 동안 이어진 전쟁이 시작되었다. 모든 국가는 자신의 역량을 확장하여 다른 국가를 병탄함으로써 천하통일의 꿈을 실현하려고 했다.

Chapter 02
전제군주 제도의 형성기

중국의 제자백가는 흔히 자신을 화신으로 일컬으며 자신의 이론이 이미 우주의 모든 문제를 해석했다고 여겼다. 그들은 유아독대, 유아독혁, 유아독존으로 있는 힘껏 상대를 무너뜨리고 자신의 주장으로 천하 사람들의 사상을 통일하고자 했다. 토론할 때 그들은 강한 전제적 경향을 나타내며 서로 공격하는 것 외에는 전혀 신경 쓰지 않았다.

(1)

춘추전국시대의 혼란스러운 정세는 서주 정치제도의 실패를 선포했다. 비록 공자의 눈에는 서주 사회가 더할 나위 없이 훌륭해 보이기는 했으나 전제정치 정신의 매개체로서 분봉제(分封制)는 극복할 수 없는 선천적인 결함을 갖고 있었다.

첫째, 분봉제 아래에서 중앙과 지방의 긴밀한 관계는 천자와 제후의 혈연관계를 기초로 세워진 것이다. 시간이 흐르면서 각 나라 제후와 주나라 천자 간의 혈연관계는 나날이 멀어졌고 혈연적 유대관계도 점차 약해졌다.

둘째, 분봉제로 형성된 천자의 천하에 대한 제어는 층층이 분권된 간접적인 제어였다. 그렇기 때문에 "내 속국의 속국은 나의 속국이 아니다."라는 유럽의 봉건시대와 똑같은 문제가 등장했다. 주나라 천자의 권력은 곳곳에서 지방 권력에 가로막혀 직접 사회 기층에 도달할 수 없었다. 초창기에 주 왕조는 질서정연하고 기율이 엄격하여 사회적으로 안정되고 예법과 음악이 크게 흥하던 빛나는 시기를 거치긴 했지만 시간이 흐름에 따라 주나라 왕의 지방에 대한 제어력이 점점 약화되면서 사회는 해체에 직면할 수밖에 없었다.

춘추전국시대에 중국인들은 대부분 천하의 무질서와 혼란을 끝내려면 강력한 권력, 정권 독점과 직접 천하를 제어하는 중앙집권적 권위를 통해 위세로 천하를 통제해야 한다고 생각했다.

"천자가 없는 것보다 더 큰 혼란은 없다. 천자가 없으면 힘센 자가 약한 자를 억누르고 다수가 소수를 함부로 대하게 되니, 그들은 무력으로 살육을 일삼아 사람들이 편히 쉴 수 없게 된다.(亂莫大於無天子. 無天子 則彊者勝弱 衆者暴寡, 以兵相殘 不得休息)" ―《여씨춘추》

그들은 정치를 구상할 때 서주의 몰락에서 교훈을 얻어 군주를 힘껏 추앙하고, 군주의 권위를 수립하고 존군비신(尊君卑臣)의 정치 질서를 확립하여 본국을 크게 하고 봉국을 작게 해야 천하에 중심이 서고 안정된다고 여겼다. 새로운 정치 구조에서 천자는 반드시 최고 권력을 자신의 손아귀에 장악하고 절대 신하에게 넘겨줘서는 안 된다. 그렇지 않을 경우 재난과 변란이 일어나기 마련이다.

"아랫사람을 따라 윗사람이 바로 잡히는 것이 아니라 반드시 윗사람을 따라 아랫사람이 바로 잡혀야 한다.(無從下之政上 必從上之政下)" ―《묵자 · 천지상》

"자질구레한 정무는 사방에 있는 여러 신하에게 맡기고 권력의 열쇠는 중앙의 임금이 쥐고 있어야 한다. 성인이 권력의 열쇠를 쥐고 있으면 사방에서 신하들이 모여들어 그 공적을 세워 결과를 보고한다.(事在四方 要在中央 聖人執要 四方來效)"─《한비자·양권》

이처럼 춘추전국시대의 수많은 유명 사상가는 모두 약속이나 한 듯 '존군' 이론을 제기했다. 그들은 당시 권신들에게 좌지우지되는 각국의 군주들이 흑심, 난폭함, 침략성이 부족하다는 점을 안타깝게 생각했다. 그들은 조급한 마음에 군주에게 하찮은 인정은 잊고 의연한 마음가짐으로 채찍과 검을 들어 기율과 질서를 다시 세워 군민을 제어해야 천하를 제어할 수 있다고 간언했다.

묵자는 천자는 반드시 인간 가운데 가장 고귀하고 부유하며 가장 지혜로운 사람이어야 한다고 했다. 군주는 반드시 하늘 아래 최고의 절대 권위를 지닌 사람이 되어야 한다. '고귀하고 지혜로운' 사람이 '비천하고 우매한' 일반 백성을 다스리고, 가장 엄격하고 공정한 질서를 세우며 조금의 지나침도 없어야만 천하가 안정될 수 있다.

"나라의 군주는 어진 사람이다. 천자는 천하의 백성들에게 정령(政令)을 발하여 선언한다. '선한 것과 선하지 않은 것을 들으면 모두 천자에게 고하라. 천자가 옳다고 여기는 것은 모두가 옳다고 여기며, 그르다고 여기는 것은 모두가 그르다고 여겨야 한다. 그대의 선하지 않은 말을 버리고 천자의 선한 말을 배우며, 그대의 선하지 않은 행동을 버리고 천자의 선한 행동을 배워라.' 그러면 어찌 천하에 혼란이 있겠는가? 천자가 천하를 다스릴 수 있는 것은 무엇 때문인가? 천자가 오직 천하의 뜻을 통일할 수 있

기 때문에 천하가 다스려지는 것이다." —《묵자 · 상동》

이 점에 대해서는 법가의 설명이 가장 명백하다.

관자는《명법》시작 부분에서 "다스려지는 나라는 한마디로 군주가 대권을 장악한 나라이며, 혼란스러운 나라는 대신들이 권력을 농락하고 있는 나라. 그러므로 반드시 군주를 높이 섬기고 신하를 제압해야만 세력으로 나라를 다스릴 수 있다."라고 언급했다.

한비자는 다음과 같이 지적했다.

"현명한 군주는 아무것도 하지 않는다. 그러나 신하들은 그를 두려워한다. 현명한 군주는 지식을 얻기 위해 아무것도 소모하지 않아도 현명한 사람들이 생각하는 힘을 다하게 하며, 그에 따라 자신의 결정을 내린다. 현인은 자기의 능력을 발휘하며, 군주는 자기의 능력을 사용하지 않고 그를 임용하여 그것을 사용한다. 성공하면 군주가 명성을 얻으며 실패하면 신하들에게 허물이 돌아간다. 그는 자기 이름을 위해 노력할 필요가 없다."

위잉스(余英時, 세계적인 중국 철학자. 인문학의 노벨상으로 불리는 '클러지상'을 수상)는 이와 같은 한비자의 말에 다음과 같은 흥미로운 평론을 했다.

"존군비신론은 한비자에 이르러서야 진정으로 깊이 있고 주도면밀해졌다. 반지론(反智論)은 한비자를 통해 원만하게 성숙되었고 옛말에 새로운 의미가 부여되었다. '성공하면 군주가 명성을 얻으며 실패하면 신하들에게 허물이 돌아간다.'는 말은 후세 사람들이 말하는 '임금이 현명하면 신하가 벌을 받는다.' 는 말과 일맥상통한다. 존비의 구분이 이보다 명확할 수 있을까? …… 지식과 재능을 가진 사람은 '현명한 군주' 의 말을 잘 듣고 얌전하게 생각하고 임무에 충실해야만 그들의 지식이 현명한 군주의 지식과 재능이 된다. '부귀' 는 더 말할 나위가 없다. 그러나 눈치가 없고 자만하고 말썽을 피우고 제멋대로 의견을 제기하고 멋대로 비평한다면 현명한 군주의 응징이 기다리고 있을 것이라는 사실을 잊지 말아야 할 것이다. 대를 이어 전해 오는 지혜는 힘을 다하여 익힐 만하다."

사실 훗날 전제정치가 활개를 치는 세상에서 끊임없이 교육적인 역할을 했던 것은 후대 유학자들이 공자의 "임금은 임금다워야 하고 신하는 신하다워야 한다.(君君臣臣)"라는 한마디에서 도출한 '존군이론' 이었다.

"군주는 만인의 목숨을 살리고 죽이는 위치에 서 있어야 하고, 하늘과 함께 우주의 변화를 주관하는 권력을 가져야 한다."

"군주는 영원히 오명을 얻어서는 안 되고, 신하는 영원히 군주의 명성을 뛰어넘어서는 안 된다. 공적과 선행은 모두 군주에게 돌려야 하고 모든 잘못은 신하에게 돌려야 한다. 그래야만 모두 영원히 군주에게 고개를 숙일 수 있다."

"군주는 하늘이므로 온 세상을 덮어 적시며, 신하는 땅이므로 온 세상을 지탱한다."

중국인들이 군주의 권위를 높이기 위해 분투하고 있을 때 고대 그리스인들은 어떻게 하면 집정자의 권력을 제한할 수 있을지를 고민했다. 기원전 431년, 묵자가 청년이었을 때 고대 그리스에서는 페리클레스가 펠로폰네소스 전쟁에서 전사한 아테네인들을 기리는 추도 연설을 했다. 우리는 이 연설에서 당시 고대 그리스인들의 민주정치에 대한 자각 정도를 감지할 수 있다.

"나는 우리의 정부 조직이 이웃 국가들의 제도들을 모방하지 않았음을 말하고자 합니다. 우리가 다른 사람들을 본받은 것이 아니라 다른 사람들에게 본보기가 된 것입니다. 우리의 정치체제를 민주주의라고 부르는데, 이는 권력이 소수의 손이 아니라 전 국민의 손에서 나오기 때문입니다. 사적인 분쟁을 해결하는 문제에서 모든 사람은 법 앞에서 평등합니다. 그러나 어떤 사람에게 책임 있는 공적인 자리를 맡길 때 중요하게 고려되는 것은 그의 출신이 아니라 그의 실제적인 능력입니다. 어떤 사람이 국가에 봉사할 능력이 있다면 가난 때문에 정치적으로 빛을 못 보는 일은 없습니다."

(2)

진시황은 많은 이들의 눈에 문화적 전제의 창시자로 비쳐진다. 그의 '분서갱유'는 춘추전국시대의 자유로운 학술 전통을 잔혹하게 끊어버리고 2천 년에 이르는 전제정치의 서막을 열었다. 그러나 만약 제자(諸子)의 서적들을 통독한다면 각국의 싸움이 천하통일을 초래했듯 백가쟁명의 필연적인 결과는 바로 사상의 전제정치였으리라는 사실을 미루어 짐작할 수 있다.

춘추전국시대의 찬란한 사상에 대한 최고의 예우는 근대부터 점점 장중하고 성대해졌다. 인터넷에서 관련 게시물을 읽다 보면 다음과 같은 글을 심심찮게 발견할 수 있다.

"춘추전국시대와 관련된 책을 읽다 보면 항상 나도 모르게 마음이 끌리고 피가 끓어오른다."

"당시는 정말로 영웅을 필요로 했고 실제로 영웅이 배출되었던 시대다."

"중국 국학의 대가인 천인커 선생은 평생 동안 학자는 독립적인 정신과 자유 의지가 있어야 한다고 강조했는데 이는 2천 년 전에 이미 중국에 존재했던 것이 아닌가!"

"춘추전국시대의 선현(先賢)들은 실력 면에서 결코 고대 그리스, 로마보다 떨어지지 않았다. 춘추전국시대 선현들의 사상을 토대로 했다면 중국은 지금과는 다른 모습이었을지도 모른다."

사실 이는 오독일지도 모른다. 학술의 자유가 제자백가를 촉진시켰다고는 하나 거의 모든 춘추전국시대 학파들에게는 사상에 대한 관용이 결여되어 있었다. 그들은 한결같이 자유로운 사고가 정치 불안정의 원인이며, 정치 통일을 견고히 하는 일은 사상 통일의 기초 위에 이루어져야 한다고 믿었다.

묵자는 '한 사람에 한 가지 뜻', 즉 모든 이가 각자 다른 사상을 갖고 있다면 혼란을 불러일으켜 사회를 무질서로 몰아넣고 말 것이라고 했다. 그렇기 때문에 천하통일의 비결은 바로 '일동천하지의(一同天下之義)', 즉 사회 구성원의 가치 표준과 행위 표준을 통일하는 것이라고 했다.

노자의 주장은 유순한 듯 보이지만 실제로는 더욱 음흉하고 가혹했다. 그가 원한 것은 백성의 사상을 통일하는 것이 아니라 아예 아무런 사상도 갖지 않도록 하는 것이었다. 그는 교활하게도 "백성이 지혜로우면 좋지 않은 일이 생겨난다. 성인의 다스림이란 마음을 비우게 하여 자신의 배를 채우고 뜻을 약하게 하여 자신의 뼈대를 강하게 하는 것이다. 항상 백성이 알지 못하게 하고 욕심을 버리게 하면 지자라도 감히 어떻게 하지 못할 것이다. 무위를 행한다면 다스려지지 않는 것이 없다."라고 했다.

다시 말해 백성이 지나치게 똑똑하면 사회 기풍이 나빠진다는 의미다. 가장 뛰어난 통치법은 백성이 사고하지 못하도록 하는 것이다. 백성의 생활수준을 높이되 사고 능력은 없애버려서, 먹고 자고 생리현상을 해결하는 데 만족하며 다른 일에 생각이 미치지 않도록 하면 천하를 다스릴 수 있다는 것이다.

노자는 단지 주장만을 제시했을 뿐 구체적인 운용방법을 알려주지는 않았다. 이러한 결점은 법가가 보완해 주었다. 한비자가 제시한 문화적 전제에 대한 방안은 "현명한 군주가 다스리는 나라는 서책의 문식(文飾)이 없고 오직 법으로 다스리며 선왕의 가르침을 하지 않고 오직 관리를 교사로 삼는다."는 것이다. 다시 말해 현명한 통치자는 문자, 서신을 없애고 법률만을 남겨 두어야 하며, 백성들이 옛 격언을 기억하지 않도록 하고 관리들에게서 현행 국가 정책만을 배우도록 해야 한다는 말이다.

어진 정치를 제창한 유가도 같은 주장을 펼쳤다. 그들의 주장 역시 매우 실망스럽다. 공자가 말하기를 천하가 태평함을 나타내는 표지는 바로 "예악과 정벌이 제후에게서 나오고, 임금은 임금다워야 하고 신하는 신하다워야 하고, 아비는 아비다워야 하고 자식은 자식다워야 한다."는 것이라고 했다. 한무제는 오직 유가의 학술만을 숭상하여 대학자 동중서의 진언을 들었다.

《춘추》에서 일체를 하나로 통일시키는 것은 천지의 원칙이고 고금에 두루 통용되는 마땅한 이치입니다. 그런데 오늘의 상황을 보면 가르치는 이들은 추구하는 도가 다르고 사람들이 논의하는 내용이 다르며, 여러 학파가 나아가는 길이 갈리고 지향하는 바가 서로 같지 않습니다. 이로 말미 암아 통치자는 모든 것을 하나로 통일하는 원칙을 견지하지 못하고 법제가 자주 바뀌어 백성은 무엇을 준수해야 하는지를 모릅니다. 따라서 저의 어리석은 생각으로는 육예(고대 중국 교육의 여섯 가지 과목. 예(禮), 악(樂), 사(射), 어(御), 서(書), 수(數)를 이른다)의 학문과 공자의 가르침에 근원을 두지 않는 학설은 모두 그 길을 끊어버리고 함께 뻗어 나가지 못하게 해야 합니다. 거짓된 학설들이 사라져야 통치의 근본 원리가 하나로 귀결되고 법도가 분명해질 수 있으며, 그래야 백성이 따라야 할 바를 알게 될 것입니다."

다시 말해 사회부터 사상까지 모두 통일하는 것이 인류 사회의 발전 규칙이라는 것이다. 오늘날처럼 여러 가지 사상이 함께 유행하고 사람마다 자신만의 견해를 갖고 있어 하나로 통일되지 않는 것은 대통일에 불리하다. 그가 아첨하는 낯으로 황제에게 고했다.

◆ 한비와 이사

"군주란 백성의 마음이요, 백성이란 군주의 몸체입니다. 마음이 좋아하는 것은 신체가 반드시 편안한 것이고, 군주가 좋아하는 것은 백성이 반드시 따르는 것입니다." ㅡ《춘추번로》

중국에서 가장 심오하고 지혜로운 사상가들의 성과에 실로 공포와 부끄러움을 감출 수 없다. 중국의 제자백가는 흔히 자신을 화신으로 일컬으며 자신의 이론이 이미 우주의 모든 문제를 해석했다고 여겼다. 그들은 유아독대, 유아독혁, 유아독존으로 있는 힘껏 상대를 무너뜨리고 자신의 주장으로 천하 사람들의 사상을 통일하고자 했다. 토론할 때 그들은 강한 전제적 경향을 나타내며 서로 공격하는 것 외에는 전혀 생각하지 않았다.

동시대의 그리스인을 보면 우리는 중국 민족의 사상적 원천이 얼마나 선천적으로 부족한지를 발견할 수 있다. 고대 그리스인은 개성과 자유를 숭상했다. 그들은 타인의 자유와 개성을 존중하고 인정해야만 자신의 자유와 개성도 지킬 수 있다는 것을 알고 있었다. 그래서 그들은 극히 자각적인 관용 정신을 갖고 있었다. 기원전 431년 페리클레스는 펠로폰네소스 전쟁 전사자 추도 연설에서 "우리가 제창하는 것은 우리가 중요하게 생각하는 자유이고, 일상생활을 언급하자면 만약 우리의 이웃이 자신의 길을 가고 싶다고 해도 우리는 절대 그에게 불평하지 않을 것이다."라고 했다. 바로 이를 토대로 고대 그리스 폴리스는 자신의 국정 내에서 이루어지는 주권 분할은 용인하지 않았으나 이웃의 독립은 용인했다. 또한 자신만의 뚜렷한 개성이 있었고 이를 자랑스럽게 여겼다.

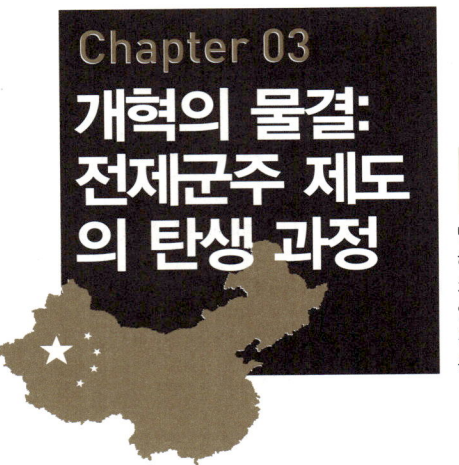

Chapter 03
개혁의 물결: 전제군주 제도의 탄생 과정

만약 진시황이 없었다면 중국은 통일을 이루지 못하고 유럽처럼 불안정한 가운데 완전히 새로운 정치 국면을 맞이했을지도 모른다. 혹은 진시황이 없었다면 최소한 '황제 제도'가 수립되지도 않았을 것이고, 2천 년에 이르는 '전제주의'에 따른 암흑 통치도 없어 중국 역사는 완전히 달라졌을 것이다.

(1)

중국과 고대 그리스라는 양대 문명의 발상지는 서로 멀리 떨어진 데다 말도 전혀 통하지 않았으나 초기 역사의 태동에서 미묘하게 일치하고 있다. 기원전 5세기 전후 중국과 그리스가 거의 동시에 사상들을 대거 쏟아낸 것처럼 기원전 4세기 전후 고대 그리스와 중국은 모두 약속이나 한 듯 개혁의 시기로 접어들었다. 관중, 이회, 조열후, 상앙이 거대한 개혁의 파도를 연거푸 일으켰을 무렵 저 멀리 그리스에서는 솔론, 클레이스테네스, 에피알테스, 페리클레스가 개혁의 바통을 이어받고 있었다.

기원전 594년 아테네의 아르콘^(행정최고책임자)인 솔론은 '무거운 짐을 털어버리기'라는 뜻의 세이삭테이아^(Seisachtheia), 즉 부채말소 제도를 공포함으로써 농민들의 부채를 탕감하고 빚을 갚지 못해 노예가 되는 코

르베(Corvee)를 법으로 금지했다. 이 제도는 10C년간 효력을 갖는 것으로 선포되었다. 훗날 역사는 솔론의 과감한 개혁 조치가 위기에 휩싸인 아테네를 구했을 뿐 아니라 이후 아테네가 민주, 안정, 번영의 길을 걷는 데 초석을 깔아주었다고 평가한다. 솔론의 기혁 이후 수많은 노예들이 해방되었고, 아테네 시민은 다시는 가난으로 인해 인간으로서의 권리를 잃을 걱정을 하지 않아도 되었다. 이로써 고대 그리스의 정치 문명은 눈부신 성장을 이루었다.

솔론의 개혁은 인류 역사상 처음으로 '인권'을 인정한 사건이라 할 수 있다. 솔론은 시민을 노예로 전락시키는 일이 야만스럽고 인간으로서의 도리를 모르는 행위라 간주했다. 솔론의 개혁을 이끈 원칙은 '공정'과 '평등'이다. 그는 "공리와 강권을 정리하고 함께 어울려 사는 것 …… 빈부의 구별이 없고 모두 평등하도록 법률을 제정한다. 정도를 걷고, 사람은 모두 각자 자기가 있을 자리에 있는다."라고 말했다. 양스 췬은 솔론의 개혁에 대해 이렇게 평론했다.

"(솔론의 개혁은) 자국 시민을 노예로 삼지 않는 이념을 국가제도로 승화시켜 자국 시민의 인격권과 신분권을 보장했고, 이를 토대로 조금씩 국가시민제도를 수립해 평민과 귀족이 평등한 자유 시민 계층으로 융합되도록 했다. 이처럼 탁월한 개혁 조치는 야만적인 노예사회에서 '문명'의 길을 열고 노예와 인간을 분리시켰다. 이후 로마 법률의 '인격권'이 바로 이를 통해 시작된 것이다. 이는 민중의 평등권리 추구에 대한 초보적인 승리일 뿐 아니라 세계 법률 역사에서 획기적인 진보의 의미를 가진다." —《전국변법과 고대 그리스, 로마 사회 개혁의 비교》

(2)

　전국시대는 전쟁과 반란의 역사다. "나라를 편안히 하려면 옛 법을 좇지 말아야 하며, 백성을 이롭게 하려는 데는 예를 좇지 않는다.(便國不法古, 利民不循其禮)" "삼대는 예를 같이 하지 않고도 임금 노릇을 했고, 오백은 법을 같이하지 않고도 패자가 되었다.(三代不同禮而王, 五伯不同法而霸)" 이처럼 솔직담박한 말은 유사 이래 줄곧 중국 선인들이 주장한 선왕을 본받고 행동은 옛 교훈을 따라야 한다는 진부한 태도를 버리고 시각을 새로이 하게 했다. 이 개혁자들은 자신의 생각을 널리 퍼뜨리고 틀을 깨는 용기, 칼끝을 두려워하지 않고 앞에 나서는 패기와 기존의 악폐를 타파하고 세상을 뒤집을 기세로 중국인의 성격 특성에 다채로움을 더했다. 그러나 전국의 개혁과 고대 그리스의 개혁 방향에는 현저한 차이가 존재한다.

　상앙 법률을 읽다 보면 다음과 같은 문장이 눈길을 사로잡는다. "상공업에 종사하는 자와 게을러서 가난한 자는 밝혀내어 종을 삼는다." 장사를 하다 손해를 보거나 돈을 빚진 상인이나, 열심히 농사를 짓지 않아 파산한 농민은 모두 노예가 되는 벌을 받아야 한다는 의미다. 상앙의 작제(爵制)개혁에서도 어떤 벼슬이 몇 명의 노예를 거느릴 수 있는지를 명확히 규정짓고 있다.

　상앙 개혁의 기본적인 사고는 '가벼운 죄도 무겁게 처벌' 한다는 것으로 엄격한 법률을 통해 백성을 통제한다. 그가 제정한 법률은 지나치게 엄격하고 잔혹하여 사람들의 일거수일투족이 '법' 을 어길 수 있을 정도라 점점 많은 평민이 노예가 되어 평생 신분을 회복할 수 없었다. 주나라 때까지만 해도 중국에서 노예 노동은 크게 보편화되지 않았다. 그러나 상앙의 변법의 영향을 받은 진나라와 그 이후의 한나라는 중국 역사상 노예의 수가 가장 많은 시기로 기록된다. 《전국책 · 진책사》는 "당시 각국에서 백성은 살아갈 길이 없어 흩어져 방황하다가 남의 종이나 첩이 된 자가 부지기수였다."라고 묘사했다.

솔론과 상앙의 '평민'을 대하는 태도는 완전히 상반된다. 한쪽은 해방이고 한쪽은 감금이다. 한쪽은 상승이고 한쪽은 하강이다. 한쪽은 양보를 통해 사회의 화해를 얻는 것이고, 한쪽은 피가 흥건한 전제정치를 통해 국가통제력을 얻는 것이다. 전국시대 진나라 초기 사회에서 사람과 사람 사이의 따뜻한 혈연의 끈은 완전히 끊어지고 사람이 자신과 평등한 사람을 버젓이 노예로 부렸다. 《상군서 · 착법편》에서는 "지위가 같던 사람이 상대방을 노예로 부리게 되는 것은 빈부의 차이 때문이다."라고 태연하게 말한다.

(3)

'시민의 권리'를 제외하고도 양대 개혁의 기본적인 내용 역시 서로 배치된다.

고대 그리스의 개혁은 상업을 중시하는 '중상(重商)'이 핵심이다. 솔론은 상공업을 보호하는 일련의 조치를 취하여 아테네에 거주하는 모든 자유인이 시민권을 획득할 수 있다는 법령을 공포했다. 아울러 그는 수공업품의 수출을 적극 장려했다. 이러한 경제개혁 조치는 아테네 경제, 특히 수출을 크게 발전시켰다.

상앙의 변법은 상업을 억제하는 '억상(抑商)'이 핵심이다. 상앙은 농업이 부를 생성하는 원천이며 상인은 그저 사회의 기생충에 불과하다고 했다. 그는 일련의 차별적인 규정을 제정하여 상인의 사회적 지위를 낮게 평가했다. 그는 '여관의 폐기'를 선포하여 장사를 위해 밖으로 나가는 사람이 머물 곳이 없도록 했다. 또한 상인에게 무거운 세금을 매김으로써 농민들이 농업을 포기하고 장사에 종사하는 것을 제한하며 "관문과 시장에서 유통하는 물품의 세금을 무겁게 부과하면 농민들은 상인이 되는 것을 싫어하게 되고, 상인들은 장사를 소홀히 할 것이다." 라고 했다. 상앙은 농사를 포기하고 장사를 하는 사람에게 무거운 벌을 내렸다. "농사를 짓지 않는 자의 벌은 무거워야 하며 장사를 하는 자의 세금은 무거워야 한다." 심지어 모든 산림과 호수의 자원을 국유화하여 통괄적으로 관리한다는 '일산택(一山澤)'을 주장하며 국가가 자연의 이익을 독점하여 일정 수준의 계획 경제를 실행했다. —《사기 · 상군열전》, 《상군서 · 간령편》

모든 개혁의 핵심은 구세력을 공격하는 것이다. 상앙과 솔론의 개혁의 유일한 공통점은 옛 귀족제도를 심하게 공격했다는 데 있다. 그러나 그들의 공격 수법은 현저히 달랐다.

개혁 이전에 고대 그리스 귀족들은 정치권력을 독점했는데 귀족회의는 최고의 권위를 지니고 있었고, 의원은 가문을 기준으로 선발되었다. 그렇기 때문에 귀족들은 제멋대로 평민의 이익을 침범할 수 있었다.

솔론은 출신이 아닌 연평균 수입에 따라 사람을 네 등급으로 분류했다. 각 등급에게 골고루 선거권이 주어지고 시민회의와 민중법정에 참여할 수 있다. 그러나 그들의 정치 권리는 평등하지 않았다. 1, 2등급은 고급 관직에, 3등급은 하급 관직에 오를 수 있고 4등급은 관직에 오를 수 없었다. 이런 제도가 시민 간의 진정한 평등을 실현시키지는 못했지만 분명히 혈연과 가문의 차별을 소멸시키고, 귀족이 세습 특권에 따라 관직을 독점하는 국면을 타파하여 가난한 이들의 정치 참여를 위해 길을 닦아주었다. 솔론의 개혁으로 다져진 기초 우에서 클레이스테네스와 페리클레스가 지속적으로 평민의 권력을 확대시키고, 최종적으로는 모든 행정관직 선발에 관련된 재산 제한을 폐지하고 모든 시민이 법률 위에 평등한 선거권과 피선거권을 향유하도록 규정했다.

법가의 개혁 사고 역시 혈연과 가문에 반대한다. 상앙이 개혁을 시작했을 무렵 진나라 사회는 여전히 종법제에서 벗어나지 못하고 있었다. 귀족 작위의 세습에는 변화가 없었고, 혈통이 평생 한 사람의 빈부와 귀천을 결정했다. 이런 제도로 인해 상위 계층은 교만하고 사치스럽고 음란하고 방탕 무도한 생활을 지속하며 백성의 피와 땀을 착취했다.

법가학파가 보기에 혈연, 종족 제도를 토대로 건설된 서주 왕조는 이미 자신의 치명적인 결함을 드러내고 있었다. 그래서 그들은 군주집권제를 강화하기 위해 다음과 같은 두 가지 조치를 제시했다.

첫째, 분봉제를 군현제로 변경해야 한다는 주장이다. 군주의 직계 혈족에게 분봉하여 대대로 대물림하는 대신 군주가 관리를 파견하여 직접 관리하게 해야 한다는 말이다. 이들 관리는 군자가 임명하며 수시로 변경할 수 있다. 이는 '내 속국의 속국은 나의 속국이 아니다'라는 난처한 국면을 없애주었고, 지방에 대한 군주의 통제력이 나날이 증강되도록 했다. 기원전 356년 상앙은 세습제, 즉 '세경세록제(世卿世祿制)'를 폐지시켰다. 그는 대부분의 영토를 31개 현으로 나누고 진나라 임금이 직접 현령을 임명하게 함으로써 중앙집권제를 강화하여 세습 귀족의 권력을 약화시켰다. 이로써 모든 현을 통일된 방식으로 다스린다는 '백현지치일형(百縣之治一形)', 정치 일원화의 기초를 다졌다.

둘째, 세경세록의 '철밥통' 종신제의 폐지다. 상앙은 출신과 혈통에 기대어 얻은 작위를 모두 폐지하고 군공(軍功)이 없는 종실 귀족은 관작과 녹봉을 취소한다고 규정했다. 상앙은 사회 지위 승급의 대문을 모든 이에게 열어 두고 나라를 위해 군공을 세우기만 하면 출신의 귀천에 상관없이 귀족으로 봉했다.

상앙의 이런 개혁은 유사 이래 줄곧 중국 사회를 지배해 온 혈연 원칙을 단번에 무너뜨리고 '작위 앞에 만인은 평등하다'는 새로운 승급 기준을 확정했다. 중국과 같은 혈연사회에서 이는 실로 획기적인 의미가 있다. 새로운 계급제는 상당한 유동성이 있어서 사회 하층의 평민이 제일 먼저 문무를 겸비한 인재가 되어 원래의 귀족과 동등한 지위를 가질 기회를 얻으며 사회에 활력을 불어넣었다. 이 점에서 본다면 상앙의 사회사상은 솔론과 일치하는 면이 있다.

그러나 자세히 들여다보면 '솔론식 평등'과 '상앙식 평등'에는 본질적인 차이점이 존재한다는 사실을 발견할 수 있다. 솔론의 개혁 방안에서 사람의 사회적 지위를 결정하는 유일한 기준은 재산이었다. 아울러 재화와 부를 추구하는 것은 모든 경제인의 본능이다. 다시 말해 솔론식 개혁은 인간의 자연 속성을 인정하고 해방하는 것이고, 상앙의 기준은 개인의 국가적 목표 혹은 '집단'에 대한 공헌도다. 그렇기 때문에 솔론의 개혁은 개인주의에서 출발한 개인을 중심으로 한 것이고, 상앙의 개혁은 집단주의에서 출발한 국가를 중심으로 한 것이다. 농업을 중시하고 상업을 억제하는 중농억상 개념과 마찬가지로 상앙의 출발점은 국민에게 평등한 정치 권리를 제공하기 위함이 아니라 사람들의 생계 도모, 승급 경로를 나라가 온전히 장악하여 천하의 이익은 모두 황제의 한마디로 결정된다는 '이출일공(利出一孔)'을 이룩하기 위함이다. 엄격한 형벌과 법률로 국민들의 사회적 승급과 생계 도모의 다른 경로를 막을 경우 백성이 '선택'할 수 있는 유일한 경로는 바로 국가가 그들을 위해 마련해 준 길과, 일마다 군주(국가)가 내려주는 은혜에 의존하는 것이다. 이것은 민중을 국가의 도구이자 장난감으로 만들어 주어 군주는 원하는 대로 노예로 부리고 지배할 수 있다.

상앙은 다음과 같이 말했다. "농경은 사람들이 힘들다고 여기는 일이다. 전쟁은 사람들이 두려워하는 일이다. 사람들을 힘든 농경에 종사하고 위험한 전쟁에 참전하게 하려면 반드시 '계산'에 기대야 한다. 반드시 백성이 농사를 지어야만 이익을 얻을 수 있도록 하고 다른 생계수단은 일절 금지시켜야 한다. 백성이 용감하게 싸워야만 관직에 오를 수 있도록 하고 다른 승급 방식은 일절 폐지해야 한다." 이렇게 해야만 '백성이 전쟁을 굶주린 이리가 고깃덩이를 보듯' 하는 등 '정상적'인 상황에서 '정상적'인 사람에게 매우 비정상적인 현상이 일어난다.

(4)

'황제'라는 두 글자의 탄생으로 중국 역사에서 진시황의 위치와 역할이 크게 과장되었다. 허둥쩡 기자가 필자에게 "중국인은 진시황 이후로 한 번도 흥한 적이 없어요. 진시황이 없었다면 중국인은 지금처럼 되지 않았을 것입니다."라고 말한 적이 있다. 이와 비슷한 말을 다른 사람에게서도 여러 차례 들은 바 있다. 허 기자가 한 말이 오늘날 중국인들의 보편적인 시각이라고 해도 무방할 듯하다.

"진시황은 중화민족의 대역 죄인이다. 만약 진시황이 없었다면 중국은 통일을 이루지 못하고 유럽처럼 불안정한 가운데 완전히 새로운 정치 국면을 맞이했을지도 모른다. 혹은 진시황이 없었다면 최소한 '황제 제도'가 발명되지는 않았을 것이고, 2천 년에 이르는 '전제주의'에 따른 암흑 통치도 없어 중국 역사는 완전히 달라졌을 것이다."

역사적인 시야를 조금만 넓혀 본다면 진시황이 춘추전국시대 대통일 전제사상의 실천자였음을 명확히 알 수 있다. 그는 전제주의의 발명가라는 영예를 부여하기에는 다소 과분한 면이 있고, 기껏해야 '실용신안' 정도를 고안했다고 볼만하다. 중국 역사의 모든 추악한 일들은 진시황과 연관이 있는데 큰 의미에서는 후세의 춘추전국시대에 대한 과도한 미화 때문이기도 하다.

춘추전국시대와 고대 그리스 시대의 유사성은 형식적인 면에서 드러나는데 사실 두 문화에 내재된 정신에는 매우 큰 차이가 있다. 사실상 우리가 줄곧 찬미해 온 백가쟁명이 바로 전제 군주 제도의 부화기다. 또는 진나라의 통일천하, 분서갱유, 한무제의 유가만을 숭상하는 독존유술(獨尊儒術)부터 후대 제왕의 끊임없는 전제군주 제도의 강화까지, 일련의 악성적인 발전은 모두 백가쟁명이 제공한 사상에서 비롯되었다. 만약 춘추전국시대를 중국의 사상 계몽의 시대라고 한다면 이는 민주, 과학의 계몽이 아닌 전제, 미신의 계몽이다. 그러므로 춘추전국시대는 중국이 한 단계 올라서게 된 계기가 아니라 중국 역사가 맹렬한 기세로 몰락하기 시작한 계기다.

Part 2

만주왕조의
출현과 소멸

– 애신각라를 회고하다

Chapter 01
어부에서
자금성의 주인
까지

그것은 영원히 만족할 줄 모르는 인간의 천성과 진취성, 호기심이 그들을 지배하고 있었기 때문이다. 그들은 외부의 세계를 이해하고 자신들을 막고 있는 만리장성을 돌파하기를 갈망했다.

(1)

산하이관(山海關)에서 선양으로 향하는 열차에서 차창 밖으로 내다본 둥베이(東北) 평원은 여전히 거친 모습이다. 농가들로 뒤덮여 있기는 하나 호탕한 본성은 가려지지 않는다. 평원 가득 심어진 옥수수와 수수는 더 이상 산하이관 서쪽 지방처럼 단정한 모습이 아니라 온 산천 가득 무질서하게 짙은 녹색을 흩뜨려 놓고 남달리 알찬 열매를 자랑스레 뽐내고 있다. 구불구불 평원 위에 가로누워 있는 마을들은 구도는 전혀 신경 쓰지 않은 듯 동쪽에 하나 서쪽에 하나 덩그러니 놓여 있다. 유달리 높고 심원한 하늘마저도 땅을 간섭하지 않고 내버려 두었다. 하지만 한참을 지긋이 내다보고 있노라면 시각적 흥분도 금세 가라앉는다. 이곳의 하늘은 한없이 넓고 차창 밖으로는 옥수수와 수수밭이 끝없이 펼쳐져 있어 마치 전 세계의 옥수수와 수수가 모두 이곳에 심겨 있는 것 같은 착각마저 든다. 빠른 속도로 달려가는 열차는 어느덧 초록의 망망대해 위에 떠 있는 작은 나룻배로 변하고, 마치 영원히 뭍에 다다르지 못할 것만 같다.

홀연 이 길을 걷던 만주 사병들은 어떤 마음이었을까 궁금해진다. 당시 이곳에는 농가도 몇 채 없었고 큰길은 더더욱 있을 리 만무했다. 사방으로 끝이 보이지 않는 숲과 수풀, 습지로 뒤덮여 있었다. 기차로 20분이면 지나칠 곳이 그들의 발아래에서는 하루 종일 걸리는 고된 길이었을 것이었다. 광대한 평원을 그들은 한 걸음 한 걸음 내디뎠다. 가죽 신발 속의 발에는 물집이 잡히고 얼굴은 땀에 젖어 있었을 것이며 피곤함과 지루함에 지쳐버렸을 것이다. 당시 인구가 적었던 만주인에게는 비옥한 동북 땅에서 어업이나 수렵, 황무지 개간 등을 통해 충분히 먹고살고도 남았을 터였다. 그런데 왜 그들은 목숨을 걸고 힘들게 끝이 없는 광야를 통과해 중원(황허 중류, 하류에 걸친 땅으로 허난성 대부분과 산둥성 서부 및 허베이, 산시성 남부를 포괄함)의 정권 쟁탈전으로 뛰어들었던 것일까?

그것은 영원히 만족할 줄 모르는 인간의 천성과 진취성, 호기심이 그들을 지배하고 있었기 때문이다. 그들은 외부의 세계를 이해하고 자신들을 막고 있는 만리장성을 돌파하기를 갈망했다. 그들은 백두산과 흑룡강에서 연어를 잡는 평범한 삶에 안주하지 않았다. 그들의 피는 안주하지 않는 환상으로 가득 차 있었다. 얼마 전 내부 전쟁에서 승리를 거둔 애신각라 가족들은 의기양양했다. 더 많은 재물과 영토를 차지하고 더 큰 존경을 얻고 싶은 열망이 그들의 심장을 뜨겁게 달구어 밤마다 잠을 이루지 못했다. 그들은 숲과 초원의 저쪽에는 웅장하고 위엄 있는 북경성이 있고, 하늘에서부터 흘러내려온 황허강이 있고, 기름진 평원이 펼쳐 있으며, 경치가 그림 같다는 소주와 항주가 있다는 이야기를 전해 들었다. 이에 기세등등한 자신감과 웅장한 야망, 그 누구에게도 뒤지지 않는 용기를 가지고 다시 말 등에 올라탔다. 물고기 가죽 모자를 쓴 사내들은 자신들이 최강자라는 사실을 세계에 증명하려 했다.

(2)

애신각라들이 동북 황야에서 순조롭게 북경성으로 진입한 것은 결코 역사의 우연이 아니다. 누르하치 때부터 끈질긴 생명력, 진취적인 욕망, 극히 높은 지능지수를 보여 왔다. 그들은 일반적으로 정력이 왕성하고 주도면밀하며 승부욕이 굉장했다. 누르하치, 홍타이지, 순치, 강희, 옹정, 건륭 등 이들 혈통의 우성 유전자는 여러 대를 거치면서 차츰 희석되는 것이 아니라 오히려 더 뛰어나게 발전했다.

1840년 이전까지만 해도 중국 역사의 모든 주제는 중원 농업문명과 북방 유목문명의 대항에 관한 것이었다. 몇 천 년을 이어온 이 싸움에서 애신각라들은 여진인을 이끌고 가장 찬란한 승리를 거두었고, 성공적으로 말을 타고 중원에 진입하여 268년에 이르는 통치권을 행사했다. 그들의 통치는 분명 모든 한인 왕조보다 성공적이었다. 마상민족의 강건함과 예리함은 한문화에 의해 약화되거나 무더지지 않았고, 좋은 강철을 만들기 위해서는 여러 번 반복적으로 담금질하는 것과 같이 한문화를 받아들이는 과정에서 강건한 본질을 유지함은 물론이고 점점 믿음직하고 주도면밀하고 노련하게 연마되었다. 이렇게 중국 역사상 최장의 태평성대가 이민족의 통치 아래서 자연스럽게 성숙되었다.

이로써 이민족의 침입이 중원 문명에 반드시 나쁜 일만은 아니라는 사실이 증명되었다. 중원 문명은 본질적으로 진취성을 상실한 폐쇄형 문명이기 때문에 이런 문명은 노인처럼 끊임없이 자신의 어린 시절, 즉

요나라 시대를 회상하기 마련이다. 과거에 미련을 두고 타성에 젖어 자아갱신 메커니즘이 결핍된 이런 문명은 자아순환 속에서 점점 더 문약해지고 보수적으로 변한다. 만약 이민족의 침입이라는 자극이 없었다면 이 문명은 끊임없이 퇴화하고 침적하거나 정체되었을 것이다. 바로 여진족의 침입이 중원 문명에 새로운 피를 주입했고, 얻기 힘든 진취성을 가져다주었다. 만주족은 어려움을 두려워하지 않고 탄정입묘(攤丁入畝, 정은(丁銀)을 지은(地銀)에 합쳐 징수하는 방법), 가봉(加俸)제도, 개토귀류(改土歸流, 원나라 이후에 중앙집권체제를 강화하기 위하여 취하던 정책. 북서, 남서의 변경 지역을 다스리던 토사(土司)를 중앙에서 임명한 벼슬아치인 유관이 다스리게 함으로써 소수민족의 중국화에 힘썼다.)를 시행하여 중원 문명의 전면적인 조정을 성공적으로 완수했다. 애신각라 가족 구성원은 부분적으로 자신의 개인 품성을 국가 전체에 주입하고 걸출한 전체적 본질에 기대어 서양 문화가 중국의 전통문화를 침탈하기 전까지 마지막 번영의 꽃을 피워냈다.

Chapter 02
배움부터 몰락 까지

총명하고 지혜로운 천재 제왕 건륭이 이토록 우습게 변한 것을 보면 하늘의 뜻이 실로 예측하기 어렵다는 것을 알 수 있다. 청조는 건륭으로 인해 최고의 번영을 누렸고, 또한 건륭으로 인해 쇠퇴하기 시작했다. 그 이유는 역대 사학자들이 말한 바처럼 건륭 후기의 폐정으로 인해 관리의 공무집행이 해이해지고 그것이 누적되어서가 아니라 건륭조의 번영 때문이었다.

(1)

청 왕조가 사람들에게 지독한 실망과 고통, 치욕을 안겨 주었을 때 급진적 혁명당원들은 "만주 놈들을 쫓아내고 중화를 회복하자."는 구호를 외쳐댔다. 그들 눈에는 애신각라 가족이 이 모든 재난의 원흉으로 보였다. 중국이 여전히 한족의 수중에 있었다면 이토록 심각한 치욕을 당하지는 않았으리라는 것이다. 이 구호는 그리 오래가지 않았다. 왜냐하면 얼마 후 모든 책임을 한 민족으로 귀결시키는 것은 불공평할 뿐 아니라 옳지도 않았다는 사실을 깨달았기 때문이다.

그러나 이 기간의 역사를 생각할 때 사람들이 종종 당혹감을 느끼곤 한다. 만주족은 본래 외부에서 중원으로 진입했기 때문에 앵글로색슨 문화가 바다를 건너 들어왔을 때 한족보다는 심리적 장애가 적었을 것이며 그들 문화에 대한 이해의 폭이 넓었을 것이다. 그러나 이와는 정반대로 한문화의 영향을 받은 만청(滿淸) 통치자들은 서양인과의 교류에 대해서 한족보다 더 완고했다. 그들은 고집스레 계승해온 경건한 한문화를 유지하고 보호했으며 서구의 '오랑캐'를 그 누구보다 경시하고 경멸했다.

사실 곰곰이 생각해 보면 이 문제가 이해하기 어려운 것만은 아니다. 만주족 자신의 문화적 열등감이 바로 이 문제의 열쇠다. 애신각라들은 천성적으로 비범했으나 외진 황야에서 넘어왔기 때문에 몸에는 짙은 흙냄새가 배어 있을 수밖에 없었다. 거병 초기 태조인 누르하치는 비록 지위가 매우 높은 노예주였지만 그의 집은 대가족이 함께 거주하는 초가집 몇 채에 불과했고 쓰러질 듯한 나무울타리가 그 집들을 둘러싸고 있었다. 《만주실록》을 보면 누르하치가 거병한 이후에 어느 날 밤 그의 집을 습격하려는 적을 발견하고, 급히 두 아들을 궤짝 아래로 숨기고 자신은 침대 맡에 있는 칼을 더듬어 잡고는 창문 곁으로 가 동정을 살폈다고 기록되어 있다. 여기서 당시의 '칸왕'은 아내부터 자식까지 일가족이 한 온돌에서 함께 잤음을 알 수 있다. 만주인들의 말발굽이 동쪽으로 향하면서 그들은 점점 더 많이 한문화를 받아들였다. 1625년 그들은 한인을 모방해 새로 함락시킨 선양에 황궁을 건설했는데 이것이 오늘날의 선양고궁이다. 만주인들은 분명히 심혈을 기울여 황궁을 지었을 것이다. 그들은 높은 수준과 격조로 한바탕 겉치장을 함으로써 새로 일어난 동방대국의 풍채를 널리 드러내고자 했다. 그러나 안타깝게도 오늘날 선양고궁을 둘러보면 단지 부자연스러움과 조잡함, 세상물정 모르는 치기만이 느껴진다.

만주인들은 서쪽으로 가면 갈수록 한문명의 찬란함에 놀라고 자민족 문화의 남루함에 열등감을 느꼈다. 그들 눈에 한민족의 언어, 문자,

복식, 건축, 문물, 제도는 어느 것 하나 아름답지 않은 것이 없으며 감히 상상조차 할 수 없을 정도로 완벽해 보였다. 베이징에 우뚝 솟은 고궁 대전의 웅장한 모습, 어원(御苑, 궁정의 뜰)과 삼해(三海, 베이징의 옛 황성 안에 있는 '태액지(太液池)'로서 남해, 북해, 중해의 합칭)의 아름다운 풍경, 사람들의 우아하면서도 질박한 모습을 본 후 발아래의 쇠가죽 신발과 나무껍데기 신발을 보노라니 열등감이 생기지 않을 수 없었다. 이러한 강렬한 열등의식이 그들을 빠르게 한족화하도록 만들었다. 만주 귀족들은 한문의 제도와 문물을 공부해 마치 굶주린 사람처럼 중원의 문화를 흡수했다. 그들은 중원의 문화 가운데 좋은 것을 택하여 그대로 따랐는데 나중에 색다른 것을 발견하면 금세 마음이 변하여 그것을 따랐다. 그들 자신의 문화가 텅 비어 있었기에 이민족의 문화에 대해 거절이나 경멸의 태도를 드러낼 수 없었다. 아울러 본성이 질박하고 천진한지라 찬란하고 눈부신 한 문화 앞에 거리낌 없이 놀라움의 미소를 드러냈다. 당시의 만주인들은 사고가 분명했다. 만약 아편전쟁이 17세기에 일어났다면 만주인들은 훗날 일본인들이 그랬던 것처럼 완벽히 현실적이고 지혜로운 태도로 서양 군함 배후에 드러난 문명을 수용했을 것이다.

순치, 강희부터 옹정, 건륭까지 만주 황제들은 점점 더 한문화의 전당으로 깊이 들어갔다. 순치 황제는 14세 때까지 한어(漢語)를 할 줄 몰랐고 몸소 정사를 맡기 시작한 후부터 한문을 배웠다. 총명하고 철이 든 이 청년은 대단한 의지로 언어 장벽을 극복하고 한문 서적을 열심히 공부했다. 그는 건청궁을 서재로 삼아 수십 개의 책꽂이에 경사자집(經史子集, 한서의 전통적 분류법으로 경서, 역사서, 제자, 시문집을 말한다), 패관소설(稗官小說, 민간에서 떠도는 이야기를 주제로 한 소설)을 빽빽이 꽂아두고 정무를 처리하는 시간 외에는 거의 책을 읽는 데 보냈다. 종종 밤늦게까지 공부하면서 책을 막힘없이 술술 외워야만 잠자리에 들곤 했다. 몇 년 후 그는 《김성탄의 〈서상기〉 비평》에 다음과 같은 평언을 남겼다. "논의를 할 때 큰 착오를 일으키지 않도록 항상 심사숙고하지를 못하니 재능은 뛰어나나 편벽함이 보인다." 짧은 평언지만 이를 통해 그가 한자를 제대로 사용할 줄 알며 한어로 자유로이 구사할 수 있었다는 사실을 알 수 있다.

강희 황제는 베이징에서 태어나고 성장한 첫 번째 만주족 황제다. 어린 시절 아버지를 여읜 조숙한 소년 천자는 배움을 게을리 하지 않았다. 강희 황제부터 만주족 황제들은 중원 문화의 정신적인 부분, 즉 유학에 대한 조예가 깊어지기 시작했다. 강희 황제는 책의 바다에서 유영하면서 차츰 송명이학(宋明理學)을 정복했다. 송명이학은 유학을 이성적으로 설명한 학문으로 체계적이고 내용이 광범위하다. 아울러 형이상과 형이하 개념을 포함하고, 자신만의 독특한 논리로 우주 간의 모든 문제를 설명한다. 강희 황제는 보편성이 있는 진리는 어디에든 적용된다며 유가를 만세의 통치이론으로 삼도록 했다.

"이 책을 읽고 이치를 고찰하라. 그렇지 않는다면 세상 사람들과 함께 어울리는 오묘함을 알 수 없고 세상을 다스릴 수 없으며, 어진 마음과 어진 정치를 천하에 펼칠 수 없고 안팎이 하나 되게 할 수 없다."

그는 대신들에게 《주자대전》을 편찬하게 하고 주희를 공묘(孔廟) 대성전의 십철(十哲) 가운데 두 번째로 모시도록 했다. 이때부터 애신각라 가족들이 정식으로 중원 문명 건설자의 대열에 들어섰다.

옹정 황제는 공자를 숭상함으로써 중원 문화에 대한 숭배를 드러냈다. 공자는 죽은 지 2200년이 지난 후에 이민족 통치자를 통해 가장 경건하고 정성스러운 숭배를 받았다. 옹정 황제는 역대 제왕 가운데 처음으로 공자의 선조를 왕으로 추서했고 공자의 제사를 지냈으며 작위를 내릴 때 공자상 앞에 무릎을 꿇었다. 이는 과거 어떤 한족 제왕들도 하지 않은 일이었다. 만주족의 황제가 공자상 앞에서 무릎을 꿇고 머리를 조아리는 행동이 어떤 의미를 가지는지 자신도 물론 잘 알고 있을 터였다. 이는 한 민족이 다른 민족의 문화에 진심으로 귀의했다는 것을 의미한다. 총명한 황제는 그들이 전통적인 의미의 오랑캐가 아니라 중원 문화의 수호자가 되었다는 점을 드러내 보임으로써 한인들에게 만주족 통치의 정통성을 증명해 보였다.

건륭제는 이러한 작위적인 행동을 통해 자신의 문화적 입장을 표명할 필요가 없었다. 그가 역대 제왕 중 중국 전통문화의 영향을 가장 많이 받았고 가장 온전하게 이해하고 있던 사람이라는 사실에 이의를 제기할 이는 아무도 없다. 그는 어떤 한족 황제보다도 더욱 자유자재로, 계획적으로 중국 전통문화를 활용했고 완벽히 중원 문화 속으로 스며들어 철학, 문학, 건축, 예술 등 거의 전방위적으로 중국 문화의 수정과 재건에 참여했다. 25세에 즉위하기 전에 40권의 《악선당전집》을 완성했다. 그는 평생 총 41,800수의 시를 썼는데 이는 다작한다는 시인도 놀라움에 입을 다물지 못할 수준이다. 그가 편찬하게 한 《사고전서》는 글자 수가 무려 9억여 자에 달한다. 이처럼 방대한 규모로 전통문화를 집결하여 정리한 일은 역사적으로 전례가 없었다. 그는 거의 모든 명화에 제자(題字)를 쓰고 어보(임금의 도장인 옥새와 옥보)를 찍었으며, 거의 모든 풍경 명승지의 비석에 제자를 썼다. 또한 황실 정원인 위안밍위안(圓明園)을 확장하고 황궁의 삼해와 북경성을 재건하여 현대의 여행자들에게 가장 정교하고 우수한 옛 건축물을 남겨 주었다.

(2)

건륭 황제는 애신각라 가족의 뛰어남을 대표하는 인물로 그들의 우수한 소양이 그에게서 집중적으로 드러났다고 해도 무방할 것이다. 그렇기 때문에 그는 중국 역사상 가장 뛰어나고 가장 큰 성공을 거둔 황제가 되었다.

건륭의 천부적인 재능은 마치 하늘이 모든 사람의 장점을 그에게 몰아준 것과도 같았다. 그는 다섯 개의 언어를 할 줄 알았는데 모국어인 한어와 만주어 외에 몽골어, 위구르어, 티베트어도 회화가 가능할 정도였다. 그는 선조들에게서 뛰어난 신체적 조건과 무예, 용맹성을 물려받아 기마, 활쏘기, 사냥, 스케이팅, 씨름을 좋아했고, 지칠 줄 몰랐다. 건륭의 자제력은 역대 제왕 중에서 비교할 자가 없을 정도였다. 그는 매일 날이 밝기도 전에 일어나 정무를 처리했다. 이를 조익은 다음과 같이 전한다. "황제께서는 매일 새벽에 일어나시니 항상 묘시였다. 우리 10여 명이 아침에 5일 간격으로 돌아가며 근무를 하는데도 피곤함을 느꼈으니, 누가 황제의 하루하루가 이와 같은지를 알까?"

그는 조부인 강희처럼 북경성 밖으로 나가 암행하는 것을 즐겼는데 변변치 않은 음식에 노숙을 하기도 했으나 고생이라 여기지 않았다. 또한 매우 이성적이고 반응이 민첩하며 문제를 처리할 때 신속하고 결단력이 있었다. 일을 할 때도 매우 조리가 있고 조급해하거나 허둥거리지 않았다. 25세 때 처음 제위에 올랐을 때 그의 어좌 아래 엎드린 왕공 귀족과 문무백관이 모두 그보다 한참 나이가 많은 데다 나라가 혼란한 터라 모두 탐색하는 눈길로 그를 가늠했다. 그러나 그는 짧은 시간에 자신의 능력으로 수많은 관료의 인정을 이끌어냈다.

건륭 황제는 다재다능해서 시사(詩詞), 곡부(曲賦), 서법, 회화, 음악 등 다방면에 조예가 깊었다. 그는 학자, 시인, 예술가, 감정가의 기질을 골고루 갖추고 있었다. 재능뿐 아니라 두뇌도 명석하여 이성과 감성이 거의 완벽하게 조화를 이룬 사람이었다. 아울러 어머니께 효도하고 부부 간에 화목하며, 자식들이 효도하여 집 안팎에서 모두 큰 성공을 거두었다.

하늘이 고심 끝에 마련한 듯 건륭 황제가 즉위했을 때 마주한 중국은 마치 정성들여 준비한 무대와도 같았다. 강희 황제와 옹정 황제의 70년간의 통치를 거친 후 나라는 안정되어 있었다. 25세의 건륭 황제는 어떤 우여곡절도 겪지 않고 순조롭게 즉위했다. 우아하고 질박하며 단정하고 차분한 제왕의 겉모습 뒤에는 오랜 역사를 가벼이 보는 웅장한 뜻이 숨겨 있었다. 즉위 전 그는 역사 서적을 두루 읽었는데 이십사사(二十四史, 중국의 정사로서 상고부터 명나라 때까지의 가장 기본적이고 권위 있는 역사서 24종을 말한다.) 가운데 눈에 차는 제왕이 하나도 없었다. 그는 억지로 한무제, 당태종, 송인종 세 사람을 고르기는 했으나 그중 한무제는 현명하나 인재를 거느리지 못했고 송인종은 재능이 뛰어나지 못하다는 이유로 오직 당태종만이 배울 만하다고 여겼다. 그러나 당태종에게도 결점이 있었는데, 예를 들어 만년에 큰 과오를 저질렀고 집안의 규율이 엄하지 못해 훗날 무측천(武測天)이라는 큰 재앙을 초래했다는 사실이다. 진취성이 강한 그는 조부와 선친이 물려준 웅대한 '재산'을 마주하고는 고금의 성인을 본받고 과거의 역사를 뛰어넘어 가장 성공한 제왕이 되겠다고 결심했다.

이 목표를 이루기 위해 젊은 건륭 황제는 나라의 부강을 꾀했다. "임금이 모든 정사를 챙기고 밤낮으로 피로를 잊고 신하들이 올린 상소를 읽고 그에 대해 회답하며 하루도 헛되이 보낸 날이 없다." 그는 매일

12시간 이상 일에 몰두했다. 즉위 첫해부터 남다른 기백으로 정책을 대규모로 조정하고, 가혹하고 지나친 작풍을 고치며 관대한 정치를 행했다. 아울러 경제를 중시하여 농업 발전을 촉진시킬 일련의 조치를 취했으며, 정치를 정돈하고 관료 정치 질서를 힘껏 정화하여 국가 기구의 효율을 크게 높였다. 그는 사방을 정벌하고 변경에서 끊임없이 큰 전쟁을 일으켜 청 제국의 국위를 널리 선양했다. 문화도 진흥시키고 전통문화도 대규모로 정리했다.

또한 제국 전체를 거대한 예술작품으로 간주하고 이 예술품을 더욱 완벽하게 완성할 수 있는 방법만을 생각하며 밤낮으로 열심히 일했다. 이를 위해 끊임없이 원로와 중신들의 의견을 구하고, 역대 정치의 성공과 실패를 광범위하게 연구했다. 가끔은 침대에 누웠다가도 자신이 업무 중에 범한 작은 실수가 생각나면 바로 옷을 걸치고 침대에서 내려와 기록하고 다음 날 열심히 연구했다. 그는 자신의 업무에 완벽하게 녹아들어 나라를 다스리는 일이 자아실현의 수단이 되었다. 이 거대한 도전을 통해 자신의 생명의 불꽃을 밝게 밝혀 가장 찬란하고 성대한 삶의 시를 쓰고자 했다. 완벽한 일처리가 그의 생명의 '리비도(libido)'였다.

하늘이 이 만주인을 특별히 아껴 정세와 재능을 절묘하게 결합시킨 결과 건륭은 전무후무한 공로를 세울 수 있었다.

과거 중국의 인구는 줄곧 1억 이하에서 맴돌았다. 건륭 6년(1740년), 처음으로 전국 규모의 인구조사를 실시한 결과 중국의 총인구는 1억 4,341만 명이었다. 건륭 60년에 이르자 경제 번영과 농업 발전으로 인구는 3억 9,696만 명으로 증가하여 54년 동안 인구 증가 수가 무려 2억 5,355만 명에 달했다. 이런 압도적인 인구 증가율과 아울러 종합적인 국력 역시 압도적인 증진을 이루었다.

역대 왕조에서는 모후, 외척, 환관, 권신의 정치 간섭 혹은 번진(藩鎭, 중국에서 변방을 평정하기 위하여 군대를 주둔시키던 곳), 붕당 등과 같은 정치적 악성 종양이 널리 퍼져 있었으나 건륭 때는 이를 최저 수준으로 낮추었다. 덕분에 건륭 전기에는 사회 질서가 안정을 이루었고 정치 기율 역시 유례없이 엄격하고 공정하게 이루어졌다.

군사 방면에서는 두 차례에 걸쳐 준가르(Jungar, 17~18세기에 북서 몽골과 톈산 북로에서 활약한 오이라트의 부족 국가)를 토벌하고, 회부(回部, 청나라 때 이슬람교도가 모여 사는 동투르키스탄 부락의 약칭, 또는 그들 부족)를 평정하여 동요하던 서부 지역의 경계를 확정 짓고, 역대 최대의 영토를 개척했다. 또한 중국 역사상 가장 힘든 구르카(廓爾喀) 전쟁(1790~92)을 원격 지휘하고 결국 티베트에 대한 통치를 안정시켰다. 건륭 왕조에는 군사력이 절정에 달하여 국외까지 위세를 떨쳤는데 그 영향은 오늘날의 중국에게도 여전히 의미가 깊다.

문화 방면에서는 전통문화의 마지막 번영을 이룩했다. 정부와 민간 학술이 모두 전례 없이 번성했고 고증학, 《사고전서》, 《홍루몽》, 경극 등이 모두 이때 탄생되었으며 걸출한 인재들이 끊임없이 배출되었다.

(3)

만주족 황제들은 이미 완벽히 한족화되었다. 한족 제왕들과 비교했을 때 오히려 만주족 황제들이 한족 문화의 경전이나 중국 역사를 더 잘 알고 이 거대한 제국을 통치하는 예술에 더욱 통달했다.

만주인들이 산하이관의 대문을 두드렸을 때 그들의 눈은 아이처럼 밝게 빛났고 한족의 각종 문화에 대한 반응은 매우 예민했다. 북경성에 진입한 후 그들이 처음으로 본 것은 천문대에서 중국인을 위해 일하고 있던 금발에 푸른 눈을 가진 유럽 선교사들이었는데 이들 백인은 만주 귀족의 지대한 흥미를 불러일으켰다. 특히 그들이 베이징에 발을 디딘 첫해의 9월 1일, 유럽인이 정확하게 일식을 예측한 일은 천문 지식이 없던 만주인을 깜짝 놀라게 하기에 충분했다. 만주인들은 열성적으로 유럽인과 교제했는데 이는 황제도 예외가 아니었다. 순치 황제는 심지어 선교사 아담 샬(Johann Adam Schal von Bell, 중국명 탕뤄왕, 1592~1666년)을 만주어로 '마파(瑪法)', 즉 '할아버지'라는 존칭을 사용했다. 페이트의《아담 샬 전기》는 다음과 같이 기록하고 있다.

(황제는 자주 샬 신부를 예방했다)
그들이 자주 만날 때마다 총명한 지식에 목마른 황제는 아담 샬에게 일식과 월식의 원리, 혜성 혹은 유성 등의 문제, 물리와 관련된 문제 등 모든 일에 대한 해답을 듣고 싶어 했다. …… 아담 샬은 항상 동양의 풍습에 따라 책상다리를 하고 황제 옆 방석에 앉았는데 이는 다리를 뻗으면 불경한 것이라 여겼기 때문이었다. 때로는 과도하게 오래 앉아 있는 바람에 다리의 감각을 잃어 황제가 직접 일으켜 세우고 부축하기도 했다.

1656년과 1657년 사이에 황제는 실제로 24차례에 걸쳐 아담 샬의 거주지로 그를 만나러 갔다. 이는 당시 황실의 예의 기준에 위배되는 일이었다. 젊은 황제가 늙은 신부의 참신하고 심오한 학문과 순수한 인격에 얼마나 매료되었는지 알 수 있다. 순치 황제 때 아담 샬의 벼슬은 별로 높지 않았지만 유일무이한 권위를 가졌다. 그는 자주 황제의 잘못을 지적하고 건의했다. 많은 경우 대신들의 간언은 받아들여지지 않았으나 '마파'의 몇 마디는 황제의 마음을 움직였다. 심지어 태자를 선택할 때도 마파의 의견을 따라 천연두에 걸렸던 강희를 선택했다. 국가 대사를 '서양 오랑캐'의 말로 결정한 일은 중국 역사상 실로 전무후무하다.

아담 샬의 추천으로 황제에 등극한 강희의 서양 과학에 대한 관심은 자신의 아버지보다도 훨씬 강렬했다. 어디를 가든 그의 곁에는 항상 수학과 기하학, 물리를 가르치는 기묘한 복장을 한 유럽인들이 둘러싸고 있었다. 그들은 황제에게 특별한 대우를 받았다. 힘든 진군 과정에서도 그는 숫자 공식을 연산하고 측정 기구로 경도와 위도, 천체를 측정했다. 강희는 중국 역대 황제 중 유일하게 유클리드 기하학과 근대 천문학 원리에 통달한 군주였다. 그의 주도 아래 중국과 서양의 학자들은 당시 세계에서 가장 선진적인 지도, 즉 '당시 아시아의 모든 지도 중 가장 뛰어날 뿐 아니라 당시 유럽의 어떤 지도보다도 훨씬 뛰어나고 정확한' 사다리꼴 지도를 제작했다. 선교사에게서 얻은 몇몇 정보를 통해 그는 서양 과학기술이 조만간 세상을 바꿀 것이라는 사실을 주지했다. 그는 근심이 가득한 말투로 "서양의 여러 나라들이 오랜 세월 후에는 분명 중국의 근심거리가 될 것이다."라고 말했다. 세계의 운행 속도가 강희 황제가 생각한 속도로만 운행되지는 않았다. 서양 각국이 '중국의 근심거리'가 된 시간이 크게 앞당겨졌던 것이다.

옹정 황제는 부친의 호기심을 계승하지 않았다. 정적을 진압하고 정무를 처리하느라 정신이 없기도 했거니와 중국 문화에 깊이 빠져들어 기괴한 서양의 기구 따위는 눈에 들어오지 않았기 때문이기도 했다. 이 외래 침입자의 후예는 한인보다 더욱 열심히, 정성스럽게 중원 문화를 추앙했다. 한번은 유럽 선교사들을 위안밍위안에 모아 두고 웅변하는 어조로 서양인의 오류를 증명하고 유학을 숭상하도록 권고했다. 비록 그의 노력이 헛수고에 그치고 말았지만 그는 이를 오랑캐들의 소양이 낮아 완고하여 변화시키기 힘들다는 사실의 반증이라 치부해버렸기에

낙담하지는 않았다.

　조부인 강희 황제를 가장 경모했던 건륭 황제는 아버지인 옹정 황제보다 더욱 침착하고 대범했다. 그는 서양 선교사가 가져온 것들에 다소 흥미를 보였으나 이는 약간의 관심에 지나지 않았다. 선교사들에게 위안밍위안에 67만㎡에 달하는 서양루를 설계하도록 지시한 사람이 바로 건륭이었다. 이 건축물들은 순수한 바로크 양식이며 정원의 송백나무 역시 유럽의 기하학적인 도안을 모방하여 다듬었고, 담장과 도로 포장, 석조 소품 장식 등도 역시 서양식이었다. 그러나 조부와 달리 그의 머릿속에서 서양의 과학기술은 이미 '음란하고 기묘한 기교'로 전락해 그저 즐거움을 주는 '장난감'에 불과했다. 이미 그의 머릿속에는 전통문화를 지주로 하는 완벽한 우주가 구축되어 있었다. 그의 세계관에는 서양의 사상에 내어 줄 자리가 전혀 없었다. 솔직 담백한 성격을 가진 건륭 황제는 단 한 번도 과학에 대한 자신의 조소를 감춘 적이 없었다. 그에게 선교사들은 그저 어릿광대들에 불과했다. 그들의 역할은 단지 '잔재주'로 긴장된 업무 후의 신경을 풀어 주고 그의 통치 하의 태평성세를 장식하는 것이 전부였다.

　(4)

　역사적으로 전례가 없는 치적을 이룩한 건륭 황제가 고개를 들어 사방을 둘러보니 진시황, 한무제, 당태종, 송태조 등과 같은 역사상의 경쟁 상대들은 모두 저 멀리 뒤에 있었다. 그는 이미 누구도 넘볼 수 없는 독보적인 존재가 되었다. 이런 경지에 이르자 그는 지치기도 했고 다른 한편으로는 더 이상 목표를 위해 전진해야 할 이유를 찾지 못했다.

　건륭뿐 아니라 당시 모든 이의 시각에서 세계는 봉쇄되고 고정적이었고, 역사는 순환하며 균일한 속도로 회전하고 있었다. 천조상국(天朝上國), 즉 세계의 중심인 청 제국은 뭇별이 달을 에워싸듯 제후국에 둘러싸여 있었으며, 뒤로는 유구한 역사가, 앞으로는 고정불변의 미래가 펼쳐져 있었다. 이런 정지 상태의 세계관에서 그는 이미 성공의 정상에 올라선 터라 과거에도 미래에도 그와 같은 이가 나타날 리 없었다. 이미 수많은 시련을 겪고, 지겹도록 기괴한 일을 보고, 굵직한 사건들을 무수히 겪고, 웅장한 역사극을 연출한 그에게는 더 이상 그의 시선을 잡아끌 만한 흥미로운 일이 남아 있지 않았다.

대대로 만주인에게 전해진 진취심이 건륭 대에 이르러 전례 없는 만족감을 맛보고 마치 세찬 밀물처럼 높이 치솟았다가 더 이상 자신의 경쟁심을 자극하는 것이 없자 차츰 잦아들기 시작했다. 스스로 만족감을 느낀 건륭 황제는 이제는 자아도취의 쾌감 속으로 빠져들었다.

건륭 40년 이후 건륭 황제의 주요 업무는 바로 자신과 역대 제왕을 비교하여 견줄 상대가 없다는 사실을 반복해서 증명하는 일이었다. 변경 지역의 비교에서부터 인구, 훗날에는 정치적인 안정, 군사적 성과를 비교했는데 이런 비교가 저속한 지경까지 이르러 역대 제왕과 나이, 재위 기간, 자손의 수를 비교하기 시작했다. 건륭 45년, 자신의 70세 생일에 그는 스스로 《고희설》을 저술했는데 진한 이후에 70세까지 산 제왕을 일일이 열거했다. 그중 한무제, 양무제, 당명황, 송고종은 언급할 가치도 없으며 원세조와 명태조는 업적이 매우 뛰어나기는 하나 "예법과 음악, 정치와 형벌이 미진한 바가 있다."라고 했다. 반면 자신은 "나라를 바르게 하고 영토를 널리 넓혔으며, 신하들을 복종케 하고 민생을 안정되게 했다."며 이는 다른 제왕들은 이룩하지 못한 일이라 술회했다. 또한 "전대에 나라를 망하게 한 사람들, 즉 속국, 권신, 외척, 여알(女

謁. 대궐 안에서 정사를 어지럽히는 여자), 환관, 간신, 아첨꾼 등이 오늘날에는 그 비슷한 사람도 없다."며 의기양양함을 감추지 않았다. 건륭 50주년 때 그는 다시 역대 제왕들과 재위 기간을 비교하며 다음과 같은 시를 지었다. "칠순에 이른 여섯 제왕 중 오십 연대를 재위한 제왕은 내가 유일하다. 한무제는 경모할 만하지 않고 송태종은 인륜에 어긋난다." 해마다 자손이 늘어남에 따라 이런 비교는 더욱 흥디진진하게 이어지며 그의 시 속에 지속적으로 나타났는데 마치 심리적인 질병처럼 극복되지 않았다.

건륭 황제가 열거한 사실은 모두 일리가 있다. 문제는 이러한 것들이 그를 착각에 빠뜨려 더 이상 노력하지 않도록 만들었다는 점에 있다. 그는 끊임없이 호화로운 연회와 순행 등을 진행하며 막대한 재부를 소모했는데 이를 "천지에서 나는 재화는 수가 한정되어 있어 위에 있지 않으면 아래에 있다."라는 말로 풀이했다. 바로 이런 자기중심 중세기적 사유방식 때문에 그는 경제 확장이 가져온 슨각한 사회 문제를 눈치채지 못했다. 사실상 경제발전과 인구의 급증으로 인해 중국 사회는 유례없는 인구 압박에 직면했는데 이는 중국 사회구조의 변형을 가져왔다. 아울러 경제 체제는 도전과 함께 기회와 변혁에 직면했다. 이는 역사적으로 유례가 없는 일이었다. 그러나 안타깝게도 건륭은 이를 보지 못하고 자신의 위대함을 증명하는 증거를 모으는 데만 열중했다.

총명하고 지혜로운 천재 제왕 건륭이 이토록 우습게 변한 것을 보면 하늘의 뜻이 실로 예측하기 어렵다는 것을 알 수 있다. 청조는 건륭으로 인해 최고의 번영을 누렸고, 또한 건륭으로 인해 쇠퇴하기 시작했다. 그 이유는 역대 사학자들이 말한 바처럼 건륭 후기의 폐정으로 인해 관리의 공무집행이 해이해지고 그것이 누적되어서가 아니라 건륭조의 번영 때문이었다. 경제 규모와 총인구 수의 급격한 증가는 전통사회 메커니즘의 수용 능력을 정점에 도달하게 하여 전통 밖에서 돌파구를 찾고 다른 방식의 지주를 찾도록 했기 때문이었다. 다시 말해 번영이 건륭의 태평성세를 억눌러 쓰러뜨린 것이라 할 수 있다. 역대 최고의 제왕인 건륭 황제는 전통 밖에서도 다른 발전 방식을 모색할 수 있다는 사실을 생각하지 못했다. 그의 지력, 활력, 창조력이라면 사회구조의 변화라는 역사적 사명을 완수하기에 충분했다. 건륭과 같은 천재가 하지 못한다면 어느 누가 할 수 있겠는가. 그러나 안타깝게도 그는 강대한 문화적 관성에 둘러싸여 창조력과 활력을 충분히 발휘하지 못했다.

건륭 황제의 자만심은 본질적으로는 일종의 문화적 자만심이었다. 그의 근시안은 문화적 근시안이었다. 문화가 눈을 가려 건륭과 같은 천재도 이런 봉쇄와 우매함에서 벗어나지 못했다. 만약 이 위치에 있던 황제가 건륭이 아니라 다소 평범한 황제였다면 당명황 이륭기처럼 청조의 혼란과 붕괴는 분명 앞당겨졌을 것이다.

Chapter 03
건륭과
아편전쟁

중국과 서양의 차이는 나날이 커져만 갔으나 중국
인들은 여전히 수천 년 전의 방식대로만 사고했다.
반면 서양인들은 일찍이 사회과학과 자연과학을 통
해 과학화와 체계화를 일구어내고 여기에서 생성된
지식의 힘을 모아 낡은 세계를 타파했다.

(1)

1793년 중국 건륭 58년 거대한 서양 함대가 인도양의 푸른 파도 위로 나타났다. 선두는 64문 화포를 가진 '라이언 호'로 거함의 뒤 갑판에는 매카트니 경이 앉아 있었다. 그는 영국 역사상 가장 거대한 사절단의 단장이었다.

이 거대한 사절단은 중국으로 향하고 있었다. 건륭 황제가 유라시아 대륙의 한편에서 60년의 찬란한 통치를 지속하는 동안 유라시아 대륙의 다른 한편에서는 의미가 깊은 변혁이 발생하고 있었다. 몇 백 년 전에야 숲에서 나온 고트인, 앵글로인, 색슨인 등으로 구성된 사회는 이때 마치 큰 그릇과도 같았다. 경제, 정치, 과학 등 각 방면의 요소가 그안에서 서로 격렬히 부딪혀 새로운 사회 반응이 점점 격렬하게 진행되었다. 이는 거스를 수 없는 거대한 변화였다. 과거와는 다르게 모든 것을 파괴하는 힘을 가진 새로운 사회가 그곳에서 싹을 틔우고 있었다. 건륭 20년, 독일 철학자 칸트는《천계의 일반 자연사와 이론》에서 성운설을 통해 태양계의 생성을 해석했다. 건륭 34년 와트가 증기기관을 발명했고, 건륭 42년 프랑스인 라브와지에가 산화설을 통해 연소의 원리를 설명했다. 건륭 48년 미국은 독립을 이루었으며, 건륭 54년 프랑스는 대혁명을 일으켰다. 서유럽인은 18세기에 과거와는 본질적으로 차별화된 지적 수준으로 자신을 무장했다.

유럽은 단 한 번도 외부 세계로 이처럼 대규모의 사절단을 파견한 적이 없었다. 몇 천 년 동안 그들은 중국이라는 동양 국가에 대해 호기심과 경외심으로 가득 차 있었다. 결국 이때에 이르러 각성을 이룩한 유럽은 전례 없는 활력과 자신감을 가지고 중국의 대문을 두드렸다. 당시해상권을 장악하여 '해가 지지 않는 나라'라 불렸던 대영제국은 스스로 바다의 주인임을 자처했다. 그러나 수천 년 동안 번영을 지속한 그들은 '대륙의 주인'인 신비의 중국에 대해 여전히 존경의 마음을 지니고 있었다. 그들은 줄곧 중국과의 교류를 갈망해 왔는데 이때에 이르러서야 그러한 능력을 갖추었다고 생각했다. 영국은 이번 예방을 준비하면서 예물을 준비하는 데만 일 년이 넘는 시간을 소모했다.

그들은 자신들이 가장 좋다고 생각한 물건들을 정성스레 준비해 중국으로 가져왔다. "우리의 최신 발명품인 증기기관, 면방기, 소면기, 직기를 중국인에게 소개하면 분명 신기해하며 기뻐할 것이다." 동양에 다녀온 수많은 사절단들이 쓴 기행문을 보면 모든 사절단은 호위대를 데려가야 한다는 생각이 든다. 황제 앞에서 신속히 대형을 변환하여 현대 포병의 장비를 보여 주면 분명 깊은 인상을 남겨 우리의 외교 활동에 도움이 될 것이다.

영국 사절단이 공들여 준비한 예물 품목을 소개하면 다음과 같다.

첫째, 천체운행기이다. 이 기구는 태양계의 구성을 설명해 준다. 이 것은 지구의 공전과 달의 공전을 정확히 모방할 수 있다. 태양의 궤도는 물론이고 4개의 위성을 거느린 목성과 띠, 위성을 가진 화성 등도 볼 수 있다. 이는 유럽에서 가장 정교한 기구로, 이 기구가 설계한 천체운행 상황은 1천여 년간 적용 가능하다.

둘째, 지구본이다. 세계 각국의 위치, 수도, 산맥과 하류가 표시되어 있다.

"유럽 각국은 영국이 세계에서 가장 강대한 해양 국가임을 인정합니다. 그래서 영국 국왕 폐하께서는 황제 폐하께 사절단을 파견함과 동시에 가장 큰 선박도 몇 척 파견하여 경의를 표하고자 하십니다. 그러나 황해에 암초가 많은 데다 유럽의 항해가가 이곳의 항로에 익숙하지 않아서 부득이하게 비교적 작은 선박을 보내실 수밖에 없었습니다. 그 외에도 영국 국왕 폐하께서는 황제 폐하께 영국 최대 구경의 화포 110문을 장비한 '바다의 군주호(Sovereign of the Seas)' 전함 모형을 선물하셨습니다."

영국인들은 선적을 하면서 중국인들이 이 선물들을 본 후 얼마나 놀랄까 끊임없이 상상했다. 세계에서 가장 선진화된 물건들을 보면 정식 외교 관계를 수립하고 서로 사절을 파견하며 무역을 확대하자는 의견에 분명 동의할 것이라고 생각했다.

외교 사상 이때의 영국인들보다 더 난감한 실패를 맛본 이들은 아마 없을 것이다. 중국 관리들은 "영길리 (英吉利, '잉글런드'의 음역어)는 수만리 이역에서 장장 11개월에 걸쳐 여러 바다를 건너 와 성의를 다해 공물을 바치니 실로 고금을 통틀어 유례가 없다."며 건륭 태평성세의 경사라며 영국 사절단을 친절하게 접대했다. 82세 생일 축하연에서 건륭제 역시 자비를 베풀어 사절단을 접견했다. 그러나 영국은 공물을 바치러 온 다른 제후국들과 함께 접견했으며, 예의관은 영국인을 맨발에 귀걸이를 한 미얀마 사신의 뒤에 자리하도록 했다. 영국인은 생각지 못한 배치에 마음이 심란했으나 이것이 명성이 자자한 건륭 황제를 자세히 관찰하는 일을 방해하지는 못했다. 그들은 회고록을 통해 여든이 넘은 건륭 황제는 발걸음이 힘이 있고 동작이 민첩하여 쉰 살 정도로밖에 보이지 않으며, 행동거지가 고귀하고 온화하며 한눈에 사람의 마음을 읽을 줄 안다고 술회했다. 긴 알현 행렬이 끝난 후 드디어 영국인의 차례가 되었다. 매카트니 경이 조지 3세의 국서를 전달했지만 황제는 오히려 매카트니 뒤에서 망토 뒷자락을 정리해 주던 스턴톤이라는 영국 남자아이에게 관심을 보였다. 그는 귀여운 그 아이를 온화하게 앞으로 불러 이야기를 나누었다. 아이는 중국으로 오던 긴 항해 기간 동안 중국어를 조금 배웠는데 건륭 황제는 아이의 딱 들어맞는 대답에 매우 만족해 직접 허리에 두르고 있던 쌈지를 하사했다.

연회가 끝난 후 예물 품목을 본 황제는 겸허라고는 조금도 찾아볼 수 없는 영국인의 어투에 불만과 가소로움을 느꼈다. 이후 건륭은 직접 예물들을 살펴보고는 대신들을 향해 웃으며 말했다.

"이것들은 아이들에게 장난감으로 줘도 되겠구나."

그리하여 그 예물들은 줄곧 위안밍위안의 궁전 안에 방치되었다. 그것들은 훗날 영-프 연합군이 위안밍위안을 불태웠을 때 포장된 그대로 먼지가 가득 쌓인 채 발견되었다. 보름 후 건륭 황제는 영국 국왕에게 답신을 보내 손바닥만 한 소국이 중국과 평등한 외교관계를 맺고 싶다는 요청을 단호히 거절하며, 그것은 천조(天朝)의 관례에 부합하지 않는 일이므로 가소로운 요청이라고 지적했다. 또한 영국 국왕에게 "짐의 뜻을 받들어 더욱 충성하길 바란다."며 영원한 복종을 분부했다.

이런 결과를 얻을 것이라고는 상상도 하지 못한 매카트니는 매우 실망하여 중국을 떠났다. 그러나 돌아가는 길에 중국의 군대를 자세히 관찰한 그는 다음과 같은 결론을 내렸다.

"중국은 낡은 군함이나 마찬가지다. 운 좋게도 몇 명의 신중한 선장이 있어 근근히 150년 동안 침몰하지 않도록 했을 뿐이다. 3돛대 전함 몇 척이면 중국은 사분오열하여 와해될 것이다."

민족은 앞으로 나아가지 않으면 퇴보한다.

(2)

아무런 결과도 없었던 이번의 만남 이후 동서양의 두 강대국은 어깨를 스쳐 지나갔다. 양국은 마치 아무 일도 없었다는 듯 자신만의 보폭으로 자신의 길을 계속 걸어갔다. 영국 화포의 위력은 나날이 높아갔고, 중국은 변함없이 자신의 방식으로 움직였다. 건륭제는 향후 그 누구도 초월할 수 없는 기록인 89세가 되어서야 세상과의 끈을 놓고 떠났다. 뒤를 이은 가경과 도광은 선조의 업적을 지키는 수성(守成)을 시정 방침으로 잡고 울타리를 한 발짝도 넘지 않았다. 이유는 간단했다. 영광스러운 그들의 조상보다 더욱 위대한 치적을 남길 수는 없을 터이니 단지 만 분의 일밖에 배우지 못할지라도 그저 최선을 다해 선조들의 업적을 본받기 위해 힘쓰는 것이 후대로서 해야 할 임무라 여겼기 때문이다. 중국과 서양의 차이는 나날이 커져만 갔으나 중국인들은 여전히 수천 년 전의 방식대로만 사고했다. 반면 서양인들은 일찍이 사회과학과 자연과학을 통해 과학화와 체계화를 일구어내고 여기에서 생성된 지식의 힘을 모아 낡은 세계를 타파했다.

18세기의 마지막 날 가경 황제는 유지를 내려 자신의 대외무역에 대한 생각을 이야기했는데 이는 중국인의 사유가 얼마나 세계정세에 뒤쳐졌는지를 여실히 보여 주는 실례다.

듣자 하니 머나먼 서양에서 화물을 싣고 오는데 어마어마한 가격의 화물이 모두 내지에서 판매되어 중국의 은이 적잖이 소모된다고 한다. 예를 들어 시계 하나만 해도 섬나라 사람(영국인)들은 적은 동과 철로 수천수백의 중국 은을 앗아가고, 유리는 흙에서 액체를 추출 제련하는 것인데 창, 병을 만들면 수천수백이 되니 더욱 명백하다. 쓸모 있는 것으로 쓸모 없는 것을 바꾸고, 근본을 버리고 지엽적인 것을 추구하니 이는 중국의 원기를 은밀히 해치려는 것임이 틀림없다.

가경 황제는 시계의 가치는 그것이 함유하고 있는 금속의 중량으로 가늠이 되고, 유리는 모래, 흙 등의 값어치와 같거나 비슷하다고 생각했다. 이들 물건이 쓸모없다면 쓸모 있는 물건은 오직 하나, 바로 식량이다.

애신각라 가문의 소양이 퇴보한 것인가?

(3)

사람들은 대개 아편전쟁 패배의 책임을 건륭의 손자인 도광에게 지운다. 자손의 무능함이 선조의 위대함을 말살해서는 안 되긴 하지만 건륭 황제와 아편전쟁 간에는 의미심장한 관계가 있다는 사실을 아는 이는 극히 적다.

매카트니가 건륭을 알현한 지 47년이 지난 1840년 4월 7일, 당시 매카트니의 망토를 정리하고 건륭 황제의 쌈지를 받았던 스턴톤은 이미 59세의 존경받는 영국 하원의원이 되어 있었다. 그는 의회에서 중국에 제1차 아편전쟁을 발동할지의 여부에 대해 토론하고 있었다. 청중은 모두 중국 문제의 권위자인 그의 말에 조용히 귀를 기울였다. 전성기 시절 중국을 방문했을 때는 중국을 공격할 수 없다고 여겼지만 현재는 영국이 중국을 공격하는 데 아무런 문제가 없을 것이라고 판단했다. 청중은 우레와 같은 박수갈채로 그의 의견에 찬성을 표시했다. "유감스럽지만 이번 전쟁이 정의롭고 필수적인 전쟁이라 생각합니다." 결국 중국을 가장 잘 이해하는 사람으로 공인된 이의 발언이 결정적인 작용을 하여 아편전쟁의 전쟁 결의안은 영국 의회에서 불과 다섯 표 차이로 통과되었다.

(4)

허심탄회하게 말하자면 아편전쟁의 쓰라린 굴욕을 맛본 도광은 매우 형편없는 황제는 아니었다. 그는 애신각라 가문의 높은 지능지수를 물려받아 어린 시절 두각을 나타내어 할아버지인 건륭 황제의 사랑을 받았다. 열 살이 되던 해 건륭 황제가 그를 데리고 사냥을 나갔는데 어린 나이의 도광이 뛰어난 실력을 뽐내며 활로 단발에 사슴을 명중시켰다. 건륭은 기쁨을 감추지 못하며 연이어 시를 지어 뒤를 이을 후계자가 있음을 나타냈다. 그는 명석하고 성격이 의연하여 막 성년이 되었을 때 일찌감치 후계자로 내정되었다.

즉위 직후에 도광은 정치적 목표를 '수성(守成)'으로 잡고 위대한 선조들이 물려준 업적을 지키고자 했다. 그는 자신의 선조들처럼 근면하고 자율적이고 서적에 통달했다. 게다가 역사상 가장 검소한 황제였다. 그러나 이런 것들도 모두 국가와 민족의 크나큰 치욕에 대한 책임이 그에게 돌아가는 것을 막지 못했다.

크루프 대포가 가져온 연이은 타격은 결국 그를 고전에서 머리를 들어 외부 세계의 이해를 시도하도록 했다. 도광은 돌연 대영제국과 전쟁을 시작한 지 2년이 지났음에도 자신이 적에 대해 아무것도 모르고 있음을 발견했다. 1842년 3월 그는 장문의 조서를 통해 대신들에게 단숨에 19개의 질문을 던졌다.

- 영국은 도대체 어떤 곳이며 중국과는 얼마나 떨어져 있는가?
- 영국부터 중국까지 몇 개의 나라를 거쳐야 하는가?
- 이번에 영국을 따라온 여송(呂宋, 루손 섬. 필리핀 군도의 북부에 있는 가장 큰 섬) 등과 같은 크고 작은 나라는 영국과 어떤 관계가 있는가?
- 영국의 여왕이 겨우 스무 살 정도 된다고 하던데 어떻게 일국의 왕으로 추대되었는가?
- 여왕은 결혼을 했는가? 만약 결혼을 했다면 남편은 어떤 사람이며 어느 나라에서 재직했는가? ……

Part 3

용맹함에서 우아함으로:
만주족의 한족화 과정

만주족은 산을 넘고 물을 건널 때의 고통과 살을 에는 듯한 바람과 눈이 가져다주는 고통 따위는 전혀 개의치 않았다. 선배인 몽골 대군들처럼 만주 무사의 무용은 천하에 널리 알려져 있었다. 홍타이지는 다음과 같이 자화자찬했다. "천하의 사람들이 나의 병사들을 보고 '일어서면 흔들리지 않고 들어가면 돌아보지 않아 그 명성이 적을 두려움에 떨게 해 같이 싸울 만한 적수가 없다'라고 한다."

(1)

　명나라 말의 이 소란스러운 역사극의 결말은 실로 모든 이의 예상을 빗나갔다. 나무껍질 신발을 신은 만주족이 갑자기 무대로 올라와 무엇에 홀린 듯 열연을 펼치던 두 주인공 이자성과 숭정 황제의 손에서 권력의 지팡이를 앗아갈 줄은 그 누구도 상상하지 못했다. 인구 면에서만 보더라도 만주족과 한족은 비교가 되지 않았다. 1644년 전후에 만주족의 인구는 한족의 300분의 1도 되지 않았다. 군사 실력으로 보더라도 둘은 함께 논할 수조차 없을 정도였다. 명 왕조의 상비군 숫자만 해도 만주족 전체 인구를 훌쩍 넘어섰다. 명나라 군대는 이미 화기(火器)단계로 진입해 서양에서 들여온 홍의대포(紅衣大砲, 서양의 영향을 받아 제작되거나 서양에서 직수입한 대포), 화승총 등 선진 장비를 갖추고 있었고, 만주인들은 여전히 활과 칼이라는 원시적인 방법에 의지하고 있었다.

문명 수준에 관해서는 더더욱 한인들과 비교할 수 없었다. 명 왕조는 경제가 발달하고 문화가 번영했으며, 백성의 식자율(識者率)도 높아 세계 어느 나라와 견주어도 떨어지지 않는 수준이었다. 반면에 만주인들은 여전히 원시적인 농업, 어업과 수렵의 단계에 머물러 있는 데다 전체 민족이 모두 문맹이라고 봐도 무방할 수준이었다. 청나라 역사에 이름을 남긴 만주족의 이름도 음역한 글자로만 보면 이국적인 신비한 분위기가 물씬 풍기지만 의미를 번역해 보면 금세 단주족의 문화적 수준이 드러난다. 누르하치 아들들의 이름을 예로 들면 도르곤(多爾袞)의 의미는 '오소리'이고, 도도(多鐸)의 의미는 '태반', 막내아들인 아지거(阿濟格)의 이름은 '오래된 종기'라는 뜻이다. 다른 왕공 귀족들의 이름 역시 별반 다르지 않다. 패륵(貝勒)인 위에투오(岳托)의 이름은 '바보', 장군인 시터쿠(席特庫)의 이름은 '오줌 싸는 아이', 패자인 푸라타(傅喇塔)의 이름은 '썩은 눈꺼풀'이다. 이는 만주인들이 듣기 좋은 이름을 짓고 싶지 않아서가 아니라 초기 만주어에는 구어만 있을 뿐 서면어(書面語)가 없어 이름으로 지을 만한 우아한 단어가 별로 없었기 때문이다.

만주인들이 한인보다 유일하게 우세한 점은 기질과 성격뿐이었다.

(2)

거의 모든 기마민족은 유사한 성격을 지녔다. 전사(戰死)를 길한 것으로 여기고 병사(病死)를 불길한 것으로 여긴다. 즘승과 함께 추위를 견디고, 부인이 자식을 낳아도 바람과 눈을 피할 수 없다. 성격이 굳세고 용맹하며 음양오행설에서 서방을 가리키는 금행(金行)의 기를 받았다.

만주인의 몸에 활력을 불어넣은 것은 호탕한 장백산(백두산)과 흑룡강이었다. 강건함과 용감함은 원시 어획과 수렵에 종사하기 위해 반드시 필요한 품성이었다. 조선의 사신은 동북을 방문한 후 《건주견문록》을 통해 "여인의 말 타는 솜씨는 남자와 다를 바 없다. 10여 세의 아이도 말을 달리며 활을 쏠 수 있다."라고 자신이 본 풍경을 술회했다.

만주족은 산을 넘고 물을 건널 때의 고통과 살을 에는 듯한 바람과 눈이 가져다주는 고통 따위는 전혀 개의치 않았다. 선배인 몽골 대군들처럼 만주 무사의 무용은 천하에 널리 알려져 있었다. 홍타이지는 다음과 같이 자화자찬했다. "천하의 사람들이 나의 병사들을 보고 '일어서면 흔들리지 않고 들어가면 돌아보지 않아 그 명성이 적을 두려움에 떨게 해 같이 싸울 만한 적수가 없다'라고 한다."

전쟁은 만주인들의 축제였다. 싸울 일이 생기면 흥분을 감추지 못했다. 조선의 사절은 다음과 같이 회고했다. "출정할 때 만주인들은 기뻐 날뛰지 않는 자가 없었다. 군사의 아내조차도 모두 얼굴에 웃음꽃이 피고 재물을 많이 얻기만을 바랄 뿐이었다. 집안에 군사가 너댓 명 있는 사람들은 모두 앞 다투어 출정을 요구했는데 이는 모두 재물 때문이다."

그렇기 때문에 명나라 말기는 5천 년의 문명사를 가진 한인들이 가장 빈번하게 수난을 당한 시기였다. 굳게 닫혀 있어 전혀 변화가 없던 땅에서 한인의 성공은 신중함, 노련함, 그리고 선조가 남긴 경고를 준수하고 조정이 정한 규율에 따르는지의 여부에 달려있었다. 정의감이 넘치는 사람은 전제정치를 통해 가차 없이 제거되어 한인들은 5천 년을 이어오며 차츰 순종적이고 온화하게 변화해 외부에서의 압력을 참고 견디어 냈다.

한인들이 보기에 무기 자체는 사람을 두렵게 하는 섬뜩한 빛을 번쩍인다고 생각했다. "무기란 상서롭지 못한 기물이다.(兵者, 不祥之器也)" 사회에서 지위 상승을 위해서 필요한 것은 무공(武功)이 아닌 화려한 시문이다. 사실상 '용감' 은 '무모' 의 뜻풀이와도 같아 '늠름한 용사' 라는 말은 차츰 폄하를 뜻하는 단어로 변했다. 몇 천 년 동안 중화제국의 엘리트들은 모두 닭 한 마리 붙들어 맬 힘도 없는 것을 영광스럽게 생각했고 이런 경향은 명조 말년에 이르러 최고조에 달했다.

만력제 시기에 중국에 도착한 선교사 마테오 리치(Matteo Ricci)는 중국이 상무(尙武)정신이 결핍된 나라라는 의외의 사실을 발견했다. 로마로 보내는 서신에서 그는 "중국의 남자들은 전쟁이 가능한 사람이라 보기 힘들다. 외모와 기질을 보나, 무의식중에 나타나는 내면의 감정을 보나 모두 부드러운 여자와 같다. 당신이 그들에게 존경과 예의를 표시한다면 그들은 당신보다 훨씬 겸허하고 온화하게 대할 것이다."라고 썼다. 수십 년간 중국에서 생활한 마테오 리치는 상류사회 사람들이 싸우는 모습을 본 적도 있는데 그 모습에 자신도 모르게 웃음을 터뜨릴 수밖에 없었다.

"서로 싸울 때는 마치 아녀자가 화내는 것 같고 몸싸움을 할 때는 머리를 잡아당긴다. 그들은 잔인하게 죽이는 법이 거의 없다. 아마 이런 싸움을 생각조차 해 본 적도 없을 것이다. 이는 그들에게 진정한 남자의 강건한 기질이 없기 때문이기도 하거니와 대다수에게 작은 칼 같은 무기조차도 없기 때문이다. 남성들은 매일 두어 시간 동안 자신들의 긴 머리를 빗고 정성스레 복식을 정리하는데, 이 시간을 아깝다고 생각하지 않는다. 그들은 이렇게 유유자적 아름다운 시간을 보낸다. 이 나라에서 병사가 되어 전쟁에 참가하는 것은 더 이상 갈 곳이 없어서 부득이하게 선택하는 길이다. 좋은 남자는 군인이 되지 않고, 좋은 철은 못을 만들지 않는다."

전사하기를 갈망하는 만주인들과는 달리 전장에 나가는 한인들의 얼굴은 슬픔으로 가득하고 아내들은 길 양쪽에서 울다 실신한다. 이처럼 기질이 완벽하게 상반된 군대가 서로 만나면 어떤 결과가 나올지는 불 보듯 뻔하다.

(3)

초식동물인 코끼리가 육식동물인 늑대를 두려워하지 않는 것처럼 중원 왕조가 비록 문약하기는 하나 그 체격이 방대해 주변의 기마민족보다는 큰 우위를 점하고 있었다. 만약 중원 왕조가 인구와 경제적 우세를 통해 기질의 약세를 효율적으로 메웠다면 변방 민족들은 영원히 공격할 엄두도 내지 못했을 것이다. 중원 왕조는 한, 당 시기에 흉노와 돌궐을 몰아냈던 찬란한 전적이 있다. 그러므로 우리는 '무용'을 만주인이 승리를 거둔 두 번째 요소에 포함시켜야 한다.

첫 번째 요소는 물론 중원 왕조의 뿌리 깊은 문제점인 '내부 분쟁'이다. 중원 왕조는 실제로 한 번도 야만족에게 패배해 본 적이 없다. 그들은 항상 내부 분쟁 때문에 패배했다. 첫 번째 야만족의 침입 때는 중원 왕조의 내부적 갈등이 침입자에게 기회를 제공해 준 것이었다. 중원에도 악비, 우겸, 원숭환 등처럼 기개가 높은 대장부가 없던 것은 아니다. 안타까운 점은 이 대장부들이 모두 이민족의 칼이 아닌 같은 민족의 중상모략에 목숨을 잃었다는 사실이다.

우리가 여기서 중원 사람들의 내부 분쟁의 근원을 상세히 고증할 필요는 없다. 우리가 알아야 할 사실은 명과 청의 전투 과정에서 만주인을 대신해 가장 강력한 적수를 제거해 주고 가장 긴급히 필요하던 인재를 수송해 준 장본인이 바로 대명 왕조의 내부 투쟁이라는 점이다.

중·후기부터 대명 조정은 당조 및 송조 후기와 마찬가지로 지지부

진한 당쟁에 빠져 대신들은 도당(徒黨)을 만들고 질투, 출세욕, 여러 불순한 생각의 영향으로 음해하고 보복하고 중상모략하고 계략을 꾸밈으로써 대외 투쟁에서는 보기 힘든 단호함, 용감함, 잔혹함을 드러냈다. 만주인이 가장 두려워하던 두 명의 한인인 웅정필과 원숭환의 죽음은 모두 번잡한 당쟁과 관련이 있다. 웅정필은 정적의 음해로 참수되었고, 원숭환을 능지처참하고 백성들에게 그 살을 먹도록 나누어 준 일은 만주인들의 계략보다는 명 왕조의 내부 투쟁이 주요 원인이었다.

내부 투쟁의 이유는 정치적 이익 때문이었지단 마지막에는 거의 명조 대신들의 생존 방식과 생활의 즐거움으로 변환되었다. 제국의 역량이 이렇게 무의미하게 헛되이 내부 투쟁으로 소모되었다. 이런 악화된 정치 환경에서 살아남으려면 반드시 어느 한 당파에 의탁해야 했기에 관리들은 제국의 앞날이나 백성의 고통 따위는 저 멀리 내팽개쳤다. 일부 엘리트들도 이런 상황에서는 어쩔 도리가 없었다. "모든 것이 거추장스럽고 맡은 일은 고생스러우니 허물을 구할 생각은 하지 못한 채 나가서는 조정에서 탄식하고 들어와서는 집에서 한탄한다." 이렇듯 대명조에서 성과를 거두고자 하는 것은 불가능한 일이었다. 홍승주부터 유명한 삼번왕, 공유덕, 경중명, 상가희는 모두 내부 투쟁 속에서 상처를 입거나 정적에 의해 막다른 길에 놓여 부모의 나라를 버리고 앞날이 불분명한 이국에 투신할 수밖에 없었다. 그들은 만주인에게 중요한 정보와 경험, '홍의대포'를 포함한 선진 군사기술을 가져다주었다.

만주족은 한인의 인재를 흡수함으로써 신속히 강대해지기는 했으나, 만약 1644년 전후 전체 명 왕조가 사분오열된 정치적 국면이 없었다면 그토록 순조롭게 천하를 삼키는 일은 불가능했을 것이다. 만주인은 오삼계의 지휘 아래 산하이관의 대문을 넘었을 때 한인들이 혼신의 힘을 다해 서로 죽이느라 외적에게 저항할 겨를조차 없는 뜻밖의 상황을 보고 기쁨에 겨워 어쩔 줄을 몰랐다.

1644년 중원 왕조는 크게 서로 대립하는 농민 반란군과 남명(南明) 조정의 양대 진영으로 분열되어 있었다. 이 양대 진영 내부는 또 분열 상태에 놓여 있었다. 양대 반란군의 주력인 이자성과 장헌충은 서로 적대시하고 쓰촨(四川)에서 크게 격돌했다. 남명 정권 역시 결코 공존할 수 없는 몇몇 파들로 나뉘어 있었는데 서로 다른 사람을 황제로 옹립하고자 의견 충돌이 멈추지 않았다. 처음에는 융무 정권이 노감국과 함께 복건(福建)에서 일어나 서로를 인정하려 들지 않았다. 1646년 융무 황제 사망 후 계왕과 당왕이 다시 광동에서 황제의 보위를 두고 싸우기 시작했다. 서로 양보하려 들지 않는 바람에 두 왕은 모든 병력을 집중해 광둥에서 큰 내전을 일으켰다.

만주인들은 당시 그들이 대면한 중원 왕조는 표면적으로는 거대하나 실제적으로는 사분오열되어 단결할 능력이 없는 조각들에 불과하다는 사실을 발견했다. 비록 수적으로는 절대적인 열세에 있지만 실제 국부적으로는 상대적인 우세를 누릴 수 있었다. 그들의 임무는 당초 상상했던 것보다 훨씬 간단했다. 그저 우세한 병력을 집중하여 조각들을 하나씩 먹어버리면 되었다.

(4)

실제로 그들은 그 방식을 채택했다. 1644년부터 만주인들은 여유 있고 침착하게 한인들을 차례차례 격파했다. 마치 농민이 자신의 땅에서 농작물을 거둬들이듯이 이자성, 남명 홍광 정권, 남명 융무 정권, 장헌충, 남명 영력 정권, 정성공 정권을 재빨리 먹어치우고 순조롭게 천하를 통일했다. 어느 한쪽이 청군의 공격을 받을 때도 다른 한쪽에서는 단한 번의 지원도 없이 재미있는 구경거리라도 보듯 크게 웃고만 있었다.

군사 투쟁을 벌이던 양측 가운데 청군은 만주인, 몽골인과 한인이 섞여 민족 구성원으로만 본다면 단순히 한인으로만 이루어진 항청(抗淸) 세력보다 훨씬 복잡했다. 그러나 서로 다른 민족들이 만주 정권의 효율적인 지휘 아래 하나로 단결하고 힘을 합쳐 목숨을 걸고 충성을 다했다.

이와는 반대로 항청 투쟁을 하던 한인들은 단 한 번도 진정한 단결을 이룬 적이 없었다. 이자성, 장헌충의 죽음 후 한인 양대 진영의 대립이 사라지고 잠시나마 남명 정권, 대서군(大西軍)의 나머지 부대, 정성공군 등 3개 부대가 반청 통일전선을 형성하는 듯했다. 이 세 개 부대는 표면적으로는 남명을 지도자로 따르는 듯했으나 실제로는 한 번도 통일된 지휘를 형성한 적이 없었다. 이들 부대는 오히려 전체 항청 투쟁 과정 가운데 대외 투쟁보다는 내부 투쟁에 더 많은 정력을 쏟아 부었다. 그들은 서로 신임하고 협력한 적이 전혀 없고 끊임없이 배척하고 상대를 무너뜨리고 속이기만 했다. 이정국은 수차례에 걸쳐 정성공에게 연합군을 조직하여 복건과 광서에서 광동 청군을 협공하자고 제안했다. 이는 충분히 승산이 있는 작전이었다. 그러나 정성공은 승리를 거둔 후 이정국의 지휘를 받게 될까 걱정되어 겉으로만 찬성하는 척하고 실제로는 거듭 시간을 끌며 출병을 거절했다. 결국 이정공은 홀로 출병을 감행했고 정성공은 이정공이 더 이상 버티지 못하고 패전한 후에야 도착했다. 이렇게 명 부흥운동의 마지막 희망이 사라졌다. 충절, 정의로 이름 높던 정성공이 이와 같으니 다른 남명 세력의 품성이 어떠할지는 미루어 짐작할 수 있다. 수천만의 한인이 만주인의 말발굽 아래 정복된 이유가 이로써 일목요연해졌다.

Chapter 02
앞 사람의 실패를 교훈 삼다

이제는 여진족이 한지에서 몰락하는 과정을 모두 지켜본 몽골인들이 이 역사극의 주인공으로 전면에 등장할 차례가 되었다. 서막에서부터 우리는 전철을 밟지 않고자 하는 희망을 본 듯하다.

(1)

만주인에게 우뚝 솟은 산하이관은 알리바바의 문과 같았다. 그들은 환상 속에서 꿈꾸기만 했을 뿐 실제로 이 문이 열릴 것이라고 생각한 적은 없었다. 그러나 신화는 현실이 되어 그들은 단번에 중원의 낙원에 오르게 되었다. 물론 알리바바의 문으로 들어서기 전, 그들의 마음속에 일말의 주저함도 없었던 것은 아니다.

얼마 전까지만 해도 문자도 책도 없던 민족에게 의외로 비범한 깨달음과 지혜가 있었다. 그들은 산하이관 너머에는 단지 금수강산과 깜짝 놀랄 만한 재물만이 기다리고 있는 것이 아니라 그들의 골격을 무르게 하는 중원의 훈풍이 불고 있음을 잘 알았다. 한문을 번역한 역사서를 보면서 그들은 자신들보다 앞서 중원을 침입한 이민족 모두가 훈풍에 파묻혔다는 사실을 알았다.

(2)

만주인의 정복은 그들의 선배 민족들이 이룩한 사업의 반복에 불과했다. 2천 년이 넘는 시간 동안 이미 여러 이민족이 남쪽 지역의 한지에 들어왔다. 먼저 서북의 흉노와 돌궐, 그 다음에 북쪽 지방의 선비와 몽골, 마지막으로 동북의 만주인이었다. 한, 당 시기 이들 야만인들은 흉노와 돌궐인들이 그랬던 것처럼 약탈과 살육으로 만족했다. 훗날 나날이 문약해지는 한인의 두려움에 질린 눈빛은 기마민족의 야성을 자극했고, 그들은 차츰 더 내지 깊숙이 들어왔다.

"몇 시간에 걸친 학살이 끝난 후 그들은 큰 힘을 들이지 않고 패배한 통치자의 지위를 빼앗고는 부끄러워하지도 않고 …… 역사가 유구하고 존경을 받는 왕위에 오르고 자신에게 적합한 호칭을 취했다." –《초원제국》

처음으로 기쁘게 중원의 왕관을 쓴 것은 남북조 시기의 선비족이었다. 처음으로 중원에 깊숙이 들어간 이민족으로서, 그들은 눈앞에 펼쳐진 모든 것에 매혹되었다. 주택 위에 조각한 정교한 짐승머리, 탁자 위에 놓아 둔 아름다운 자기와 목조품, 눈처럼 하얀 책과 책 속의 심오한 철학과 이야기 등 한인 생활 속의 모든 사소한 부분 하나하나가 완벽해 보였다. 심지어 짐승 가죽옷을 입은 선비족은 너른 옷과 큰 띠를 한 한인을 보고는 자신의 발달한 근육, 검은 피부와 오랜 세월 말을 타서 생긴 밭장다리를 부끄럽게 느꼈다.

가장 처음 게를 잡은 사람이 손가락을 물리는 것은 당연한 일인 터, 새로운 것을 맛본 첫 번째 유목민족인 선비족은 자신의 천진함과 단순함에 가혹한 대가를 치렀다. 양자강과 가까워질수록 '전면적인 한족

◆ 몽골 궁궐 내부의 생활 모습

화'의 충동이 점점 더 강렬해졌다. 이 야만인들은 자신들 역시 우아한 행동거지와 고상한 말투의 한인이 되어 높고 널찍한 지붕의 큰 집에 살고 귀한 녹차를 음미하고, 손에는 심오한 한문 서적을 들고, 《세설신어》속 한인의 모습을 배워 여유롭게 이야기하고 싶다는 바람을 억누를 수 없었다.

그들의 우두머리인 효문 황제는 급히 엄격한 명령을 발표해 선비인들에게 자신의 천박한 이름을 고상한 한자로 바꾸게 했다. 아울러 서른 살 이하의 선비인은 모국어를 버리고 한어를 공부하라고 명령했다. 초원식의 가죽옷을 금지하고 한인 사대부의 복장이 표준 복식이 되었다. 한족화 정책에 반대하는 일부 사람들에 대해서는 강경하게 대처했다. 그는 모든 민족에게 성지를 내려 한족화를 시행하는 고충을 설명했다.

"종종 왜 북방 사람들은 쓸데없이 책을 읽느냐고 말하는데 이 말은 짐을 깊은 근심에 빠지게 한다. 짐은 천자이니 천하가 짐의 소유다. 그러니 구태여 중원에 살아야 할 이유가 있는 것은 아니다. 단지 관리들과 자손들이 차츰 한인들의 아름다운 풍속에 물들어 견식을 늘리도록 하기 위함이다. 만약 영원히 북방 변방 지대에 거주하면서 다시 호탕하고 글자를 알지 못하는 군주를 만난다면 너희들은 좁은 견문에 눈물을 참지 못할 것이다."

이 흥미진진한 황제는 관리들과 자손들이 차츰 한인들의 아름다운 풍속에 물들도록 하려는 아름다운 바람이 결국에는 민족을 파괴하는 나쁜 결말을 낳으리라고는 예상하지 못했다. 역사는 선비족이 "용맹스러움, 순박함, 뛰어난 사냥 능력으로 정벌을 일삼았다."라고 기록한다. 그들이 말을 달려 중원에 도달할 수 있었던 것은 뛰어난 무공과 호탕한 천성 때문이다. 효문 황제 이전의 역대 제왕은 모두 상무정신을 유지하며 거의 매년 북방 변방 지역으로 사냥을 나갔다. 그러나 효문 황제 이후로는 거의 모든 황제가 다시는 활을 만지지 않고 종일 손에서 책을 놓지 않았다. 왕부지가 결론지은 것처럼 "낙양으로 천도한 이래 허위로 꾸미는 것이 유행하고 …… 용맹함이 사라지고 유약한 풍조가 생겨났다. …… 마을의 민심은 갈라진 채 겉치레의 기운만 커졌다."

온유함에 물들어버린 선비의 귀족들은 급속히 부패해 일은 하지 않고 앞 다투어 향락만을 즐기려고 했다. 《낙양가람기》는 "황제의 친척, 왕후, 외척, 공주들은 산해의 부를 마음대로 했고 산림의 풍요 속에 자리했다. 앞 다투어 동산과 집을 만들고 서로 사치스러움을 경쟁했다. 문을 높이고 건물을 호사스럽게 지었으며, 문을 겹겹이 만들고 방을 연이어 두었다. 높이 솟은 관에서는 바람이 일고 층층의 누각에서는 안개가 피어났다. 집집마다 높은 누대와 아름다운 정자를 세웠고, 꽃이 가득한 수풀과 굽이진 연못이 있었다."라고 전한다. 선비 귀족들의 사치와 방탕함은 서진 말년의 한족 유생보다 더하면 더했지 못하지는 않았다. 북위 왕조의 멸망으로 부패한 귀족은 남김없이 대량으로 학살당했고, 살아남은 귀족은 이름을 숨기고 한지에 융화되어 살아갔다. 선비라는 두 글자는 공허한 역사의 명사가 되어 오늘날 중국에서는 유적을 전혀 찾아볼 수 없다.

(3)

선비족 이후 700년의 시간차를 두고 여진족이 두 번째로 중원에 들어왔다. 효문 황제의 착오는 두 가지로 요약할 수 있는데, 첫 번째는 그가 전면적인 한족화를 제창하지 않았어야 한다는 점이고, 두 번째는 한족화는 근본적으로 제창할 필요가 없다는 사실을 몰랐다는 점이다. 한인의 생활방식이 얼마나 흡인력이 있었는지 황제의 명령이 없었음에도 불구하고 여진족의 한족화 속도는 결코 선비족보다 느리지 않았다. 역사서에서는 "양자강 남쪽으로 수도를 옮긴 이후 모든 여진의 맹안_{猛安,}^{금나라 태조가 1114년에 두었던 1천 명 단위의 군사 조직 및 3천 호 단위의 행정 조직)}과 모극_{(謀克, 금}^{나라 태조가 1114년에 두었던 100명 단위의 군사 조직 및 300호 단위의 행정 조직)}은 문학을 좋아하여 사대부들과 교제하기를 즐겼다."라고 말한다. 몇 십 년 동안 여진 상류사회는 모두 한어를 배웠다. 귀족에서 평민까지 계속하여 한족의 이름을 짓고 한인의 옷을 입고 한인처럼 길에서 읍하며 인사를 했다.

금나라의 통치자들은 이러한 모습에 깊은 우려를 나타냈다. 이미 선비족이 실패한 전례가 있기 때문에 멍청하게 전철을 밟고 싶지 않았다. 중원에 들어온 지 35년 후 황위에 오른 금나라 세종은 한족화 경향을 크게 전환시키기 시작했다. 그는 여진족의 기풍을 유지해야만 국가의 기반이 오래간다는 사실을 깨달았다. 이에 누차 신하들에게 말했다. "여진의 옛 기풍이 가장 순수하고 바르니 …… 너희는 이를 배우며 옛 기풍을 잊어서는 안 된다. 만약 국가의 옛 기풍을 따른다면 사방의 변경에 걱정이 없으니 이는 영구한 계책이다."

세종 때부터 금나라 제왕은 온갖 방법을 동원하여 여진족의 한족화를 막았다. 그들은 여진 말과 글자를 배우고 사용하도록 널리 제창했고, 이를 위해 "맹안, 모극 모두 먼저 여진 글자로 된 경서와 사서를 읽은 후에 계승할 수 있다."라고 규정했다. 또한 여진족이 한인의 이름과 복장을 사용하는 것을 금지했다. 세종 13년, 여진족 사람의 성을 한나라 성으로 번역하는 것을 금지했고, 27년에 다시 "한나라 성으로 바꿔 부르는 것과 한인 의복을 따라 입어서는 안 된다."라고 명했다.

그렇지만 한족화의 물결은 황제의 권력을 훨씬 능가했다. 금나라 황제들의 몇 개의 조서는 한족화의 큰 물결 위에 떠다니는 몇 가닥 깃털과도 같아 순식간에 휩쓸려 사라졌다. 금나라 후기에 이르자 황제를 포함한 거의 모든 여진족이 완벽하게 한족화되었다. 금나라 말은 더 이상 사용하는 사람이 없었고 여진의 옷도 거의 명맥이 끊겼다. 원래 규정이었던 과거고시의 활쏘기와 격구 역시 사라졌고, 황제는 어쩔 수 없이 여진족이 한족과 결혼하는 것에 동의했다. 금나라 세종은 온갖 방법을 동원하여 여진의 문자를 제창하고 널리 퍼뜨렸으나 여러 흔적을 보면 알 수 있듯 이들 민족 문자는 더 이상 사용되지 못했다. 고고학적으로 금나라의 묘지를 봐도 여진 문자로 쓰인 묘지명은 단 하나도 없다.

외래 민족의 특징이 변화함에 따라 여진족 뼛속 깊은 곳의 민족정신 역시 놀랄 만한 속도로 유실되었다. 《금사·병지》는 일찍이 여진족의 기풍을 다음과 같이 묘사했다. "(여진족은) 풍속과 습성이 난폭하고 굳세며 사람들이 모두 영웅의 풍모를 갖고 있다. 형제자손들이 모두 훌륭한 장수감이다. 그 부락은 군대가 지키는데 그 재주들이 모두 정예병과 같다." 그러나 불과 3, 40년 후 향락에 젖은 여진족은 게으르고 유약해 졌다. 정복자들은 도박과 음주로 하루하루를 허비했고, 고통과 어려움을 두려워하지 않는 정신은 사라진 지 오래였다. "산동, 대명(大名, 현재 이름으로는 '다밍'이며 허베이 성에 위치함) 등의 맹안과 모극들은 종종 교만하고 방자하여 직접 농사를 짓지 않고 한인에게 소작하게 하여 임대료를 받았다.

부자는 비단옷을 입고 술 마시고 주연을 즐기는데, 가난한 자들은 앞다투어 그들을 모방하려 했다." 당시 중원 각지의 여진족들은 밭에서 나는 농산물을 가지고 세금을 내니 미리 3년 치를 빌리고 2년 치의 토지세를 내거나 씨를 심고는 농사를 짓지 않고 잡초가 마구 우거지게 했다. 심지어 노비와 토지를 팔아 기생(寄生) 생활을 지속했다. 금나라 후기에 이르자 여진족의 사치하고 나태한 고질적인 습관이 극에 달했다. 정우 4년(1216년)에 진규는 "남쪽으로 이주한 맹안과 모극들이 모두 빈둥거리며 농사도 짓지 않고 한데 어울려 도박만 일삼는데 이것이 이미 하나의 풍조가 되었다."라고 상주문을 올렸다. 더 이상 구제할 방도가 없음을 분명히 인식한 것이다.

여진족에게서 상무정신은 급속히 사라졌다. 사절로 금나라에 간 송나라 사신은 "과거 전투라는 말만 들어도 안달했던 여진의 용사들이 지금은 출정을 앞두고 마치 여자처럼 남의 옷을 붙들고는 훌쩍였다."라고 했다.

"금나라가 처음 일어났을 때 매우 변변치 못했는데 …… 당시에는 남을 죽일 줄은 알아도 자신의 죽음을 두려워하지는 않았다. 전쟁에서 이기면 재물과 아이, 여자를 취하고 보물과 비단은 모두 공평하게 나누어 가졌다. 그러므로 전쟁을 할 때마다 승리했다. 오늘날까지도 남방에 살고 있는데 위아래의 구별을 알고 처와 자식, 친척 간의 사랑을 알아 죽음과 삶을 가벼이 여기지 않고, 과거 정예부대와 같은 과단성이 없다. …… 출병할 때면 가족, 친척들과 눈물로 이별하고 최전방으로 나갔다가 돌아오지 못할까 걱정한다. 그들의 군대는 이렇게 두려워했다."

그루세(Grousset)는 변경 민족의 한족화 규칙을 정리하며 말하기를 "2,

3대가 지난 후 한족화된 야만족들은 야만족의 강인한 성격을 잃고, 문명생활의 향락과 부패를 흡수하는 것 외에는 문덩에서 얻은 것이 없다. 이제 그들은 멸시의 대상이 될 차례가 되었다. 그들의 영토는 여전히 그들이 태어나고 자란 초원 깊은 곳에 남아 있으며 굶주린 다른 유목 야만족들이 탐내는 전리품이 되었다." 사신이 기록한 바를 읽고 나니 당초 겨우 2,500명으로 병사를 일으켜 단지 12년이라는 기간 동안 앞뒤로 요를 멸망시키고 송을 굴복시킨 여진족이 어떻게 몽골인의 말발굽 아래 아무런 공격도 할 수 없었는지 이해가 간다.

(4)

이제는 여진족이 한지에서 몰락하는 과정을 모두 지켜본 몽골인들이 이 역사극의 주인공으로 전면에 등장할 차례가 되었다. 서막에서부터 우리는 전철을 밟지 않고자 하는 희망을 본 듯하다.

글자도 모르고 역사를 읽어본 적도 없고, 한지 깊숙이 들어와 본 적도 없는 칭기즈칸은 놀랄 만한 지혜와 예지력의 소유자였다. 그는 안락한 생활을 제공해 줄 수 있는 지역에 대해 자연스레 경계심을 품었다.

칭기즈칸에게 베이징의 견디기 힘든 날씨는 몸과 마음을 풀어지게 만드는 듯했다. 전쟁을 끝내면 그는 항상 북방으로 돌아가 바이칼 호 부근에서 여름을 보냈다. 이후 인도를 정복할 기회가 있었을 때도 그는 고의적으로 인도를 피해 갔다. 알타이 산에서 온 칭기즈칸에게 인도는 마치 악마의 소굴과도 같았기 때문이다. 어쨌든 안락한 문명생활에 대한 그의 걱정은 옳은 것이었다. 왜냐하면 훗날 그의 증손자들이 베이징과 타브리즈 궁전에 들어섬과 동시에 몰락의 길이 시작되었기 때문이다.─《초원제국》

문명생활이 상무적 기질에 끼치는 손실을 깊이 이해하고 있었기에 칭기즈칸은 자신의 피땀으로 얻은 공적에 비극적인 시각을 가졌다. 그는 "우리의 후예들은 멋진 옷을 입고 기름진 음식을 먹으며 준마를 탈 것이고 아름다운 아내를 얻을 것이다. 그러나 그들은 이 모든 것이 자신들의 부모 형제들에게서 받은 유산임을 기억하지 못할 것이다. 그들은 지금의 우리와 위대한 역사를 잊어버릴 것이다."라고 말했다.

칭기즈칸의 예언을 들어서인지, 아니면 선비족과 여진족의 비참한 과거가 몽골인들에게 경각심을 불러일으켜서인지는 모르겠으나 그의 자손들은 처음에는 꿋꿋이 한족화를 거부하는 경향을 보였다. 심지어 그들은 점령한 한지의 한인을 모두 죽이고 농작물은 모두 밟아 없애 드넓은 중국을 세계에서 가장 큰 초원으로 만들어 몽골 말을 방목하겠다는 계획을 세우기도 했다. 다행히 야율초재의 간곡한 간언으로 칭기즈칸은 이런 무시무시한 생각을 포기했다. 그러나 그는 여전히 금나라의 멸망을 거울삼아 한어를 배우지 않고 한족의 옷을 입지 않았으며, 심지어 한족 여성과 결혼도 하지 않았다. 원나라의 모든 황제는 마지막 두 황제를 제외하고는 한어 수준이 매우 떨어졌다. 귀족 가운데서도 한문을 이해하는 사람은 극소수였다. 관리로 일하는 몽골 귀족 가운데는 매우 간단한 한자인 '七' 자조차 제대로 쓰지 못하는 사람이 허다했다. 몽골인 황제는 연거푸 두 황제가 모두 자신의 동생을 태자로 삼았고, 심지어 한 황제는 황태후로 봉해야 할 자신의 어머니를 태황태후로 삼겠다고 고집을 부려 한인들의 비웃음을 사기도 했다.

잘못된 것을 바로잡으려다가 너무 지나쳐 오히려 두 번째 과오를 범하고 말았다. 그들은 초원민족의 통치를 실패로 이끈 것은 한족의 전통과 기술을 본받았기 때문이 아니라 진취정신의 상실이라는 사실을 인식하지 못했다. 한지를 통치하기 위해서는 한인이 수천 년간 쌓아온 통치 경험이 필요할 수밖에 없다. 그러나 원 제국의 통치자는 몽골의 방식을 중심으로 하는 '몽골의 옛 제도' 만을 고수했기에 유목민족의 행정 전통에서 벗어나지 못했다. 그들의 과도하게 거친 통치로 인해 내부 분쟁이 심각해졌고 정치 질서가 혼란스러워졌으며 지방 세력이 중앙보다 강해져 국가의 운용 효율이 떨어졌다. 이 모든 것이 원 제국의 운명이 머지않았음을 암시했다.

더욱 불행했던 것은 한어와 한족의 옷을 거부했던 몽골인이 한족이 제공하는 달콤한 물질적 향락은 거부하지 못했다는 사실이다. 한인들은 수천 년 동안 발전시킨 향락의 기교를 통해 초원에서 온 거친 이들을 손쉽게 정복해버렸다. 그들은 술과 여자, 그리고 남중국에서 조공으로 바친 여러 가지 정교한 '물건' 에 깊이 빠졌는데 이는 이민족 통치자도 예외는 아니었다. 중국의 칭기즈칸의 마지막 후예들은 생활방식에서는 완전히 중원화되는 것을 피할 수 없었다. 몽골인들은 진정한 한족화는 언어와 옷차림의 변화가 아니라 정신의 변화로 이루어지는 것이라는 사실을 알지 못했다. 전 세계를 정복하겠다는 웅대한 포부를 품은 몽골 개국시조의 후대들은 생명력이 이 정도까지 나약해졌다.

"그들은 궁정 생활과 과도하게 사치스럽고 방탕무도한 생활로 썩을 대로 썩었고 측근, 문인학자, 관료들에게 빼곡히 둘러싸여 외부 세계로부터 단절되었다. 그렇기 때문에 몽골인의 활력은 완전히 소멸되고 말았다. 역사상 가장 놀라운 정복자의 자손들은 이미 연약하고 무능하며 주눅 들고 우유부단한 지경까지 퇴화되어 재난이 다가왔을 때 그저 슬퍼하고 있을 수밖에 없었다."

마지막 몽골 황제인 토곤 테무르는 연약하고 무능한 통치자였다. 그의 망설임과 둔함으로 인해 제국은 점점 혼란의 늪으로 빠져들었고, 결국 그는 부하들을 이끌고 빈손으로 의기소침하게 초원으로 도망갔다.

(5)

강이 바다로 이끌림을 거부할 수 없듯, 해바라기가 태양의 부름을 거부할 수 없듯 한족화는 중원 왕조와 친밀하게 접촉할 기회가 있는 소수민족에게는 불가항력의 숙명이었다. 이 야만족들은 약탈의 방식을 통해 한족 문화에 진입하여 눈길을 끄는 물건들을 탐욕스럽게 자신의 주머니 속으로 챙겨 넣었다. 그들은 이것이 호화스러운 함정이라는 사실을 깨닫지 못했다. 결국 이 약탈자들은 한족 문화에 유괴되고 마지막에는 자신의 모든 것을 잃게 되었다. 이런 숙명은 거대한 문화적 격차 때문에 생겨났다. 중원 왕조가 수천 년 동안 쌓아온 찬란한 문화에 비해 주변 소수민족의 문화는 상대적으로 더욱 초라해 보인다.

먼저 용맹스러운 기수들을 사로잡은 것은 한인의 물질문화였다. 역사적으로 중국 사회의 빈부 격차는 세계적으로도 독보적인 위치에 있다. 전 세계에서 가장 엄격한 전제정치를 토대로 세워진 강력한 수탈 능력은 한편으로는 광범위하게 퍼진 하류층을 수천 년 동안 기아에 허덕이게 만들었고, 다른 한편으로는 한족 상류사회의 물질적 향락을 끊임없이 정교화, 예술화시켰다. 이는 결국 일본인이 말하는 '6천 년에 걸쳐 구축한 생활의 아름다움'을 형성하게 되었다.

루쉰은《등하만필》에서 어느 일본인의 말을 인용했다.

"둥근 마호가니 식탁 앞에 앉아 냇물처럼 끊임없이 오가며 올리는 산해진미를 맛보며, 이야기는 골동품, 그림, 정치 따위로 시작한다. 전등 위에는 지나^(호那)식 등갓이 씌워져 있고, 은은한 빛이 옛 물건들을 늘어놓은 방 안에 퍼진다. 부르주아니 프롤레타리아니 하는 얘기들은 어디선가 부는 바람에 불과하다. 나는 지나 생활의 공기에 도취되면서 한편으로는 외국 인에게 매력 있는 이것에 대해 깊이 생각한다. 원나라 사람들도 지나를 정복하여 한족 생활의 아름다움에 정복된 바 있다. 만주족 역시 지나를 정복하고 한족 생활의 아름다움에 정복되었다. 지금의 서양인도 마찬가 지다. 입으로는 민주주의니 뭐니 말해도 지나인들이 6천 년에 걸쳐 구축 한 생활의 아름다움에 매료되었다. 일단 베이징에 살아본 적이 있다면 생 활의 맛을 잊지 못한다. 큰 바람이 불 때 일어나는 굉장한 모래먼지나 3개 월마다 한 번씩 펼쳐지는 독군^(督軍, 중국 신해혁명 후 각 성에 둔 지방관)들의 전쟁 놀이도 이런 생활의 매력을 지울 수 없다."

옛 중국의 호화스러운 스케일과 비교해 마요네즈, 다랑어에 만족하 는 서양 귀족들의 생활은 마치 시골 사람들과 같다. 이런 중국식 '생활 의 아름다움' 은 그저 만주풍의 요리와 한족풍의 요리를 함께 갖춘 호 화 연회석과 방중술에만 국한되는 것이 아니라 중국 전통극 관람, 정원 꾸미기, 골동품과 보석 감상, 심지어 시를 읊고 그림을 그리는 것도 포 함한다. 《동경몽화록》, 《무림구사기》, 《낙양명원기》를 펼쳐 중국 귀족 생활 예술의 최고봉을 읽어 보면 감탄하지 않을 수 없다. 바로 이런 '아름다움' 이 선비족, 여진족, 몽골족을 매료시켜 헤어나지 못하게 한 것이다.

물질적 향락을 통해 한문화는 자신의 정적^(靜的)인 세계관을 이민족 체내로 주입시켜 그들을 해이해지도록 했다. 문명의 초기에 한족은 이 미 자신의 간단하지만 견고한 세계관을 구축했다. 세계는 둥글고 완전무결하다. 마치 오랜 세월 멈추지 않는 물레방아처럼 '도(道)'에 따라 고지식하게 회전하며 영원히 변하지 않는다. 이 '도'라는 것은 일찍이 성인들을 통해 철저히 밝혀졌는데, 이 때문에 사람들은 세상에 살면서 스스로 머리를 쓸 필요 없이 편안하게 성인들의 지시에 따라 몸과 마음을 닦아 수양하고 집안을 다스리기(修身齊家)만 하면 된다. 한족 문명의 핵심은 활기에 대한 공포와 억제에 있다.

이런 정적인 세계관은 결국 인성 중 타성의 문명화와 이론화다. 어떤 자발적인 활력이든 경전을 위반하는 시도는 모두 틀린 것이다. 루쉰이 말한 바와 같이 책상을 하나 옮기는 것도 혁명을 초래한다. 이처럼 운명, 성, 도 등의 심오한 단어를 한데 뒤섞은 변명이 주변의 야만족들에게는 매우 설득력이 있었다. 왜냐하면 이는 그들의 조악하고 단순한 원시종교인 샤머니즘보다 훨씬 세밀하고 완벽하고 세속생활에 적합했기 때문이다. 그래서 야만적인 이민족이 책을 들어 공자를 읽기 시작했을 때 그들은 몸속의 원시적 충동 때문에 부끄러움을 느낄 수밖에 없었다.

그렇기 때문에 먼저 주색에 빠지고 나중에 사서오경에 정복된 야만족은 안정될 수밖에 없었다. 그들은 전진의 목표와 원동력을 상실하고 타성에 금세 굴복하여 결국에는 나태하고 부패하고 유약해졌다.

(6)

'생활의 아름다움'과 정적인 세계관이 결합하여 형성된 한문화의 거대한 위력은 블랙홀처럼 자신에게 접근하는 이민족을 모두 삼켜버렸다. 진한시대 이전에 한문화는 이미 황하 하류의 동이, 회하(화이허 강) 유역의 회이, 장강 이남의 백월, 사천(쓰촨성) 일대의 파인, 섬서(산시성) 부근의 서융, 산서(산시성) 일대의 장적, 적적, 백적을 삼켜버렸다. 진한시대 이후 한문화는 한 걸음 나아가 흉노와 돌궐의 일부분을 삼켜버렸고 북방의 갈족, 저족, 선비족, 거란족, 남방의 일부 요족, 이족, 계족 등을 삼켜버렸다. 이처럼 아편전쟁 이전의 수천 년 동안 한족의 동화력을 제압할 수 있는 민족은 없었다.

중국에서 유태인의 운명은 한민족의 강력한 동화력을 가장 잘 증명할 수 있는 예다. 널리 알려진 바와 같이 유태민족은 세계에서 자기 민족문화의 특징을 가장 소중히 여기는 민족이다. 비록 나라를 잃은 후 약 1800년이라는 세월 동안 세계 각지를 유랑하며 살고 있지만 아직까지 다른 민족에게 동화된 예를 찾아볼 수 없다.

북송 초기, 100여 명의 완벽한 유태인 조합이 실크로드의 거점인 부하라(우즈베키스탄의 제라프샨 강 하류에 있는 도시)를 통해 중원에 진입해 번화한 동경(東京, 지금의 카이펑 시)에 거주했다. 그들은 다른 지방으로 건너간 다른 유태인들과 마찬가지로 유태교 교당을 세웠다. 유태인 성전인 토라에 따라 안식일을 지키고 금식을 하고 할례를 지키고 돼지고기를 금하고, 매일 세 차례 교당으로 가 기도를 드렸다. 그러나 이는 다른 지역처럼 지속되지 못했다. 중국인의 세속적인 생활방식, 특히 과거제도가 이 총명한 민족을 매료시켰다. 점점 더 많은 유태인의 후예가 공자와 맹자의 도, 그리고 이를 공부함으로써 받을 수 있는 고관의 높은 봉록에 매료되어 중국인과 마찬가지로 고학하기 시작했다. 이들은 역사서 기재에서 두각을 나타내 개봉에서 진사에 합격한 유태인은 20여 명에 달했다.

과거제도의 강력한 유혹 아래 개봉 유태인 중 총명한 자제들은 더 이상 성직자의 길을 걷지 않았다. 그 결과 세계 다른 지역에서는 전혀 발생한 적이 없던 상황이 나타났다. 바로 성직을 계승할 이가 없어진 것이다. 공맹의 도가 결국 유태교를 이겼다. 점점 많은 유태인이 한인 여성을 아내로 맞이하고 레비(Levi)는 '이(李)'로, 세바(Sheba)는 '석(石)'으로, 아담(Adam)은 '애(艾)'로 바꾸는 등 한인의 성을 쓰기 시작했다. 결혼을 통해 그들의 겉모습은 점점 한인과 구분하기 어려워졌고, 그들의 생활 습관이나 취미도 차츰 중국인과 비슷해졌다. 심지어 수백 년 이후에는 '유태'가 무슨 의미인지도 알지 못했고 자신의 조상이 이스라엘에서 왔다는 정도만 어렴풋이 알 정도가 되었다. 결국 이 유태인들은 자신의 민족적 특징을 잃고 진정한 중국인이 되었다.

역사가 판원란이 말했듯이 "한족은 각 민족을 융화시키는 용광로와 같다." 민족의 융합은 각 민족의 공동 번영과 국가 부강의 통일을 촉진시키고, 소수민족의 문화 수준과 생활의 질을 높여 준다. 다른 한편으로 민족 융합은 사실상 예외 없이 '한족화'나 마찬가지다. 어떤 이민족 문화든 한문화라는 천 년 묵은 국속에 들어가면 한문화와 같은 맛을 냈다. 본래 강하고 독특한 맛을 가졌던 이질 문화도 펄펄 끓는 물속에서 한번 끓고 나면 흐물흐물해져 바삭함을 잃어버렸다. 문화의 다양성, 풍부성이 크게 침해되었음은 의심할 나위가 없다.

Chapter 03
탄소와 철의 비율

그들은 만주족 문화와 한족 문화에서 정수만을 뽑아내 융합시키고자 했다. 마치 쇠를 연마하듯 탄소와 철의 비율을 잘 맞춰 자신을 경도와 탄성이 완벽한 최상품의 강철로 주조하고자 했다. 그들의 말을 빌자면 "팔과 손가락처럼 만주족과 한족을 합친다."는 것이다.

(1)

100만 만주족 인구 중 90만 명이 앞다투어 세조를 따라 금수강산의 드넓은 내륙 지방으로 달려가 산하이관을 넘어 중국 중원으로 들어갔다. 자신들이 오랜 세월 숨 쉬고 살았던 옛 지역을 황량하게 남기고 일말의 아쉬움도 없이 말이다. "산하이관 밖 성루는 기와가 허물어져 내리고, 비옥한 천 리 평야에는 땅은 있으나 사람이 없었다."

이렇게 거의 모든 만주족이 그들의 뿌리를 포기하고 한 방울의 물처럼 한문화의 망망대해로 뛰어들었다.

어떻게 '한족화'를 대면할 것인가? 이것이 중원 문화가 소수민족에게 제기하는 가혹한 문제가 되었다. 이번에 만주인들이 제출한 답안은 선비, 여진, 몽골인보다 만족스러울까?

(2)

우리는 만주족에 대한 표현에 한층 더 낙관적이어야 할 필요가 있다. 산하이관을 나가기 전 이들은 이 문제에 대해 이미 매우 성숙한 사고를 진행했다.

사실상 한족화는 산하이관을 나간 후 봉착하게 된 새로운 문제는 아니다. 산하이관에서 멀리 떨어져 있을 때부터 한족화는 이미 백두산, 흑룡강 모든 만주족에게 논쟁의 중심이 되었다. 후금 변경 지역의 확대에 따라 산하이관 진입 전 한인의 수는 이미 만주족을 넘어섰다. 한족화는 들어가지 못하는 곳이 없는 물처럼 만주인의 생활 곳곳으로 침투했다. 수많은 만주족은 한족화가 그들에게 거대한 힘을 준다는 사실을 느낄 수 있었다. 피정복자인 한인 농민은 그들에게 농사를 알뜰히 짓는 법을 가르쳐 주고, 한인 공예가는 견고하고 보기 좋은 건물을 짓는 법을 알려주었다. 투항한 한족 관리들이 정부 건물을 짓는 것을 지휘하고 서쪽으로 진군하기 위한 지도를 그렸다. 만주족의 궐기 과정이 바로 끊임없는 한족화의 과정이라 할 수 있다. 한인들의 경험과 지혜는 마치 샘물과도 같아서 만주족의 비옥한 흑토에 뿌려 주면 왕성하고 강건한 새로운 민족이 태어났다.

그러나 모든 만주족이 한족화의 중요성에 대해 충분한 인식을 갖고 있던 것은 아니었는데 '늙은 칸' 누르하치가 바로 그러했다. 반(半)문맹이던 누르하치에게는 유목민족의 피가 흘렀다. 그는 어려운 문자만 골라서 쓰는 한족의 말하는 방식이나 속을 알 수 없는 성격을 싫어했으며, 특히 술을 충분히 마시지 않는 것을 매우 싫어했다. 누르하치는 한족 앞에서는 문화적 약자가 강자를 만났을 때의 열등감과 적대감을 드러냈다. 이런 문화적인 배척 반응은 그의 통치 말기에는 인재를 말살하는 '살수재(殺秀才)' 사건으로 변천되었다. 그는 억지를 부리며 만년에 여러 정사가 순조롭지 못한 원인을 한족의 탓으로 돌렸다. "여러 가지로 가증스러운 사람들"이라며 "한인 중 글자를 아는 이는 모두 죽이라."는 명령을 내려 수천 명의 한인 서생과 관리가 갑작스레 '늙은 칸'의 '문화 배척주의' 때문에 죽임을 당했다.

그의 계승자인 홍타이지는 한인을 대하는 문제에서 누르하치보다 훨씬 지혜로웠다. 젊은 세대가 늙은 세대보다 새로운 사물에 더욱 흥미를 느끼는 법인지라 홍타이지는 한문화를 대거 받아들였다. 즉위 이후 한문 서적을 번역하도록 하고 출정 외의 시간에는 《삼국지》, 《금병매》부터 《맹자》에 이르기까지 항상 손에서 책을 놓지 않았다. 한문화 앞에서 홍타이지는 '늙은 칸'보다 훨씬 개방적이고 자신감 넘치는 태도를 보여 주었다. 그는 한문화가 가진 절대적인 우세로 인해 한인의 지혜를 빌리지 않는다면 천하를 삼키겠다는 야심을 이룰 수 없을뿐더러 낙후된 경제적, 문화적 상태에서 벗어나지 못할 것이라는 사실을 명확히 짚어냈다.

홍타이지의 한문화 정책이 만주인의 궐기에 결정적인 역할을 했음은 여러 사실로 증명된다. 그는 전력을 다해 어떤 대가를 치르더라도 한인 인재를 초빙했다. 홍승주, 조대수, 공유덕 등이 모두 이 시기 후금에 투신한 이들이다. 그는 한인의 방식으로 정부를 조직하고 정부의 집권 능력과 행정 효율을 크게 높였다. 그는 팔기관학(八旗官學)을 세우고 귀족 자제에게 한문화를 배우게 했다. 그의 영향 아래 만주족 상류사회는 급속한 한족화를 이룩했다. 만주족의 전체적인 문화 소양과 지식수준에도 새로운 변화가 일어나 만주인이 훗날 천하를 얻는 데 중요한 밑거름 역할을 했다.

그러나 한족화 여정이 가속화되자 금세 한족화의 또 다른 모습도 나타났다. 만주족 귀족의 생활이 나날이 정교해짐에 따라 귀족 자제들의 무용정신이 퇴화하는 징조가 나타난 것이다. 그들은 선조들과 동고동락했던 활에 흥미를 느끼지 못하고 한인들의 심심풀이용 물품들에 더욱 큰 흥미를 가졌다. 홍타이지는 예민하게 이런 조짐을 알아차리고는 다음과 같은 말로 귀족들에게 경각심을 일깨워 주었다.

"과거 태조 황제 시절에는 다음 날 사냥을 간다고 하면 미리 매를 고르고 열성적으로 준비를 했다. 만약 못 가게 하면 함께 가게 해달라고 울며 부탁했다. 오늘날 젊은이들이 하는 일이라곤 거리를 돌아다니고 그림을 보며 즐거워하는 것이다. 예전에는 노소, 빈부를 막론하고 누구나 전쟁과 사냥에 나가는 것을 기뻐했는데 그때는 종복도 적어 각자 스스로 말을 준비하고 안장을 채우고 밥을 지어 먹었다. 오늘날 젊은이들은 군사를 일으키거나 사냥을 나가면 집사람이 아프다거나 집안일 때문에 거절하는 자가 많다. 분발할 생각은 않고 집안일만 걱정하니 국세가 쇠퇴하지 않을 수 있겠는가?"

만주인 가운데 처음으로 중국 역사를 체계적으로 읽어본 통치자는 자기 민족의 우세와 열세가 어디 있는지를 매우 잘 알고 있었다. 그는 만주족 군대가 한인 군대를 차례차례 진압할 수 있었던 이유는 만주인의 몸속에 존재하는 한인과는 다른 특성이라는 사실을 명확히 이해하고 있었다. 만약 한족을 정복한 후에 자기 민족의 천성을 잃는다면 과연 그들에게 이것은 승리일까, 실패일까?

이 문제가 그를 옭아매어 그는 천하를 정복하고픈 자신의 꿈이 지혜로운 것인지에 대해 회의가 들기 시작했다. 천총 10년(1636년), 홍타이지는 적장 원숭환에게 보내는 서신에서 왜 그가 몇 차례 군사를 이끌고 산하이관으로 들어왔다가 재빨리 되돌아갔는지에 대해 다음과 같이 설명했다.

"내 아버지 태조 누르하치는 과거 요, 금, 원 각 왕조가 한지에 들어온 후 몇 세기가 지나면 모두 한족의 풍습에 물이 들어버린다는 점에 크게 걱정을 했다. 그렇기 때문에 한인은 산하이관 서쪽에, 우리는 그대로 요하 동쪽에 살면서 만주, 한족 각자 자유로이 나라를 다스리도록 맡길 계획으로 일부러 산하이관을 지나지 않고 군사를 되돌렸다."

이 설명이 완전히 핑계가 아니라고는 하지 못하겠으나 확실히 홍타이지 마음 깊은 곳의 근심을 반영하고 있다.

서쪽으로 향하는 만주족의 발걸음이 나날이 빨라져 한족화 현상 역시 신속하게 만주족의 생활 가운데 만연하기 시작했다. 점점 많은 만주인이 한인들의 예의범절, 언어, 문자, 심지어 옷차림까지 추종하기 시작했다. 그들은 자신들의 음식이 한인 주방장이 만든 음식보다 훨씬 못하고, 전부 구어체로 이루어진 만주어가 매우 천박하며 활쏘기에 적합하도록 만들어진 자신들의 옷이 아름답지 못하다고 여겼다. 수많은 귀족들은 한인의 헐렁한 소매의 윗도리로 갈아입고, 홍타이지에게 오복제도(五服, 다섯 가지 평상복)를 바꾸도록 상소를 올리기까지 했다.

홍타이지는 《금사》에 기록된 한족화의 풍경이 이미 미세한 부분까지도 완전히 자신의 눈앞에 펼쳐지고 있었으므로 모든 이가 한족화되는 무서운 광경을 떠올리기란 어려운 일이 아니었다. 숭덕 원년 11월, 그는 만주족 전체 귀족을 황궁으로 불러들여 사람을 시켜 《금세종본기》를 낭독하게 하고는 그들에게 금나라 때 여진족의 한족화 역사를 설명해 주었다.

"금 세종이 한족화가 되어서는 안 된다고 역설한 바를 들었는데 비길 데 없이 뛰어난 논조에 마음이 쏠리고, 귀와 눈이 밝아져 감탄을 금치 못했다. …… 단지 자손들이 한족의 풍습을 그대로 따를까 걱정되어 이를 금지하여 구속하고, 자주 '조상을 잊지 않는다'는 말로 후대를 가르쳤다. 의복, 언어 방면에서 예전 제도를 따르고 수시로 말타기와 활쏘기를 연습해 무술을 익히도록 했다. 그러나 금 세종이 그토록 가르침을 내렸음에도 불구하고 금나라 후대 군주들은 이를 게을리 해 말타기와 활쏘기도 잊어버렸다. 결국 애종에 이르자 사직이 붕괴되어 국가는 멸망하고 말았다."

홍타이지는 또한 "며칠 전 유신, 달해, 고이전이 수차례 짐에게 만주족 의관을 바꾸라 권고했는데 짐이 이를 따르지 않자 그들은 짐이 신하의 간언을 받아들이지 않는다고 생각했다. 짐은 오늘 비유를 들어보고자 한다. 예를 들어 오늘 짐이 이곳에 오면서 큰 소매 옷을 입고 왼쪽엔 화살을, 오른쪽엔 활을 들었는데 갑자기 용사가 돌진해 짐을 해하려고 한다면 어찌 방어한단 말인가? 만약 말타기와 활쏘기를 없애고 넓은 소매의 옷을 입고서는 다른 사람이 고기를 자르기만을 기다렸다가 먹는다면 저 한족들을 숭상하자고 하는 것과 무엇이 다르겠는가? 짐이 그들의 말을 따르지 않은 것은 자손대대로 지켜야 할 계획인데, 어찌 그 이치를 바꾸라 이르는가? 훗날 자손들이 옛 법을 잊고 말타기와 활쏘기를 없애고 한족의 풍습을 따르지 않을까 항상 걱정이다."라고 말했다.

아직 완전히 중원을 점유하지 못한 홍타이지는 일찌감치 어떻게 한족화에 대처해야 하는지의 답안을 내놓았다. 그는 한족화와 만주족의 특색을 유지하는 것이 만주족의 발전을 위한 최상의 방도라고 생각했다. 주의해야 할 점은 양자 간에 반드시 평형을 이루도록 하고, 어느 한쪽이 모자라서는 안 된다는 점이다. 이를 위해 그는 국어의 제창, 말타기와 활쏘기의 보존, 의관 보존, 사치 엄금의 국가 정책을 정했다. 이는 멀리 내다볼 줄 아는 식견을 갖춘 방침으로 3대에 걸쳐 지불한 학비가 헛되이 쓰인 것이 아니었다.

(3)

산하이관으로 들어왔을 때 만주족은 항상 홍타이지의 말을 마음 깊이 새기고 있었다. 검게 그을린 얼굴 가득 세월의 풍파가 묻어나는 사나이들은 말을 타고 황하에서부터 장강, 그리고 다시 주강(珠江)에 이르는 광대한 제국의 웅장하고 변화무쌍한 모습을 놀라움이 가득한 눈으로 주시하고, 큰길 양쪽의 거대하고 아름다운 구조의 건축물을 관찰하고, 그들의 말 앞에서 우아하면서도 겁에 질린 한인들을 호기심 어린 눈빛으로 훑어보았다. '오소리' 가 거느린 '태반' 과 '오줌 싸는 아이', '썩은 눈꺼풀' 들은 그들을 보며 부러움과 경멸, 자신감과 경계가 뒤섞인 미묘한 감정을 느꼈다. 한족들이 창조한 찬란한 문화 앞에 그들은 감탄을 금치 못했다. 반면에 이토록 아름다운 문화를 보호하지 못하고 그들에게 정복당하는 것에 대해 깊은 의심의 감정도 뒤섞였다.

탄복하든 의심하든 한 걸음 더 한족화해야 한다는 흐름은 거스를 수 없었다. 그 이유는 먼저 그들이 거스르려 하지 않았기 때문이다. 이들 야만족이 산하이관으로 들어온 것은 장강과 황하에서 연어를 잡기 위해서가 아니었다. 그들은 천국처럼 아름답다고 하는 소주와 항주의 아름다운 풍경을 감상하고, 더할 나위 없이 맛있다는 중국 음식을 음미하며, 우아하고 뛰어난 곤곡(崑曲. 장쑤성 남부와 베이징, 허베이 등지에서 유행했던 지방 희곡)을 듣기를 기대했다. 이 민족은 역사적으로 중국 역대 변경 민족 중 가장 진취적이고 정복욕이 강하며, 생활욕망이 가장 치열한 민족이었다. 그들은 새로운 모든 것에 흥미를 느꼈다. 정복의 성과를 충분히 즐기기 위해 돌 성벽을 넘은 후에 반드시 문화의 성벽을 넘어야 했다.

한층 더 강력한 한족화의 원동력은 불안감이다. 한지에 들어온 후 한족의 인구수에 놀란 만주족들은 그제야 자민족의 작은 규모를 직관적으로 인식했다. 총명한 만주족들은 100만 명으로 세계에서 가장 크고 우수한 민족을 통치하려면 온 힘을 다해야 하고, 일분일초도 마음을 놓을 수 없다는 사실을 깊이 깨달았다. 한족은 겉으로는 순종하는 척하면서 속으로는 적의를 품고 있었기 때문에 반드시 한문화를 깊이 연구하고, 한족의 심리를 파악함으로써 한인을 통치하는 기술을 배워 한족 사회의 운행 규칙에 정통해야만 한다. 그래서 한지를 정복한 후 한어라고는 간단한 단어 몇 개밖에 할 줄 모르는 만주족들은 다시 새로운 정복, 즉 한문화 정복을 시작했다.

전쟁터에서 만주족들은 모두 사내대장부였다. 학문 세계에서도 그들은 강직하고 혈기가 넘쳤다. 황제를 예로 들어보자. 산하이관 밖에서 태어난 순치 황제는 모래바람 속에서 어린 시절을 보냈고, 즉위 전까지 한어를 체계적으로 배울 기회가 없었던 터라 14세에 즉위했을 때 신하들이 한문으로 올린 상주문을 전혀 이해할 수 없었다. 승부욕이 강한 어린 황제는 무슨 일이 있더라도 반드시 한어를 완벽히 익히겠노라 다짐했다. 그는 스스로 매일 아침부터 저녁까지 국사를 돌보는 일을 제외하고는 항상 책을 읽고, 오경에 다시 일어나 읽는다는 등의 규칙을 정해 놓고 9년간 지속했다. 과도한 피로는 결국 건강을 심각하게 해쳐 그는 폐결핵에 걸려 각혈을 하는 지경까지 이르렀다.

이민족 문화를 익히는 데 강희 황제가 보여 준 노력과 완강함 역시 아버지보다 못하지 않았다. 그는 훗날 다음과 같이 자신의 학습 경험을 술회했다. "매일 읽는 책을 반드시 글자 하나하나 외웠고 한 번도 스스로를 속인 적이 없다." 한번은 남순 도중에 연자반에 정박했는데 강희는 새벽 3시까지 책을 읽으면서도 피로해하는 기색이 없었다. 이에 시종들이 여정이 고단하다며 휴식을 취할 것을 권했다. 그러나 강희는 다섯 살 때부터 길러진 습관이라며 "즐거우면 피곤한 줄 모른다."라고 했다.

강희 때부터 청나라 황실은 황자의 교육에 엄격한 규칙을 제정했다. 황자들은 매일 아침 4시에 일어나서 무일재로 가 쉼 없이 6시간을 공부했다. 2시간의 점심 휴식 후 다시 저녁 7시까지 단체로 말타기와 활쏘기 연습을 하며 몸을 단련했고, 오전에 배운 내용을 복습하고 시험을 봤다. 황자들이 매일같이 글을 익히고 무술을 연마하는 시간은 무려 13시간에 달했고, 이는 계절에 상관없이 하루도 빠짐없이 지켜졌다.

이를 통해 우리는 어떻게 이들 이민족 황제가 중국 역사상 한문화에 정통한 통치자가 되었는지 이해할 수 있다. 그들의 서예, 시는 대다수 한족 황제보다도 훨씬 뛰어나고 아름다웠으며, 중국 철학에 대한 연구와 체득 역시 대다수 한족 지식인보다도 뛰어났다.

하늘은 항상 용감한 자를 돕는 법, 이민족이라는 이유로 차별하지 않았다. 한문화에 대한 깊은 이해는 청대의 성공적인 통치의 토대가 되어 주었다. 이를 토대로 그들은 한족의 정치적 전통을 성공적으로 계승하고 발전시켰으며, 역대 한족 제왕의 통치 경험을 전면적으로 본받고 흡수해 한족이 수천 년에 걸쳐 형성한 통치 기술을 금세 습득했다.

(4)

만주족은 흡수보다는 한문화의 거절에서 더욱 뛰어난 실력을 보여 주었다. 홍타이지의 자손들은 그보다 한족들을 관찰할 기회가 더 많았다. 한족 황제가 남긴 황궁에서 생활한다고는 하나 그들은 잠시도 자신의 이민족 혈통을 잊은 적이 없었다. 활 쏘는 데 편리하도록 만들어진 옷을 입고, 화령(花翎, 청대에 황족 또는 고관들에게 하사한 모자 뒤에 드리우는 공작의 깃)을 꽂고, 태화전 높은 곳 역대 한족 황제들이 앉았던 거대한 황위에 앉아 앞에 무릎 꿇은 군신들을 주시했다. 왼쪽은 만주족 인척이고 오른쪽은 한족 대신이었는데 이러한 위치는 서로 다른 두 문화 간의 차이점을 관찰하고 판단하는 데 도움이 되었다.

강희부터 건륭까지 현명한 만주족 황제들은 줄곧 한인의 면면을 유심히 관찰하고는 만주족과 한족을 비교하는 흥미롭고 다채로운 평론들을 남겼다. 물론 정복자로서 한족을 보는 그들의 눈에 편견이 존재했고 어투에는 경멸과 냉소가 가득했다. 그러나 방관자가 사물을 냉정하게 보는 법이라 그들의 관점을 돌이켜보면 배울 점이 없는 것은 아니다.

세 명의 황제는 모두 만주인의 장점으로 성실함과 질박함을 들었다. 그들은 "만주인은 본성이 소박하고, 단순하며 성실하고 충성스럽다." "성심을 다해 부모에게 효도하고 재물을 탐하지 않으며 극심한 빈곤으로 난처한 상황에 처해도 염치없고 비열한 짓을 하지 않는다."라고 했다. 이는 사실과 크게 다르지 않은 것 같다.

청나라 초기 산하이관을 넘은 한족들은 종종 손님을 접대하기 좋아하는 동북 사람을 보고 놀라워했다. 남방 사람 왕일원은 《요좌견문록》에서 "요동 사람들은 풍속이 예스럽고 질박하여 지나가는 상인이나 여행객이 관문을 지나 잠자리를 구하면 주인들은 항상 닭을 잡거나 돼지를 잡아 정성을 다해 그들을 접대하고 말이나 노새에게 먹일 풀도 준비한다. 그러나 기본적으로 손님들이 어디에서 왔는지 어디로 가는지는 묻지 않는다. 다음 날 아침 토산품 등의 선물을 가져온다면 그들은 그 것을 받을 것이고, 다만 고맙다는 말만 남기고 가더라도 기뻐할 것이 다. 만약 그들에게 돈을 준다면 절대 받지 않을 것이다."라고 기록했 다. 순치 15년 동북에 온 장진언 역시 동북은 "벽 리를 가도 식량을 가 져갈 필요가 없고, 소와 말이 먹을 풀과 곡식을 가지고 다니지 않아도 된다. 아무 데나 찾으면 마치 오래전부터 알던 사이처럼 묵을 수 있다. 주인은 형편대로 접대를 하고 보답을 바라지도 않으며 이를 좋은 일이 라고도 생각지 않는다."라고 했다.

오늘날 우리는 동북 사람들의 열정과 호쾌함에서 과거 토착 조상들의 유풍을 엿볼 수 있다. 당시 만주족들은 오늘날 초원에서 생활하는 몽골 인처럼 말이 서툴고 미소가 순박했다. 어려움이 있으면 서로 돕고 무엇 이 생기면 서로 나누었다. 《유변기략》에서는 "만주족은 사냥해서 짐승 을 잡으면 반드시 친지와 벗들과 잔치를 연다."라고 기록되어 있다. 그 들은 아직 시시콜콜 따지고 서로 경계하는 성격을 갖추지 못했다.

이와는 반대로 한족은 수천 년에 이르는 격렬한 생존경쟁 속에서 비 정상적으로 복잡하고 정교한 생존의 기교를 발전시켰다. 만주족 황제 가 한인에게 느낀 첫 번째 인상은 생각이 너무 깊고 인심이 옛날 같지 않다는 것이었다. 강희 황제는 말년에 여러 황자에게 "짐이 나라를 다 스린 지 오랜 세월이 지났으나 한인은 다스리기 어렵다."라고 말했다.

강희는 한족과 접촉할 때의 느낌을 "대략적으로 보기엔 쉬운 것 같 으나 알면 알수록 매우 어렵다. 자신이 한 말도 나중에 쉽게 변한다." 라고 설명했다. 다시 말해 한인은 보기에는 사귀기 쉬운 것 같으나 마 음을 알기가 매우 어렵다는 말이다. 그들의 말과 행동은 종종 배후에 깊은 계산이 숨겨져 있는 경우가 많고 겉과 속이 달라 헤아리기 힘들다. 강희는 자주 한인이 일을 할 때 원칙이 부족하다고 비판했다.

"부도어사 허삼례가 짐에게 웅사리를 추천했다. 웅사리가 비판을 받을 때 한족 관리들은 앞 다투어 그의 험담을 했다. 허나 짐이 그를 기용하려는 뜻을 보이자 다시 그의 칭찬을 늘어놓았다. …… 이로 미루어볼 때 한인들의 행실은 매우 수치스럽다."

사회의 불안을 이야기할 때도 강희는 그 이유를 한인의 도덕적 타락으로 귀결시켰다. "한인들은 간이 커서 거리끼는 일이 없다." 그는 몽골인의 '충직함과 온후함'을 한인의 '각박함'과 비교하며 "몽골은 일 년 내내 사람이 죽는 일이 발생하지 않는데 이를 통해 풍속의 온후함을 알 수 있다. 중국 각 성에서는 인명 사건이 수도 없이 일어나는데 풍습이 각박해서 그런 것이다."라고 말했다. 확실히 청 왕조의 통치자는 왕조 몽골인을 다른 어떤 민족보다 신임하였다.

옹정 황제는 역대 만주족 황제 중 총명함과 실행력, 뛰어난 말솜씨로는 수위에 꼽히는 황제인데 한인의 총명함에 대해서는 조심하며 충돌을 피했다. 그는 한족 관리의 글재주가 대단하다며 "한 글자 한 글자가 모두 변화무상하다."라고 말했다. 그들의 상주문을 읽을 때 그는 항상 조심하며 글자와 글자 사이의 내용을 읽어내려고 노력하여 '비웃음을 당하지' 않도록 했다. 그는 한족 대신에게 솔직하게 말했다. "줄곧 너희 역사에 대해 짐은 깊이 탄복하고 있다. 한 글자 한 글자 짐은 소홀히 할 수 없다."

강희 황제가 한족의 '각박한 풍습'을 비판한 것과는 달리 옹정 황제의 한인에 대한 비판은 한층 더 현실적이고 정치적인 실용성이 있었다. 그의 한인에 대한 악감정은 주로 상관에게 빌붙는 관리, 위선자에 집중되어 있었다. 그의 말에 따르면 만주족 관리는 성심을 다해 임무를 다하고 남의 미움을 살까 두려워하지 않는다. 반면에 한족 관리는 겉으로는 선량한 듯하나 속으로는 매우 교활하다. 그들은 아랫사람을 감싸 주는 데 힘을 쏟고 작은 집단의 이익을 추구하는 거서 원칙을 지키지 않고 전반적인 정세를 고려하지 않는다.

"일부 국경을 지키는 관리는 자신의 평소 품행이 청렴했던 것에 신임을 얻어 빈둥대도 된다고 생각해 지방의 사무를 바로잡지 않고 대강대강 넘기며 악인에게 관용을 베풀어 나쁜 일을 하도록 조장한다. 이런 '상관에게 빌붙는 관리'로 인한 손해가 막대한데 모두 그들이 평소에 대중에게 영합하기 위해 애매모호한 태도를 취하고, 도에서 벗어난 방법으로 명성을 구하기 때문이다."

옹정은 즉위 기간 내내 관리 중에서 위선자와 교활한 자를 잡기 위해 힘썼으며 '침묵을 지키고 책임을 전가함으로써' 자신의 지위를 지키려는 이들을 비판하며 인정사정없이 처벌했다.

황제들은 한족과 비교할 때 만주족의 주요 장점은 '구체적'이며 '헛된 명성을 좇지 않는' 데 있다고 생각했다. 비록 학식이 높지는 않았으나 말을 하고 행동으로 옮길 때 실제적인 실행력이 강했다. 반면에 한인 중 일부는 쓸모없는 책만 죽도록 읽어 모든 일에 구체적인 것을 무시했다'.

강희 황제는 "한족 관리는 실용성 없는 글을 짓고, 방관적인 무책임한 발언을 하며, 군사적 대사에서도 직책을 다하지 못한다."라고 평가했다. 그는 특히 성리학자들을 혐오해 개인적으로 대신들에게 "성리학자들은 집안에 정좌해 한담이나 즐길 줄 알지 임무를 맡기면 할 줄 아는 게 없다."라고 평했다. 옹정 황제는 일부 거인(擧人, 명청 시대에 향시에 합격한 사람), 진사 출신의 한족 관리 역시 썩은 문장을 뜻하는 부문(腐文)만 여러

편 기록하고, 역사책 몇 구절 암송할 줄만 알며 가짜 성리학을 말하고 구체적인 정치는 하지 못한다고 말했다.

건륭 황제는 만청 개국 이래 가장 깊이 한족화된 제왕이다. 그는 한문화에 깊이 빠져 한문화가 가져다주는 즐거움을 마음껏 누렸고, 다른 한편으로는 한족의 무허(務虛, 이론에 주력함)와 무용(無用, 쓸모가 없음)을 경시했다. 그는 "만주족이 일단 검을 버리고 책을 드는 것이 우아해지는 것이라 생각한다면 한족들처럼 연이어 무용으로 스며들기 때문에, 만주족이 한문을 배울 때 한족의 가볍고 화려함을 배우는 것으로 빠져드는 것을 막을 수 없다."라고 했다. 그는 만주족에게 "헛된 명성을 좇지 않는 전통을 유지하는 데 힘쓰고, 근본을 잊지 말고 저들의 풍습을 공부하자"라고 했다. "만주인의 본성은 순박하여 허명을 얻는 데 힘을 쏟지 않는다. 한문에 통달하려 한다 해도 이 또한 청나라의 말과 예술을 공부하는 여가이니 간단히 마음에만 둘 뿐이다. 근래에 만주인들이 한족의 풍속에 물들어 매사에 글 짓는 일만을 대단한 것이라 여기고, 한인들과 나이를 따져가며 동년배들과 다니는 무리가 있는데 이는 끊어야할 악습이다."

오만한 만주족 통치자들에게는 물론 일부를 전체로 평가하는 면도 없잖아 있었으나 확실히 1천여 년의 중원 왕조의 인재관념과 인재선발 메커니즘에서 쌓인 폐단에 일침을 놓았다.

만주족과 한족의 세 번째 차이점은 만주족은 응집력이 강하고 한족은 응집력이 떨어진다는 점이다. 성실하고 꾸밈이 없는 민속 및 노예제가 남긴 흔적으로 인해 만주족의 풍속은 존비, 상하가 정연하고 엄숙하며 주인과 종의 명분을 가장 엄격하게 하며, 일을 할 때는 성실하고, 전심을 다해 부모에게 효도하여 기율이 엄격하고 법령이 막힘이 없다. 만주족은 상급의 명령에 이의를 제기할 줄 모르고, 전투에 나가서는 앞으로 돌진하는 것밖에 모른다. 그들 간에도 내부 투쟁이 있을 수 있으나 한 번 싸우면 그뿐이다. 겉으로는 즐겁게 이야기하는 척하면서 암암리에 해코지하는 한족처럼 원한을 품지는 않았다. 그렇기 때문에 만주족의 단결, 협동 능력은 한족을 훨씬 능가한다.

한족의 붕당 풍토는 산하이관으로 들어온 후 만주족 황제를 가장 경악케 한 정치적 풍경이었다. 붕당정치는 중원정치의 파벌주의에서 비롯되었다. 어떤 파벌에 가입하고 어떤 사람을 따르는 것은 관리 사회에서 반드시 따라야 하는 길이었다. 사람들은 서로 다른 이익과 견해로 인해 각 단체로 나뉘었는데 이는 사회생활 속에서 정상적인 현상이었다. 이런 점에서 중국의 붕당 간 분쟁과 서양의 정당정치는 기원이 같다고 볼 수 있다. 그러나 양자 간의 치명적인 차이점은 서양의 정당은 책상 위에서 진행되었고 양측은 명확한 규칙을 통해 정당하게 논쟁하고 대결했지만, 중국의 붕당은 책상 아래서 진행되어 양측은 겉으로는 화해하고 잘 지내는 듯하지만 그 아래서는 상대를 음해하고자 악랄한 수법을 썼다는 것이다. 붕당정치는 중국인이 악질적인 경쟁 속에서 키워온 무규칙, 무한계, 무도덕심 등 악습의 총체였다.

붕당정치의 특징을 강희의 말을 빌려 설명하면 다음과 같다.

"모든 일은 동문, 동년배의 이익을 좇는 것에서부터 출발하여 적을 대할 때는 사적인 마음을 품고 복수하고, 벗을 대할 때는 서로 치켜세우니 공적인 마음은 전혀 없다. 비록 이치에 맞지 않는 일로 억울하게 죄를 입는다 하더라도 매번 동문, 동년배의 사정 때문에 끝까지 방해를 하며, 강직하고 공적인 이론을 세워 이를 고수하며 일을 처리하는 자들은 없다. 이 때문에 사회가 혼란스러워지니 이러한 풍속은 나쁜 것이라 끊어버려야 하나 지금도 사라졌다고는 말할 수 없다."

붕당으로 명나라가 망했음에도 불구하고 이민족의 통치 아래 한인들은 여전히 '싸움의 즐거움은 끝이 없다'며 '싸움을 위해 싸우는' 듯 하루라도 남의 나쁜 말을 듣지 못하고 남의 험담을 하지 않으면 밥도 맛이 없을 정도였다. 만주족 황제들은 이런 한인들의 모습에 경악을 금치 못했을 뿐 아니라 이해를 할 수가 없었다. 강희 황제는 한족들이 당쟁 과정 가운데 보여 준 '죽을 때까지 싸움을 멈추지 않는 정신'에 감탄하며 다음과 같이 말했다.

"한인들은 원수를 찾아내는 것을 좋아하는데, 설사 본인이 복수를 하지 못하더라도 그 동문이나 형제들이 옛일을 서로 전하며 보복하기를 대대로 수십 년이 지나도 그치지 않는다. 옛날 산동, 하북, 강남 사람들은 모두 복수를 즐겼는데 나 또한 이를 기억한다."

1691년 11월 강희 황제는 한인이 서로 배척하는 모습을 생생하게 묘사했다.

"근래에 안팎의 여러 관리들을 살펴보면 서로 간에 알력을 일으키는 일이 있어서 같으면 당이 되고 다르면 주살하니 복수에 연루된다. 자기의 복수가 아니라면 도리어 다른 사람이 대신 참소할 것을 부탁하니 스스로 뒤에서 배후가 되어 주는 것이다. 뜻을 갖고 말하려 하나 그 일을 직시하지 못하니 공교롭게도 자기 말 속에 빠진다. 비록 해직되어 한직으로 쫓

겨나도 여전히 복수를 부르짖으며 그치지 않으니 자제들까지도 연루되어
자기 가문을 몰락시킨다."

말 속에 극에 달한 원한과 증오의 모습이 모두 드러난다. 강희부터
건륭까지 황제들은 모두 붕당정치를 이전 왕조가 남긴 최악의 정치적
고질병으로 진단하고, 이런 암적인 존재가 청 왕조의 통치능력을 흐트
러뜨릴까 걱정했다.

(5)

선비, 여진, 몽골의 계승자로서 만주족 황제들은 전 세대들보다 훨씬
잘하겠노라 다짐했다. 만주족과 한족이라는 두 문화의 장단점에 대한
명석한 관찰을 토대로 그들은 자신의 한문화에 대한 방침을 확립했는
데 이는 바로 '들어갈 수 있다면 튀어나올 수도 있다' 는 것이다. 그들
은 만주족 문화와 한족 문화에서 정수만을 뽑아내 융합시키고자 했다.
마치 쇠를 연마하듯 탄소와 철의 비율을 잘 맞춰 자신을 경도와 탄성이
완벽한 최상품의 강철로 주조하고자 했다. 그들의 말을 빌자면 "팔과
손가락처럼 만주족과 한족을 합친다." 는 것이다.

이는 만주족이 한문화를 대하는 태도를 결정지었다. 바로 흡수와
거부를 적절히 한다는 것이다. 그들은 한문화 중 최고의 경지에 이른
전제통치 경험과 찬란한 문학적 아름다움을 흡수함과 동시에 실무 능
력이 약하고 내부 분쟁, 유약함 등과 같은 침식성이 강한 약점은 거부
하고자 했다. 그들에게 거부는 어쩌면 흡수보다 더욱 중요했다.

만주족 무사가 상무적 기질을 상실하는 것을 방지하기 위해 산하이
관으로 들어온 후 그들은 역대 소수민족이 채택한 바 없는 거부의 조

치, 즉 만주족과 한주족의 단절을 실행했다. 산하이관을 넘어간 만주족들은 전국 20여 곳의 전략적 요지에 배치되거나 옛 도성 내에서 경계를 쌓아 표시함으로써 지역을 구분 지어 거주했다. 또는 현지에 만주족 거주지역인 '만성(滿城)'을 건설하고 한인들과 완벽히 격리시켰다. 그들은 한인의 풍습에 물드는 것을 피하기 위해 만성 성문은 주둔 장군이 직접 관리하여 닭소리에 문을 열고 닭이 잠들면 문을 닫아 한인은 이유 없이는 들어오지 못하게 했다. 만주족은 특수한 임무가 없다면 성에서 20리 이상 떠나지 못하도록 하고 만약 이를 어길 시에는 도망을 간 것으로 처리했다. 만주족과 한족 사이에는 서로 결혼하지 못하도록 했고, 만주족 군인이 죽으면 어디에 살고 있든지 베이징으로 돌아와 만주인의 묘지에 안장하도록 했으며, 그 부인 역시 반드시 베이징으로 돌아와 거주하도록 했다. 광저우처럼 수천 리 떨어진 곳도 예외는 아니었다.

　황제들은 자신의 상무 정신을 유지하기 위해 더욱 노력했다. 궁에 틀어박혀 살던 한족 황제들과는 달리 만주족 황제들은 부지런히 움직이는 것으로 유명했다. 그들은 오랜 세월 여러 지방을 편력하며 끊임없이 직접 출정하고 사냥하고 각 지방을 순시했다. 그들은 황궁의 편안한 의자가 자신들의 골격을 무르게 할까봐, 중원의 술이 조상에게서 물려받은 뜨겁고 분방한 피를 묽게 할까봐 걱정되었던 것이다.

　그렇다고 해서 황제들 모두가 여행 애호가는 아니었다. 당시 황제가 밖으로 나가 여행하기란 여간 힘든 일이 아니었다. 강희 21년 선교사 페르비스트(중국명 남회인)가 영광스럽게도 황제를 따라 여행을 떠났는데 그의 상세한 기록을 통해 우리는 황제의 여행은 편안함과는 거리가 멀다는 것을 알 수 있다. 어떤 지역은 길이 없어 황제, 태자, 모든 황제의 인척들이 진흙 속에서 걸어가야 하는 일이 허다했다. 황제는 약 3개월

간의 고된 여정 가운데서 하루도 멈추지 않고 야수를 쫓았다. 하루는 페르비스트가 황제의 호랑이 사냥에 초대를 받은 적이 있는데 황제와 함께 높은 산을 오르고 깊은 골짜기로 들어갔다. 그는 "이런 격렬한 활동은 어느 정도 시간이 흐르면 적응이 되기는 했으나 매일 밤 천막으로 돌아오면 말에서 내리자마자 서 있을 수도 없을 정도로 피곤했다."라고 기록했다.

역대 만주족 황제들은 항상 모국어, 말타기와 활쏘기 같은 민족 전통을 잃지 않을까 하는 걱정에 휩싸여 있었다. 모든 황제는 끊임없이 만주족은 반드시 국어, 말타기와 활쏘기를 익혀야 한다고 명령, 호소, 강조했다. 강희의 "한족의 풍습에 물드는 것은 조상의 밝은 지혜에 위배되는 것이므로 짐은 이 일을 하지 않을 것을 맹세한다."라는 말부터 가경의 "우리 팔기 만주는 먼저 만주어, 말타기와 활쏘기를 근본으로 하고 다음으로 경서를 통독하여 명확한 도리로 다스리는 데 이용한다."라는 말까지 이런 강조는 거의 매일, 매월, 매년 말하는 정도까지 이르렀다.

만주족의 군사적 우세를 유지하기 위해 강희 황제는 가을사냥을 거행했다. 사냥 과정 중 유약하고 무공이 부족한 자들은 엄히 벌했는데 인척이나 측근자도 예외는 아니었다. 옹정 황제는 비록 자신의 무공이 뛰어나지는 않았으나 만주족의 무용을 지속시키는 데 대해 엄격히 분부했다. 건륭 황제는 조상의 유풍을 유지하기 위해 일련의 엄격한 규정을 제정했다. 그중 가장 가혹한 것은 기마 능력을 높이기 위해 만주족의 고위 대신은 황제를 뵐 때 반드시 가마 대신 말을 타야 했다. 역사를 고찰하면 청대 황제가 민족 전통을 유지하고 보호하기 위한 여러 조치의 확고성, 연관성, 유효성이 모두 그들의 이전 민족들보다 훨씬 뛰어나다는 사실을 발견할 수 있다.

(6)

만약 만주족들이 만주어와 말타기, 활쏘기 같은 외형적인 보존에만
그쳤다면 그들은 단순히 양적인 성장밖에 이루지 못했을 것이다. 만주
족의 한족 문화에 대한 거부는 한문화 핵심정신을 거부한다는 의미라
는 점에 주목할 필요가 있다.

한문화의 핵심은 '보수'다. 성인들의 말씀으로 빼곡한 한인들의 정
신세계는 더 이상 다른 생각이 들어올 자리가 없었다. 성인들의 하해와
같은 가르침은 한 올 한 올 밧줄이 되어 한인들의 상상력과 창조력을
옭아맸다. 무슨 일을 하든 옛 사람들의 말씀에서 근거를 찾아야 했고
현실과 성인의 말씀 사이에 모순이 생기면 잘못된 쪽은 영원히 현실이
어야 했다.

그러나 만주족 문화의 핵심정신은 '현실'이다. 예전부터 변방에서
지내온 홍타이지는 "모든 일은 실천만 못하다."고 했으며 "시비를 명확
히 밝히고 변화에 적응하기 위해서 책을 읽는 것이다."라며 '글 속에
얽매이는 일'이 없도록 했다. 변방에 있던 낙후한 소수민족이던 만주족
이 세계에서 가장 큰 제국을 정복할 수 있었던 것은 한 곳에 구애받지
않고 모든 일을 현실에서 출발해 융통성 있게 실천해 나갔기 때문이다.

이렇듯 문화적으로는 낙후되었지만 한인들과는 전혀 다른 사유방식
을 가진 만주족이 중국을 정복하는 과정에서 보여 준 총명함과 지혜는
한족을 능가했다. 명나라와 청나라의 한판 전쟁에서 이들 '야만족'은
정확한 순서와 노련한 방법으로 곳곳에서 고수의 모습을 여실히 보여
주었다. 그들의 머릿속에는 한족들의 충신에 대한 개념은 없었다. 대

신 정복 과정에서 진심으로 목숨을 아끼지 않은 사람들에 대해 과거를 따지지 않고 흔쾌히 고관직을 내어 주었다. 이렇듯 너무나도 현명했던 조치는 만주족의 부족한 인재와 병력을 충분히 메워 주었고 한인 관료들의 정치 경험과 사회 호소력을 손쉽게 자기 것으로 만들 수 있었다. 나라가 어느 정도 자리를 잡자 그들은 이제 한인 사회에서 영향력 있는 라이벌들에게 관용의 정책을 펴는 현명함을 보여 주었다. 고염무, 황종희, 왕부지, 굴대균 등과 같이 한때는 반청 지도자들이었지만 현재 반청활동이 없으면 예전의 반청행위에 대해 일체 추궁하지 않았다. 청 왕조는 그들에게 정치에서 물러나 자유롭게 이민족의 기질을 유지하도록 허락했다. 이런 정책은 격렬히 대항하던 유민들도 점점 평화를 되찾게 했고 결국에는 새로운 왕조 건설에 힘을 보탬으로써 진정으로 반청 세력의 기초를 와해시키는 결과를 가져왔다. 이런 노련한 정치는 정치가로서는 정말 실천하기 힘든 일이다.

그런데 명나라를 돌아보면 숭정조부터 남명까지 제대로 된 안목과 식견을 가진 정치가를 전혀 찾아볼 수 없다. 책 깊이 읽고 공부 많이 한 황제와 관료들이 조직한 한인정책 결정 단체는 너무 주관적이고 편협한 생각으로 가득했다. 그들의 머릿속에는 대의명분과 책 속의 경험에 사로잡혀 현실감을 상실한 지 오래였다. 그러다 위기 속에 황제가 된 홍광조도 군대를 중시하기는커녕 2백 년 전 주원장에게 억울하게 죽임을 당한 부우덕 등의 명예를 회복시키는 일에 더 매달렸다. 남명 후기 대서군의 잔여 부대로 막강한 병력을 가지고 있던 손가망은 오로지 남명에 투신하려는 마음뿐인 사람이라서 그를 끌어안을 경우 남명의 군사력이 크게 증강될 것은 분명했다. 그런데 그가 자신의 군사력을 미끼로 높은 벼슬을 요구했다고 해서 남명은 절대 받아들일 수 없다고 강경하게 나갔고 결국 손가망은 청나라로 투신하고 말았다. 그런데 정치가들이 하나같이 내쳐야 한다고 주장한 이 대악인 앞에 한인들은 모두 패하고 말았다.

입관 이후 만주족 통치자는 역대 조상들이 위대한 업적을 이룩한 이유를 끊임없이 생각했는데 가장 예리한 결론에 도달한 사람은 바로 말타기도, 활쏘기도 평범하기 그지없던 옹정 황제였다.

"입관하여 천하를 통일한 본 왕조가 믿을 만한 것은 오직 '실행'과 '전략'적인 눈이었다. 우리 민족은 허황된 글과 수식을 숭배하지 않으며 역대 대왕들의 경험에 맞추어 조치를 취해 왔다. 이로 미루어 볼 때 실행은 빈 글보다 낫다. 우리 만주인들의 순수하고 충성스러우며 청렴한 행동이 한인의 문예와 몽골의 경전을 이기지 않았는가?"

청나라 초기 제왕들의 인재 기용을 살펴보면 한인 왕조에서는 거의 찾아볼 수 없었던 현실감이 두드러진다. 한인 왕조를 보면 개국 왕들이 대부분 제도를 만들 수 있었는데 그들은 개혁을 위해서 손실도 마다하지 않았다. 후대 군주들의 행동은 세월이 지나면서 절대 바꿀 수 없는 낡은 교리가 되었고 결국에는 현실과 동떨어지고 제도도 효과를 거둘 수 없게 되어 망국의 길을 가고 말았다. 그런데 강희와 옹정, 건륭 황제 때는 100여 년 동안 수차례 정치 혁신이 단행됐고 생동감 있고 진취적인 정치 형태와 끊임없이 성장하고 수정되며 정비되는 제도의 변화를 볼 수 있었다.

강희 황제는 호기심이 매우 많은 사람이었다. 그는 중국 역사상 처음으로 서양 의학에 긍정적인 태도를 보인 황제였다. 그는 서양의《인체해부학》을 만주어와 한어로 번역하게 했으며 동면 중인 곰을 해부하도록 명령하는 한편 본인도 해부에 직접 참여했다. 또한 양약 연구를 적극 지원했고 자신의 자녀와 궁중 여자들을 시범으로 하여 중국 최초로 종두를 보급시켜 천연두를 예방했다.

강희 황제는 국사 처리에서도 역대 황제들에게서는 찾아보기 힘든 과학적인 정신을 보여 주었다. 옛날부터 역대 왕조들은 황하의 범람을 막기 위해 엄청난 인력과 돈을 쏟아 부었다. 그러나 강희 황제처럼 황하의 발원지를 탐사하고자 시위를 파견한 사람은 없었다. 멀리 성숙해(星宿海)까지 왕복 1만여 리에 달하는 거리를 탐사하고 중국 최초로 실측 조사한 황하도를 만들었으며, 실제로 조사한 내용을 기초로 황하의 범람에 대처하는 조치를 취했다.

옹정 황제는 중국 역사상 개혁을 가장 많이 한 황제로 유명하다. 급하고 엄격한 성격을 가진 이 황제는 '아버지가 돌아가시면 3년은 아버지가 행하던 방법을 고치지 않는다' 는 한인들의 교훈을 따르지 않고 즉위하고 얼마 지나지 않아 과도하게 인자했던 강희 황제가 남겨 두고 간 문제들을 해결하기 위해 서둘러 칼을 빼들었다. 그는 13년 동안 시대 변화에 맞추어 강희 황제 만년의 정책들을 대폭 조정했다. 이어서 군기처를 창설하고 주접제도(황제에게 직접 밀지를 바치게 하는 제도)를 마련했으며 개토귀류(족장을 폐하고 중앙 관리를 임명함)를 단행하고 천민제도를 폐지하는 등 굵직굵직한 개혁들을 단행했다.

옹정 황제의 계승자 건륭 황제도 지칠 줄 모르는 통치자였다. 시세를 잘 파악했던 건륭 황제는 옹정 황제의 지나치다 못해 가혹할 만큼 정도만을 고집하던 분위기를 완화시켜 나갔다. 즉위한 지 한 달이 좀 지나 옹정 시기에 일어났던 일련의 큰 사건들을 다시 살피어 인정어린 처분을 내렸다. 죽은 자는 황실 지위를 회복시켜 주고 산 자는 대거 석방시켜 준 것이다. 게다가 부친 때 시행했던 아무 희망 없는 '정전(井田)' 실험을 중단하고 여러 가지 가혹한 정책도 중단시켰다. 이러한 그의 행동은 이전 황제에 대한 오해를 해소시켰을 뿐 아니라 대청이라는 정치함선이 더욱 편안하게 항해할 수 있게 만들어 주었다. 부친과 조부가 이룩한 태평성대 속에서도 그는 결코 태만하지 않았다. 강경한 자세로 당쟁을 혁파하고 부패를 엄히 다스리며 외란을 잡고 권신, 외척, 여자, 환관, 간신 등 중국 전통 정치를 위협했던 약점들을 없애 나갔다. 결국 그는 대청 왕조를 최고의 태평성대로 끌어올렸다.

(7)

한인 정치가들에게서 경전의 한마디 한마디는 최후의 진리와 같았다. 하지만 만주족 황제들에게는 그런 경건함과 경외감이 부족했다. 이들은 '실용주의' 정신을 바탕으로 한인들이 신봉하던 '한 글자도 바꿀 수 없다'는 신성한 정치교리를 대담하게 버렸다. 수천 수백 년을 금지옥엽처럼 신봉해 오던 진리를 뒤엎고 중원정치에 너무나도 소중한 새로운 바람을 불어넣은 것이다.

전통적인 관념에서 볼 때 황제의 가장 중요한 임무는 세상 사람들에게 도덕적인 모범이 되는 것이지 정치 사무를 구체적으로 실천하는 사람은 아니었다. 좋은 황제는 평상시에도 침착하고 욕심이 없으며 조용해야 했다. 공자는 "애쓰지 않고도 잘 다스린 사람은 순임금이라 할 수 있다. 어찌했겠는가? 자신을 공손히 하고 바르게 남쪽으로 앉아 있었을 따름이었다."라고 했고 순자는 아예 "군자는 재상 하나만 논한다."라고 해서 승상만 잘 뽑아 놓으면 "천자는 보지 않아도 보이고 듣지 않아도 들리며, 고민하지 않아도 알고 움직이지 않아도 공이 되며, 홀로 앉아 있지만 천하가 한 몸인 듯이 따르고 사지처럼 마음을 따른다."는 최고의 정치 경지에 오를 수 있다고 했다.

이런 교리는 깊은 궁궐에서 자란 심약하고 상식이 부족한 황제에게나 적합하지, 에너지 넘치고 진취적인 만주족 황제에게는 어울리지 않았다. 강희 황제는 "책 속의 말은 대부분 믿을 수가 없다."고 했고 만주족 황제들은 중원의 왕조에서 보였던 심각한 붕당정치의 원인이 바로 황제들이 스스로 권력을 행사하지 않았기 때문이라고 생각했다. "권력이 내려가서 마음대로 권세를 부리고 제멋대로 하니 어찌 스스로 하는 것이 낫지 않으리." 그래서 강희 황제는 공공연히 '무위이치'와 반대되는 논조를 부르짖곤 했다. "천하가 지극히 넓어 한순간도 신중하지 않으면 사해에 근심을 주고 하루라도 신중하지 않으면 수천 수백 년의 화를 주게 된다. …… 옛 사람들이 말하는 '애쓰지 않아도 다스려진다.'라는 말은 군주가 대강 살핀다는 것인데 천하의 일을 어찌 대강 할 수 있는가?"

소수민족의 강인한 체력과 정신, 넘치는 에너지는 황제 스스로 일을 처리할 수 있는 능력을 뒷받침해 주었다. 전대의 진취력이 부족했던 황제들에게 많은 정무는 감당하기 어려운 중압감으로 다가왔지만 이 만주족 황제들에게 일은 즐거움이었다. 그들은 강한 엔진을 단 모터처럼 한번 일을 시작하면 멈출 줄 몰랐다. 청나라 초기 황제들은 매일 수많은 일을 처리했는데 그중에서도 옹정 황제는 재위 13년 동안 19만여 건의 공무를 처리했다는 기록이 있다. 이런 황제들의 독단적인 행보는 전제집권을 강화시켰으며 효과적으로 붕당정치를 막을 수 있었다. 그래서 당나라 이후 왕조 중에서 붕당정치가 가장 약화되었던 때가 바로 청대였다.

한인 정치의 또 다른 교리는 도덕적 품격이 인재선발의 최고 기준이라는 것이다. 정치가이자 사학자인 사마광은《재덕론》에서 "인재를 선발할 때 만일 성인과 군자는 없고 소인과 어리석은 자만 있다면 무능력한 어리석은 자를 뽑을지언정 재화만 가진 소인을 뽑아서는 안 된다. 어리석은 사람은 순수하고 아무 짓도 하지 않지만 소인은 욕심 많고 사건을 잘 일으킨다."라고 했다.

지금의 기준으로 보면 뭔가 이상한 인재관이라는 생각이 들지만 이런 생각은 무엇보다 안정을 숭상한 한인들의 세계관과 맞물려 생겨난 것이다. 안정을 최고로 생각하던 중원 왕조에서는 걱정거리가 가능한 한 적은 것이 좋았다. 개혁은 안 되며 백성을 귀찮게 해서도 안 된다는 것이 한인 정치가들의 인재선발 기준이었다. 이런 사고에서 출발했으니 일 만들기를 좋아하는 소인은 당연히 '안정을 무너뜨리는 요인' 으로 치부되었다. 그들의 욕심은 위험한 불씨가 될 것이며 질서의 울타리를 파괴할 것이라고 생각했다.

그런데 만주족 황제들은 한인들이 수천 년 동안 지켜온 원칙을 존중하지 않았다. 옹정 황제는 재주와 덕을 가진 자 중에 선택하라면 사마광과는 다른 선택을 할 것이라고 분명히 밝혔다. "평안한 일상을 걱정하는 능력 있는 관리를 쓰지, 꾸물거리다 일을 그르치는 청렴한 관리를 쓰지는 않겠다."

옹정 황제는 규율은 잘 지키지만 진취성이 없는 관리를 몹시 싫어했다. "평범하고 편안하며 청렴한 사람은 부리기는 힘들지 않으나 일을 그르칠까 걱정이다. 재주 있는 사람을 쓰는 것은 마땅히 신경을 많이 써야 가능한 일이다." 옹정 황제가 가장 신임했던 만주족 대신 오르타이는 "조정에서 관직을 만들 때는 일을 하라고 만드는 것이지 편안하라고 만드는 것이 아니다. 일을 잘할 수 있다면 소인이라도 아끼며 잘 가르쳐야 할 것이다. 만약 능력이 없다면 착한 사람이라도 마땅히 다른 곳으로 보내야 한다."라며 그의 생각을 잘 대변해 주었다. 사마광과 상반된 견해를 가진 조조 역시 재능 있는 사람만이 천거받을 수 있다는 '유재시거(唯才是擧)'라는 말을 했다.

청나라 황제들 중에는 현재에 안주하는 사람은 한 명도 없었다. 그들은 조상이 이룩한 업적 위에 더 놀랍고 대단한 치적을 쌓기를 갈망했다. 그래서 자신들을 위해 진흙탕이나 가시밭길도 마다하지 않는 재능 있는 인재를 기용했다. 재위 13년 동안 옹정 황제가 기용한 인재들은 이위와 오르타이처럼 개성 있고 재능 있으며 일처리에 과감하고 머뭇거림이 없는 사람들이었다. 이들은 이런저런 결점 때문에 때로는 탐관이라거나 품행이 바르지 못하고 폭력적이라는 평이 있었지만 황제들은 그에 연연하지 않고 기꺼이 그들의 재능을 인정해 주었다. 황제들이 원한 것은 자신들을 위해 구체적인 정치 문제까지 발 벗고 나서 주는 해결사이지 무슨 도덕 교리나 떠드는 관리가 아니었다. 이런 인재관을 가지고 청 왕조 초기 황제들은 인재를 선발했다. 명주, 비양고, 오르타이, 복강안 등 모두가 재능이 넘치고 똑똑했으며 노련했다. 강건성세(康乾盛世, 강희~건륭기의 태평성세)의 출현은 이런 인재들의 활약이 있었기에 가능했다.

만주족 황제들이 뒤엎은 가장 중요한 정치신즈는 바로 '적장자 계승제'였다. 중원 왕조들은 대부분 '적장자 계승제'를 마치 불멸의 법칙인 양 신봉했다. 개인의 능력이 아닌 출생 순서로 선발하는 것은 천하 사람들의 행복을 순전히 운에 내맡기는 것과 다를 바가 없었다. 만약 적장자가 무능하거나 도덕적이지 못한 사람이라면 천하는 순식간에 혼란에 빠질 것이며 백성들은 엄청난 재난을 당할 것이다. 역사적으로도 어린아이, 백치, 어리석은 인간이 즉위하여 일어난 일들을 생각하면 이런 식으로 하늘에 운명을 맡기는 것은 너무나도 어리석은 짓임을 잘 알 수 있다. 그런데 이런 어리석은 방식은 정치적 안정을 유지하는 것이 관건이었던 전제사회 속에서 경쟁을 억누르기 위해서 등장한 것이다. 적장자 제도는 황족 내부의 활력을 억누르기 위해 마련한 것이다. 안정이 최고라는 원칙하에 이런 방법은 최고의 선택으로 추앙받았다.

하지만 만주족 황제들은 한인들이 수천 년 동안 이어온 불변의 법칙을 거부했다. 변방에서 들여온 '입헌제'를 끝까지 실행한 것이다. 이를 바탕으로 이전에는 한 번도 사용한 적이 없었던 비밀리에 태자를 세우는 방법을 만들어 수천 년 중국 정치의 난제를 해결해버렸다. 황제들은 이 방법이 나라의 흥망성세를 결정하는 중요한 제도임을 잘 알고 있었다. 건륭 황제는 후대가 '옛것에 얽매여 헛된 명성만 좇는 것'과 '평범한 학식으로 적장자 같은 케케묵은 이야기를 하는 것'을 걱정했다. 그래서 특별히 그런 의미를 담은 말을 남겼다. "태자를 세우는 일은 반드시 필요한 일이다. 이후에 옛것을 고집하는 사람이 생기고 분명 다른 생각이 들지도 모른다. …… 억만 년 후에 짐의 자손들이 옛것을 꺼내어 허황된 명리를 좇아 태자 세우는 일을 다시 꺼낸다면 …… 그때서야 짐의 말이 옳다는 것을 믿게 될 것이다."

현명한 자를 왕으로 세우는 방식은 이 소수민족 정권이 오래 활력을 유지할 수 있었던 비결이었다. 청대 황제들처럼 의지력과 활력이 그토록 오래 지속된 적은 중국 왕조 사상 전례를 찾아볼 수 없다.

청대의 법과 정책에서 이민족 왕조의 특징을 가장 잘 보여 준 것은 바로 소수민족을 대하는 그들의 생각과 정책이었다.

보통 한족과 주변 민족 간의 전쟁은 대부분 소수민족이 먼저 도발한 경우였다. 한인들은 소수민족을 대할 때 대개 회유책만 써왔다. 다시 말해 피동적으로 대응하고 피하기 바빴으며 돈이나 포, 말로 달래 왔다. 그들은 변방 민족에 대한 호기심이 적었다. 이 야만인들이 어떤 상황에서 침입하고 어떤 상황에서 귀순하는지, 부락과 부락 사이의 관계가 어떠한지 한 번도 제대로 연구한 적이 없었다. 이런 평화주의의 대표주자는 바로 명태조 주원장이었다. 그는 자신의 유훈에서 이렇게 말했다.

"사방의 여러 오랑캐는 산과 바다로 나뉘어 있고 한쪽에 치우쳐 있으니 그 땅이 부족하고 쓸 사람이 부족하다. 만약 스스로 헤아리지 못하고 우리 쪽을 어지럽히면 그들에게 좋지 못하다. 그들이 중국을 괴롭히지 않는데 내가 군대를 일으키는 것도 좋지 못하다. 나는 후대 자손들이 중국의 부강을 믿고 일시적인 공에 현혹되어 이유 없이 군사를 일으켜 사람의 생명을 상하게 할 것을 걱정하니 이를 명심하기 바란다."

그러나 만주족 황제들은 변방에 대한 욕망과 호기심이 넘쳐났다. 청나라는 영토 확장의 욕구가 충만한 왕조였다. 변방 문제에 대해 만주족 황제들은 넓은 안목을 갖고 있었으며 위험을 피하지 않았다. 상대의 힘이 성장하기를 기다렸다가 피동적으로 대응하지 않고 언제나 선수를 치는 방법을 써서 위험이 자라기 전에 싹을 없애 버렸다. 강희의 가르단(噶爾丹) 처리부터 건륭의 새로운 영토 개척까지 모두 그러했다. 한인들의 정치사상으로 볼 때 그들의 행동은 완전히 불필요한 군대를 일으켰고 어마어마한 군비를 허비하면서 급하지도 않는 일을 처리한 것이었다. 그러나 역사가 증명해 주듯 만주족 황제들의 안목은 틀리지 않았다. 연속으로 즉위한 세 황제가 군대를 일으켜 변방을 얻어낸 성과는 지금까지도 이어지고 있다.

사실 청대 황제들의 영토 관념은 한인 황제들과는 같을 수 없었다. 그들 제국의 반밖에 안 되던 한인들의 땅은 자신이 통치하고자 하는 땅의 크기와는 엄청난 차이가 있었다. 그들은 엄청난 에너지를 써가면서 나머지 반을 연구하고 열심히 확대해 나갔다. 자신 또한 소수민족이기 때문에 변방 민족에 대한 이해심이 깊었던 그들은 변방 지역을 어느 누구보다 현명하고 효과적으로 다스렸다. 많은 황제들이 몽골어와 티베트어, 위구르어에 능통했으며 소수민족의 역사와 전통, 사회 현상까지 세세히 알고 있었으므로 변방 문제의 핵심을 잘 알고 조리 있게 다스렸다. 티베트 문제에 대해서 그들은 유리한 고지를 차지하고도 달라이 라마의 권위를 한층 더 높여주었다. 그렇게 함으로써 티베트인을 지배하던 몽골인에게 견제를 가할 수 있었다. 그런데 티베트의 활불들도 은혜를 입은 만큼 대가를 치러야만 했다. 청나라 통치자가 활불 계승자를 결정하고 고승을 임명할 권력을 가진 것이다. 그렇게 티베트 사회에 대한 통제를 자신의 손에 꼭꼭 쥐게 되었다. 몽골 문제에서 그들은 몽골을 즐비한 기(旗) 단위로 나누어 서로 합치지 못하게 함으로써 성공적으로 그들의 자치력을 파괴하고 위협적인 세력으로 자라날 가능성을 없앴다. 게다가 청 황제 스스로 모든 세속적인 권위를 확립하여 '여러 칸 중의 칸'이 되었다. 무슬림에 대해서는 회족 무슬림을 중국 서북부에서 신장으로 이주시키고 그들을 이용해 돌궐의 무슬림을 견제함으로써 성공적으로 신장의 안정을 이끌어냈다. 민족 문제에서 그들이 보여준 넓은 안목과 지혜는 현대의 정치가들도 따라가기 힘들 정도로 대단하다.

(8)

　결혼이라는 과정을 통과한 연인들에게는 이제 영원히 모험만이 존재한다. 미래는 평화롭고 다정할 수도 있지만 서로를 소모시키는 암흑세계가 펼쳐질 수도 있다.

　이처럼 두 개의 이질적인 문화가 깊이 접촉하면 그 앞날은 엄청난 불확실성으로 가득 차게 된다. 결과는 양측의 장점만을 뽑아 종합한 멋진 혼혈아가 태어날 수도 있고 양쪽의 단점만 골라 닮은 저능아가 태어날 수도 있다.

　다른 민족의 문화를 어떻게 대할 것인지는 모든 민족의 지혜를 시험하고 운명을 좌우하는 중요한 문제다. 1920년 영국의 학자 루소는《중국 문제》에서 이렇게 썼다.

"만일 중국인이 우리 문명에서 자신들이 필요한 부분을 자유롭게 흡수하고 그들이 생각하기에 나쁜 것을 배척할 수 있었다면 자신들의 전통 가운데서 유기적인 발전을 이룩해낼 수 있었을 것이며 우리의 이점을 자신들의 이점과 결합시킨 위대한 성과를 만들어낼 수 있었을 것이다."

타이완 학자 룽잉타이는 이 말을 이렇게 해석했다.

"루소의 가장 유머러스하고 날카로운 부분은 사실 '자신들의 전통' 속에서 '유기적인 발전'을 찾을 수 있다는 것이다. 어떤 '급격한 변화'도 반드시 '자신의 전통'이라는 생태환경 속에서 진행되어야 하며 '자신의 전통'을 무너뜨리고 이루어지는 것은 허공에 건물을 짓는 것과 같다."

안타깝게도 루소의 기대는 지금까지도 현실화되지 못하고 있다. 중국의 현대화 과정을 평가할 때 어떤 학자들은 중국이 자신의 전통 중에서 잔재주의 근성과 같은 가장 나쁜 부분과 서양 문화에서 배금주의나 물질주의 같은 가장 저급한 부분을 결합시키고 있다며 흥분을 감추지 못한다. 이런 측면에서 볼 때 한 민족이 스스로를 알아가는 것과 반성하는 것이 얼마나 어려운 일인지 알 수 있다.

1616년부터 18세기 중엽까지, 즉 만주족이 궐기해서 건륭 황제 중엽까지는 청나라 황제들이 자신도 모르는 사이에 루소의 말을 실천했다. 그 시기 만한문화의 결합은 문화의 융합 사상 매우 성공적인 선례를 만들었다. 그들은 자유롭게 한문화에서 그들이 필요한 부분을 흡수하고 그들이 생각하기에 좋지 않은 부분은 배척했다. 민족정신의 핵심을 굳건히 유지하면서 '자신의 전통 속에서 유기적인 발전을 이룩한' 것이다. 만주족의 실무적이고 진취적인 정신과 한족이 수천 년간 쌓아온 통치 경험이 결합한 새로운 형태의 만주족 문화는 엄청난 상승효과를 가져왔다. 딱 알맞은 한문화와의 결합은 놀라운 성과를 거두었고 강건성세를 가져왔다. 이때의 태평성대는 역사학자 가오샹의 말을 빌리면 "태평성대라고 불리던 다른 시기와 비교할 때 강건성세의 번영은 질적인 면에서나 양적인 면에서 모두 전대를 뛰어넘는 성세를 누렸다. …… 강건성세는 정치적으로나 경제적으로 그리고 학술문화상으로도 중국 전통사회에서 최고의 태평성세를 이루었다."라고 할 정도였다.

중국 역사와 중국 문화를 총 결집하여 최고의 수준에 올려놓은 장본인이 원래는 매우 낙후한 문화를 가진 이민족이 될 줄 누가 알았겠는가?

물론 천하를 사유재산으로 생각한 전제군주로서 강희와 옹정, 건륭의 궁극적인 목적은 천하 만민의 행복한 삶이 아니라 자기 왕조의 만세 태평이었다. 그래서 그들은 민생 문제를 효과적으로 해결해 나가는 한편 전제 제도를 치밀하면서도 엄격하게 밀어붙였다. 그들의 넘치는 에너지와 재능 덕분에, 그리고 실사구시 정신과 온벽주의 추구 덕분에 그들은 수천 년간 내려온 중국의 전제정치를 틀어쥐고는 더욱 공고하게 수정하고 보완할 수 있었다. 만주족 통치자들의 의지가 가장 널리 알려짐과 동시에 천하 만민들은 최후의 자유와 숨쉴 수 있는 마지막 공간마저 빼앗겨버렸다. 그래서 강건성세는 더 이상 지속될 수 없는 태평성대였다.

동방의 통치자들은 백성들을 속박하려고 온 힘을 기울인 반면 서양 세계의 사람들은 통치자들을 우리 속에 가두려고 노력했고 성공했다. 이렇게 동서양의 발전이 뒤바뀌게 된 중요한 시점이 하필 중국의 정치 무기가 가장 효과를 볼 시기였으니 새옹지마라는 말이 절로 나온다.

가경 24년 병부 인장을 잃어버린 사건이 발생했다. 대청의 병부 도장은 날개가 달리지 않는 한 당연히 상자 안에 있어야 했다. 책임을 맡은 관리들은 인장이 없어진 사실을 알고도 상부에 알리지 않고 대신 동전을 상자 안에 넣어 두고 있는 척하다가 반 년이 지나서야 없어진 사실이 알려졌다.

(1)

　수천 년 동안 변방 민족은 호수에 새로운 물을 넣는 것처럼 끊임없는 침입을 통해 죽은 듯이 가라앉은 중원 왕조에 활력을 불어넣어 주었다. 그러나 애석하게도 호수는 너무 컸고 물이 고이다 보니 새로운 물의 충격력은 한계에 다다를 수밖에 없었다. 물결이 잔잔해지자 모든 것이 처음으로 되돌아왔다.

　적절한 한족화는 한족 문화의 배척과 과도한 한족화 사이의 짧은 평형 상태를 유지시켜 주었다. 만주족 황제의 놀라운 의지력은 이 짧은 순간을 좀 더 연장시켰을 뿐이다. 그런데 손오공의 현란한 근두운이 결국에는 여래불의 법력이 무한함을 증명하는 도구였을 뿐이었던 것처럼 만주족의 놀라운 활약은 충분한 시간만을 벌어줬을 뿐이지 폐쇄된 동아시아 대륙에서 과도한 한족화의 운명을 피해갈 수는 없었다. 만주족 이전의 역사는 말할 것도 없이 개방의 문을 활짝 연 이후에도 대포와 전함으로 서양인들이 들어온 기독교 역시 이 땅에서는 홍수전의 배상제교로 바뀌었다. 이 땅은 불가사의한 동화 능력을 가지고 있다.

(2)

말타기, 활쏘기와 비교하면 국어를 지키는 일은 훨씬 어렵다. 의지력으로 제어할 수 있는 수준이 아니기 때문이다.

만주족이 흩어진 상황에서도 작은 부락 방식으로 민족의 특성을 유지해 왔지만 이런 방식은 만주족과 한족의 접촉을 단절시킬 수 없었다. 일단 문화의 차이가 너무나 컸고 인구도 현격한 차이를 보였기 때문에 원시단계의 만주족 언어가 수천 년의 발전 과정을 거친 한어 앞에서 최소한의 저항 능력도 없었던 것은 자명한 일이다.

가정 먼저 만주어를 잊어버린 사람은 베이징의 만주족이었다. 입관한 직후에 통역관은 각 기관에서 가장 중요한 역할을 담당하고 있었다. 자신의 직위를 떠나서는 아주 천한 계급에 속했던 이들을 만주족 귀족들이 곱게 볼 리 없었다. 그런데 입관한 지 20여 년이 지나자 처음에는 희귀했던 통역 인재들이 떨어져 나갔다. 대부분의 만주족 관료들이 이제 멋진 한어를 구사할 수 있게 되었기 때문이다. 강희 10년에 정부의 번역 편집을 중단하라는 어명이 내려졌다. "만주족 관원들이 한어를 할 수 있으니 이후 중앙 부서는 물론 각 성에 이르기까지 역관을 파직한다."

일반 만주족 사람들의 한어 습득 속도는 관료들에 비해 약간 늦긴 했지만 빠른 편에 속했다. 강희 말기 베이징 후통(胡同, 베이징 고유의 좁은 골목길)의 만주족 사람들은 이미 베이징 말로 떠들기 시작했다. "골목마다 한

◆ 건륭황제의 사냥도

족과 만주족 모두 중국어를 사용했는데 이후 청인 소생의 아이들은 한
어를 더 많이 사용했다."

　제국 곳곳에 엄청난 자금을 쏟아 부으며 '만성'을 지었지만 한어의
침입을 막는 데는 전혀 소용이 없었다. 다양한 방법을 모색했지만 만주
족 군인들도 어쩔 수 없이 주변 한인들과 인사를 하며 지내야 했고 일
단 접촉하기만 하면 한어의 매력은 거부할 수가 없었다. 책과 지방연극
에서부터 만주족 선생이 아이들을 가르치는 사서오경에 이르기까지
만주어는 만성에서도 점점 사라져 갔다. 옹정 11년(1733년) 광주 장군
백지번이 보고한 '광주에 거주하는 만주족의 만주어 사용 퇴화 상황'
을 보면 더 구체적으로 알 수 있다. "방위 관병은 강희 22년에 광주로
왔고 그 자식들은 대부분 광주에서 태어나 말(만주어)을 하지 못할 뿐
아니라 들을 기회도 거의 없어서 듣기도 생소하고 말하기도 더욱 떨어

집니다. 현재 공부하는 병사들도 자신의 이력 외에는 단어만 몇 마디 할 뿐 질문을 해도 대답하지 못합니다."

황제들이 가장 받아들이기 힘들었던 것은 자신들의 본고장 동북 지역 역시 한어에 점점 침식당해 가고 있었다는 점이다. '만주의 본거지'에서는 원래 모두 만주어를 할 수 있었다. 그러나 건륭 13년 심양을 순찰하던 건륭이 현지 만주족 관리를 불렀을 때 그 지역 토박이면서도 만주어가 그리 뛰어나지 않았다. 그들도 이미 한어를 사용하기 시작한 것이다. 상황은 점점 악화되어 건륭 17년 황제가 문서 번역 담당관리 영태와 오달을 만났을 때 그들이 만주어에 생소한 정도가 더 이상 황제의 말에 대답하지 못하는 지경에 이른 것을 알게 되었다.

(3)

만주어의 상실은 집정자의 탓이라고 할 수는 없었다. 사실 황제도 최선을 다했다. 그들은 한번도 '국어'의 끈을 놓지 않았다. 옹정 6년 우연히 근처에 있던 호위 군사들이 한어로 농담하는 것을 들었을 때 황제는 너무나 큰 충격을 받았다. 그는 당장 시위들을 불러보아 꾸짖으며 앞으로는 만주어와 활쏘기, 격투기에 전념하라그 명령했다. 그리고 그 일을 모든 만주족에게 알려 더 이상 일이 심각해지지 않도록 경계했다.

만주어가 급격히 쇠퇴한 것은 건륭 중기였다. 자부심이 강한 이 대황제는 당연히 선조의 언어가 자기 대에서 사라지는 것을 용납할 수 없었다. 청대 황제 중에서 건륭은 만주어의 사용을 가장 엄격하게 요구한 황제였다. 그는 만주어의 지위를 유지하기 위해 다양한 조치를 마련했다. 즉위 초기 그는 종실, 장경, 시위 등이 공공장소에서 한어를 말하는 것을 듣고 조치를 취해야겠다는 결심을 했다. 그래서 만주족들에게

"공무실 혹은 만주족들이 모이는 자리에서는 한어를 쓸 수 없고 만주어만 사용해야 한다. 특히 공무실에서는 만주어를 꼭 사용하기 바란다."라고 경고했다. 그는 시위들에게 만주어 공부를 시켰고 친히 시험도 진행했다. "우수한 자에게는 상을 내릴 것이다. 공부를 하지 않아 만주어를 못하는 자에겐 벌을 내릴 것이다." 또한 왕족들에게도 자제들에게 만주어를 가르칠 선생을 초빙하라고 명령했다. 선생을 모시지 않는 경우는 반드시 종실학교에 보내 공부시켜야 했다. 매년 두 차례 시험을 통해서 "만주어를 못 하는 자가 있을 경우 그 학교에서는 그 학생을 가르치는 선생이 벌을 받고 집에서는 그 부모가 벌을 받아야 한다."라고 했다.

건륭 황제는 만주어의 수준과 관리 승진을 연계시킨 최초의 황제였다. "연례 관원 시험이 있는 해에 반드시 만주어를 할 줄 알고 일처리를 잘하는 사람이 일등이 되고 만주어를 할 줄 모르는 자는 일처리를 잘하는 사람이라도 자리를 보전하기 힘들다." 만주족 관리가 올린 상소를 읽을 때는 만주어 수준을 유심히 살폈는데 잘못된 부분이 있을 때는 크게 지적했다. 심지어 어떤 관리는 만주어 실력이 형편없어서 파직되기도 했다.

건륭 즉위 기간 동안 이런 조치가 한두 번이 아니었다. 이런 시책에도 불구하고 만주어의 급격한 몰락은 더 이상 되돌릴 수 없었다. 물론 황제들의 노력이 아무 효과도 없었던 것은 아니다. 한어의 엄청난 충격과 황제들의 엄격한 제재 속에서 만주족들은 이러지도 저러지도 못하는 난감한 상황에 처하게 되었다. 만주어는 공부와 사교의 도구로서 이미 그 기능을 상실했다. 거의 모든 만주족들이 일상생활 속에서 만주어를 사용하지 않았다. 그러나 관직에 진출하려는 만주족들에게 만주어는 피해갈 수 없는 관문이었다. 관직을 위해 수많은 만주족이 만주어를 마치 외국어처럼 갖은 애를 써가며 공부했다. 단주족들이 베이징에 와서 한인들과 함께 거주한 지 오래되면서 어려서부터 한어를 먼저 배우기 시작했다. 다 자란 후에 다시 만주어를 배우려고 하니 힘든 일이었다. 대부분의 사람들은 억지로 만주어 단어를 외웠다. 만주어는 이제 승진 시험을 위한 대비용으로 전락한 것이다.

그래서 건륭 중기부터 대부분의 만주족 사람들은 만주어를 몇 마디씩 할 줄 알게 되었지만 그들이 쓰는 만주어는 이미 저 동북의 자연 속에서 성장한 만주어와는 전혀 맛이 달랐다. 언어의 환경이 없이 억지로 외워서 익힌 만주어다 보니 진정한 만주어라는 느낌을 상실한 지 오래였다. 이때부터 만주어는 빈껍데기 언어였고 죽은 언어였다.

(4)

한 민족에게서 언어란 사슴의 뿔, 호랑이의 이빨, 공작의 깃털처럼 그 민족의 독창성을 나타내 주는 것이다. 언어를 상실한다는 것은 거의 모든 것을 잃어버리는 것과 같다.

언어는 그 민족의 사유와 인식의 방식, 나아가 그 민족의 자아의식과 세계관까지 결정짓는다는 점에서 너무나 중요한 요소다. 모든 민족의 언어는 그 민족의 정신을 깊이 있게 쌓아온 결정체다. 러시아 교육자 우신스키는 "맑고 투명한 언어의 깊이는 조국의 자연을 반영하고 민족 정신의 모든 역사를 반영한다."라고 했다.

만약 호랑이에게 양의 넓은 어금니가 자란다면 그 호랑이는 풀을 먹을 수밖에 없고 양의 방식대로 생각할 수밖에 없다. 만약 한 민족이 다른 민족의 언어로 바꾸어 사용한다면 그들의 생각이나 기질, 성격 또한 모두 바뀌게 된다. 바로 이런 의미에서 작가이자 교육자인 위이 선생은 "모국어를 버리는 것은 나라를 잃는 것과 같다."라고 했다.

그러므로 청나라의 몰락은 만주어를 완전히 잃어버린 건륭 중기부터 시작되었으며 결코 역사의 우연이 아니다.

(5)

건륭의 계승자 가경 황제는 한어의 환경 속에서 성장한 첫 번째 만주족 황제다. 그가 출생한 건륭 25년은 만주어가 만주족의 일상생활 속에서 완전히 퇴출된 시기였다. 그의 주위에는 태감에서부터 유모까지 유창한 베이징 말을 사용했으며 그에게 무술과 활쏘기를 가르치던 사람들조차 제대로 된 만주어를 할 줄 몰랐다. 건륭의 엄격한 요구 때문에 억지로 외국어 같은 만주어를 하긴 했지만 만주어로 사고를 할 수는 없었다. 결국 만주어는 만주족이 입관한 후 5대 황제 때까지만 모국어로 대접받았을 뿐이었다.

건륭의 여러 자식들 중 가경 황제는 독서를 좋아하기로 유명했다. 6세 때 글을 배우기 시작하여 35세에 즉위하기까지 그는 서재에서 거의 30년의 세월을 보냈다고 해도 과언이 아니다. 책의 바다 속에 빠져 심야에도 책 읽는 날이 많았으며 거의 손에서 책을 떼는 날이 없었다. 태감이 옆에서 수차례 간청을 해야 잠자리에 들 정도였다. 그가 읽은 것은 《예》, 《역》, 《춘추》뿐 아니라 송나라 성리학 책에서 소설까지 모두 훑었다. 당시 베이징에 와 있던 조선의 사신이 조선으로 돌아가 자신의 왕에게 "열다섯째 왕자(가경 황제)는 스스로 제 몸을 경계하고 독서를 즐겨 명성이 대단합니다."라고 보고했다고 한다. 수십 년을 이리 재고 저리 재다가 겨우 선택한 계승자는 과연 늙은 황제의 기대에 어긋나지 않았다. 즉위 후 그의 정치력은 부친에 비해 조금도 떨어지지 않았으며 검소함과 자기 관리는 선조들보다 훨씬 나았다. 모든 면에서 신체 건장하고 행실 바르며 학식이 풍부한 성인 황제는 어느 누가 봐도 전통적인 우수한 황제의 표본이었다.

그런데 이런 모범적인 황제가 다스린 25년은 청나라 정치사 가운데 가장 암울하고 억압된 암흑의 시기였다. 건륭 후기 청나라는 이미 심각한 사회 문제를 많이 안고 있었다. 가경 재위 기간에는 이런 문제들이 효과적으로 해결되기는커녕 더 곪아 터지고 악화되어 갔다. 이 근면한 황제는 한때 최고의 전성기를 자랑하던 왕조가 끝없이 추락하는 것을 보았고 분명 왕조의 몰락을 초래할 싹들이 자라나는 것을 보았지만 어떠한 효과적인 방법도 제시할 수가 없었다. 그의 통치기간 동안 점점 부패해진 청 왕조는 나중에 동남해안에서 들려온 대포 소리에 무너질 날만 기다리는 듯한 무능한 모습을 보여 주었다. 문제는 정신적인 기질과 사유방식에서 비롯되었다.

(6)

만주족 특유의 사유방식과 인지방식, 정신적 기질은 언어라는 길을 통해 황실 내에 계승되었다. 건륭 이전까지는 용좌에 앉았던 모든 이가 용감하고 도전을 좋아했다. 홍타이지는 감히 제 분수도 모르고 천하를 다투었으며 강희는 하룻강아지 범 무서운 줄도 모르고 삼번과의 생사결투를 벌였다. 옹정은 엄청난 정치 개혁을 일으켜 놓고 "당, 송, 원, 명 동안 쌓였던 습관들을 깨끗이 씻어내겠다."는 맹세를 했다. 게다가 한족화가 가장 심하게 일어났던 시기에도 건륭의 진취적인 정신은 선조들에 뒤지지 않았다. 건륭 20년 천하가 태평하던 시기에 대다수 신하들의 반대를 무릅쓰고 결연히 군대를 일으켜 서역으로 진출했다. 5년간의 힘든 전쟁 끝에 중가르부를 무너뜨리고 신장성을 새로 편입시켰다. 칭기즈칸 이후 중국의 군사력이 한 번에 2만여 리를 평정하고 중앙아시아까지 그 위력을 이 정도로 떨쳤던 적은 없었다.

그러나 가경 황제^(재위 1796~1820)에 들어서면서 그런 진취성을 찾아볼 수 없게 되었다. 모국어의 변화는 가경 이후 황제들과 이전 황제들 사이에 건널 수 없는 골을 만들고 말았다. 만주족의 민족정신 계승은 사유방식의 변화로 인해 더 이상 어찌해 볼 수 없는 단절을 가져왔다. 봉쇄와 만족, 선험적인 세계관을 가진 한문화는 조금씩 진행된 정규 교육을 통해 이후 황실에서 곱게 자란 성인 황제들을 손쉽게 정복했다.

한어를 사용하는 황제들의 눈에 세계는 더 이상 미지의 세계가 아닌 다 아는 곳이 되어버렸다. 더 이상 변화는 없고 안주하기만 했다. 그들에게 '선왕을 본받고, 옛 교훈을 따르는 것'이 최고의 정치 방책이 되었다. 그들은 위대한 조상들이 오른 최고의 경지를 모두 해석하고 그것을 위한 격식을 만드는 것이 자신들의 할 일이라고 생각했다. 그래서 그들의 시대에 와서 황제라는 자리는 어렵게 생각되지 않았다. 그저 조상들의 방식을 그대로 따라서 하면 될 뿐이었다.

가경 16년 황제는 자신의 정치사상을 집대성한 《수성론》을 펴냈다. 그는 책의 첫머리에 "선조들이 만든 법을 후대 자손들은 절대 바꾸지 않을 것이다. 선조가 심혈을 기울여 완벽한 법을 만들었기에 더 이상 좋을 수가 없다. 후대 자손들이 반드시 선조의 법을 따르며 선조의 마음을 가지고 선조의 정치로 정치를 하고 모든 일에 선조들의 예를 따르고 지켜나간다면 천조의 업적은 만대에 이어질 것이다."라고 했다.

이어서 그는 자신이 읽은 중국 역사를 통해 얻은 결론을 언급했다.

"한, 당, 송, 명의 여러 왕조들을 보면 그들은 개국의 어려움을 잊어버리고 자신의 총명함만을 믿고 마음대로 법을 바꾸었다. 황제가 일단 개혁을 하기로 결정하면 주위에 아첨하는 소인배들이 따라와서 마음을 정하기가 쉽지 않고, 결국은 옛 법을 버리고 새 법도 만들지 못해 나라가 혼란해질 상황에 처했으니 어찌 경계하지 않을 수 있겠는가?"

그래서 그는 "선조의 법을 따르지 않는 것은 선조가 옳지 않다는 것이니 그런 마음을 가지고 있다면 하늘이 반드시 재앙을 내릴 것이다."라고 강조했다.

가경 25년 동안 그는 확실히 옛 법을 충실히 다랐다. 그러나 가경 황제가 살던 시대적 환경은 이전 황제들과는 같을 수 없었다. 우선 인구가 이전과는 비교할 수 없을 만큼 폭발적으로 증가했는데 옛 방식으로는 더 이상 인구 성장을 감당할 수 없었다. 전통적인 방식이 이미 유명무실해졌기에 새로운 경제 제도와 인구 정책만이 나라가 살길이었다. 게다가 건륭 이전부터 내려오던 법규는 이미 그 기능을 상실하여 부정부패가 날로 만연하고 국가의 통치 기능을 크게 약화시키고 있었다. 그래서 국가의 통치 능력을 회복하기 위해서는 깊이 있는 정치 조정 기제의 개혁, 이익관계 조정, 정책 전달력의 강화 조치가 절실했다.

그러나 경서와 역사서로 교육받은 가경 황제의 눈에 그런 변화가 들어올 리 없었다. 그의 눈에 세상은 질적인 변화가 절대 없을 것으로 보였다. 모든 법이 영원히 효과가 있을 것이고 어떤 문제도 옛 처방전을 따라서 양만 잘 조절하면 해결될 수 있다고 보았다. 그래서 어떤 문제도 옛 선조의 방식을 그대로 적용했다. 그의 이런 생각을 잘 보여 준 것이 바로 조운전쟁이다.

조운은 중국 남부의 식량을 운하를 통해 베이징으로 공급하는 것을 말한다. 가경 황제 때 이르면 조운제도는 부패가 만연했던 것으로 유명한데 긴 운하가 지나는 지방마다 그 지방 관료들이 검사소를 여러 개 만들었다. 이 검사소를 지날 때마다 뇌물을 바쳐야 하니 조운 비용은 점점 올라갔고 베이징에 도착할 때쯤에는 조정에서 감당할 수 없을 지경에 이르렀다. 게다가 황하의 수재가 끊임없이 생기다 보니 조운이 끊어지는 경우가 잦았고 결국 베이징의 물가가 폭등하면서 사회 혼란이 일어났다. 그래서 바다를 통해 식량 운송을 해결하자고 주장하는 관료들이 점점 늘어갔다. 해운은 안전도 어느 정도 보장됐고 검사소도 설치할 수 없으니 부패의 고리도 끊을 수 있었다.

대신들의 건의를 듣고 나자 황제도 처음에는 마음이 흔들렸다. 분명 그들의 건의에는 잘못된 점을 찾을 수 없었지만 마음속에서는 낯선 바다에 대한 의구심을 떨쳐버릴 수 없었다. 결국 선조의 성법을 바꿀 수 없다는 이유를 들어 그 건의를 묵살해버렸다. 자신의 결정을 보완하기라도 하듯 그는 거액의 자금을 들여 식량 가격을 낮추고 황허의 수로를 정리했다. 가경 황제 통치기간 내내 재정 상태가 몹시 힘들었지만 해운 원가의 몇 배에 달하는 돈을 쏟아 부으며 조상들이 만든 운하제도를 어렵게 유지해 나갔다.

이 황제는 매일 아침 일어나 세수를 하고 나면 선조들의 실록을 공손히 읽은 후 자세를 바로하고 정신을 집중했다. 그리고 자신이 취한 조치가 혹시라도 선조들의 것과 다른 점이 발견되면 곧바로 수정했다. 가경 20년 예친왕이 자신의 집에서 백성을 고문하여 사회 악영향을 미치고 있다고 고발한 사람이 있었다. 화가 난 황제는 예친왕을 3년 동안 감금한다고 했지만 발표한 지 일 년도 안 돼《강희실록》을 읽던 중 한 군왕이 사람을 죽였는데 그 죄를 면해 준 기록을 발견했다. 그 군왕의 죄가 고문보다 더 중한데 자신은 강희보다 더 심한 벌을 줬다며 즉시 예친왕을 풀어 주었다. 여기까지만 봐도 가경 황제가 선조의 말이라면 얼마나 충성스럽게 잘 따랐는지 알 수 있다.

'가업 잇기'에 얽매이다 보니 황제의 현실 감각은 떨어질 수밖에 없었다. 그가 물가 상승에 따른 관리들의 급료 인상을 거절하자 관리들의 부패문제는 더욱 심각해져 갔다. 이뿐 아니라 여러 분란을 방지한다는 이유로 각지의 채광을 금지하고 남아도는 대량의 인력이 다른 곳으로 빠져나가지 못하게 하는 등 사회 혼란을 가중시키는 조치들이 한둘이 아니었다. 겉으로는 매사 선조의 종적을 따라가는 것이었지만 실제로는 선조들의 실정 정신과 위배되는 방향으로 나아간 것이다.

(7)

매우 기괴한 상황은 또 있었다. 이미 민족정신을 잃어버린 지 오랜 마당에 가경 황제는 '국어와 말타기, 활쏘기'를 선조들 못지않게 대단히 중시했다. 그는 한때 모든 관료에게 "나는 선조들의 교훈을 받들어 자손들에게 만주어와 말타기, 활쏘기의 중요성을 알려줄 것이다. 나의 자손들은 마땅히 이를 만대에 이어나갈 것이다."라고 했다. 벌써 한족화가 다 된 황제는 만주어와 말타기, 활쏘기를 중요시한 선대의 깊은 뜻은 이해하지 못하고 그저 굳은 교리처럼 따르기만을 요구했다.

실생활에서 만주족들이 이미 만주어를 사용하지 않은 지 오래되었지만 가경 황제는 끝까지 옛 규칙을 고집하면서 만주족 대신들에게는 상소문을 쓸 때 한어와 만주어 각각 한 부씩 제출하도록 했다. 가경 황제 역시 만주어로 된 상소문은 그저 한어로 된 것을 억지로 번역한 것이라 틀린 부분이 많다는 것을 잘 알고 읽지도 않았지만 만주어 상소문제출은 끝까지 유지했다.

말타기와 활쏘기도 열심히 지켜갔다. 강희 황제 때부터 청 황제들은 초가을 즈음 목란위장(木蘭衛場)에 가서 사냥하는 전통이 있었다. 건강도 돌보고 팔기군을 훈련도 시킬 겸 시작된 전통이었다. 그처럼 오랜 기간 내려온 가법을 가경 황제는 당연히 하나하나 지켜갔다. "때마다 위장에 가는 것을 폐지해서는 안 된다." 사실 가경 황제 본인은 사냥을 좋아하지 않았지만 매년 사냥 행사에 가면서 선조들이 남긴 방식을 엄격히 따랐다. 이쯤 되자 선조들이 즐겨하던 사냥은 이제 그에게는 어쩔 수 없이 지켜야 하는 요식행위에 지나지 않았다. 이렇게 억지로 이어가던 사냥 행사는 행로나 시간을 변경하는 경우가 거의 없었다. 매년 규칙을 지켜야 했고 중간에 자연에 매료되어 좀 더 머무르는 일은 결코 있을 수 없었다.

민족정신의 핵심을 잃어버린 상황에서 힘들게 국어를 배우고 활쏘기와 말타기를 해도 그에게는 선조들의 생기 넘치는 에너지와 야성이 생기지 않았다. 만주족 황제들 중에서 가경 황제는 의지가 약하고 위축된 이미지를 보여 준 첫 번째 황제가 되었다. 선조들의 정치 공문서를 보면 자신감과 과감성, 강인한 면모를 엿볼 수 있는데 가경 황제 즉위 20여 년 동안 대신들은 가경 황제의 탄식을 주로 들었으며 심지어 우는 소리까지도 들어야 했다.

가경 황제 재위기간 동안 해결해야 할 사회문제는 산적했고 정치 규율도 엉망이어서 기이한 사건이 많이 터졌다. 가경 18년 '한, 당, 명, 송 때도 없던 일'이 벌어졌다. 수백 명의 오합지졸 천리교도들이 태감의 지원 하에 손에 무기를 들고 황궁으로 쳐들어온 것이다. 18년간 열심히 모범적으로 행동했던 황제는 그 소식을 듣고 놀라움과 곤혹스러움, 위축감을 느꼈다. 황제는 '임금이 스스로를 꾸짖는 조서'를 쓰면서 18년 간의 힘든 세월을 회상하다 통곡하기도 했다. "오늘의 폐해는 사실 안 과 밖으로 나태하고 꾸물거렸기 때문이다. 비록 짐이 제삼 경고를 주고 혀가 닳도록 말을 해도 어찌 여러 대신들은 알아차리지 못했는지……. 여러 대신들이 만약 나라의 충신이 되고자 한다면 마땅히 나라를 위해 몸을 바치고 전력을 다하며 짐의 허물을 바로잡아 주어야 한다. 스스로 잘못됨을 알았다면 마땅히 사직하고 짐의 죄를 더하지 말아야 하니 눈 물로 이를 알리는 바이다."

조서 중에 황제가 이렇게 나약한 모습을 보인 곳은 한두 군데가 아니 다. 신하들의 상소에도 황제는 화난 아낙네처럼 잔소리만 많고 불평불 만만 해댔다. 황제가 정신을 차린 적이 거의 없다 보니 제대로 처리되 는 일도 거의 없었다. 결국 가경 말에 시작만 하고 끝을 못낸 정책들이 부지기수였다. 그러니 가경 황제 정치의 기이함은 계속 늘어갈 수밖에 없었다. 가경 24년 병부 인장을 잃어버린 사건이 발생했다. 대청의 병 부 도장은 날개가 달리지 않는 한 당연히 상자 안에 있어야 했다. 책임 을 맡은 관리들은 인장이 없어진 사실을 알고도 상부에 알리지 않고 대 신 동전을 상자 안에 넣어 두고 있는 척하다가 탄년이 지나서야 없어진 사실이 알려졌다.

정치 상황이 이렇게까지 쇠락하자 가업 잇기에 목을 매던 가경 황제 도 결국 더 이상 가업을 이어갈 수 없는 상황에까지 이르렀다. 예를 들 어 100여 년을 이어오던 사냥 행사도 가경 황제 말기에 중단되고 말았 다. 목장을 관리하던 관리들이 목장의 목재를 몰래 빼돌린 데다 관리가 점점 소홀해지자 백성들이 목장에 들어와 나무를 베고 야생동물을 잡 고 사슴의 뿔을 베어갔다. 숲이 줄어들자 야생동물도 급격히 줄었다.

가경 황제가 처음으로 사냥을 나갔을 때 수천 명이 하루 종일 바삐 움직여도 노루 두 마리밖에 잡지 못했다. 그런데 가경 말기에 상황은 더욱 악화되어 한때 야생동물로 넘쳐났던 목장에는 그들의 그림자도 찾아보기 힘들게 되었다. 황제가 하루 종일 돌아다녀도 아무것도 잡을 수 없는 상황이 벌어졌다. 하는 수 없이 조상 대대로 내려오던 전통을 끝낼 수밖에 없었다.

가경 황제는 20여 년을 하루도 빠짐없이 선조를 따라했으며 매일 4시에 일어났다. 그러나 그의 손에서 천하는 너무나 처참하게 변해 갔고 그 역시 부끄러운 황제가 되었으니 스스로가 의기소침하고 피로하며 괴로웠다. 가경 24년 공자의 제73대손 연성공이 황제를 만나고 돌아와서 적은 기록을 보면 황제의 상태가 어떠했는지 잘 알 수 있다.

"나는 곡부에 가고 싶은데 그럴 수가 없소. 왜 그런지 아시오? 산동에 물이 너무 많으니 어찌겠소, 방법이 없지. 새로 지은 성묘도 7, 8년이나 되었으니 낡았을 것이니, 어쩌지요?"

며칠이 지나고도 헤어질 무렵에 그는 했던 얘기를 시시콜콜 다시 끄집어냈다. "내가 등극한 지 24년이나 됐는데도 제를 지내러 가지 못했으니 유감이오. 내가 어렸을 때는 고종을 따라 두 차례나 갔었지만 길이 좋지 못하니 쉽지만은 않소. 수로도 힘들고 육로도 어려워……. 강이 너무 크고 산동 민심이 좋지 못하니 어찌하겠소? 정말 방법이 없으니 큰일이오."

황제는 말끝마다 "방법이 없군, 어쩌지, 어쩌겠소, 큰일이오."라는 말들을 달고 살았고 표정도 시무룩하고 얼굴에 근심이 가득했다. 20여 년간의 황제의 삶은 그처럼 나약한 사람에게는 오랜 고통의 시간과 같았다. 세상을 떠나는 순간 그가 마지막으로 느낀 감정은 아쉬움이 아닌

홀가분함이었을지도 모른다.

(8)

건륭 56년, 건륭은 자손들을 이끌고 사냥을 갔다. 그때 열 살이었던 어린 손자 면녕은 할아버지 앞에서 한 번에 활을 쏘아 사슴을 잡았다. 늙은 황제는 기뻐하며 그 자리에서 시를 읊었는데 그중 한 구절이 "싸움을 좋아하는 것이 나보다 두 살 빠르구나!" 였다. 그 의미는 자신이 12살에 강희 황제와의 초행 사냥에서 곰을 명중시켰는데 자신의 손자는 자기보다 두 살이나 어린 나이에 사냥에 성공한 것을 보니 나라가 갈수록 부강해질 것이라는 뜻이다.

늙은 황제의 칭찬으로 어린 황손은 무공에 더욱 힘썼다. 가경 황제의 장자는 애신각라 집안의 무공을 좋아하는 성격을 이어받은 것이 분명했다. 가경 18년 천리교도들이 황궁을 급습했을 때 면녕은 조총을 들고 양심전 계단에 서서 지붕 위를 다 올라온 두 명을 명중시켰다. 그렇게 되자 천리교도들은 순식간에 혼란에 빠졌고 결국 황궁 급습은 실패로 돌아갔다. 베이징으로 돌아오는 도중 그 소식을 접한 가경 황제는 너무 기뻐 면녕을 지친왕으로 봉하고 1만 2,000냥의 상금을 내렸다. 그리고 그가 사용했던 총에도 '위열' 이라는 이름을 하사했다. 그때부터 천하는 누가 다음 황제가 될 것인지 알 수 있었다.

이후 도광제라고 불린 이 황제는 상당히 높은 수준의 무술가라고 할 수 있을 만큼 무술에 조예가 깊었으며 스스로 사로운 도법을 창시하여 '이백연환도' 라는 이름을 붙이기도 했다. 화기에 대해서도 매우 정통했던 그는 한때 상소에서 대신들과 조총의 사용법에 대해 논의하기도 했다. "조총의 화력이 얼마나 대단한지 말하지 않아도 알 것이오. 짐은 어려서부터 연습하여 사용하는 데 익숙하오. 5근에서 7, 8근까지 모두 괜찮은 것 같소. 다른 사람의 실력은 어떠한가. …… 사용하는 방법이 쉽고 빨라 든든하오." 이 말만 봐도 그의 수준이 어느 정도인지 짐작이 갈 것이다.

하지만 역사는 장난을 좋아했던가. 그렇게도 무기에 정통한 도광 황제의 손에서 청나라는 역사 이래 가장 참혹한 패배를 당하게 된 것이다. 아편전쟁 중 그의 군사 지식은 무용지물이었다. 그의 지휘는 맹인처럼 여기저기 허점으로 가득했다.

물론 아편전쟁의 패배가 순전히 도광 황제 때문은 아니었다. 아편전쟁 이전 봉쇄정책으로 인해 청나라는 서양 세계에 완전히 무지한 상태였으니 전부 그의 책임은 아닌 것이다. 전쟁을 하면서도 서양에 대한 이해가 전무하다 보니 어쩔 수 없이 도광 황제는 전통적인 무기와 전술로 새로운 적과 맞설 수밖에 없었고, 그 결과는 뻔했다. 그러니 효과는 없었지만 그의 대응 방식은 정상 참작할 만했다.

하지만 결코 용서할 수 없는 것은 전쟁 패배 이후 그가 보여 준 행동이다. 그의 모습에서는 선조들이 보여 주었던 용맹함과 도전 정신을 전혀 찾아볼 수 없었고 임기응변에 뛰어났던 애신각라의 민첩함과 기민함도 없었다. 건륭 황제가 큰 희망을 걸었던 그 손자의 상태는 '마비'라는 말로밖에 형용이 안 됐다.

황실 내 깨끗한 훈련장에서 착실하게 배운 무술가와 원시 밀림 속에서 배출된 무사는 사유방식이나 정신 상태가 근본적으로 달랐다. 옛것을 이어가려는 도광 황제의 생각은 그의 부친보다 더 확고했다. 즉위하자마자 그는 이렇게 말했다. "선조들이 정한 제도가 분명히 전적에 기록되어 있으니 내가 어찌 건드릴 수 있겠는가? 온 정성을 다해 지켜나갈 뿐, 혹시라도 제대로 지키지 못할까 걱정인데 어찌 시정에 자신의 의견을 달겠는가?' 그의 손에 물려받은 청나라가 이미 곪을 대로 곪았다지만 그는 옛것을 지키는 데만 연연했을 뿐 그 어떤 새로운 혁신도 해볼 생각을 하지 않았다. 《선종실록》에서 그의 일생을 총결하여 말하기를 "황제는 일생을 선조의 실록을 자주 읽으면서 하나하나 옛 규칙을 따르고자 했으며 바꾸는 일은 거의 없었다."라고 했다.

아편전쟁의 결과는 도광 황제에게나 전 중국인에게나 엄청난 충격이었다. 대청 개국 이래 그와 같은 치욕은 다시 없을 것이다. 부친 가경 황제 때 있었던 여러 가지 폐정은 그의 실패에 비하면 얘깃거리도 되지 않았다. 이런 상황에서 그는 이 낯선 적들을 자세히 살피고 이들을 대적할 새로운 방책을 모색해야 마땅했다. 그러나 아편전쟁이 끝난 후부터 도광 황제가 세상을 떠난 8년 동안 그는 서양인들이 침략한 '천고에 다시 없을 변고'에 대해 어떤 적절한 조치도 취하지 않았다. 물론 그가 군대 정비와 훈련, 포대 보수 및 관리 업무 정리와 같은 회복을 위한 지시를 내리기는 했다. 그러나 이런 조치들은 전쟁 전에 있었던 내용과 다를 바가 없었고 전쟁의 결과를 통해 얻은 깨달음과는 전혀 관계가 없었다.

서양을 조사하고 서양 서적을 번역한 임칙서의 활동에도 관심이 없었고 일본까지 영향을 준 《해국도지》에도 관심이 없었다. 그는 전쟁 패배의 원인을 파악하지도 못했으며 다섯 개 항구(아편전쟁의 패배로 개방하게 된 상하이, 광저우, 푸저우, 샤먼, 닝보 등 다섯 개 항)의 개방도 그에게 자극이 되지 못했다. 유학의 정지된 세계관이 그를 꽁꽁 묶어 놓고 있었다. '세상이 변하지 않으면 도(道) 역시 변하지 않는다'는 융통성 없는 신조로 인해 그는 현실감뿐 아니라 적응 능력도, 창조 능력도 철저히 상실했다. 이들 만주족의 후예가 명나라 후기 겉만 번지르르하고 머릿속은 텅 빈 황제들보다 더 멍청하고 바보같이 된 이유는 명대 황제들보다 사서오경을 열심히 외운 효과가 그들에게 훨씬 잘 나타났기 때문이다.

전쟁기간 중에 도광 황제도 외부 세계에 대해 약간의 흥미를 보이기는 했었다. 그가 대신들에게 영국은 왜 여자가 국왕을 맡고 있으며 영국의 무기가 어째서 그렇게 대단한지 솔직히 물어보았던 것이다. 그런데 전쟁이 끝나자 황제는 유쾌하지 못한 기억을 서둘러 머릿속에서 지워버리고는 전쟁 이전의 어리석은 상태로 되돌아갔다. 도광 23년 7월 대신들이 전쟁 중 양인들이 사용하던 총을 바쳤는데 화기에 정통한 황제는 놀랍고 뛰어난 물건이라고 생각했다. 그런데 대신들이 양인들의 총을 따라 만들자는 건의에 그는 "따라 만드는 것은 능력이 모자라는 것을 개탄하는 일이다."라며 반대했다.

다시 말하지만 현실 감각을 잃어버리면 아무리 열심히 무공을 익히고 말타기와 활쏘기를 해도 아무 소용이 없다. 말년이 되자 한때 무공에 능했던 이 황제는 완전히 아Q(루쉰의 소설 《아Q정전》의 주인공)처럼 변해버렸다. 기록에 따르면 그는 "만년에 양무운동이나 흉년, 도적 사건을 듣기 싫어했다."고 한다.

(9)

이토록 현실 감각을 잃어버리기는 했으나 가경과 도광을 통해 근정(勤政, 천하의 일은 부지런하면 잘 다스려진다), 만주어, 말타기와 활쏘기라는 '만주족 전통'의 외관을 유지할 수 있었다. 만약 천고(千古)의 돌발적인 재난을 만나지 않았다면 그들은 중주(中主, 현명하지도 어리석지도 아니한 평범한 임금)의 평가를 받으며 역대 황제 명단에 포함되었을 것이다. 그러나 애신각라 말세 자손의 퇴화는 더욱 사람을 놀라게 한다.

도광 황제의 계승자인 함풍은 낙마하여 절름발이가 되었다. 그는 역대 만주족 황제 가운데 유일하게 장애를 가진 황제였다. 하지만 신체조건이 떨어지는 것이 그가 황위 각축에서 성공을 거둘 수 있었던 원인 가운데 하나라고 한다.

도광 만년에 진행된 사냥에서 무예가 가장 출중한 여섯째 황자인 혁신이 사냥감을 가장 많이 잡은 반면에 넷째 황자인 혁저는 옆에 서서 활 한 발도 쏘지 않았다. 원래 혁저는 자신의 무공이 여섯째보다 못하다는 것을 알았기에 스승인 두수전의 건의를 받아들여 생육 기간인 짐 승들을 다치게 하고 싶지 않아서라는 핑계를 대기로 했다. 뜻밖에도 도광은 혁저가 천성이 인자하여 한족의 성인들이 말하는 계승자의 기준에 부합한다고 여겨 그때부터 혁저를 다른 눈으로 보기 시작했다. 영리하고 일솜씨 좋은 혁신의 낙선은 청 왕조 몰락의 진도를 가속화시켰다.

함풍 이후 만주족 황제에게서 무공 따위는 논할 수 없게 되었다. 동치 황제는 주색에 빠진 황제라는 명성으로 역사책에 기록될 터였다. 그의 사촌 동생인 광서 황제는 몸이 허약해 어린 나이에 이명이 생겼을 뿐 아니라 징소리만 들으면 유정(遺精, 성교를 하지 아니하고 무의식중에 정액이 몸 밖으로 나오는 일. 수면 중 사정하는 것은 생리적 현상이나 그 이외의 것은 병적 증상이다. 흔히 몸이 허약할 때 일어난다)을 했다.

어린 황제 부의는 한동안 선조들의 체육활동인 낙타 타고 놀기에 열중했다. 이는 선조들이 건강을 위해 하던 놀이로 서 있는 낙타 등 위에서 뛰어넘는 놀이다. 그러나 어린 황제는 나뭇가지나 풀의 줄기로 낙타의 콧구멍을 찔러 낙타가 재채기 하는 모습을 보는 것을 즐겼을 뿐이다.

궁에서 만주어를 철저히 없애버린 일은 강남 지역에서 성장하여 만주어를 전혀 모르는 자희태후(서태후)의 집권 시기에 발생했다. 구불구불한 지렁이 같은 신기한 문자를 보고 자희태후는 이후 대신의 상주문은 만주어가 아닌 한문으로만 쓰라고 명령을 내렸다. 이로써 '만주어'라는 존재는 천수를 다한 셈이 되었고, 만주족의 모든 중요한 전통 역시 남은 게 없는 셈이 되었다.

(10)

윗사람이 좋아하는 것이 있으면 아랫사람은 반드시 더 좋아하는 법이다. 만주족 황제들의 의지가 무너짐에 따라 모든 만주족 역시 금나라 말기와 같은 부패의 소용돌이로 빠져들었다.

청대의 일반 만주인들은 모두 직업 군인이었다. 나라에서는 '말을 타고 활을 쏘는 일'을 제외하고는 다른 어떤 직업에도 종사하지 못하도록 규정했다. 정복자로서 나라는 후한 봉급으로 그들에게 보답했다. 일반 팔기군 마갑병(馬甲兵)은 일 년에 봉급으로 43냥, 쌀 23되를 받는 것 외에 집과 마필 같은 복리 혜택을 받았다. 건륭 연간의 생활수준으로 계산할 때 마갑병은 8인 가족을 부양할 수 있었다.

오랜 세월 태평성세가 이어지면서 아무 일도 하지 않는 나날이 계속되자 성격이 나빠지는 것을 막을 수 없었다. 왕조 말기 기강이 문란해지면서 전혀 군사 훈련도 진행하지 않았고, 시간을 전부 향락을 일삼는 데 허비했다. 발자크가 말한 바와 같이 할 일이 없는 사람들이 문화 활동을 만드는 법이다. 만청 시기, 긴 여가 생활이 만주인의 마지막 고초를 녹여 주어 그들은 여유롭게 번거로운 예절과 음탕한 생활 속에서 한

가로이 인생을 보냈다. 호탕한 산하이관 밖 사나이들의 후대는 중원 문화의 우수함, 우아함, 유유함을 유례없는 정점으로 끌어올렸다.

팔기의 후예인 라오서(老舍, 중국의 작가이자 극작가)는 청조의 마지막 몇 십 년 동안을 다음과 같이 묘사했다.

"위로는 제왕과 제후에서부터 아래로는 기병까지 만주 기인(旗人, 팔기에 소속된 사람들을 지칭하는 말)들은 이황(二簧, 중국 희곡의 강조(腔調). 중국 희곡의 노래 곡조는 오랜 기간에 걸쳐 발전하면서 고강·방자·탄황·피황 등의 여러 강조를 형성했다. 이황은 피황강 계열의 주요 강조 가운데 하나다.), 단현(單弦, 팔각고와 사피선의 반주에 맞춰 노래하는 민간 예술), 대고(大鼓, 북 종류의 하나)와 시조를 즐겼다. 그들은 물고기, 새, 개, 꽃을 기르고 귀뚜라미 싸움을 했다. 그들 가운데는 서예에 뛰어나거나 산수화를 그리거나, 혹은 시사를 쓰는 사람도 있었다. 적어도 유머러스하고 듣기 좋은 고아사(鼓兒詞, 북의 반주에 맞추어 운문의 창과 산문의 말을 번갈아 하는 중국 창극인 고사의 옛 이름) 정도는 꾸며댈 줄 알았다. 그들은 영토를 보위하고 정권을 안정시킬 힘은 없었지만 닭, 새, 물고기, 벌레를 문화와 가장 밀접한 관계가 있도록 할 수 있었다. …… 지금도 베이징에서 볼 수 있는 작은 장난감 중에서 비둘기 종, 연, 코담배통, 여치통, 새장, 토아야(兎兒爺, 중추절에 달에 제사 지내거나 어린이의 장난감 따위로 삼는, 토끼 머리에 사람 몸을 한 진흙 인형)를 자세히 보면 만주 기인이 어떻게 가장 사소한 곳에 가장 심혈을 기울였는지를 조금이라도 알 수 있다."

라오서는 자신의 유작인 《정홍기하》에서 다음과 같은 예제를 통해 만주인들의 기질 변화를 전형적으로 설명했다.

"사돈어른은 비록 정사품 좌령이었지만 어떻게 군대를 인솔하고 싸움을 하는지를 즐겨 이야기하지 않았다. 언젠가 내가 말을 타면서 활을 쏠 줄 아느냐고 물어본 적이 있는데 그는 헛기침을 한차례 하더니 금세 새를 키우는 기술에 대해 이야기하기 시작했다. …… 그는 자신이 무관이라는 사실을 잊은 듯 평생의 정력을 어떻게 통을 깎을지를 생각하는 데 허비했고, 기침과 웃음은 고도의 예술성을 갖는다고 생각했으며 언제든 작은 자극과 작은 즐거움에 깊이 심취했다."

청대 말기에 베이징은 이미 팔기 자제의 거대한 유원지가 되었다. 그들은 한문화의 옥토 위에 더욱 정교하고 우아하고 적절하고 온화하고 여유롭고 호탕한 '기인 문화'를 길러냈다. 차 마시기, 연날리기, 호두 주무르기, 매 놓아주기, 개 산책시키기, 비둘기 기르기, 등산, 서법 연습, 그림 그리기, 공연 감상, 인삼 삶기, 새 기르기, 장기, 꽃에 물주기, 귀뚜라미 싸움, 아들 낳기, 늘어지게 자기……

《캠브리지 중국사》는 아편전쟁 중에 이들 '기인 문화' 가운데에서 성장한 만주인들이 싸움을 하면 어떻게 한인보다 더 언행일치가 되지 않는지를 생생하게 묘사했다. 책에서는 전쟁 중에 도광 황제는 사촌인 혁경을 뽑아서 총사령관으로 삼았다.

"그는 서예에 능하고 …… 실제로 실제 전투에 들어가기 한 달 전에 유명한 화가가 강렬한 색채의 아름다운 북송 원체화법으로 전투에서 승리하는 장면을 묘사하기도 했다. 심지어 혁경 자신이 한 차례 글짓기 대회를 개최해 어느 글이 앞으로 있을 승리를 선포할 포고문으로 가장 잘 쓰었는가를 결정하느라고 며칠을 바쁘게 보내기도 했다. 마침내 그는 교전 상황과 각각의 지휘관들이 어떻게 명령을 하달하고 전공을 표창하는지를 가상으로 그린 작품을 하나 골랐다. (…)

도광 황제의 이 사촌이 전투를 언제 개시하는 것이 가장 좋을지를 놓고 어느 정도 고민했던 것은 사실이다. 하지만 이 문제는 그가 어느 날 항저우의 한 사원에서 길일을 점치는 것으로 간단히 해결되었다. 그는 호형첨 (虎形籤, 호랑이 모양 제비)을 뽑았다. 이를 근거로 공격 시간은 정확히 1842년 3월 10일 새벽 3시에서 5시 사이, 즉 임인년의 인월 인일 인시로 정해졌다. 그런데 공교롭게도 이때는 봄철 우기가 가장 정점에 올랐을 때였다. 그 때문에 전투 전날, 군사들은 발이 푹푹 빠지는 길을 힘겹게 걸어와 바퀴 자국들로 어지러운 진창투성이 진지에 투입되어야 했으며, 더욱이 전투 전날 밤까지도 길이 좋지 않아 군수 물자가 제대로 조달되지 못해 대부분이 여러 날 굶은 상태였다. 거의 탈진 상태에다 비에 흠뻑 젖은 몸을 이끌고 주린 배를 움켜쥐며 병사들은 공격을 준비했다."

이런 공격이 어떤 결과를 낳았을지는 가히 짐작할 수 있다. 아편전쟁에서 무용(武勇)에서 우아(優雅)까지의 변화는 결국 만주인들에게 씻을 수 없는 치욕만을 남겨 주었다. 이런 치욕은 전쟁의 실패 때문이 아닌 정신의 실패 때문이다.

(11)

하늘의 도에는 사사로움이 없다. 예상 밖의 소득은 모두 결국에는 어떤 방식으로든 배로 상환하기 마련이다. 이 지경까지 부패한 민족이 정권을 잃는 것은 당연한 일이다. 신해혁명 이후 만주 기인이 매달 봉급을 받는 제도가 폐지되었다. 과거 높은 위치에서 부유한 생활을 누리던 특권계층은 특기가 없어 생활을 할 방도가 없자 다수의 기인들이 차츰 도시의 빈민계층으로 몰락했다. 그럼에도 불구하고 오랜 세월 몸에 익은 습관은 바뀌지 않았다. 오랜 여유로운 생활 가운데 형성된 욕망, 습관, 취미는 그들을 괴롭혔고, 그들의 빈곤한 상황을 더욱 참기 힘든 상처로 변화하게 했다. 그들은 한 끼니를 해결하면 다음 끼니는 굶는 식으로 하루하루를 보냈고 과거 음식점에서 누렸던 맛있는 음식들을 돌이켜 음미하며 춥고 배고픈 나날을 보냈다. 문학비평가 량스추는 식탐에 대해 이야기하며 만주 기인의 예를 든 바 있다.

"친척 중 한 분이 한군기인(漢軍旗人. 팔기의 편재 방식에 따라 한족들로 구성된 군대) 출신이었는데 가난한 데다 식탐이 많다. 눈보라가 치던 어느 날 저녁 늙은이는 벌벌 떨며 작은 난로에 바짝 달라붙어 온기를 쬐고 있었다. 아들이 퇴근하는 길에 시장에서 배 네 개를 사가지고 와서 하나를 아버지에게 드렸다. 아버지는 배를 받고는 크게 기뻐하며 반절을 금세 먹고 나더니 갑자기 옷을 두르고 모자를 쓰고 작은 그릇을 하나 들고 문밖으로 뛰쳐나갔다. 밖은 눈보라가 몰아쳐 사람의 모습이 보이지 않을 정도였다. 그의 아들은 대문이 쾅 닫히는 소리를 듣고 쫓아갔지만 이미 늦어버렸다. 한 시간이 넘어서 늙은이가 그릇을 받쳐 들고 돌아왔다. 알고 보니 그는 마르멜로 배채를 먹고 싶어서 그랬던 것이었다! 예전 술자리에서는 쓰간(四干. 중국 음식을 먹을 때 전식(前食)으로 차려 나오는 땅콩, 용안 따위의 네 가지 마른 과실), 쓰셴(四鮮. 배·사과·포도·감 따위의 네 가지 과일), 쓰미젠(四蜜餞. 설탕에 재운 과일 네 가지), 마르멜로 배채가 항상 준비가 되어 있었다. 식사 후 먹는 마르멜로 배채는 별미였다.(배가 없을 때는 배추 고갱이로 대체가 가능하다). 이 늙은이는 배를 반쯤 먹었을 때 갑자기 그 맛이 생각나서 눈보라 속을 한 시간이나 뛰어

다니다 온 것이었다."

과거 위세를 떨치며 거들먹거리던 팔기군인들은 모든 이에게 멸시와 조소를 당하는 '팔기자제(八旗子弟)'가 되었다. 한때 사람들의 간담을 서늘하게 했던 단어가 이제는 '먹기만 좋아하그 일을 게을리 하고, 죽어도 체면을 차리며, 여유가 없으면서 겉치레를 하는' 사람의 대명사가 되었다.

영광의 역사와 치욕의 현재의 강렬한 대비는 사람들을 저절로 개탄케 한다. 소설가 오옥요가 쓴《20년간 목도한 고현상》에서는 신랄한 필체로 음식점에서 사오빙(燒餠, 밀가루를 반죽하여 원형 또는 사각의 평평한 모양으로 만들어 표면에 참깨를 뿌려 구운 빵의 일종)을 먹는 몰락한 만주 기인들을 묘사했다.

"가오성은 만주 기인이 허리에서 돈 두 푼을 꺼내 사오빙을 하나 사서 찢어 먹는 것을 봤는데 조금씩 음미하는 게 매우 맛있는 듯 보였다. 두 시간쯤 후에야 비로소 다 먹은 그는 갑자기 손가락 하나를 뻗어 한 번 침을 묻혀 글자 한 획을 긋는 식으로 탁자 위에 글씨를 썼다. 가오성은 속으로 이상하게 생각했다. '어째서 저리 열심일까? 음식점에서 서법을 연습이라도 하는 것인가?' 그가 무슨 글자를 쓰는지 유심히 살펴보았더니 그는 떨어진 깨를 먹고 있던 것이었다. 사오빙은 조심해서 먹어도 사오빙 위의 깨가 떨어질 수밖에 없다. 그는 혀로 핥아 먹거나 손으로 쓸어 먹자니 보기가 좋지 않아 글자를 쓰는 척 침에 묻혀 먹고 있는 것이었다. 그는 또 골몰히 생각에 잠겼다가 갑자기 무언가 생각난 듯 탁자를 치고는 다시 침을 묻혀 글자를 썼다. 알고 보니 깨 두 알이 탁자 틈으로 떨어져 있었던 것이다. 그는 고의로 갑자기 깨달은 듯 탁자를 툭툭 쳐서 깨가 자연스레 올라오도록 하고는 다시 글자를 쓰는 척하면서 자연스레 입으로 가져갔다."

그토록 총명하고 강건하고 진취적이었던 민족이 이처럼 참을 수 없는 방식으로 한지에서 타락하다니……. 누르하치와 홍타이지가 지하에서 알았다면 자신들의 당초 선택을 후회하지 않았을까?

Part 4

한없이 드넓은
몽골

– 단순함이 복잡함을 이기다

Chapter 01
갑자기
일어난 폭풍

그들은 피를 마시기를 즐기고, 인육과 개고기를 뜯고, 몸에는 소가죽을 걸치고, 손에는 철방패를 쥐었다. 키가 작고 통통하고 체격이 건장하며 전투에서는 불굴의 정신으로 패배를 몰랐다. 그들에게는 인류의 법칙이란 것은 통용되지 않았고, 어떤 위로도 알지 못했으며, 사자와 곰보다도 사나웠다."

지금으로부터 8세기 이전, 한 민족이 막 길들인 좋은 말을 타고 몽골고원에 나타나 마찬가지로 길들인 지 얼마 되지 않은 소와 양을 몰고 유유히 물과 풀을 찾아다녔다. 북쪽에서 불어오는 시베리아 바람이 그들의 짐승 가죽 모자 위의 털을 스치고 넙적한 그들의 얼굴을 에었지만, 전혀 느끼지 못하고 묵묵히 먼 곳을 바라보았다. 가없는 하늘이 동서남북 사방을 뒤덮고 있었다. 끝도 없이 펼쳐진 초원과 하늘은 생명을 끊임없이 이어가게 했고, 그들은 자연에 운명을 맡기는 생존방식으로 중국 북쪽에서 조용히 이어갔다.

남쪽 지역에서 차츰 이 민족의 존재를 알아차리게 되었는데 한족의 역사서에서 몽골을 뜻하는 '萌古', '蒙古' 라는 글자가 나타나기 시작했다. 고대 몽골어에서 이 단어는 '소박하다, 무력하다' 라는 뜻을 내포한다.

그러나 기원후 1220년을 전후로 몽골초원을 여유롭게 유동하던 유목군락은 갑자기 무서운 폭풍이 되어 순식간에 유라시아 대륙을 석권해버렸다. 이 민족의 몸속에서 원시의 생명력이 맹렬히 끓어올라 마치 용암이 고원에서 사방으로 세차게 흘러내리듯 동쪽으로 일본해까지 흐르고, 남쪽으로 자바 섬까지 뛰고, 서쪽으로 도나우 강까지 끓고, 북쪽으로 망망한 시베리아 황원에서 사라졌다. 이르는 곳마다 산하를 바꿔버려 유라시아 대륙의 유구한 문명을 순식간에 얼룩덜룩한 상처투성이로 만들었다.

그들은 거란족, 서하인, 위구르족, 한족, 페르시아인, 바그다드인, 인도인, 모스크바인, 헝가리인, 폴란드인, 독일인을 모두 섬멸하고, 부하라, 발흐(아프가니스탄 북부에 있는 마을), 키예프(우크라이나의 수도), 다마스커스(시리아의 수도), 자그레브(크로아티아의 수도)에 불을 지르고 약탈을 하고 인류 역사상 가장 광활한 국가를 건립했다. 이탈리아인이 베이징에 등장하고, 위구르인이 유럽에서 몽골인의 세금을 관리하는 등 각 대륙에서 서로 존재조차 알지 못하던 민족들끼리 이 제국 안에서 처음으로 서로의 존재를 알게 되었다. 마르코 폴로는 이를 다음과 같이 기록한다.

"몽골제국의 주인은 우리의 조상 아담부터 현재까지 인간 세상에서 유례없는 가장 강력한 통치자다. 그가 거느린 신하와 백성이 가장 많고 토지가 가장 광활하며 재산이 가장 풍족하다. 몽골제국의 찬란한 순간은 후세 역사가들의 눈을 부시게 했다. 그러나 이 모든 것이 사납게 몰려온 것처럼 그들의 퇴각도 예상치 못하게 이루어졌다. 한 세기도 채 지나기 전에 세계 각지로 흩어졌던 정복자들은 이미 그곳 사람들에 거의 동화되어 흔적도 없이 사라졌다. 오직 초원에 남아 있던 사람들만이 순수한 몽골 혈통을 유지했다. 유럽에서 그들은 칼막(Kalmak)이라 불리며 서서히 차르(제정 러시아 시대 황제의 칭호)에게 정복되었다. 아시아에서는 라마교를 받아들이고, 선조들의 고요한 유목생활을 지속하며 소리 소문도 없이 사라졌다."

어지러운 혼란이 일어나서 가라앉을 때까지의 모든 과정이 실로 급속히 이루어져 마치 한바탕 꿈과도 같았다. 먼지가 가라앉은 후에야 사람들은 바람이 어떻게 일어난 것인지를 찾고, 이 과정의 전후 원인과 결과를 캐묻기 시작했다. 제국의 붕괴는 그 원인이 너무도 방대한 까닭에 마치 부력을 상실한 고래가 자신의 무게를 견디지 못해 죽는 것처럼 지나치게 광활한 영토는 제국의 통일을 오래도록 지속시키지 못했다. 그러나 제국의 등장은 모든 유라시아 대륙의 사람들이 아무리 생각해도 이해할 수 없었다. 그저 몽골 철기병의 민첩함과 용맹함 때문일까? 이들 철기병의 용맹함이 사람을 두렵게 하는 것은 확실하다. 몽골인의 칼날이 유럽 동부를 휩쓸 때 머나먼 런던 부근에서는 패리스라는 성직자가 자신의 연대기에 다음과 같이 기록했다.

"수많은 메뚜기가 땅으로 달려들 듯 그들은 유럽 동부를 철저히 강탈하고 이곳이 폐허가 되도록 불태우고 마구잡이로 살육했다. 그들은 피를 마시기를 즐기고, 인육과 개고기를 뜯고, 몸에는 소가죽을 걸치고, 손에는 철방패를 쥐었다. 키가 작고 통통하고 체격이 건장하며 전투에서는 불굴의 정신으로 패배를 몰랐다. 그들에게는 인류의 법칙이란 것은 통용되지 않았고, 어떤 위로도 알지 못했으며, 사자와 곰보다도 사나웠다."

그러나 용맹함을 제외하면 그들에게는 아무것도 없는 듯했다. 몽골의 철기병은 모두 합쳐도 12만 명에 불과했다. 알렉산더 대왕이 정복을 시작했을 때 그 뒤에는 찬란한 고대 그리스 문명이라는 든든한 버팀목이 있었고, 진한 제국이 정복을 시작했을 때는 찬란한 중국 문화의 강력한 지원이 있었다. 그러나 몽골에게는 문자도, 위대한 사상가도, 형태를 갖춘 국가제도도 없었다. 그들은 초원 밖 세계에 대해서는 전혀 아는 것이 없었다. 역사적으로 야만족의 침입은 단지 제멋대로 주변을 강탈하는 정도에 불과했지만 이들은 달랐다. 그들은 끝없이 멈추지 않고 전진했다. 결국 그들은 일찍이 지중해를 무슬림의 호수로 만들어버렸던 아라비아 문화와 마주했다. 아라비아 문화에는 지혜의 도시라 불리는 바그다드, 위대한 과학자 알비루니, 그리고 《천일야화》와 아라비아 숫자가 있었다. 세계 문명의 발상지로서 끊임없이 세계를 향해 자신들의 찬란한 빛과 열량을 뿜어내었다. 위대한 로마문명의 유산을 계승한 유럽의 군주국들은 이들을 향해 유명한 십자군 원정을 발동했다. 그들은 성숙된 사회조직과 국가제도, 많은 인구와 재산, 헤아릴 수 없을 만큼 많은 현자와 철학가가 있었지만 아무런 지식도 없는 몽골인의 손에 완전히 패배하고 말았다.

Chapter 02

간단함과 복잡함

야만이 때로는 문명을 이기기도 한다. 이는 결코 이상한 일이 아니다. 우리가 사는 이 세계에서는 항상 결국에는 간단함이 복잡함을 이긴다. 그저 사람들이 알아채지 못할 뿐이다. 역사는 사람들에게 기억력을 허락하지 않아 훗날 같은 이야기는 다시 반복된다.

몽골인의 승리는 그들의 무지, 그리고 기마민족의 호탕한 천성과 순박함 때문이라고 봐도 무방할 듯하다.

몽골의 마그마가 초원에서 사방팔방으로 흐르게 된 것은 각 부락의 통일전쟁이 끝난 후에도 여전히 뜨거운 피가 냉각되지 않았으며, 군마의 내달음을 멈추지 못했기 때문이다. 막 일구어낸 통일은 체내의 원시 생명력을 폭발시켰다. 그들은 오직 힘과 용기만을 숭상했다. 이는 과거의 경험을 통해 이 험난한 세상에서 힘은 생존과 획득의 이유이며, 아름다움이자 선함이라는 진리를 얻었기 때문이다. 약한 자는 당연히 강대한 자에게 삼킴을 당하고 만다. 길이 있는 곳이라면 말발굽은 반드시 앞으로 달려 나가야 한다. 그들은 정복을 통해 생명력의 힘찬 용솟음과 방해하는 이 없는 통쾌함을 맛보았다. 이에 그들은 정복을 자신들의 사명으로 여기고 사람이 사는 곳이라면 모두 몽골의 말발굽 아래 머리를 조아리게 했다. 이것이 바로 그들의 신조였다. 바로 이런 소박한 생각이 세계에서 가장 큰 제국의 탄생을 초래했다.

그러나 이는 의식적으로 이루어진 결과는 아니었다. 몽골인들은 최대 혹은 최소와 같은 의미를 의식하지도 못했다. 이러한 정복이 위대한 것인지 아니면 재난인지를 판단하기 어렵다. 그러나 어찌됐든 이는 모두 몽골인은 호탕하고 광대하며, 그들의 포부에는 장애물이란 없다는 이미지를 심어 주었다. 혹은 이처럼 천진하고 순박하고, 거리낌이라곤 없는 민족만이 이런 대업을 이룰 수 있다고 말하는지도 모르겠다. 비록 파괴와 멸망이었지만 과거 수차례의 정복자처럼 편협하고 악랄하거나 사실을 은폐하지는 않았다. 어느 나라 또는 도시를 공격하기 전에 그들은 먼저 정중하고 공손하게 경고를 보냈다.

"만약 굴복하고 투항하지 않는다면 어떻게 될지 우리가 어찌 알겠는가? 오랜 신만이 알 것이다."

이런 교활하고 어색한 문장은 오히려 솔직하고 성실하며 어찌할 도리가 없다는 느낌을 심어 주었다. 얼마나 이상한가! 그렇다. 약자는 강자에게 굴복당해야 한다. 만약 이를 따르지 않는다면 그들을 기다리는 것은 오직 하나, 멸망밖에 없다.

칼로 베듯 단호한 잔혹함 역시 일종의 거리낌 없는 흉악함이다. 이런 무지하고 두려움을 모르는 원시적인 힘 앞에 문명은 연약하고 무력해 보였다. 당시 중국 문명은 이미 성숙기에 접어들어 11~12세기 송대의 벼 생산량은 배로 증가했고, 인구 역시 그에 상응하는 만큼 증가했다. 비록 북부 산하가 여진족의 손아귀에 들어갔다지만 남부의 강산은 여전히 수려함을 자랑했다. 사람들은 탄사(彈詞, 현악기에 맞추어 노래하고 이야기하는 일종의 민간 문예), 평화(評話, 송대에 성행했던 민간 문예의 한 가지로 한 사람이 그 지방의 사투리로 고사(古史) 따위를 이야기하는 것인데 창은 하지 않음.)에 깊이 빠져 가루, 와사 등 무대를 갖춘 전문 공연장이 생기고, 상업이 발달했으며 문화와 교육이 널리 퍼졌다. 정밀하고 아름다운 자기는 마치 종잇장처럼 얇고 유리처럼 투명했으며, 자수 기술도 뛰어나 더없이 정교하고 아름다웠다. 사람들은 더욱 총명해져 선현들의 가르침에서 교훈을 얻었을 뿐 아니라 나날이 늘어가는 인구 속에서 더욱 총명해지고 지략이 높아졌으며 자신을 잘 보호하게 되었다.

그러나 총명함은 무지함 앞에 힘을 쓰지 못했다. 몽골인이 남송을 정복할 수 있었던 토대는 몽골제국의 금나라 공략의 과정에서 자립해 몽골에 귀의한 한인세후(漢人世侯)들이었다. 그중 이단이라는 자는 후에 암암리에 남송과 기타 세후들의 세력을 모아 군사를 일으켜 원나라에 대항코자 했다. 그는 수많은 이들이 자신에게 호응하여 기타 세후들과 송대 군인들을 자신의 깃발 아래 모이게 해 몽골인을 사막으로 쫓아낼 수 있을 거라 생각했다. 그러나 그가 군사를 일으키자 다른 세후들은 군사

◆ 몽고군 서역원정 작전도

를 움직이지 않고 이리저리 관망하다 그가 뜻을 이루지 못할 것이 보이자 몽골군과 합세하여 그를 공격했다. 남송 역시 그를 믿지 못하고 껍데기뿐인 관직을 하사하고는 그가 몽골군에게 포위당했을 때는 군사를 한 명도 보내지 않고 그저 그가 패망하는 것을 지켜보기만 했다.

1268년에 이르러 몽골 대군은 양양을 포위 공격했다. 이는 원나라 군대와 남송 군대의 대결 중 가장 결정적인 전투였다. 당시 양양은 남송 장군 여문환이 강력한 군대를 이끌고 지키고 있었는데 원나라 군대의 사나운 공격을 당해낼 수 없자 황급히 조정에 구원 요청을 했다. 그러나 남송 조정의 권력 핵심이었던 재상 가사도에게는 다른 꿍꿍이가 있었다. 그는 겉으로는 직접 전선에 나가겠노라 상소를 올리고는 측근에게 만류의 뜻을 나타내도록 했다. 관리들은 고달을 파견할 것을 건의했는데 여문환과 고달은 원한이 있는지라 고달이 오려고 한다는 말에 여문환은 급히 대승을 알리는 상주문을 올려 증원을 멈추도록 했다. 결과가 양양의 함락으로 이어졌음은 의심할 나위가 없다. 인구, 병력, 군사 경험으로 말하자면 남송이 몽골보다 떨어지는 것은 전혀 없었다. 그러나 결국 실패를 맛보고 만 것은 송나라의 관병들은 걱정이 너무 많고 생각이 너무 많기 때문이었다. 반면 몽골 군사들은 전사는 용맹스럽게 진군하기만 하면 된다고 생각했다.

야만이 때로는 문명을 이기기도 한다. 이는 결코 이상한 일이 아니다. 우리가 사는 이 세계에서는 항상 결국에는 간단함이 복잡함을 이긴다. 그저 사람들이 알아채지 못할 뿐이다. 역사는 사람들에게 기억력을 허락하지 않아 훗날 같은 이야기는 다시 반복된다.

Chapter 03
몽골식의
호탕함

호탕함의 다른 일면은 거칢 이다. 몽골인은 머리보다 말과 활을 더욱 익숙하게 사용했다. 아마도 지식이 피정복자에게서 왔다는 이유로 몽골 귀족들이 모든 책을 업신여겼기 때문에 그러했을 것이다.

　부지불식간에 인류 역사상 가장 방대한 제국이 몽골의 말발굽 아래서 탄생되었다. 중국, 유럽 혹은 중동의 국왕이 이 같은 사냥감을 눈앞에 두었다면 모두 그 거대한 물량에 두려움을 느끼고 역사상 전례 없는 전리품을 어떻게 처리해야 할지 몰라 안절부절 못했을 것이다. 이 나라는 인구도 거대한 데다 종족마다 피부색과 언어가 모두 다르고, 생활이나 거주의 풍습도 달랐다. 더욱 두려운 것은 그들이 심오한 지식을 축적하고 눈부신 재능을 간직해 두었다는 데 있었다. 그러나 몽골인은 근본적으로 자신들이 두려워해야 한다는 사실도, 그들이 직면한 임무가 얼마나 위대하고 막중한지도 알지 못했다. 그들은 그저 자신들이 순조롭다고 생각하는 방식대로 간단히 명령을 내리고, 부담 없이 현명한 이들의 재능과 지혜를 이용했다. 몽골 귀족은 장사는 알지 못했으나 무슬림 상인이 뇌물을 쓰고 이자를 늘리는 데 능숙하다는 사실을 알았기에 약탈한 은자를 그들에게 건네 경영하도록 하고 이자만 보고하도록 했다. 대칸들은 이들 상인을 매우 후하게 대우했는데 오고타이칸은 다음과 같이 말했다.

"이곳에 온 모든 오르톡(Ortoq, 궁정과 제왕의 영리사업을 위탁받은 특정 상인조합) 상인은 각자 이해득실을 따지고, 각자의 계획이 있다. 그러나 나는 그들 각자가 원하던 바를 이루고 우리의 부를 함께 나누기를 바란다."

오르톡은 역참을 건설하고 관리를 임명하고 세금을 징수했다. 제국의 조직이 제대로 돌아가자 전체 유라시아 대륙은 몽골인의 통치 아래 100년에 이르는 평화와 안정을 얻게 되었다. 덕분에 유라시아 사이의 자유무역과 교류가 가능해지고, 문명 간에 한층 더 광범위한 교류가 가능해졌다. 인류에 대한 이런 공헌은 몽골 정복자가 본래는 의식하지 않았던 부산물이지만 오늘날에는 역사의 격변 가운데 가장 뚜렷한 흔적으로 인류 역사에 남게 되었다. 바로 이런 유례없는 국가 조직에는 몽골식의 호탕함도 포함된다. 원나라 때 사원의 석비 위에 새긴 칸의 성지에는 다음과 같은 내용이 적혀 있다.

"여러 교파의 승려들이여, 너희가 무슨 경을 읽든지 우리를 대신해 하늘에 장수를 빌어 줄 수만 있다면 얼마든지 읽어도 된다! 너희들의 뜰은 다른 사람이 마음대로 점유하지 못하고, 너희들의 재산은 다른 사람이 강제로 빼앗을 수 없다."

이런 유치하고 제멋대로인 글이 조정의 성지로 글자마다 도량이 크고 소박하고 진솔한 초원의 기질을 여실히 드러내며, 예전의 화려하고 우아한 성지와는 판이하게 다르다. 예전에는 각대 교파가 한 하늘 아래 공존할 수 없었지만 이곳에서는 모두 포용하고 차별이 없었다. 대칸들은 너희들의 시시비비를 가리지 않는다! 진리를 굳게 지키고, 자기 경전의 구두점까지도 목숨을 걸고 수호하는 신도들은 이런 성지 앞에서 기뻐할 것인가, 아니면 어쩔 수 없다고 생각할 것인가?

호탕함의 다른 일면은 거칢 이다. 몽골인은 머리보다 말과 활을 더욱 익숙하게 사용했다. 아마도 지식이 피정복자에게서 왔다는 이유로 몽골 귀족들이 모든 책을 업신여겼기 때문에 그러했을 것이다. 혹은 제국을 위해 자신의 지혜를 바치는 이가 있으니 굳이 대칸이 신경 쓸 필요가 없었기 때문일 수도 있다. 어쨌든 몽골인 가운데서는 위대한 정치가, 걸출한 군사 전문가는 탄생했으나 빼어난 학자는 탄생하지 않았다. 중국의 장서부터 유럽의 양피 성경까지, 그리고 바그다드의 유명한 도서관까지 세계의 모든 문명 전적을 늘어놓아도 그들은 전혀 흥미를 느끼지 않았다. 그들은 각 민족의 두터운 정신적 재산을 향유하는 데는 관심이 없었다. 정복이 그들에게 가장 후하고 다시 오기 힘든 기회를 제공하지만 그들은 보고도 못 본 척했다. 마지막에 그들은 거의 빈손으로 초원으로 되돌아갔다.

그러나 이 위대한 정복은 당시 형성 과정에 있던 혁명적 서양문명 발전에 유력한 계기가 되었다. 몽골인의 통치 아래서는 변경의 평화가 없었다. 그들은 지중해 연안이 세상의 전부라 생각했던 유럽인의 시야를 일본해와 인도양까지 넓혀 주었고, 지중해 이외의 세계에 대한 호기심과 상업적 야심을 불러일으켜 주었다. 중국 문명이 이 시기에 대량으로 전파되었는데 화약, 비단, 기계, 용광로, 인쇄기술이 모두 이때 유럽으로 유입되었다. 유럽인들은 이 기회를 충분히 살려 자신들의 기술을 발전시켰다. 마르코 폴로가 묘사한 중국과 흔히 '향료 섬(Spice Islands)'이라 불린 몰루카 제도의 매혹적인 풍경은 위대한 유럽 탐험가들을 이끌었다. 훗날 무슬람이 육로를 봉쇄한 이후 직접 해상

항선을 찾았는데 이것이 아메리카 대륙과 희망봉의 발견으로 이어졌고, 이때부터 유럽 신문명이 비약적으로 발전되었다.

이와 선명한 대조를 이루는 것은 중국 문명이 이 극심한 변화 앞에서 보여 준 반응이다. 이 변화는 중국 문화에도 새로운 발전을 가져다줄 기회였다고 할 수 있다. 무슬림과 선교사들이 대거 중국 각지로 들어오면서 다른 문자와 다른 세계에 대한 해석과 함께 여러 새로운 물건과 희귀한 견해들을 가져왔다. 이 기간에 모스크바, 타브리즈, 노브고로트에는 모두 중국 상인들이 거주했고, 그들은 자신들과는 완벽히 다른 생활방식을 직접 체험했다. 기록에 따르면 중국 관리들은 칭기즈칸의 출정 시찰에 동행하여 유라시아 대륙의 한쪽 끝에서 다른 한쪽 끝으로 여행을 한 바 있다고 한다. 그러나 중국인 가운데는 마르코 폴로의《동방견문록》처럼 큰 반향을 일으킨 작품을 쓴 사람이 없는 것으로 보아 중국인의 호기심은 이미 이때부터 퇴화된 듯하다. 중국 문화는 자신의 고유한 우월감과 타성에 젖어 이 모든 새로운 자극에 무관심했다. 그저 조소가 가득한 눈빛으로 훑어보고 미간을 찌푸리고는 다시금 기존에 자신이 관심을 가졌던 것에 머리를 파묻었다. 몽골인의 퇴각 이후 중국인의 기억에는 원한만이 가득 찼을 뿐 일말의 까달음이나 교훈은 없었다. 이를 계기로 중국과 서양의 우위가 뒤바뀌게 되었다.

Chapter 04
한없이 드넓은 몽골

오늘날 초원의 적막 가운데 유목민들은 여전히 풀은 왜 푸르다가 누렇게 변하는지, 사람은 왜 살다가 죽는지를 고민하고 있다. 문득 높고 우렁차고 긴 몽골의 장조가 높고 심원한 하늘을 맴돈다.

　　오늘날 몽골인의 후예들은 여전히 방목을 하고, 여전히 술을 좋아하고 호탕하며, 열정적이고 접대를 좋아한다. 여전히 아량이 넓고 온후하며, 자질구레한 일을 좀스럽게 따지지 않는다. 여전히 용맹함과 힘을 숭상하나, 이는 오늘날에는 내몽골 지구 몽골족의 전통적 군중집회인 나담 페어(Nadam Fair)의 씨름과 경마장에서 주로 나타난다.

　　몇 백 년 전 먼지를 휘날리며 달리던 기억도, 끓어오르던 피도, 칼리파(khalifa. '뒤따르는 자'라는 뜻의 아랍어로 무함마드가 죽은 후 움마(이슬람 공동체), 이슬람 국가의 지도자, 최고 종교 권위자의 칭호)의 황금도 기억 속에 남아 있지 않다. 순박하고 온후한 그들의 얼굴에서 《몽골비사》에서 묘사하고 있는 그런 몽골의 용사는 연상되지 않는다.

무쇠 이마에

끌 주둥이

송곳 혀를 갖고 있으며

강철 심장에

칼 채찍을 갖고

이슬을 먹고 바람을 타고 다닌다.

전투의 날

사람의 고기를 먹는다.

교전하는 날

사람의 고기를

양식으로 하는 자들이다.

화가 나서 으르렁대던 것들이

이제 사슬을 벗게 되어

기뻐서 저렇게

침을 흘리며 오고 있는 것이 아니겠는가?

오늘날 초원의 적막 가운데 유목민들은 여전히 풀은 왜 푸르다가 누렇게 변하는지, 사람은 왜 살다가 죽는지를 고민하고 있다. 문득 높고 우렁차고 긴 몽골의 장조(長調, 몽골 전통 음악으로 성악과 반주로 이루어진 장조는 한 사람이 두 가지 소리를 동시에 내면서 연주하는 음악으로 독특한 발성과 연주기법으로 유명하다. 유네스코 무형문화유산으로 지정되었음)가 높고 심원한 하늘을 맴돈다. 흰 구름은 암청색으로 변하고, 하늘은 누르스름하게 변하고, 가는 풀잎들이 모두 깊은 노랫소리에 몸을 떤다.

Part 5

다마오,
초원에서

*원래 이름은 몽골어로 '다르칸 마우밍간'이지만 이 단어들의 앞머리 글자들을 떼어내서 만든 한자식 명칭이 '다마오'다.

몽골인의 민첩하고 용맹함은 땅의 굵은 자갈 때문이다. 광활한 토지는 말발굽에 충분한 자유를 부여하고, 사람에게 충분한 심미의 충격을 줄 수는 있었지만 농업지대처럼 다정하게 사람들을 대하지는 못했다.

(1)

　줄곧 한족 아이들과 함께 자란 나는 열 살 전까지만 해도 내가 주위 사람들과 무엇이 다른지에 대해 생각해 본 적이 없었다.

　어느 날 학교에서 학생들에게 가정환경조사서를 작성해 오도록 했다. 조사서에는 본적, 민족, 가정 출신 등 생소한 단어들이 적혀 있었다. 내가 조사서를 집에 가져오자 어머니는 민족을 쓰는 칸에 '몽골'이라는 두 글자를 써넣으셨다. '가정 출신'이 무슨 뜻인지 이해하지 못하는 것처럼 '몽골'이라는 두 글자에 대해서도 별다른 생각을 하지 않고 그저 다른 학생들도 이렇게 썼을 것이라고만 생각했다.

　이튿날 깜짝 놀랄 일이 벌어졌다. 선생님이 휘둥그레진 눈으로 나를 보며 말했다. "어? 너 몽골족이었니? 우리 반에 소수민족이 있으리라곤 생각도 못했는걸!" 그제야 나는 다른 학생들은 모두 민족을 써넣는 칸에 '한(漢)'이라고 썼다는 사실을 알게 되었다.

나는 이런 새로운 발견에 흥분을 감출 수가 없었다. 나는 남들과 다르다고! 이 얼마나 좋은 느낌인가. 흔하지 않은 물건이 비싼 법이다. 친구들은 모두 부러움, 심지어는 숭배의 눈빛으로 나를 쳐다보았는데 그 눈빛에서 모두 흔한 한족이 아니라 소수민족이기를 간절히 바라는 마음을 읽을 수 있었다. 하지만 안타깝게도 그 아이들은 영원히 그 희망을 이루지 못한다. 그 많은 친구들 가운데 오직 나만이 대초원에서 말을 타던 사람들과 같은 민족이라는 사실은 어린 초등학생이었던 나를 우쭐하게 만들었다!

이런 유치한 허영심이 열 살의 내가 자신의 민족을 안 이후에 보인 심리반응의 전부였다. 이 사실은 나의 생활에 어떤 진정한 영향도 미치지 않았다. 내가 나의 민족에 대해 호기심이 생긴 것은 고등학교에 입학한 이후의 일이다. 그러나 결과는 매우 실망스러웠다. 문자로 기록된 몽골족의 풍속은 대조하는 가운데 모두 물거품이 되었다.

우리 부모님의 고향은 모두 랴오닝성 서부 지엔창현의 얼다오완쯔(二道灣子) 몽골족 자치구였다. 이곳은 랴오닝과 내몽골이 맞닿아 있는 곳으로 북쪽은 바로 하르친(Harqin) 중가르 몽골족의 자치 현이었다. 수백 년 전 이곳은 민가가 거의 없는 초원이었다. 오늘날 초원은 이미 모두 개간되어 농경지가 되었다. 대자연은 인류의 과도함에 망설임도 없이 보복을 하여 랴오닝은 수분과 토사 유실이 가장 심각하고, 가장 척박한 지역이 되었다.

전 세대의 사람들의 장(張)씨 가문은 하르친 중가르에서 온 것으로 오늘날까지 하르친 몽골에서 여전히 가문을 유지하고 있으나 오랜 세월이 흐른 터라 교류는 거의 없다.

하르친 몽골은 두 지역에서 나왔다. 한 지역은 원래 이란 부근에서 생활했다. 칭기즈칸 시기, 하르친 부족은 원래 이란과 인접한 우구즈(Ogouz) 국왕의 궁정 호위대로, 하르친이라는 단어는 몽골어로 '위병'이라는 뜻이다. 몽골 대군이 서쪽으로 원정을 떠났을 때, 이 용감하고 전쟁에 능한 호위대는 툴루(칭기즈칸의 넷째 아들(1192~1232년). 금나라 토벌과 서방(西方) 원정에 공을 세우고 몽골 본토의 대부분을 상속받았으나 형인 오고타이를 황제의 지위에 오르도록 했다))를 통해 황금가족 직속의 부대가 되었고, 툴루이 대군의 개선에 따라 몽골의 내지로 들어왔다. 다른 한 부분은 오논(Onon) 강 상류 및 헨티(Khentii)산의 '숲 속의 백성' 우량카(兀良哈) 부락에서 나왔다. 명나라 이전 그들은 장가구(張家口) 밖에서 유목했다. 명조 초기, 명 성조 주체정은 그들의 도움을 받아 영왕 주권을 이기고 순조롭게 황위를 획득했다. 15세기 전후 하르친과 우량카는 합병과 함께 혼인관계를 맺고는 대외적으로 우량카 삼위라 통칭했다. 명조 후기 천하를 뒤흔든 토목보(土木堡)의 변에서 우량카 삼위의 철기 그림자를 찾을 수 있다. 대략 400년 전 우량카 부족과 만주족이 연합하여 동쪽을 습격했다. 내전 중에 몽골 링단칸을 격파하여 만주족이 중국을 통일하는 데 큰 도움을 주고, 요녕 서쪽 지역에 하르친 중가르를 건립했다.

이곳은 너무 남쪽으로 붙어 있어 그다지 좋은 선택은 아니었다. 건륭 연간의 인구 증가로 인해 한족들이 땅을 찾아 이곳으로 대거 몰려왔다. 거센 한족의 이민 물결은 원래의 몽골 유목민을 한인의 해양 위에 외로이 떠 있는 섬처럼 만들어버렸다. 게다가 몽골인에게 억지로 채찍을 버리고 호미를 잡게 하고 게르 위의 모전(毛氈, 짐승의 털로 색을 맞추고 무늬를 놓아 두툼하게 짠 부드러운 요)을 걷어내고 벽돌집을 짓게 했다. 초원의 어려움들이 그들의 몸에서 빛이 바래고, 땅에서의 농작으로 온통 먼지투성이가 되었다. 그들은 한인과 힘을 합해 금세 랴오닝 서쪽의 비옥한 목초지를 수분과 토양이 유실된 전형적인 다른 지역처럼 만들어버렸다.

비록 이미 농업으로 생계를 유지했지만 만주국 시대까지 나의 고향은 여전히 몽골 특유의 특징을 유지했다. 당시 몽골의 왕야는 여전히 그 토지에 대한 지배권을 유지했다. 몽골족과 한족은 서로 결혼할 수 없었고, 많은 이들이 집에서는 여전히 몽골어를 말했으며, 라마교도 여전히 성행했다. 만약 한 가정에 아들이 셋이라면 적어도 한 명은 라마승이 되도록 보내졌다.

내 어머니는 자신이 어린 시절 마을 어귀의 라마교 사원에서 매년 정월 13일이면 '송수(送祟)' 의식을 진행했던 것을 똑똑히 기억하고 계셨다. 라마들은 밀가루로 사악과 재난을 상징하는 '귀신'의 흉칙한 머리를 만들고, 풀로 몸을 만들고, 다시 종이로 만든 색깔 옷을 입힌다. 건장한 청년이 그 위에 올라타 마을을 도는데 라마들은 자홍색 가사를 입고 뒤를 따르며 경을 외운다.

마을의 아이들은 앞 다투어 길에 꿇어앉으며 '귀신'이 자신의 머리 위로 지나가도록 하는데 이렇게 하면 재앙을 막을 수 있다고 한다. 한 바퀴를 돈 후 사람들은 그것을 오르도스(Ordos, 중국 내몽골 자치구 중남부에 있는 고원 지역)로 가져가 불태우는데 이는 새해에 아무런 사고도 없이 지나감을 의미한다고 한다.

동북 지역 사람들은 일본인의 투항을 '사변'이라 부른다. 사변 이후 높고 거대한 라마교 사원들은 초등학교로 바뀌고 라마들은 환속하여 집으로 돌아갔다. 몽골족과 한족의 결혼을 금지하는 일도 더 이상 지속되지 않았다. 처음에는 한족 며느리를 맞이한 사람들이 경멸받았지만 후에는 한족 며느리들이 고생을 마다않고 똑똑하며 생활력이 강하다는 사실을 발견했다. 그리하여 차츰 한족 며느리들이 마을 며느리의 대다수를 차지하게 되었다.

전통의 변화는 극히 어려운 일이지만 어떨 때는 손바닥 뒤집듯 쉬운 법이다. 이제 내 고향집 사람 중에서 몽골어를 할 줄 아는 사람은 한 사람도 찾아볼 수 없다. 사람들은 오래전부터 라마교가 뭐 하는 것인지 알지 못했고, 오래된 주택 몇 군데에나 '대라마가', '이라마가'라는 명칭이 남아 있다. 할머니가 손자손녀에게 들려주는 이야기조차 모두 산둥, 허베이에서 흘러들어온 한족의 민간 전통 이야기였다. 한족들이 거주하는 지역과 다른 유일한 한 가지는 상대적으로 근검절약이 정점에 달한 한인에 비해 고향 사람들의 일상은 그저 건성건성 보내는 것 같다는 점이다.

그들은 흔히 "우리 몽골인들은 아무래도 게으르다 보니 한인들보다 생활력이 떨어지지. 한인들이 우리처럼 좋은 땅을 가졌더라면 아마 벌써 집안을 일으켰을 게야."라고 말하곤 한다.

그러나 한인들의 생활력에 대해서 탐탁지 않게 생각하는 부분이 있기는 하다. 예를 들어 한인들은 손님을 초대할 때 작은 그릇을 쓰는 데다 음식도 겉만 번지르르할 뿐 실속이 없다는 점이 고향 사람들의 비판거리가 되곤 한다. 이 점에서 볼 때 몽골인의 아량이 넓고 호탕한 성격이 그래도 조금은 남아 있는가 보다. 그래도 내가 상상해 온 만큼은 아니어서 나는 늘 나를 부러움의 눈빛으로 바라보던 한족 친구들을 볼 면목이 없다고 느꼈다.

(2)

뿌리라는 게 참 이상해서 내게는 몽골 문화에 속하는 그 무엇도 남아 있지 않지만 핏속에는 무엇인가가 분명 존재함을 느낀다. 나는 말을 좋아하고 드넓은 풍경을 좋아하며, 여러 차례 초원에 대한 꿈을 꾸기도 했다. 물론 꿈에서 본 광경들은 분명 내가 읽은 책들 때문에 비롯된 것이리라. 하얀 구름이 떠 있는 푸르른 하늘 아래 깨끗한 녹색 카펫 같은 초원이 펼쳐져 있다. 초원 위에는 붉은 얼굴에 ㄱ칠고 건장한 유목민이 무늬가 있는 비단으로 만든 형형색색의 몽골 전통 옷인 델(Del)을 입고, 키 작은 몽골 말을 타고, 눈동자처럼 맑은 호숫가에서 자신의 양 떼를 보살피는 그런 광경 말이다.

몽골인, 몽골 말, 게르, 장조, 아이락(Airag, 마유주라고도 함. 말젖을 발효시켜 만든 몽골의 전통 술), 그리고 칭기즈칸과 그 자손들을 낳은 몽골고원에는 분명 남과는 다른 색다른 천성이 있다. 반드시 직접 그 땅을 밟아 봐야만 그 신기함이 어디서 오는지 알 수 있다.

2001년 가을, 바오터우(包頭, 중국 내몽골 자치구에 있는 도시)에서 일하는 사촌 형이 친척을 방문하러 갈 때 나는 그의 지프차를 타고 내몽골에 가기로 결정했다. 형이 목초 지역에 친구가 많으니 며칠 동안 진짜 게르에서 지내보고 진짜 몽골 음식도 먹으며 진정한 몽골 말도 타면 생생한 몽골 문화를 느낄 수 있을 것이라고 했기 때문이었다.

여정은 시작부터 내 정신을 번쩍 들게 만들었다. 지프차가 고장성(古長城)이 틀어 앉은 산을 지나던 순간 몽골고원이 내 눈앞에 펼쳐졌다. 그때 느낀 감정은 네 글자 '황량하다'는 느낌이었다. 집도 마을도 나무도 행인도 모두 바람에 깨끗이 쓸려버리고 깨끗한 대지만이 남아 있었다. 문득 하늘은 드높아지고 땅은 드넓어지고 산은 낮아졌다. 대지는 마치 하느님이 갓 창조했을 때의 모습처럼 혼연일체가 되어 거칠고 평탄했고, 산맥은 끊임없이 직접 하늘 끝으로 뻗어나갔다.

쓸데없는 색은 사라지고 오직 하늘색과 황토색만 남았다. 사람의 소리는 사라지고 바람만이 숨을 헐떡였다. 인위적인 흔적은 사라지고 대지는 고요하고 높고 심원한 하늘의 비호 아래 자유자재로 뻗어 있었다. 아무것도 없다. 오직 건강한 대지가 적막하게 호흡하고 있을 뿐.

지프차가 작은 딱정벌레처럼 털이 더부룩한 대지의 복부를 아무런 희망도 없이 느릿느릿 기어갔다. 몇 시간째 계속 시야에 들어오는 풍경에는 어떤 변화도 없었다. 몽골고원은 그 광활하고 끝없는 모습으로 나를 뒤흔들었다. 나는 예전에는 대지의 존재감은 느낄 수 없었는데 건물, 도로와 성벽으로 둘러싸인 부속물에 덮여 보이지 않았기 때문이거나, 아니면 피부가 벗겨지고 갈색 피가 뚝뚝 떨어지는 근육을 드러낸 경지(耕地)가 결코 보기 좋지는 않았기 때문이다. 이때에 이르러서야 나는 결국 바다에 비해 조금도 손색없이 드넓은 완전무결한 세계의 주체로서의 대지를 보았다.

길에서 나는 몽골 대지에 관해서, 몽골고원의 기후와 몽골인 성격의 관계에 대해서 생각했다. 장성을 따라 양쪽이 기후나 경치가 판이하게 다르다. 방금 장성 이남을 건너와서인지 장자커우 밖임에도 아직 고난의 그림자는 비치지 않는다. 무성한 숲과 축축한 공기, 모든 것이 다른 북방 농촌지역과 별반 다를 게 없다. 그러나 시구보의 장성을 지나자마자 바람이 단번에 날카로워졌다.

장성이 문화의 분할선이라 불리는 첫 번째 이유가 지리를 분할하기 때문이리라. 장성 이남 사람들은 안정을 숭상하고 목숨을 귀하게 여기고 죽음을 두려워하며, 오랫동안 살아온 곳을 쉽사리 떠나려 하지 않는다. 장성 이북 사람들은 용맹함을 숭상하고 세상을 내 집으로 삼고 목숨을 가볍게 여기며 의리를 중요하게 여긴다. 사람이 환경의 산물이라는 사실은 부인할 수 없는 사실이다. 천성의 차이가 이토록 분명한 것은 지리적 낙차가 뚜렷하기 때문이다.

몽골인의 민첩하고 용맹함은 땅의 굵은 자갈 때문이다. 광활한 토지는 말발굽에 충분한 자유를 부여하고, 사람에게 충분한 심미의 충격을 줄 수는 있었지만 농업지대처럼 다정하게 사람들을 대하지는 못했다.

해발 1천 미터 정도의 고원은 겨울이면 시베리아의 한풍이 막아낼 재간이 없는 칼처럼 지나가고, 여름이면 또 견딜 수 없이 무더워진다. 대설이나 가뭄이라도 오면 양떼가 백골이 되는 것은 피할 수 없어 어제만 해도 풍족했던 유목민을 배고픔에 시달리게 만들어버린다. 몽골인의 일생은 광풍, 대설, 가뭄, 홍수, 야수, 천연두와의 싸움이다. 이는 결코 몽골인 스스로 선택한 것이 아니라 하늘이 그들을 선택한 것이다. 그렇기 때문에 어려움 앞에서 뒷걸음치는 것은 바로 죽음을 의미한다. 역사는 선악으로만 나뉘지 않는다. 유목민족은 세계의 파괴자인 동시에 방부제이기도 하다. 그들은 대자연과의 투쟁 중에서 길러낸 용기, 힘, 만족하지 않는 욕심을 농업문명에 질식한 지역으로 전파하고 인류의 성장에 활력을 불러일으켰다.

사촌 형이 말하기를 몽골고원에 와보지 않으면 영원히 몽골인을 이해할 수 없다고 했다. 그는 문화대혁명 시기에 바오터우 북부의 다마오에서 혁명 대열에 참가한 적이 있다. 여정 내내 그는 내게 유목민의 집에서 겪었던 일들을 수없이 이야기해 주었다. 그는 처음 게르에서 잤을 때의 감정을 생생하게 표현했고, 처음으로 초원에서 장조를 들었을 때의 흔들림을 이야기해 주었다. 그래서 나는 이번 여행이 기대로 가득 찼다. 나의 눈앞에는 다음과 같은 환상이 나타났다.

석양이 서쪽 하늘을 물들 때 게르에서 밥 짓는 연기가 피어오른다.

달이 떠오르자 이웃 유목민들은 모두 한곳에 모여든다. 아이락을 은제 그릇 가득 채우고, 모닥불을 피워 놓고 몽골 전통 악기인 토브쉬르 (Tovshuur)를 연주하기 시작한다. 구슬픈 장조가 오랜 정적을 가른다. 노 랫소리에는 어느 소녀의 서툰 사랑 이야기, 남자들 사이의 우정과 대립 이 있고, 오래전 전쟁과 그들의 수령 칭기즈칸에 대한 이야기가 있다.

나는 사촌 형에게 내가 상상에서 그리던 바와 같이 몽골 전통의상을 입고 게르에 사는 집을 반드시 찾아 달라고 당부했다. 게르를 싣고 이 동할 수레를 묶어 놓고, 몽골 말 무리를 기르고, 마지막으로 집에 검은 얼굴의 젊은 아가씨가 있으면 완벽하다. 사촌 형은 내 말을 듣고 크게 웃더니 "문제없어!"라고 대답했다.

Chapter 02
사라진 게르

그가 말하기를 요즘에는 목초지를 도급을 줘서 몇 년 사이 유목민이 거의 없어지다시피 했다고 했다. 유목민이 없으니 게르가 없는 것은 당연한 일이다.

(1)

사촌 형은 이미 몇 년 간 목축지에 가보지 못했다고 했다. 그러나 친한 친구들이 다르칸 마우밍간에 살면서 목축을 하고 있다고 했다. 그는 자신의 운전기사에게 나를 다르칸 마우밍간에 데려다 주도록 했다.

3시간 후 우쑤투^(鳥素圖)에 다다르자 우리는 드디어 농업지역을 뒤로 할 수 있었다. 초원은 형언할 수 없이 아름다웠다. 둥그런 대지는 부드러운 기복을 보이고, 곳곳이 가을 풀로 굽이굽이 누르스름한 빛을 띠어 사람의 맘을 비할 바 없이 편안하게 해주었다. 가을볕 아래 초원은 누르스름한, 잘 익은 보리 냄새를 풍겼다. 대지의 피부색도 더할 나위 없이 건강했다.

그러나 아무리 찾아봐도 2, 3리마다 하나씩 보이는 벽돌집뿐 게르는 보이지 않았다. 목축지역에 진입한 지 반시간이 지나자 초지가 점점 사막화 되는 기미가 나타나기 시작했다. 많은 지역에서 모래풀이 보였고, 더 많은 지역의 초원이 마치 피부병이 일어난 듯 목초는 간간히 있는 듯 없는 듯 보일 뿐 사막이 마음이 아플 정도로 펼쳐져 있었다. 양떼가 나타났다. 걸음이 무거운 듯 힘겹게 짧은 풀뿌리를 뽑아 먹는 게 마치 사막을 더 깨끗이 정리하려는 듯 보였다. 텔레비전을 통해 이미 여러 차례 초지의 사막화에 대해 본 적이 있지만 이렇게 내 눈으로 직접 내 피부 위의 곪은 상처를 보니 더욱 끔찍했다.

정오 12시가 되어 우리는 바이링먀오(白靈廟)에 도착해 사촌 형의 친한 친구인 우리지(烏力吉)를 만났다. 그가 말하기를 요즘에는 목초지를 도급을 줘서 몇 년 사이 유목민이 거의 없어지다시피 했다고 했다. 유목민이 없으니 게르가 없는 것은 당연한 일이다.

실망으로 가득한 내 얼굴을 보더니 그는 조급해하지 말라며 중앙 몽골 변경 부근은 땅이 넓고 인구가 적은데 그곳에는 아직 유목 생활을 유지하고 있는 이들이 남아 있다고 했다. 그는 사람을 시켜 얼른 차를 몰고 그곳으로 가 찾아보도록 했다.

다음날 저녁 우리지의 친구가 돌아왔다. 그는 게르를 찾기 위해 북부 초원 지대를 하루 종일 누비고 다녔으나 하나도 찾지 못했다고 했다. 우리지도 방법이 없었다. 보아하니 그는 나를 바이링먀오에서 멀지 않은 곳에 있는 정착 유목민 친구 집으로 보내려는 듯했다. 그는 틀림없는 몽골인으로 정착한 지 몇 년밖에 되지 않았다고 한다.

(2)

차간투루(察干圖路)의 상황은 그래도 아직은 괜찮았다. 정수리 부분의 머리숱이 적어지기 시작한 사람은 초반에는 그래도 겉으로 보기엔 무성함을 유지할 수 있는 것처럼 말이다. 마당이 있는 단층 벽돌집이 덩그러니 초원 위에 솟아 있었는데 이곳이 바로 내가 찾는 사람의 집이었다.

방 네 칸의 내륙 지방과 같은 매우 일반적인 벽돌집으로 매우 깨끗하게 정리가 되어 있어 집주인의 근면함을 엿볼 수 있었다. 바닥은 대리석 문양의 타일이었고, 벽은 테라코타를 칠했으며, 소파와 티테이블, 그리고 침실의 장까지 모두 내륙 지역 농촌에서 유행하는 스타일이었다. 마당에는 오토바이가 세워져 있고 장 위에는 헤드앤숄더와 다바오사의 로션이 놓여 있었다.

나는 이들을 못 본 척했다. 이 물건들이 나의 감각공간을 점거해버리기를 원치 않았다. 나는 주위를 둘러보며 '원래 이곳에 있어야 할 물건들, 예를 들어 은제그릇, 말젖통, 가죽 부대, 차오미(炒米, 기장을 소기름으로 볶은 몽고인의 일상 식품)를 찾기 시작했다.

그러나 그런 것들은 하나도 찾을 수 없었다. 안주인이 정성스레 꽈쯔(瓜子, 해바라기씨, 호박씨 등을 소금이나 향료 따위를 넣어 볶은 것)를 내왔다. 그녀는 서양식의 유행하는 빨간 스웨터를 입고 있었는데 마르고 단정한 모습이 내륙 지방의 아줌마들과 다른 게 없었다. 우리지는 그녀와 몽골말로 한바탕 떠들더니 안심한 듯 떠나며 3일 후에 데리러 오겠다고 했다.

안주인은 나와 앉아서 잡담을 하기 시작했는데 한어 실력이 대단했다. 네 가족 중 바깥양반의 이름은 '61'인데 몽골어로는 지르느거다. 그는 치(旗, 몽골족 자치지역의 현과 같은 행정구역 명칭)로 일을 보러 출타 중이었다. 안주인 이름은 아라텅화인데 몽골어로 '금화(金花)'라는 의미다. 아들과 딸은 전문대학에 다니고 있다고 했다.

이들은 매우 근면한 몽골 유목민 가족이었다. 목초지 도급이 시작된 후 그들은 600만 평방미터(세상에! 이는 내륙 지역에서는 상상도 할 수 없는 면적이다. 서울시의 10분의 1정도)를 배분받고 철사로 울타리를 쳤다(철사를 사는 데만 무려 1만 여 위안이 들었다고 한다). 그들은 그 위에 이 벽돌집을 지어 정착하기 시작했다. 근면함과 정밀한 계획으로 그들은 현재 이미 양 400마리, 소 30여 마리, 오토바이 두 대를 보유하고 있으며, 연 수입은 3만 위안 정도에 이르는데 이는 내륙 지역의 농민은 상상도 할 수 없는 돈이다. 그들은 농업지역에서 한족을 한 명 고용해 1년에 3천 위안을 주고 그들의 양을 방목하도록 하고, 자신들은 그저 똥을 치우고, 양에게 물을 주는 일 따위만을 하여 예전보다 훨씬 편하게 살았다.

종일 이야기를 나누다 아라텅화가 저녁밥을 하기 시작했다. 그녀가 시커먼 물건을 한 통 손에 들고 들어왔는데 말린 양똥이었다. 양똥으로 불을 붙인다는 사실에 나는 흥분하기 시작했다. 그녀가 또 어떤 물건을 가져올까? 치즈, 양고기, 아니면 몽골의 만두인 보츠?

날이 어두워졌다. 초원은 하루가 짧다. 오토바이 소리가 나는가 싶더니 바깥주인이 돌아왔다. 그는 내 상상과 완벽하게 일치하는 전형적인 몽골인의 모습을 하고 있었다. 굵고 단단한 몸통에 상반신은 길고 두 다리는 짧은데 이는 기마민족의 유전이라고 한다. 넙적한 얼굴은 고원의 햇볕에 그을려 자홍색을 띠었다. 그는 옅은 갈색의 눈동자로 나를 응시했는데 어떤 얼버무리는 듯한 태도나 인사치레도 없었다. 이것이 내가 상상하던 몽골인의 모습이었다. 그는 한어가 서툴러 끊임없이 일을 하는 것 외에는 그저 묵묵히 어딘가에 앉아 하루 반나절 동안 한마디도 하지 않았다.

저녁밥이 나오자 향긋한 냄새가 방 안을 가득 채웠다. 하지만 음식은 나의 예상을 크게 빗나갔다. 쳰청빙(千層餠, 호떡모양으로 쌀가루 떡을 기름에 튀긴 빵.

떡 속의 층마다 온갖 재료를 넣는다.) 한 접시와 배추, 감자, 토마토, 피망과 주사위 모양으로 자른 양고기 등을 볶은 후에 소량의 물과 전분을 넣어 만든 요리 한 그릇이 전부였다. 채소들은 모두 그녀가 직접 초원을 개간해 기른 것이었다.

실망은 실망이고, 나는 정말로 배가 고팠다. 아라텅화가 구운 양고기 첸청빙은 정말 맛있었고, 뜨거운 볶음요리의 맛도 꽤 좋았다. 내가 이미 게 눈 감추듯 게걸스레 먹고 있음에도 아라텅화는 계속 "사양 말고 더 드세요, 더!"라고 음식을 권했다. 이는 한족들에게서 배운 손님을 대하는 예절이리라. 나는 아라텅화의 요리 솜씨를 칭찬했다. 나는 그녀의 첸청빙이 내가 먹어 본 중에 가장 맛있는 떡이라고 말해 주었다.

아라텅화가 환한 얼굴로 눈을 반짝이며 이를 드러내며 웃었다. "제 장기가 밀가루 음식이에요. 주변에서 저보다 더 맛있게 하는 사람은 없죠. 제 떡을 먹어 보면 모두 맛있다고 해요."

지르니거 역시 고개를 끄덕이며 동의를 나타냈다. 나는 순식간에 마음이 한결 편안해짐을 느꼈다. 그녀의 한인과 같은 외모에서 몽골인의 본색이 드러났다. 그녀는 아직 겸손함을 배우지 못한 것이었다.

(3)

막 10월이 되었을 뿐인데 초원은 이미 겨울이었다. 아침에 일어나 양들에게 물을 먹이러 지르니거와 함께 우물가로 갔더니 수조에는 이미 두꺼운 얼음이 얼어 있었다. 우물둔덕에 올라가 사방을 둘러보다 멀지 않은 곳에 다소 낡은 듯한 벽돌집이 있는 것을 발견했다. 지르니거는 그것이 자신들이 원래 살던 집인데 지금은 그곳에 한족 친구 가족이 살고 있다고 했다. 부부가 원래 치에 있는 공장에서 일을 했었는데 지금은 둘 다 퇴직하여 자신들의 집과 목초지를 빌려 100여 마리의 양을 기르며 나날을 보낼 수밖에 없다고 했다.

지르니거네 양만해도 엄청난 숫자인데, 다른 사람에게 빌려 주기까지 하니 목초지가 견뎌내기 힘들 것이었다. "그들에게 집과 목초지를 빌려 주고 얼마나 받나요?"

"돈 안 받아요, 친구잖아요." 지르니거가 대답했다.

이런 일은 그들에게는 분명 매우 흔한 일인 듯했다. 우리지가 나를 지르니거의 집에 던져 놓으면서 번거롭게 해서 미안하다는 말 한마디 하지 않은 것처럼 말이다. 초원에서 생활하는 사람들과 내륙 지방에서 생활하는 사람들의 생각은 역시 달랐다.

(4)

눈부신 햇살 아래 나는 책 한 권을 들고 바깥 초원 위를 어슬렁거렸다. 사방 수십 리에 보이는 것이라고는 하늘과 맞닿은 가을 풀밖에 없었다. 신발이 풀잎과 닿는 소리가 매우 크게 들렸다. 하늘은 파랗다 못해 투명할 지경이었고, 나와 하늘 사이에는 먼지 한 톨도 없었다. 나는 풀밭에 드러누워 햇빛이 이불처럼 나를 덮도록 했다. 참으로 조용해서 마치 시간이 존재하지 않는 듯했다. 이곳은 깊이 묵상에 빠진 사람에게 가장 이상적인 장소이리라. 그러나 몽골족은 철학자나 사상가가 아니라 정복자가 되었다. 초원이 너무도 단조롭고 적막한 탓에 몽골인의 강렬한 호기심이 생겨나고, 몽골 철기병의 세계를 놀라게 한 원정이 이루어졌던 것일까?

몽골인의 손님 접대를 좋아하는 특성 역시 적막감에서 비롯된 것이리라! 단순한 생활은 단순한 마음을 만들었을 것이고, 적막감은 우정과 혈육 간의 정을 더욱 귀하게 여기도록 했을 것이다. 방문하는 사람은 모두 귀빈이고, 사람이 찾아오는 날이 바로 명절이다.

소와 양을 모두 놓아준 후 지르니거는 다시 처로 일을 보러 갔다. 아라팅화는 목초지로 와 나와 이야기를 나누었다. 평소에는 아마 한 달이 되도록 지르니거 이외의 다른 사람과는 이야기를 나눌 기회가 없을지도 모른다. 라디오와 재봉일이 아리팅화와 함께 기나긴 하루를 보내리라.

나는 화제를 초원의 변화로 이끌었다. 10여 년이라는 시간 동안 생활 전체가 모두 변했다. 목초지를 구획하여 목초지를 찾아 돌아다닐 필요가 없어졌고 자연스레 게르도 필요 없어졌다. 몽골 전통 옷인 델 역시 필요 없어졌다. 입으면 불편하기도 해 중산복(1911년 중국의 정치 지도자인 쑨원이 생활의 편의를 위해 창안한 복장)만 못했다. 과거 노인들이 남긴 낡은 상자, 나무 사발 따위는 오래전에 이미 땔감으로 써버렸다. 허르헉(양고기를 토막 내어 달구어진 돌과 만징(무의 일종)과 감자 등을 넣어 만든 일종의 몽골 전통 양고기찜)도 새해에 한두 번 먹을 뿐 평소에는 느끼하다며 아무도 먹지 않는다. 초원의 양은 점점 늘어났는데 이는 사람이 점점 많아졌기 때문이다. 아라팅화와 지르니거가 어렸을 때는 반나절을 뛰어야 게르를 하나 발견할 수 있었다고 한다. 하지만 지금은 높은 곳에 올라가서 사방을 둘러보면 곧 인가를 찾을 수 있는데 대부분이 한족이라고 했다. 점점 많은 한족들이 이곳에서 유목민 생활을 한다. 지금은 주위 몇 십 리 10여 집의 유목민 가운데 두 집만이 몽골족이다. 이것이 아라팅화가 한어를 이토록 잘하는 이유였다. 그들이 평소에 만나는 사람들은 모두 한족이라 몽골말을 할 기회가 점점 적어졌다. 두 아이도 집에 돌아오면 거의 한어로 대화를 나눈다.

이야기를 하다 보니 지르니거가 돌아왔다. 그는 한 켠에서 나와 아라텅화의 대화를 듣고 있었는데 조금도 움직이지 않아 마치 조각상 같았다.

아라텅화는 예전에 게르에서 델을 입고 살던 날들을 떠올렸다. 그때는 길이나 벽돌집, 오토바이도 없었고, 일은 힘들고 잘 먹지도 못했지만 추억해 보면 훨씬 즐거웠다. 그때는 근처 이웃들과 한 가족처럼 지냈는데 지금은 각자 삶을 살며 사람과 사람 사이가 소원해진 것 같다. 예전에 초원에는 도둑이라고는 없어서 소와 양을 관리할 필요도 없었고, 게르의 문도 잠글 필요가 없었다. 하지만 오늘날에는 양을 훔치는 도둑이 생겨서 저녁에 차를 끌고 양을 훔쳐가기 때문에 집 안에 사람이 없을 수가 없다. 심지어 강도가 등장하기도 했다. 작년 지르니거가 치에서 돌아오는 길에 두 사람이 길가에 누워 있는 것을 보았다. 그는 교통사고인 줄 알고 급히 달려가 구하려고 했을 뿐 그들이 강도일 줄은 꿈에도 상상하지 못했다. 그들은 지르니거를 묶고는 오토바이를 훔쳐 달아났다.

여기까지 듣고 있다가 지르니거가 끼어들어 아라텅화와 생활이 좋아졌는지 아니면 나빠졌는지에 대해 논쟁을 하기 시작했다. 지르니거는 아라텅화가 불만이 너무 많다고 했다.

"오토바이가 말 타는 것보다 못해? 집에 사는 게 천막집에 사는 것보다 못해? 채소를 먹는 게 고기를 먹는 것보다 못해? 예전에 치에 가려면 반나절 동안이나 말을 타고 가야 해서 엉덩이가 아파 죽을 지경이었는데 지금은 왕복 두 시간이면 충분해. 예전의 천막집은 사방에서 바람이 들어와 연기에 거멓게 그을러서 깨끗한 곳이라곤 찾아볼 수 없었어. 지금은 따뜻하고 훨씬 좋아졌잖아. 옛날에는 일 년이 다 가도록 싱싱한 채소를 먹지 못했는데 지금은 먹고 싶은 대로 먹을 수 있잖아."

지르니거의 말은 천번 만번 맞는 말이라 반박할 수가 없었다. 물질적인 발전과 전통의 보존 사이에서 사람들은 여러 가지 이유로 전자를 선택한다. 그들이 원하는 것은 현실적인 삶이지 여행자들의 상상 속에서 이미 정해진 역할을 하느라 멈춰버린 삶이 아니다.

하지만 몽골의 장조처럼 일부 전통문화들은 애석하게도 사라져버렸다. 나는 장조 테이프를 손에 넣고 싶어 바오터우와 바이링먀오 등을 찾아 헤맸지만 결국 찾을 수 없었다. 새롭게 탈바꿈한 민가와 몽골 유행가들을 들노라면 마음이 편치만은 않다. 지트니거는 이러한 현상을 두고 "텅거얼(騰格爾, 중국 내몽골 출신의 가수)의 노래는 몽골족의 노래가 아니다"라며 애석한 마음을 토로했다. 그는 또한 "옛날 초원에서 살던 사람들은 다들 장조를 부를 줄 알았는데 지금 젊은이들은 까맣게 잊어버리고 텅거얼의 노래밖엔 몰라요."라고 했다.

과거 자신들의 삶이 어땠느냐는 질문에 "그 당시 우리는 낮엔 일을 하고 밤이면 노래를 불렀지요. 일단 노래가 시작되면 피곤함도 눈 녹듯 사라지곤 했어요. 노래 대결도 벌이곤 했는데 하나같이 100곡 가까이 섭렵하고 있었답니다. 이렇게 대를 거듭하며 전해 내려온 노래들이 지금은 모두 사라져버렸어요! 우리 두 아이도 몽골말을 제대로 못해요. 장조를 노래한다는 것은 상상도 할 수 없지요."라고 답했다.

노래 한 곡을 부탁했더니 그는 오랫동안 부르지 않아 어색하다며 쑥스러운 듯 웃어 보였다. 잠깐 동안의 침묵을 깨고 그가 갑자기 노래하기 시작했다. 넓고 두터운 그의 가슴 깊은 곳에서부터 밝은 빛을 띤 은구슬 같은 소리가 흘러나왔다. 굵고도 청아한 고음이 유려하게 이어졌다. 투박하고 거친 외모의 유목민이 이처럼 훌륭한 목소리를 갖고 있다니! 소위 가수라고 불리는 사람들과는 감히 비교조차 할 수 없는 경지였다. 은은한 듯 슬픈 곡조의 노래를 끝마친 후 그는 대략적인 의미를 표준어로 설명해 줬다.

> 말을 타네
> 짝을 이룬 검붉은 말 타고 아가씨는 시집가네
> 사촌 누이는 어려서부터 부모님 손에 자랐네
> 아득히 먼 곳 가도 고향과 부모님의 은혜를 생각하는구나
> 초원이 아무리 광활해도 부모님 향한 그리움을 막지 못하네
> 부모님 뵈러 내년에는 고향을 찾아가리

나의 세 가지 바람을 들은 아라텅화와 지르니거는 웃어 보였다. 그들 집에서 지내는 동안 가장 기대됐던 것은 몽골 말을 탈 수 있을지도 모른다는 사실이었다. 그들은 거세한 잿빛 말을 한 마리 기르고 있지만 오토바이가 두 대나 있기 때문에 무용지물이 된 지 오래다. 초원에 방치되다시피 방목된 말은 거의 일 년 가까이 그림자도 보지 못했지만 타고 싶다는 마음만 먹으면 언제라도 오토바이를 타고 찾아낼 수 있었다.

(5)

셋째 날 우리지가 나를 찾아왔다. 그는 지난 3일 동안 게르를 찾기 위해 바쁜 시간을 보냈다. 수많은 사람들을 찾아다닌 끝에 결국 중국과 몽골의 변경 지역에서 몇 십 킬로미터 떨어진 곳에서 게르를 봤다는 사람을 만났다. 나는 급히 짐을 챙긴 후 우리지의 차에 올라탔다. 우리가 탄 차를 따라 멀리까지 배웅하는 지르니거과 아라텅화에게 나는 다마오에 돌아가기 전 다시 한 번 꼭 들르겠노라고 약속했다.

내몽골의 도로는 내가 상상했던 것보다도 훨씬 정비가 잘되어 있었다. 마을과 마을 사이에는 도로가 놓였고 아스팔트까지 깔려 있었다. 게르가 있다는 빠인차간(巴音査干)에 도착했지만 아무리 둘러봐도 끝없이 펼쳐진 하늘과 들판 외에는 게르의 그림자도 보이지 않았다.

우리지는 내 손을 잡아끌고 인근 정착지를 찾아다녔다. 그 결과 며칠 전 까지만 해도 10여 가구가 이곳에 정착해 있었는데 날씨가 추워지는 바람에 어제 장막을 걷어 떠났다는 말을 들을 수 있었다.

그들은 또한 게르를 쳤던 장소로 우리를 데려갔다. 그곳에서 게르를 쳤던 둥근 흔적과 버려진 온돌을 볼 수 있었다. 간발의 차이로 그들을 만나지 못하다니, 하늘의 장난인 양 타이밍이 너무나 절묘했다.

당나귀가 온순해서 타고 있는 동안 아주 편안했다. 목초지의 철망은 나무랄 곳 없이 정비가 잘되어 있었다. 여우 한 마리가 내 앞으로 유유히 뛰어갔다. 가을이 무르익은 초원은 알 수 없는 우울함이 배어 있었다.

떠나기 전날 오전, 지르니거과 아라텅화는 나의 마지막 소원을 들어주기 위해 특별히 오토바이를 타고 거세한 말을 찾아왔다. 말을 좋아하는 나는 약간의 승마 경험이 있었지만, 내가 말을 타봤던 장소라곤 해변의 모래사장이나 여행지의 경마장이 전부였다. 끝이 보이지 않는 드넓은 대초원에서 말을 타봐야만 비로소 몽골 기수의 기분을 만끽할 수 있으며 진정한 기마라고 말할 수 있다.

한 시간쯤 지난 후에야 초원 위로 두 사람의 모습이 보였다. 그러나 그들 손에 끌려온 것은 뜻밖에도 회색 말이 아닌 검은색 당나귀였다. 오랫동안 타지 않아 야생마로 변해버린 회색 말은 길들이기 쉽지 않았다. 지르니거가 갖은 고생 끝에 말 위에 앉을라치면 바로 땅바닥에 내동댕이쳐졌다. 그들은 나 같은 초보가 말을 탄다는 것은 도저히 불가능하다고 판단하여 평소 풀을 먹이던 작은 당나귀를 대신 끌고 온 것이다.

"한번 타보세요. 당나귀를 타고 저 앞 목초지라도 한 바퀴 돌아보세요. 이놈이 말은 아주 잘 들어요."

작은 검은색 당나귀는 겸연쩍기라도 한 듯 땅만 쳐다보고 있었다. 코와 발굽 부분이 하얀 것이 꽤나 잘생긴 녀석이었다. 좋다는 나의 말에 지르니거는 여러 해 동안 사용하지 않은 말안장을 찾아 당나귀 등에 얹었다. 당나귀 위에 올라 손으로 엉덩이를 치자 녀석이 천천히 발을 떼었다.

당나귀가 온순해서 타고 있는 동안 아주 편안했다. 목초지의 철망은 나무랄 곳 없이 정비가 잘되어 있었다. 여우 한 마리가 내 앞으로 유유히 뛰어갔다. 가을이 무르익은 초원은 알 수 없는 우울함이 배어 있었다.

칭기즈칸은 정착생활의 위험을 일찌감치 예감했다. 자신의 후세들이 힘든 초원생활 대신 정착생활을 추구할 것이라는 생각이 들 때면 그는 깊은 시름에 잠기곤 했다.

우리의 후예들은 멋진 옷을 입고 기름진 음식을 먹으며 준마를 탈 것이고 아름다운 아내를 얻을 것이다. 그러나 그들은 이 모든 것이 자신들의 부모 형제들에게서 받은 유산임을 기억하지 못할 것이다. 그들은 지금의 우리와 위대한 역사를 잊어버릴 것이다. ─다상, 《몽골사》

수많은 지역을 정복했던 칭기즈칸은 몽골인과 다른 지역 정착민들 사이에 존재하는 커다란 차이점을 분명히 알 수 있었다. 초원생활이야말로 몽골인 특유의 힘의 근원이었다. 이런 사실을 누구보다 잘 알고 있었던 칭기즈칸은 초원이 아닌 다른 곳에서의 생활을 두려워했다. 또한 사람을 해이하게 만든다는 이유로 따뜻한 기후를 좋아하지 않아, 매번 전투가 끝나고 나면 북방으로 돌아가 바이칼 호 부근에서 여름을 보냈다.

"자랄 알딘을 대파한 그였지만 인도만은 일부러 피해 갔다. 알타이 산에서 온 칭기즈칸에게 인도는 마치 악마의 소굴과도 같았기 때문이다. 어쨌든 안락한 문명생활에 대한 그의 걱정은 옳은 것이었다. 왜냐하면 훗날 그의 증손자들이 베이징과 타브리즈의 궁전에 들어섬과 동시에 몰락의 길이 시작되었기 때문이다." —《초원제국》

생활방식이 변하면서 몽골인의 성격 역시 근본적으로 변화했다. 물론 나와 같은 외부인들의 기대와 요구에 부응하기 위해 하나의 문화가 영원불변해야 한다고 요구하는 것은 옳지 않다. 그러나 이러한 변화가 천편일률적이지 않을 수는 없는 것일까? 더 이상 예전처럼 옥석구분으로 다함께 화를 입지 않을 수는 없는 것일까? 수천 년에 걸친 격동 속에서 인구와 문화적 우위에 밀려 이질문화들은 하나 둘씩 중원 문화에 동화되어버렸다. 이는 중원 문화의 영광이자 불행이기도 하다. 중원 문화권의 확대로 인해 다양한 특색을 지닌 수많은 문화들이 소멸되어 버렸다. 지금은 사라져 버린 문화들은 상대적으로 우수하진 않았지만 자신들만의 독특한 가치를 그 안에 담고 있었다.

오늘날은 누구나 생태보호와 다양한 종의 보존이 얼마나 중요한지 잘 알고 있다. 그러나 문화생태의 보호를 주장하는 사람은 그리 많지 않다. 어떠한 생물 종이 인류 문명에 적응하지 못한다 해서 반드시 사라져버리는 것은 아니듯, 상대적으로 낙후된 문명일지라도 멸망의 길로 들어서야 하는 것은 아니다. 모든 생물체가 한 번 사라지면 다시는 되돌릴 수 없는 자연의 선물이듯 인류의 소중한 유산인 문명 역시 사라지고 나면 다시는 되돌릴 수 없다. 문화생태를 유지하는 것은 인류 문명을 발전시킬 뿐 아니라 새로운 문화 창조를 위한 원동력이 된다. 문화생태를 보호하기 위한 일부 국가들의 움직임은 우리에게 좋은 모범이 되어 주고 있다. 우리 역시 그들처럼 적극적으로 나서 다양한 활동을 펼칠 수 있다. 그동안 우리는 문화의 다원성을 인정하고 조화를 이루기 위해 많은 노력을 기울였으며 무조건적인 서양의 가치관 주입에 반대했다. 그렇다면 중국 문화 내에서도 문화의 다양성을 유지시키기 위해 무언가를 할 수 있지 않을까? 몇 백 년이 흐른 후 사람들이 초원에 대해 이렇게 말하지는 않을지 매우 걱정된다.

"듣자 하니 아주 오래전 중국 북방지역은 광활한 초원이었고 그곳에는 기마민족이 살았었다지. 그들은 자신들의 민족의상인 델을 입고 몽골어라는 언어를 사용했어. 말과 친구가 되어 물과 풀을 따라다니며 살았고 게르라는 흰색 천막집에서 생활했지. 그들은 아름다고 구슬픈 가락의 장조를 부르는 민족이었는데, 태양이 작열하는 여름날 아이락을 은그릇에 가득 채우고, 모닥불을 피워놓고, 몽골 전통 악기인 토브쉬르를 켰는데 구슬픈 장조가 초원의 정적을 갈랐었지. 그들의 노래 속에는 소녀의 서툰 사랑, 남자들만의 우정과 대립, 오래전 전쟁과 자신들의 우두머리인 칭기즈칸의 이야기가 담겨 있었다고 해."

Part 6

정착한
칭기즈칸릉

Chapter 01
세계에서 가장 신기한 무덤

세계에서 가장 신기한 무덤은 피라미드도 진시황릉도 아닌 바로 칭기즈칸의 릉이다. 그것은 벽돌이나 목재가 아닌 여덟 개의 흰색 게르로 이루어져 있다. 그것이 모시고 있는 것은 칭기즈칸의 시체나 유골이 아닌 그의 활과 화살, 말안장, 그리고 우유통이다.

(1)

세계에서 가장 신기한 무덤은 피라미드도 진시황릉도 아닌 바로 칭기즈칸의 릉이다. 그것은 벽돌이나 목재가 아닌 여덟 개의 흰색 게르로 이루어져 있다. 그것이 모시고 있는 것은 칭기즈칸의 시체나 유골이 아닌 그의 활과 화살, 말안장, 그리고 우유통이다.

그것은 다른 왕릉처럼 한곳에 있지 않고 여러 차례에 걸쳐 옮겨졌다. 사람들은 매년 초원에서 칭기즈칸릉을 모시기 위해 순행을 해야 했다. 그것은 500가구의 사람들이 호위했는데, 그들은 원나라 초기에 명을 받은 이후 지금으로부터 50년 전까지 대대로 칭기즈칸릉을 지켜왔다.

세계에서 이보다 더 신기한 묘가 또 있을 수 있겠는가?

(2)

　위대한 업적을 남겼든 그렇지 못했든 황제라면 누구나 웅장하고 아름다운 묘를 지어 자신을 기리고 싶어 한다. 고금의 역사를 통틀어 '세계의 정복자' 이자 왕 중의 왕인 칭기즈칸과 그의 자손들만이 지상세계에 어떠한 흔적도 남기지 않았다.

　전설일 뿐이겠지만 칭기즈칸 이후로 역대 몽골의 황제들은 모두 비밀리에 안장됐고, 안장된 후에는 무수히 많은 말들을 몰아 무덤을 밟게 했다고 한다. 이렇게 다져진 무덤 위로 몇 년이 지나 풀들이 자라면서 대지에는 어떠한 흔적도 남지 않게 됐다는 것이다.

　원나라 이후 600여 년 동안 초원의 인구도 점차 증가했고 사람들의 발길도 많아졌지만 몽골 칸의 무덤은 발견되지 않았다.

　피라미드와 진시황릉이 아무리 위대하다 해도 사람의 손으로 만들어진 인공건축물에 불과하다. 그러나 세계적인 전쟁영웅이었던 칭기즈칸은 자신의 무덤을 속세에 속하지 않은 하나의 전설이자 신화로 만들어버렸다. 칭기즈칸은 다른 어떤 제왕보다도 자신을 위한 기념비적인 능을 만들 이유가 충분했다. 하지만 수많은 생명이 자신의 말발굽 아래서 꺼져가는 모습과 유라시아가 동쪽에서 서쪽으로 확장되어 가는 모든 과정을 지켜봐서인지 그는 가장 위대한 정복자라는 명예와 더불어 왕 중의 왕으로 칭송된 후 자신의 후예들과 함께 신비함으로 남았다. 그들은 영원과 허무를 꿰뚫어 본 것이다. 아무리 견고한 건축물이라도 세월 앞에서는 어쩔 수 없으며 단단한 돌 위에 새겨진 영광의 글귀도 모두 덧없을 뿐이다.

(3)

　1227년 8월 18일 칭기즈칸은 평량군(平凉軍) 속에서 운명을 달리했는데 당시 그의 나이 60세였다. 그의 시신은 부르칸 산 깊은 곳에 아무도 알지 못하게 묻혔다. 칭기즈칸은 후세 사람들에게 기억되길 원치 않았지만 어떻게 그를 지워버릴 수 있겠는가. 그의 신하와 백성들은 그가 머물렀던 지역에서 그가 살았던 천막의 모양을 따라 여덟 채의 흰색 천막을 세웠다. 안에는 활과 화살, 말안장, 우유통, 검 등 그가 남긴 유물들을 모셔놓았는데 사서에 기록된 "옥체를 꺼낼 수 없어 팔백실 옮겨가며 위패를 모신다."라는 문구는 바로 이를 말한 것이다. 후에 몽골족이 거주지를 옮겨 다녀야 했기 때문에 팔백실도 그때마다 옮겨야 했다. 15세기 다얀 칸이 황하 하투로 옮긴 이후에 청나라 초에는 다시 '황제의 릉'이라는 의미의 이진훠러(伊金霍洛)로 이동했다. 1956년 신중국 정부는 이진훠러에 지금의 칭기즈칸릉을 만들었다.

700년 동안 그들은 지혜로운 황제 쿠빌라이의 뜻을 받들어 조금의 망설임도 없이 자신의 사명을 다했다. 그들은 가구당 10일씩 매일 4명이 짝을 이루어 성실히 팔백당 입구를 지켰다. 그들 눈에는 오직 칭기즈칸밖에 보이지 않았고, 시대의 변화나 어지러운 세상사 따위에는 초연했다.

(1)

쿠빌라이는 1282년 몽골 각지에서 500가구를 징집하여 팔백실을 호위하도록 명령했다. 이 500가구의 사람들은 '신성한 사람'이라는 의미의 다르하드(Darkhad)라고 불렸다. 또한 그는 칭기즈칸에게 제사를 지내기 위한 규율을 제정했다.

명령이행 기간이 정해진 것도 아니었지만 사람들은 명을 받은 그해부터 민국 말년에 이르는 오랜 시간 동안 한결같은 마음으로 팔백실을 지켰다. 원나라, 명나라, 청나라, 민국까지 시대가 바뀌고 전쟁이 끊이지 않고, 능묘의 위치가 끊임없이 바뀌고 인구가 계속해서 늘어났지만 다르하드들은 단 한 번도 팔백실을 떠난 적이 없다. 700년 동안 그들은 지혜로운 황제 쿠빌라이의 뜻을 받들어 조금의 망설임도 없이 자신의 사명을 다했다. 그들은 가구당 10일씩 매일 4명이 짝을 이루어 성실히 팔백당 입구를 지켰다. 그들 눈에는 오직 칭기즈칸밖에 보이지 않았고, 시대의 변화나 어지러운 세상사 따위에는 초연했다.

그들은 자급자족하는 사회구조 속에서 쿠빌라이 시대의 계급과 분업을 유지해 나갔다. 또한 여덟 개의 군문(軍門) 도덕(圖德)을 만들었으며 우두머리를 각각 태사, 태보, 망뢰, 홍보로 구분해 불렀다. 그뿐 아니라 조세와 병역의 의무가 없었으며 초원에서 방목생활을 했다. 새로운 조정과 정부도 그들에 대해서만은 침묵을 지켰다. 그들의 생존 목적은 오직 하나, 바로 칭기즈칸의 위패를 모시는 것이다. 그래서 그들은 대를 이어가며 칭기즈칸의 영령 수호라는 신성한 임무를 이행했다. 항일 운동이 활발하던 민국 30년(1941년)에 정부는 한 차례 조사를 실시했는데 그 결과에 따르면 당시까지도 총 462가구에 2,071명의 다르하드가 존재했다고 한다. 이러한 일이 가능했던 것은 몽골인들이 그만큼 순수했기 때문이다.

(2)

봄에는 차간수루커제, 여름에는 나오얼제, 가을에는 진나이제, 겨울에는 피탸오제 등 매년 사계절의 변화에 맞춰 여덟 개의 아문도덕(牙門圖德)들이 사시대제(四時大祭)를 지냈다.

매년 초원이 다시 푸른빛을 찾으면 바이칼 호 남쪽 기슭의 부랴트, 알타이 산의 오이라트, 칭하이의 오이라트, 랴오닝의 하르친 등 수많은 몽골족이 이진휘러로 모여들어 칭기즈칸에게 제사를 지낸다. 제사는 매우 성대하게 치러지며 그 절차도 매우 복잡한데 경건하고 조심스러운 분위기 속에서 진행된다. 제사를 지낼 때는 〈이진상〉, 〈투거레이〉라는 찬가를 부르는데, 원나라 때부터 전해 내려온다는 이 찬가는 길이

가 매우 길며 황교(黃敎)의 색채를 풍기고 있다. 또한 칭기즈칸의 성장 과정과 정벌의 전과, 신성시되는 무용담 등을 반복적으로 들려주고 있다. 찬가의 내용 중 대부분은 정사에 기재된 내용과 일치한다. 찬가는 문구가 우아하고 아름다우며 화려하면서도 수식적이라 한 편의 빼어난 운문작품으로 볼 수 있다. 수루더웨이멍제에서 아문도덕이 읽은 내용을 감상해 보자.

10월 14일
검붉은 빛을 띤 수말의 빈모(鬢毛)로
내 주인의 무구(舞具)를 만들었네.
그는 몽골의 우상이자
적들을 좌절시키는
두려움의 대상일세.
황제 칸은
천하무적이며
민첩하고 지혜로우시네
성스러운 수루더여
그대 뜻대로 행동하라!
하하! 하하! 하하!

하늘과 조상께 제사 지내는 풍습은 몽골족 고유의 전통이다. 사시대제는 몽골의 문화를 보여 주는 백과사전과도 같으며 아득한 옛날 그들의 민속을 보여 주는 살아있는 화석이다. 해마다 거행되는 대제는 몽골인들의 경축일이며 이때는 큰 장이 형성된다. 이 기간 동안은 고요한 초원의 모습 대신 수많은 화물들과 사람들로 넘쳐나 활기를 띤다. 하지만 대제가 끝나고 나면 다시 모든 것이 제자리를 찾아간다.

안타깝게도 몇 백 년이 지난 지금 이러한 모습들을 더 이상 찾아볼 수 없게 됐다. 그들의 전통문화가 세월의 흐름 속에서 마모되어 버린 것이다. 초원에는 아직도 제사(祭詞)를 암송할 수 있는 노인들이 살아 있지만 사시대제는 자취를 감춘 지 오래다. 지금의 이진훠러에는 금빛 휘황찬란한 칭기즈칸릉이 있을 뿐이다.

정착한 칭기즈칸릉

'천막민족'인 그들 역시 벽돌과 기와가 견고하다는 사실을 잘 알고 있다. 그러나 아무리 견고한 벽돌과 기와도 사람의 마음보다는 견고하지 못하다. 벽돌무덤에 묻힌 계왕 가운데 칭기즈칸처럼 700년이나 되는 긴 세월 동안 진심에서 우러난 존경과 사랑을 받았던 인물이 또 있는가?

(1)

솔직히 나는 마음속 깊이 실망할 준비를 단단히 하고 있었는데도 칭기즈칸릉을 직접 마주 대한 후 나의 마음은 더욱 갈피를 잡을 수 없었다.

나는 중학교 역사 교과서에서 칭기즈칸릉을 본 적이 있어 그것에 대해 익히 알고 있었다. 우리가 차를 몰고 오르도스 고원을 넘어 이곳에 도착했을 때 눈부시게 빛나는 햇살 속에서 유달리 어지러울 정도로 크고 화려한 게르식 건축물이 눈에 들어왔다. 세 개의 대전(大殿)이 어깨를 나란히 한 채 연결되어 있었고 명황색의 유리로 만들어진 기와지붕은 눈부시게 반짝였다. 이 건축물은 확실히 창의적이다. 하지만 나는 실망감을 감출 수 없었다.

어찌됐든 시멘트와 철골로 뒤덮인 이 거대한 건축물은 초원의 것이 아니다. 끝없이 펼쳐진 초원 위에 지어진 그것은 어디에도 속하지 못한

어중간한 모습이었고, 1950년대 건축물의 특징이라고 할 수 있는 투박함과 단조로움 등이 여지없이 반영되어 있었다. 둥근 지붕을 장식한 유리기와 사이사이가 거칠게 메워져 있는 모습이 매우 눈에 거슬렸다. 마치 당시의 조급증과 안일함을 그대로 보여 주는 듯했다. 덩그러니 이곳에 세워진 이 건물은 자리를 잘못 잡은 듯 참으로 어색해 보였다.

700년 동안 지속되어 온 팔백실은 생명력을 잃은 수많은 일반 무덤처럼, 혹은 그보다 더 못한 평범하기 짝이 없는 보통의 건축물로 변해 버렸다. 사람들은 과거 700년이라는 긴 시간 동안 칭기즈칸릉을 수호하고 제사를 지냈다. 하지만 오늘날 칭기즈칸릉은 박제되어 진열대에 들어가 있는 신세나 다를 바가 없었다. 관리인들은 하품을 하며 무표정한 얼굴로 표를 받고 우리를 들여보내 주었다. 안으로 들어가니 어떤 미술가가 만들었다는 칭기즈칸 상이 제일 먼저 우리를 마주했다.

"적들을 죽이고 그들의 모든 것을 약탈하며 그들의 아내를 비통함에 빠뜨리고 첩을 상납받는 것이야말로 남자의 가장 큰 즐거움이다."라는 듯한 느낌의 칭기즈칸 상은 전형적이고 모범적인 인물처럼 그곳에 떡하니 자리 잡고 있었다. 양쪽 벽에는 평범한 벽화로 장식되어 있었다. 들어가지 못하도록 밧줄이 쳐진 넓은 제상 위에는 지난날 성스러웠던 그의 물건들은 다른 전시품들과 마찬가지로 놓여 있는데, 대부분 복제품이며 진품은 문화대혁명 기간에 훼손되어 버렸다.

1950년대는 변혁의 시대였다. 곳곳에서 엄청난 변화의 물결이 소용돌이쳤고 대대적인 진보와 개혁이 이루어졌다. 그 결과 몇 백 년간 떠돌던 칭기즈칸의 영혼도 한 곳에 정착하게 됐다. 이는 물론 좋은 의도에서 비롯된 것이다. 자동차가 마차를, 플라스틱 빗이 나무 빗을, 굴뚝이 베이징의 사합원(四合院, 중국을 대표하는 주거형식으로 목구조와 벽구조가 혼합된 중국 특유

◆ 칭기즈칸 릉

^{의 ㅁ자형 주택)}을 대신하듯 중국의 진보된 모습을 일목요연하게 보여 주는 하나의 상징인 것이다. 그러나 한평생 말을 타며 생활했던 칭기즈칸이 한곳에 정착하게 되리라는 것을 누가 상상이나 했겠는가?

팔백실이 존재했을 때는 매년 3월 18일 순행의식을 펼쳤는데, 사람들은 팔백실을 나무마차에 태워 초원을 여행했다. 이러한 여행을 몽골어로는 소재지로 돌아간다는 뜻의 '저허례라후'라고 한다. 사해를 정복한 칭기즈칸이 한곳에 정착한 채 무미건조한 삶을 살게 해서는 안 된다는 것쯤은 몽골인들도 잘 알고 있다. 그가 자신의 초원을 누비며 살 수 있도록 하려면 이러한 의식을 계속적으로 ㅈ속시켜야만 한다. 진정한 의미의 팔백실이란 이동성이 보장되어야 하며 기마민족의 왕릉은 반드시 이러한 특징을 보여 주어야 한다.

'천막민족'인 그들 역시 벽돌과 기와가 견고하다는 사실을 잘 알고 있다. 그러나 아무리 견고한 벽돌과 기와도 사람의 마음보다는 견고하지 못하다. 벽돌무덤에 묻힌 제왕 가운데 칭기즈칸처럼 700년이나 되는 긴 세월 동안 진심에서 우러난 존경과 사랑을 받았던 인물이 또 있는가?

1916년 민국정부 역시 좋은 의도에서 칭기즈칸릉을 한곳에 정착시키기 위해 사당을 수축하려 했다. 그러나 공교롭게도 사당이 준공되던 그즈음 이진훠러에서 전염병이 돌아 칭기즈칸릉 관리자들이 연이어 목숨을 잃었다. 관리자들은 칭기즈칸의 관을 건물 안에 들이지 말라는 조상들의 경고라고 하나같이 입을 모았고 그 일을 계기로 시공계획은 중단됐다.

정착민들이 계속해서 북진하면서 자발적으로 팔백실 주변에 담장을 쌓는 참배자들이 생겨났다. 그러나 이 담장은 훗날 호위들에게 철거되고 나뭇가지를 이용한 울타리가 대신 등장한다.

그러나 세상은 변화하기 마련이다. 다르하드들은 결국 직분을 버리고 평범한 유목민들이 되었고, 700년 동안 유지되던 사시대제 역시 점점 희미해져가는 옛 기억으로 변해버렸다. 700년이란 시간 동안 초원을 떠돌던 칭기즈칸도 '진보'라는 변화에 떠밀려 한 번도 살아본 적 없는 거대한 건물 속에 갇힌 채 현대적인 방식으로 보호받고 있다.

1980년대 역시 변화의 급물살을 타던 시기다. 이러한 흐름에 발맞추듯 칭기즈칸릉 역시 1950년대 이루어진 변화를 바탕으로 다시 한 번 크게 변모했다. "칭기즈칸릉은 지난 몇 십 년 동안 눈에 띄게 발전했으며, 1980년대 이후 수더레이 제단과 정자, 원나라 양식의 문과 정원, 행궁 등을 증축했습니다. 또한 1982년에는 전국중요문물보호문화재로 등록됐습니다."라고 자랑이라도 하듯 설명서에 써 있듯이 말이다.

수행자의 친절한 안내를 받으며 나는 지난 시간 동안 발전에 발전을 거듭한 문물들을 관람했다. 칭기즈칸릉 입구에 있는 몽골 제단은 매우 웅장했으며 격식까지 제대로 갖추고 있었다. 칭기즈칸의 행궁은 커다란 철골 구조에 범포^(帆布)를 씌운 게르인데 안에는 청나라 양식대로 만든 투박하기 그지없는 천자의 의자가 놓여 있었다. 행궁 밖에는 커다란 철골을 세워 놓았는데 칭기즈칸이 적의 진영을 살피기 위한 전망대라고 한다.

칭기즈칸과 먼 길을 마다 않고 달려온 여행객 모두 존중받아 마땅한 것인데 현실은 그렇지 못한 듯하다. 설마 그들이 자랑하는 진보라는 것이 기존의 것들을 더욱 훼손하는 것을 뜻한단 말인가?

(2)

나는 아무런 근거도 없이 실망하고 있는 것일지도 모른다. 칭기즈칸은 아마도 이러한 변화들을 보고도 그저 빙그레 미소 짓고 있을 것이다. 그는 이미 오래 전에 흐르는 시간 앞에서 모든 것은 변한다는 것을 알고 있었다. 700년 동안이나 끊임없이 자신을 위해 제사 지내 주었다는 사실, 그 하나만으로도 그는 충분히 만족했을 것이다. 왜냐하면 그와 같은 융숭한 대접을 받았던 왕은 지금껏 한 명도 없었기 때문이다.

| 허난

장독 속의
장독

Chapter 01
허난인과
객가인

서양학자들은 그들이 대부분의 한인이 가지지 못한 모험심, 청결함, 자유분방함, 자신감, 자부심 등과 같은 뛰어난 품성을 갖고 있다고 말한다. 반면에 불행히도 근래에 허난인들에게서는 전형적인 한족의 저열한 근성인 '보수주의와 우매함'이 가장 뚜렷이 나타난다고 한다.

허난(河南)에 대해 이야기하려면 먼저 필자가 몇 년 전 객가 지역을 여행하며 겪었던 일을 언급하지 않을 수 없다. 당시 필자는 중국 극남부에 살고 있는 객가인 선조의 대부분이 현재 객가인이 거주하는 지역에서 멀리 떨어진 허난에서 왔다는 사실을 발견하고는 놀라움을 금치 못했다. 객가인들의 선조는 당송시대에 남방으로 이주해 왔다. 약 1500년이라는 세월이 흐른 현재까지도 그들은 여전히 허난 지역을 자신들의 고향으로 생각하고 오매불망 잊지 못하며 자랑스럽게 여기고 있었다. 이에 필자는 깊은 인상을 받았다.

객가는 여덟 개의 한족 집단 가운데 가장 독특한 집단이다. 오늘날 객가 문화의 독특한 매력은 점점 많은 중국 국내외 인사들을 매료시켜, 그들을 찬미하는 글들을 심심찮게 찾아볼 수 있다. 예를 들어 '객가인은 중화민족이라는 우유 속의 치즈', '객가 민족 집단은 중화민족 가운데 가장 뛰어난 민족 집단' 등의 말들처럼 말이다. 서양학자들은 그들이 대부분의 한인이 가지지 못한 모험심, 청결함, 자유분방함, 자신감, 자부심 등과 같은 뛰어난 품성을 갖고 있다고 말한다. 반면에 불행히도 근래에 허난인들에게서는 전형적인 한족의 저열한 근성인 '보수주의와 우매함'이 가장 뚜렷이 나타난다고 한다. 그래서인지 허난인을 소개하는 책을 쉽게 찾아볼 수 있는데 책이 아닌 입에서 입으로 전해지는 허난인에 대한 이야기는 더더욱 많다.

서로 상반되는 이미지의 두 집단이 선조대로 거슬러 올라가면 이렇듯 신기하게 얽혀 있다는 사실이 참으로 아이러니하지 않은가?

* 객가인은 4세기 초(서진 말년)와 12세기 초(북송 말년)에 황허강 유역에서 점차 남방으로 이동한 종족. 지금은 광둥, 푸젠, 광시, 장시, 후난, 타이완 등에 거주함.
* 허난인은 중국에서 나쁜사람의 대명사처럼 인식되고 있다. 허난 지방은 인구가 1억명으로 중국에서도 인구가 가장 많은 농업지역으로, 지역 총생산량이 최하위권에 머물러 있는 가난한 지역이다. 대도시로 이주하는 가난한 노동자들이 많아 빈곤의 대명사로 취급받고 있기도 하다.

Chapter 02
장독의 중심

중국이 근대화의 과정에서 그토록 힘든 길을 걸었던 이유가 바로 과거의 길이 너무도 찬란했기 때문이다. 세계의 각도에서 볼 때 중국에 현존하는 모든 문제는 대부분 오래된 전통과 현대 문명이 조화를 이루지 못해 생겨난 것이다.

　　허난인들이 가장 자랑스럽게 여기는 것은 물론 그들의 중저우(中州, 허난성의 옛 이름)가 '유구한 역사와 찬란한 문화를 자랑하는 중국 고대 문명의 발상지' 라는 사실이다. 그들은 막힘이 없이 이곳에는 도가 학설을 세운 노자와 장자, 신비한 은허(殷墟, 중국 은나라 후기의 왕도 유적지) 갑골문, 기개가 웅대한 뤄양 룽먼석굴(龍門石窟)이 있다는 사실을 읊을 것이다. 그들은 은나라의 고도 안양, 상나라의 고도 정저우, 구나라의 고도 뤄양, 칠나라의 고도 카이펑 등 중국의 8대 고도 중 절반이 허난에 있다는 사실을 알려줄 것이다. 허난의 영광과 유구함에 대해서는 사흘 밤낮을 이야기해도 모자란다.

　　그들이 침을 튀겨가며 열변을 토할 때 필자는 그들에게 그들이 영광으로 생각하는 이 모든 것이 사실은 허난 문화를 낙후시키는 주요 근원이라는 사실을 말해 주고 싶다.

내가 보기에 '유구한 역사, 찬란한 문화'는 길한 말이 아니다. 못 믿겠다면 눈을 돌려 4대 문명의 발상지인 역사가 오래된 나라들의 현재 세계에서의 위치가 어떤지를 살펴보라. 중국은 말할 필요도 없고, 인도는 서양 문화를 수용한 지 오랜 시간이 흘렀음에도 여전히 카스트제도에 빠져 있고 종교에 묶여 있으며, 과부는 죽은 남편과 함께 순장하는 등 우매한 현상들을 여전히 뿌리 뽑을 수 없다. 이집트와 이라크 역시 가난과 전란으로 휩싸인 땅이다.

문명의 발전은 '30년은 강 동쪽에서, 30년은 강 서쪽에서' 발전한다는 것은 문명의 법칙이다. 고인 물은 썩기 마련이다. 장은 계절을 지나면 자연스레 구더기가 생긴다. 유구한 역사는 그만큼 역사의 짐이 무겁다는 의미이며, 또한 생각이 쉽사리 보수와 정체에 빠진다는 것을 의미한다. 옛 문명의 중심지일수록 보수, 정체에 빠지기 쉽고 신흥 문명은 변두리 지역에서 생성된다.

중국이 근대화의 과정에서 그토록 힘든 길을 걸었던 이유가 바로 과거의 길이 너무도 찬란했기 때문이다. 세계의 각도에서 볼 때 중국에 현존하는 모든 문제는 대부분 오래된 전통과 현대 문명이 조화를 이루지 못해 생겨난 것이다. 전제주의, 우민정책, 폭력적 전통, 노예관, 관본위(官本位, 직위나 권력으로 개인이나 단체의 사회적 지위를 평가하는 가치관) 등 수천 년 동안 비바람에 씻겨 내렸음에도 중국 문명의 기본적인 구조는 거의 바뀌지 않았다. 이 사실은 중국인이 보기에는 중국 문명의 질긴 생명력을 의미한다. 반면에 서양인들의 눈에는 극도로 비참하고 공포스럽게 비친다. 하나의 문명이 설령 다시 빛을 발하고 성공하더라도 스스로 갱신할 수 있는 능력을 상실한다면 무서운 굴레가 될 수밖에 없다. 서양인들은 송대 이후 중국 문화는 이미 교착상태에 빠져들었다고 본다. 유명한 역사가인 토인비의 말을 빌리자면 "이는 아무런 의미 없는 존재로, 중국 문화가 살아남을 수 있었던 것은 이미 교착상태에 빠졌기 때문이었다." (토인비, 《역사의 연구》)

또 다른 역사가는 "중국과 같은 운명을 피하기 위해 유럽은 1천 년의 야만적인 생활이라는 대가를 지불했다."라고 말한다. 이 대가는 유럽인들에게는 가치 있는 것이었다.

이런 각도에서 본다면 허난은 바로 중국의 축소판으로, 허난의 문제가 바로 중국의 문제다. 허난은 중국 전통문화의 부정적인 영향을 가장 많이 받은 지역이다. 허난인은 보수적이고 봉건적이고 남존여비 사상이 강하며, 가문의식이 강하고 체면을 중시하고 신용도가 떨어지며, 이기적이고 교활하다고 하는데, 이는 허난인만의 전매특허인가? 이는 중국인이 보편적으로 가진 저열한 근성이 아니었던가? 단지 장독의 중심에 전통문화가 비정상적으로 두텁게 쌓인 것에 불과하다. 그렇기 때문에 썩은 냄새가 더욱 짙게 풍기는 것뿐이다.

Chapter 03
허난인의 수난

지금까지 허난인의 소양이 변천해 온 과정은 중국 북방 사람의 전형적인 대표에 불과하다. 만약 그들과 다른 북방인 사이에 어떤 차이가 있다고 한다면 이는 그저 그들이 경험한 재난이 지나치게 무거웠기 때문일 뿐이다.

　　사람들은 보통 허난인은 소양이 낮다고 말한다. 중화민족을 이야기할 때 흔히 언급되는 단어는 다사다난이다. 허난을 이야기할 때 가장 쉽게 떠올리는 단어 역시 바로 다사다난이다. 문학작품에서 기근이 등장하면 거의 대부분이 모두 허난에서 발생한 것으로 설정된다. 예를 들어 리준의 《황허는 동쪽으로 흐른다》나 류전윈의 《1942년을 돌아보다》가 그렇다.

　　중국은 재난 발생률에서 세계 1위를 고수하고 있다. 중국의 유명 과학자인 주커전 선생의 통계에 따르면 허난은 중국 역사상 재해 발생 정도가 가장 심한 성이다. 1946년 《허난 사정 월간》에 따르면 허난에서 발생하는 재해는 그 종류, 범위, 기간에서 모두 전국 1위로, 전국에서 보기 힘든 재해가 집대성된 성이다. 역사적으로 황허의 제방이 1,500차례 터졌는데 그중 허난의 제방이 터진 것이 900차례에 달한다.

중국은 역사적으로 전쟁이 자주 일어났는데 허난은 항상 모든 전술가가 노리는 지역이었다. 소위 '천하를 다룬다'는 것은 바로 허난을 중심으로 하는 지역에서 벌어지는 일이었다. 남쪽을 정벌하든 북쪽을 토벌하든 항상 허난을 거쳐야 했기에 왕조가 바뀔 때마다 허난인들은 대량 학살을 피할 수 없었다.

그렇기 때문에 송대 이후 허난은 최대의 인구 수출지였다. 재난과 전란이 일어날 때마다 대량의 인구가 이곳에서 멀리 도망 나갔다. 도망간 사람들은 책 속의 표현을 빌리자면 "크게 두 부류로 나뉜다. 첫 번째 부류는 상위 통치계층으로, 대부분이 학식과 부를 갖춘 명문으로 나라를 다스리고 군대를 부릴 수 있는 능력이 있었다. 다른 한 부류는 노동자 계층 중 생산 경험이 비교적 풍부한 사람들로 상당수가 청장년 노동력이었다." "외지로 도망갈 수 있던 사람은 젊고 기력이 왕성한 노동력 혹은 다소 부를 갖춘 부잣집 사람들이었고, 남아 있던 사람들은 늙고 약한 아녀자와 아이들이 대다수였다."

사실 비단 허난뿐 아니라 중국 북쪽 지역 전체에 이 같은 문제가 존재했다. 여러 차례의 초원민족의 침입과 중원 지역의 전란으로 인해 중국 북쪽 지역에는 대규모의 이동이 이루어져 학식, 재력을 갖추거나 용기, 박력, 건강을 갖춘 사람들은 모두 남쪽으로 이동하여 자신이 오랫동안 살던 곳에서 떠나기를 가장 원치 않는 보수주의자들만이 허난에 남게 되었다. 그리하여 당, 송의 전란이 끝난 후 중국 문화의 중심축은 북방에서 남방으로 이동했다. 그렇기 때문에 남방 문화는 명석하고 정교하며, 북방 문화는 보편적으로 보수적이고 둔하다.

역사학자인 쑨룽지는 《역사학자의 경선》이라는 책에서 새뮤얼 헌팅턴의 관점을 빌어 헤아릴 수도 없는 재난이 중국 북방에 '자연적인 도태' 의 과정을 가져왔다고 이야기한다.

"남은 것은 모두 절약을 잘하고 갖은 고생을 이겨내지만 또한 이기적이고 보수적인 근시안적인 '소극적 품성' 이다."

"이 과정은 또 심신이 모두 건전하게 성장한 여자를 도태시킨다. 기근을 만나면 여자들이 가장 먼저 팔려나간다."

여자들은 도시로 팔려가고 외지로 팔려가고 기루로 팔려가 민족은 '어머니가 될 가장 좋은 원료' 를 잃게 된다. 모든 원인을 종합해 보면 중국 북방 사람은 하루가 다르게 멍청해졌고, 중국 북방에서는 예쁜 여자를 찾기가 힘들었다. 최소한 남방보다는 훨씬 적었다. 또한 북방 사람은 극단적으로 여성을 업신여긴다.

만약 헌팅턴의 의견이 옳다면, 예로부터 지금까지 허난인의 소양이 변천해 온 과정은 중국 북방 사람의 전형적인 대표에 불과하다. 만약 그들과 다른 북방인 사이에 어떤 차이가 있다고 한다면 이는 그저 그들이 경험한 재난이 지나치게 무거웠기 때문일 뿐이다.

Chapter 04
중국의 축소판

사실상 중국인이 세계에서 남을 잘 속이고, 가짜 물건을 잘 만들기로 유명하지 않았던 적이 있는가? 세계에서 중국인의 이미지는 중국에서 허난인의 이미지와 판에 박은 듯 똑같다.

허난은 곳곳이 중국의 축소판이다. 중국에 대해 이야기할 때 중국인은 습관적으로 오직 7퍼센트의 토지로 21퍼센트의 인구를 먹여 살린다고 자랑스레 이야기한다. 이 점에서 볼 때 허난은 전체 중국의 축소판이다. 왜냐하면 허난은 중국 국토의 1.74퍼센트에 해당하는 토지로 전국 7.5퍼센트에 달하는 인구를 먹여 살리기 때문이다. 중국이 인구 대국(大國)이라면 허난은 인구 대성(大省)이다. 중국은 농업 대국, 허난은 농업 대성이다.

혹자는 허난인이 멸시를 당하는 이유가 경제개혁의 대문을 연 후 허난인 중에는 외지로 나가 공업에 종사하며 생계를 도모하던 이들이 특히 많았는데 일부는 생활에 쫓기다 나쁜 수작을 부리는 경우가 있었고, 그러다 보니 허난인의 명성에 악영향을 주었기 때문이라고 말한다. 사실 세계적으로 중국인의 명성도 좋지 않은데 이것이 외국에서 공업에 종사하며 생계를 도모하던 중국인들이 전체 중국인의 체면을 손상시킨 것이다. 며칠 전 필자는 어느 회의에서 운 좋게도 외교부 차관이 지금의 국제 형세에 대해 소개하는 것을 들었다. 차관은 걱정이 가득한 목소리로 개혁개방 이후 세계에서 중국인의 이미지가 줄곧 추락해 지금은 풍전등화의 지경까지 떨어지고 말았다고 이야기했다. 이는 모두 각국에서 중국인이 보여 준 행동 때문에 일어난 것이다. 중국 각지에 지역감정이 짙은 사람들은 걸핏하면 허난인을 걸고 넘어진다. 그들은 흥미진진하게 허난인이 어떻게 교활한지, 어떻게 가짜 물건을 잘 만드는지를 이야기한다. 사실상 중국인이 세계에서 남을 잘 속이고, 가짜 물건을 잘 만들기로 유명하지 않았던 적이 있는가? 세계에서 중국인의 이미지는 중국에서 허난인의 이미지와 판에 박은 듯 똑같다.

중국 국민은 세계 어느 나라를 가든지 거의 항상 비자를 신청해야 하는데(외교관 여권을 지닌 중국 외교관은 일부 개발도상국에서 비자 면제) 대부분 국가가 비자 수속이 번잡하고 각종 보증서, 초대장, 증명서 등이 하나라도 부족하면 안 된다. 심지어 일부 국가에서는 공항 밖으로 나가지 않는 통과 여객에게도 공항 통과 비자를 요구해 중국 국민을 마치 테러리스트를 차단하듯 경비한다.

일부 국가에서는 'Chinese' 혹은 '중국인'이라는 단어가 사람을 욕하는 말로 쓰인다고 한다. 한국에서 생활하는 중국인들은 자주 한국인들이 고의적으로 'Chinese'라 불러 싸움이 벌어진다고 한다.

중국인의 총명함과 재능은 해외에서도 놀랄 정도로 잘 발휘되고 있다. 호주인들은 처음에는 자국으로 건너 온 지 얼마 되지 않는 중국인을 기꺼이 돕기를 원했으나 나중에는 아랑곳 하지 않았다고 한다. 알고 보니 일부 중국인들은 경험을 통해 영어를 모르는 척하며 상대방에게 길을 물어보고 당황스러운 표정을 지으면 상대방이 차로 그를 목적지에 데려다 준다는 사실을 발견했다. 그래서 많은 중국인이 교통비를 아끼기 위해 이 방법을 썼다고 한다. 그러나 그들이 여러 번 속으면서도 아무것도 모를 정도로 멍청하지는 않았기에 몇 번 당하자 자신들이 이용당한 것임을 알게 되었다.

또 다른 일례로 유럽의 일부 국가에서는 일부 사업자에게서 휴대폰을 공짜로 얻을 수 있다고 한다. 유럽인은 일반적으로 필요한 경우에나 수령하는데 현지 중국인들은 그 이야기를 듣고는 여러 차례 수령했다고 한다. 그래서 훗날 이 사업자들은 전문적인 규정을 만들어 모든 중국인은 한 대밖에 수령하지 못하도록 했다고 한다.

어느 네티즌은 50세의 중국계 미국인이 그에게 들려준 '영광스러운' 경험을 이야기해 주었다. 미국에서 유학하던 시절 도매가로 9대의 녹음기를 살 돈으로 10대를 구입한 그 중국계 미국인은 상점에서 9대를 반품해 공짜로 녹음기를 갖게 되었다고 한다. 그 네티즌은 그가 이 이야기를 하면서 매우 자랑스러워했다고 전했다.

많은 중국인들이 허난인에 대해서 일반인은 생각하기 힘든 상식을 벗어난 이야기를 들어봤을 것이다. 이와 마찬가지로 중국인이 많이 거주하는 나라에서도 중국인에 관한 위에서 말한 것과 같은 이야기들이 돌고 있을 것이 틀림없다. 이런 뜬소문은 물론 단편적이며 흔히 살이 붙은 이야기이지만 대단한 파괴력을 갖고 있다. 그렇기 때문에 중국의 국민성이 지탄을 받는 이유를 이해하기 어렵지 않다.

중국에 대한 멸시의 원인에는 미디어도 큰 몫을 한다. 만약 우리가 매일같이 허난TV의 '허난 뉴스'를 본다면 허난인들이 강대한 허난성을 만들기 위해 얼마나 노력하고 있는지, 허난인이 얼마나 자각이 높고

의욕이 강하고 품성이 뛰어난지를 잘 이해하고, 이를 통해 허난인에 대해 정확하고 긍정적인 인식을 하게 될 것이다. 그러나 안타깝게도 허난 TV가 위성을 통해 전국에 방송되기는 하지만 허난성 외의 다른 성에서 '허난 뉴스'를 열심히 볼 시청자가 얼마나 있겠는가? 반대로 다른 방송국의 뉴스를 볼 때면 여자와 아이들을 대상으로 한 인신매매 사건의 목적지는 십중팔구 허난이고, 가짜 물건의 생산지는 대부분이 허난이다. 이런 것들이 시간이 흐르면서 '허난은 낙후된 곳'이라는 잘못된 이미지를 형성했다. 이와 같은 원리로 비록 중국 중앙TV 채널 4가 세계 각국으로 송출되지만 시청률, 특히 뉴스 프로그램의 시청률은 높지 않다. 좋은 일은 멀리 퍼지지 않아도 나쁜 일은 천리를 퍼지는 법이라 세계 각국의 텔레비전에서 중국인의 열정, 조화로운 사회 건설에 관한 보도는 없고 늘 광산 사고, 부패한 관리들의 해외 도피, 매혈로 인한 에이즈 전염 등 중국 국내에서는 국민들에게 퍼뜨리고 싶지 않은 일들만 보도된다. 이런 일들이 쌓이고 쌓이면 세계 사람들이 중국에 대해 어떤 이미지를 가질지는 불 보듯 뻔하다.

다시 말해 허난의 문제는 결코 허난성 혼자만의 문제가 아니다. 허난성은 당대 중국의 거의 모든 폐단의 축소판이다. 이런 폐단을 직시하려면 가장 좋은 방법은 허난성을 직시하는 데서 시작하는 것이다.

Part 8

그들만의 세계, 투러우

Chapter 01
폐쇄적이지만 순박한 사람들

수백 년 동안 그들은 자신을 산속에 폐쇄시키고, 성곽과도 같은 투러우 속에 폐쇄시켰다. 중원 지역이 세상사의 수많은 변천을 겪으며 옛 모습을 찾을 수 없게 되었을 때, 그들은 여전히 중원의 옛 발음을 쓰며 수백 년 전의 생활방식을 유지하여 중원의 유풍을 최대한으로 유지한 활화석이 되었다.

(1)

푸젠 융딩(永定)의 친구가 간단한 지도를 그려 주고는 "이거 가지고 가면 돼!"라고 말했다.

나는 반신반의하며 "이거면 된다고? 먹고 자는 건 편해? 길은 안전해? 나 혼자 산속 깊이 들어가서 무슨 일이라도 생기면 연락할 방법도 없잖아!"라고 캐물었다.

친구가 하하 웃으며 말했다. "걱정 마! 지금까지 길에서 강도를 당했다는 말은 한 번도 들어본 적이 없어. 먹고 자는 건 투러우(土樓, 세계문화유산으로 지정된 전통토담가옥)에서 하면 돼. 아주 싸."

친구는 가볍게 말했지만 나는 경계를 가벼이 할 수 없었다. 나는 사기꾼의 세계와도 같은 여행지를 수도 없이 많이 다녀봤다. 신경을 곤두세우고 바짝 긴장된 상태에 두어도 속임을 당하지 않겠노라는 생각은 거의 불가능하다고 봐도 무방하다. 샤먼의 고속버스에서 버스에 오르기 전에 40위안이라고 말을 다 해두었는데 버스에 오르면 80위안을 내야만 한다. 그렇지 않으면 고용인 몇 명이 당신을 둘러쌀 것이다. 항저우에서 항저우 차 공장의 직원으로 위장한 사기꾼이 녹차 잎과 분말로 돈 100위안을 손쉽게 빼앗아갔다. 베이징에서는 기차에서 내리자 수많은 여관 호객꾼들이 나를 둘러쌌다. 나는 베이징역에서 30분 거리라는 초대소(관공서, 공장 등의 내부에 있는 숙박시설)를 선택했다. 그 결과 30분 후 그들은 나를 류자야오까지 데려왔다! 그래서 융딩에 도착했을 때 객가 투러우의 유네스코 세계문화유산 등재를 신청했다는 이야기를 듣고는 이것이 결코 나에겐 좋은 소식이 아니라고 생각했다. 개발 초기의 지역은 늘 더 혼란스럽기 마련이니까. 하늘이여, 나의 여행이 순조롭도록 도우소서!

차는 융딩을 떠나 산 무리 속으로 빠져 들어갔다. 남방은 산에 대나무 숲이 무성한데 사람이 발을 디딜 틈이 없을 정도다. 마을은 모두 큰 산으로 둘러싸인 손바닥만 한 골짜기에 있어 구멍이라는 뜻의 '컹'으로 불렸다. 우리가 도착한 이곳은 '훙컹'이라 불리는 곳이었다.

마을은 산골짜기 사이에 물이 세차게 흐르는 골짜기를 따라 건설되어 있었고, 높낮이가 들쑥날쑥한 수백 채의 투러우가 자리하고 있었다. 마을 어귀는 거대하게 우뚝 솟은 원형 투러우로 그 규모는 현대식 체육관만큼이나 컸다. 높이가 무려 16미터에 달하는 외벽은 100년의 비바람을 견디느라 이미 황토색에서 흑회색으로 변해 마치 높고 거대한 옛 성처럼 보였다. 사진으로 오래전부터 보아 왔지만 직접 그 밑에 서보니 규모가 실로 놀라웠다. 입구 위에는 '진성루(振成樓)'라는 세 글자가 쓰여 있었고, 문 양쪽에는 '큰 법을 드러내어 기강을 바로 세우고, 덕을 이루어 재주를 이루도록 한다'라는 뜻의 '진강입기, 성덕달재(振綱立紀, 成德達

材)' 라는 대련(對聯, 한 쌍의 대구의 글귀를 종이나 천에 쓰거나 대나무, 나무, 기둥 따위에 새긴 것)
이 있었다.

우리의 상상 속에 투러우는 항상 신기한 존재로 각인되어 왔다. 이
투러우의 주인은 당송 말년에 황하 유역에서 남쪽으로 옮겨온 한인이
었다. 전란을 피하기 위해 여러 가족들이 만 리 길을 걸어 푸젠, 광둥의
산골짜기를 선택해 황투(黃土) 고원에서 가져온 땅 다지는 기술을 응용
하여 이 거대한 투러우를 만들어 모여 살았던 것이다. 수백 년 동안 그
들은 자신을 산속에 폐쇄시키고, 성곽과도 같은 투러우 속에 폐쇄시켰
다. 중원 지역이 세상사의 수많은 변천을 겪으며 옛 모습을 찾을 수 없
게 되었을 때, 그들은 여전히 중원의 옛 발음을 쓰며 수백 년 전의 생활
방식을 유지하여 중원의 유풍을 최대한으로 유지한 활화석이 되었다.

무엇이 이보다 더 환상적일 수 있을까? 대학교 1학년 때 나는《중국
고대 건축사》라는 책에서 처음으로 투러우를 보았다. 나는 금세 이 거
대한 미궁과도 같은 건축물에 매료되고 말았다. 이는 실로 신화 속에
등장하는 건축과도 같았다! 11년 후 혼자서 멀리 여행 갈 수 있는 시간
이 주어지자 나는 주저 없이 투러우의 소재지인 푸젠성 서부의 융딩현
을 선택했다.

융딩현은 과거 한때 연초업으로 풍요로움을 만끽했었다. 진성루는
바로 청나라 말기 담배 생산상인 임손이 만든 것이다. 당시에 800만 은
화가 들었다고 한다. 전체 건물에는 4층, 216개 방이 있고 2, 3백 명이
거주할 수 있다.

이것이 가장 큰 규모의 투러우는 아니다. 가장 큰 투러우인 승계루(承
啟樓)는 400개의 방이 있고, 전성기 때는 600명이 살았다. 그 밖에도 4, 5
백 명이 살 수 있는 투러우가 융딩에는 허다하다. 객가인은 한족의 대

가족 전통을 극치로 발전시켜 무려 5대, 6대가 한 건물에 살아 수백 명이 같은 땅을 경작하고, 같이 밥을 먹었다. 그리하여 매번 밥을 먹을 때면 큰 연회가 벌어진 듯했고, 아침마다 밭일을 하러 나가면 마치 군대가 이동하는 듯해 가족 공산주의 같은 느낌까지 들었다. 해방 전(1949년 중화인민공화국 성립 전) 한 투러우에 사는 가족은 종종 수백만 평방미터에 달하는 토지를 소유하고 있어 대지주가 되기에도 넉넉했다. 문제는 투러우 사람들의 생활수준은 평균 수준인데 개개인으로 나누어 보면 중농 수준, 심지어는 빈농 수준밖에 되지 않는다는 데 있었다. 듣기로는 토지개혁 당시 이 때문에 적잖은 난제에 봉착했었다고 한다.

처음 투러우를 봤을 때 가장 인상 깊었던 것은 극도의 폐쇄성과 극도의 개방성이 불가사의하게 결합되었다는 점이었다. 두껍게 흙을 다져 만들어진 높은 벽은 원모양을 이루는데 보통 4층 높이로 1, 2층은 모두 밖으로 창을 내지 않았다. 그래서 밖에서 보면 견고한 토치카처럼 보인다. 투러우 전체에 오직 대문 하나만이 바깥세상과 통하는데 문짝이 비교 대상이 없을 정도로 두껍고, 외부인의 불 공격을 피하기 위해 외부에는 철판을 씌우고, 문 위쪽에는 물을 넣는 파이프를 설치해 일단 문을 닫으면 난공불락의 성과도 같다.

반대로 내부에서 보면 개방된 작은 세계다. 투러우 내부에는 공공시설이 모두 갖추어져 있는데 원형의 마당에 우물, 조사당, 학당, 닭장, 오리장이 있다. 투러우의 1, 2층은 객가의 주방과 곡식 창고이고 3, 4층은 안방이다. 집집마다 창문이 내부로 열려 있어 모든 가정의 시선 아래 생활을 해 일거수일투족이 다른 수백 명 가족 구성원의 시선 속에 놓인다. 그래서 모두 사적인 공간은 물론이요, 무엇을 먹든, 무엇을 만들든 다른 사람의 눈을 피할 수 없으며, 부부 간에 다정한 모습도 매우 조심스럽게 자제하는 편이 낫다. 모두가 공동으로 사용하는 계단을 통해 자신의 안방으로 들어올 때 반드시 다른 집 문을 통과해야만 한다.

그럼에도 수백 년 동안 객가인들은 줄곧 자신들의 대가족 생활을 자랑스럽게 여겼다. 이는 그들이 중원에서 가져온 영광스러운 전통으로 그들의 조상이 대대로 예교를 중시하던 학자 집안이라는 사실을 증명하는 것이자, 가족의 힘을 단결함으로써 힘겹고 위험한 자연환경에 대항하기 위한 것이었다. 그들은 투러우의 핵심적인 위치에 조사당을 세우고 조상들의 위패를 모셨다. 수백 명의 가족들이 족장의 지휘에 따라 안정되고 평화로웠다. 폐쇄된 산속에서 그들은 당송 시기의 생활방식을 최대한 유지할 수 있었는데 객가 문화의 안정성에 그 누구라도 놀라고 말 것이다.

심지어 해방 후에도 그들은 여전히 대형 투러우를 짓는 데 열중했다. 이후 며칠 동안 다닌 마을에서 본 투러우 중 많은 숫자가 6, 70년대에 만들어진 것이었다. 형식은 명청시대의 투러우와 일반적으로 다를 바 없었으나 문에 '마오쩌둥 사상 만세'라는 글자가 쓰여 있고, 대문으로 들어가는 좌우 벽에 쓰여 있던 조상을 숭상한다는 '숭선(崇先)', 사물의 근본을 탐구한다는 '추원(追源)' 등 고어가 쓰여 있던 곳에는 문화대혁명 시기에 쓰인 개인의 이기주의와 투쟁한다는 '투사(鬪私)', 수정주의 사상을 비판한다는 '비수(批修)' 등이 쓰여 있다.

과거 누군가 투러우를 개량하려고 생각했던 적이 있다. 청대 강희 연간에 건설된 풍작퀄녕루(豊作闕寧樓)는 내부 층집을 72개의 독립적인 독채로 나누어 단독으로 오르내릴 수 있는 계단 72부를 각 집마다 두어 다른 집을 통과할 필요가 없도록 했다. 이론상으로는 사생활이 없는 투러우의 결점을 보완하고 각 가정에 독립된 공간을 제공하는 창작이다. 그러나 이는 당시 현지인들에게 무시당하여 조상의 법을 따르지 않고 이 기심을 드러내어 전통에 흠집을 낸 '반역루' 라는 무시무시한 이름으로 불렸다.

원래 거친 땅인 푸젠 서쪽의 산에 서서 신화와도 같은 거대한 투러우를 마주하고 있노라면 생각에 생각이 꼬리를 물고 이어질 것이다. 당송 시기 중원 사람들의 일상생활이 생각나는가 하면, 다시 중국 문명의 과도하게 안정적인 구조가 생각나고, 창조력과 보수성을 고루 갖춘 민족의 성격에 생각이 미치기도 하고, 또 다시 중국인의 집단 숭상주의로 인한 개인의 문화적 특성에 대한 소홀 등에까지 생각이 미친다.

물론 어떤 전통이든 미래에는 결국 소실되기 마련이다. 완강하게 지켜온 수백, 수천 년의 객가 문화는 1980년대 이래 일어난 문화지진 중에 파괴를 피할 수 없었다. 투러우는 결국 농경문화의 산물로, 부유해진 객가인들은 당연히 더욱 넓고 밝은 현대식 건물에서 살기를 원할 것이다. 투러우에 살고 있는 노인들까지도 투러우가 너무 낡았다고 투덜거린다. 눈앞의 이 진성루에는 14가구 60여 명의 사람만이 남아 있다. 다른 사람들은 모두 밖에 지어진 새집으로 이사를 갔다. 투러우가 사람은 점점 나가고 대신에 돼지와 소를 키우기 시작했다. 조각된 창문 편액은 '불효' 한 자손들이 떼어내어 팔아버렸다. 수백 년의 역사를 가진 옛 건물이 가축들의 대소변 냄새 속에서 쓸쓸히 서 있는 모습이 정말 수명을 다한 듯하다.

(2)

나는 진성루의 3층에 묵었다. 진성루는 지금 높은 명성을 누리고 있다. 1985년 진성루의 모형은 천단(天壇)의 모형과 함께 LA국제건축모형

엑스포에 참가한 바 있다. 지금 그 안에 살고 있는 몇 가구들은 비어 있는 방을 작은 여관, 상점으로 꾸리고 있는데 하룻밤에 20위안이다.

내가 배낭을 내려놓고 나가려는 모습을 본 주인집 딸이 미소를 지으며 내게 인사를 건넸다. 어디로 갈 것인지를 물으며 어떻게 가는지 알려주고, 어느 건물을 보러 갈 것인지 물어보며 노선도를 그려 주기도 했다.

문을 나서서 얼마 멀지 않은 곳에 있는 맞은편 사각형 투러우는 포탈라궁처럼 기세가 웅대했다. 단단히 다진 벽의 외피는 이미 벗겨져 내부의 흙을 층층이 다진 흔적이 드러났다. 나는 문 앞에 하릴없이 앉아 있는 어르신에게 이 건물이 언제 지어진 것인지를 여쭸다. 그가 대답하기를 언제인지는 잘 모르고 14대 때 지어진 것이라는 사실만 안다고 했다. 그가 26대라니 12대 이전이면 대충 2, 3백 년 정도 되었을 것이다.

홍컹 마을 500여 가구는 모두 린(林)씨로 명조 중기에 강서 지역에서 이곳으로 옮겨와 터를 잡기 시작해 이미 500여 년, 20여 대를 이어가며 발전해 나갔고 2천여 명으로 늘어났다. 이곳의 사람들은 대로 시간을 계산하는 습관이 있다.

내가 그 건물에 들어가 둘러보아도 되겠는지 물었다. 어르신이 황급히 된다고 대답했다. 몇 건물을 둘러본 후에야 나는 이런 질문이 불필요한 것이라는 사실을 깨달았다. 객가 지역에서는 양해를 구할 필요 없이 아무 건물이나 들어가도 되고 거리낌 없이 어느 방문이나 두드려도 된다.

나는 건물 안을 한 바퀴 돌아본 후 1층의 어느 주방으로 갔다. 한 노부인이 밥을 짓고 있어 이런저런 이야기를 나누다 평소에는 무엇을 먹는지 물었다. 노부인이 솥을 열어 보여 주는데 흰밥 위에 고구마를 여럿 놓고 찌고 있었다. 노부인은 고구마를 집어내 탁자 위에 놓고는 큰 것을 골라 친절하게 내게 건네며 맛을 보라고 했다. 이어 그녀는 다시 주방에서 그릇을 두 개 들고 나왔다. 회색은 토란으로 만든 떡, 붉은 것은 찹쌀에 땅콩과 설탕을 더해 만든 떡으로 제사나 손님 접대용 음식이었다. 내가 사양하는 사이에 또 다구를 가져와 앉아서 차를 마시라 했다. 그런 후에 아궁이를 닫고는 앉아서 나와 이야기를 나누었다.

솔직히 노부인의 친절이 나를 무척이나 불편하게 만들었다. 우리 동북 사람들은 중국 전역에서 가장 실리적인 사람들인 데다 이처럼 친절하지도 않다. 다년간 강호를 돌아다닌 경험으로 미루어 보아 하늘 아래 이유 없는 친절은 없다. 마을 사람들은 매일같이 이렇게 전국 각지, 심지어 전 세계에서 온 여행객들과 부딪칠 테니 돈을 버는 수단이 자연스레 숙련될 만큼 익숙해졌을 것이다. 그래도 기왕 온 김에 마음 편하게 먹다 보니 마을 사람들의 순박함이 돈을 요구하는 것과는 거리가 멀어 보였다.

노부인은 아들 둘에 딸 하나가 있는데 모두 오지에서 일한다고 했다. 집에는 그녀와 남편, 손녀밖에 없다고 했다. 자신들이 평상시에는 무엇을 하고 무엇을 먹는지 하나하나 소개해 주었다. 예전에 샤먼에 가본 적이 있다면서 자신이 도시생활에 얼마나 놀랐는지, 또 얼마나 익숙하지 않았는지 이야기했다.

잠시 후 점심시간이 되어 남편과 손녀가 돌아왔다. 나는 일어나며 작별을 고했지만 노부부가 만류하며 점심을 먹고 가라고 했다. 노부부의 진심 어린 표정에 내가 주관적인 판단으로 남을 평가한다는 사실을 깨달았다. 사실 객가인들의 일상 음식을 먹어 보는 것도 내게는 다시없을 기회였기에 사양하지 않고 앉았다.

노부인은 볶은 동부, 볶은 토란, 김을 넣고 끓인 쯔차이탕을 내왔다. 이 탕은 나를 위해 특별히 만든 음식이었다. 모두 앉아서 먹으려는데 노부인은 한쪽에 서서 자신은 이미 먹었다고 했다. 내륙 지역의 농촌과 마찬가지로 손님이 있으면 객가 여자는 탁자에 앉지 않는다. 한참 실랑이를 벌이다 겨우 그녀를 자리에 앉혔다.

영감님은 노부인만큼 달변은 아니었지만 린씨 집안의 맥락에 대해 아주머니보다 훨씬 잘 알고 있었다. 린씨 가문은 상나라 비간(比干)의 후대였다. 린씨의 군망(郡望, 본관과 비슷한 개념으로 군(郡)별로 성의 지별을 나타내는 것)은 허시(河西)인데 바로 오늘날의 허난이다. 언제 남방으로 옮겨갔는지에 대해서는 확실히 말할 수 없으나 최소 7, 80대는 되지 않았을까 싶다. 역대로 10여 명의 재상, 상서, 대장군을 배출했고, 후에는 조정 간신들의 박해를 받아 푸젠 서쪽 산간지역으로 은거했다.

일장 연설을 듣고 있노라니 방향을 잃은 듯 살짝 머리가 어지러웠다. 그러나 엄숙한 태도로 이야기를 하는 걸로 보아 농담을 하는 것 같지는 않았다. 그는 린르썬(林日森)이라는 사람에게 족보가 있으니 잠시 후에 가서 보라고 했다.

식사를 마친 후 차를 마시고 일어서서 작별을 고하면서 30위안을 꺼내 탁자 위에 놓으며 술이라도 한 병 사드시라고 했다. 두 노부부는 전혀 예상치 못했던 반응을 보였다. 바깥양반은 순간 얼굴이 벌개져서 돈을 집어 들어 싸울 듯 힘껏 내 주머니로 집어넣었다. 노부인은 계속 큰소리로 그것들은 모두 돈도 안 되는 물건들이라며 고구마나 쌀밥은 모두 남으면 돼지에나 주는 돈도 안 되는 것들이라고 했다.

나는 돈을 다시 집어넣을 수밖에 없었다. 그래서 근처 구멍가게에서 사탕 두 봉지를 사서 발걸음을 돌려 노부부의 손녀에게 주었다. 노부인은 손녀에게 절대로 받지 못하게 하며 말했다. "집 나오면 다 돈 쓸 일이잖우. 길을 걸어도 돈, 밥을 먹어도 돈, 여기 들어오면서도 40위안을 쓰지 않았어? 집 나오면 고생이야. 도시에서는 물 마시는 데도 돈을 내야 한다며? 이건 그냥 자네가 다니다가 먹어." 계속 사양하다가 결국 어쩔 수 없이 받기는 했는데 또 다시 방금 내가 집에서 먹은 음식들은 전혀 돈도 안 되는 것이니 마음 쓸 것 없다고 설경했다. 아주머니는 계속해서 남는 음식들은 모두 돼지와 닭에게 준다고 이야기했다.

아저씨는 한쪽에 앉아 아무 말도 하지 않았다. 내가 노부인과의 실랑이를 끝내자 그제야 나를 불러 앉혀 차를 따라 주고는 내가 진성루에 묵고 있는지를 물으며 하루에 얼마를 받는지 물었다. 나의 대답을 들은 후 아무런 말도 하지 않은 채 이해할 수 없다는 표정을 지어 보였다. 객가인들이 손님에게 숙박료를 받는 것에 대해 마뜩지 않게 생각하는 듯했다.

(3)

객가 산골짜기를 걷노라니 어머니의 뱃속으로 돌아간 듯 편안함을 느꼈다. 마주치는 낯선 이들을 모두 믿어도 되고 가고픈 곳 어디든 갈 수 있다. 이런 느낌이 들기는 예전 칭하이(青海)의 티베트 지역에서 느낀 이후 처음이었다. 이런 곳에서는 안전을 걱정할 필요도, 나를 불편하게 하는 속임수나 냉담함, 적의 등을 걱정할 필요도 없다. 오직 이 땅의 예상치 못한 아름다움과 선의만을 느낄 뿐이다.

오후 내내 나는 남쪽 계곡에서 한가로이 노닐었다. 이는 남북으로 달리는 좁고 긴 산골짜기로 10여 킬로미터의 내를 따라 너댓 개 마을이 흩어져 있었다. 강 양쪽으로는 고송(古松)이 많아 아름다운 물굽이를 형성했다. 산비탈에는 감나무가 숲을 이루고 있는데 나무마다 감 몇 알씩이 완전히 익어 햇빛 아래 투명함을 뽐내었다. 이곳 사람들은 주로 반시를 따서 곶감을 만들어 먹는데 이처럼 일찍 익은 것들은 까치밥이 되거나 땅에 떨어져 흙이 된다. 샘을 따라 산을 올라가 보니 산허리쯤에 폭포가 있었다. 배가 고파 감 몇 개를 따서 먹으면서 걸었다. 목이 말라 손으로 샘물을 떠먹었다. 위로 올라갈수록 새소리가 더욱 다양해졌는데 하나씩 산골짜기에서 울리는 게 유달리 낭랑했다.

어른이 된 이후 지금처럼 자유로웠던 적이 있었을까? 나는 마치 어린 시절로 돌아간 듯 마음속에는 단순한 즐거움만이 남았다. 산을 오르다 힘이 들어 소나무 숲 아래 몸을 뉘이고는 각종 새소리를 들으며, 짙푸른 산꼭대기가 파도처럼 소용돌이치는 흰 구름 사이에서 모습을 보였다 숨겼다 하는 모습을 바라보았다.

Chapter 02
린씨의 족보

낯선 여행객이 현지인의 집으로 쳐들어와 자기네 족보를 보여 달라 하면 거절하는 것이 보통일 것이다. 그러나 이곳 사람들은 어떤 여행객이든 모두 당연하게 손님으로 여기고 어떤 경계심도 갖지 않았다.

(1)

다음 날 오후 나는 린르썬의 집으로 족보를 보러 갔다. 그의 집은 찾기가 힘들어 길을 몇 번이나 물어본 후에야 결국 마지막으로 물어본 아이가 나를 그의 집으로 데려다 주었다.

이는 투러우에서 독립된 작은 마당으로 대청 벽에는 큰 편액이 걸려 있고 그 위에는 커다랗게 '희조준망(熙朝駿望)'이라는 네 글자가 쓰여 있었는데 명대 만력(萬曆, 1573~1620년) 연간에 어느 진사가 쓴 것이라고 했다. 어르신은 80여 세라고 하는데 마침 이웃들과 대청에서 마작을 하고 있었다.

낯선 여행객이 현지인의 집으로 쳐들어와 자기네 족보를 보여 달라 하면 거절하는 것이 보통일 것이다. 그러나 이곳 사람들은 어떤 여행객이든 모두 당연하게 손님으로 여기고 어떤 경계심도 갖지 않았다. 내가 온 이유를 듣더니 계속 좋다는 말을 반복하더니 잠시 후 안에서 두꺼운 하드커버 양장본을 받들고 나왔는데 위에는 '홍촨(洪川) 린씨 족보'라고 쓰여 있었다. 펼쳐 보니 처음부터 끝까지 해서체로 정밀하고 아름답게 손으로 쓰여 있었다.

내가 초록을 하고자 한다고 했더니 노부인이 대문 곁에 있던 탁자를 닦고는 차도 한잔 끓여다 주었다. 듣자 하니 객가인들에겐 남존여비 사상이 깊게 뿌리박혀 있어 노부부는 이미 여든이 넘었는데도 할아버지는 마작을 하고 할머니는 한쪽에서 집안일을 할 수밖에 없었다.

《시허(西河) 린씨 족보를 다시 펴내며》를 펼쳐 봤더니 정말 비간으로 부터 시작했다. 글에 따르면 상나라 주왕이 비간의 가슴을 갈라 심장을 꺼내 죽인 후 "임신 3개월이던 부인 진(陳)씨는 장림산의 석실로 피난해 천(泉)이라는 남자 아이를 낳았다."고 한다. 주 무왕이 주왕을 무찌른 후 아이에게 린(林)씨 성을 내려 린씨의 시조가 되었다고 한다.

한족들은 선조의 영광을 추억하기를 즐기는데 객가인들은 더욱 심했다. 객가인들은 족보를 심하다 싶을 만큼 중히 여긴다. 해방 전에는 모든 대가족이 35년을 주기로 족보를 새로 집필했다고 한다. 거의 모든 성씨의 족보가 황제시대까지 거슬러 올라가니 모두 이로써 자신의 혈통을 자랑스레 여긴다.

족보를 펼치니 연이어 등장하는 혁혁한 이름과 관직에 눈이 부시고 어지러울 정도였다. 린씨 가문 조상들은 주나라 때 박릉후, 소사를 지냈고, 진나라 때는 영가의 상란(喪亂, 유원해가 일으킨 반란을 그의 아들 유총이 이어받아 낙양을 함락시키고 왕인 회제를 죽이고 스스로 황제라 칭한 사건) 때문에 원제를 따라 남쪽으로 이동했는데 임록은 남정의 대장군이었다. 린씨가 이때부터 푸젠에 들어오게 되었다. 당나라 때는 아홉 명의 자사를 배출해 구목이라 불렀다. "자손이 모두 지위가 높고 당나라의 명경이로다."

자기 성씨의 혈통의 고귀함과 자신이 본래 중원에서 온 학자 집안이라는 점을 강조하기 위해, 고단한 삶 속에서 자존심을 지키기 위해, 객가인들은 더욱 역사상의 명인들에 집착하며 자기 조상들의 영광을 과대 포장했다. 아마 만족(蠻族) 가운데서 영광스러운 이름들을 추억하면서 타향을 떠도는 고독함을 잊고, 고생을 위로했으리라.

말머리를 읽기 시작하면서 나는 족보에 기재된 내용에 대해 반신반의하게 되었는데 역대 황제가 시문을 하사했다는 대목에서 린씨 후세들의 천진함과 소박함으로 인한 다소 우스운 자만을 읽어낼 수 있었다.

문장에서는 대송 시기 인종 황제가 임가의 가세가 혁혁하다는 말을 듣고 특별히 당시 조정 시어사였던 임열을 불러 족보로 삼아 남기도록 했다는 것이다.

역사학자 탄치샹은 "혹자는 하늘 아래 가장 믿을 수 없는 책이 바로 족보라고 한다."라고 했다. 그러나 뒤이어 다음과 같이 말한다. "족보에서 못미더운 부분은 벼슬의 등급, 작위와 봉록, 제왕이 이를 본받으라 했다는 이야기, 명인이 이로써 모범을 삼으라고 했다는 이야기다. 내륙 지역의 이민사가 족보에서 필요로 하는 것은 이것이 아니라 그 성씨가 언제, 어떻게 흘러들어왔느냐는 것이다. 시간과 지역은 가문의 명성을 해하지도, 영광을 더하지 못한다. 그러므로 족보는 믿을 수 없는 것이나, 오직 이런 종류의 재료들만이 믿을 만하다."

탄치샹이 말한 바처럼 린씨가 정주(汀洲, 현재의 푸젠성 창팅현)에 들어오기 전의 가계는 매우 간단한데 역사소설로 간주해도 무방할 것 같다. 정주 영화 석벽마을로 옮겨간 후 역대의 이동, 혼인, 자식 및 장지 등의 상황을 모두 정확히 기재해 두어 기록이 정확한 역사로 봐도 된다. 그러나 그 후로 린씨 가문에서는 큰 벼슬아치를 배출하지 못했다. 기껏해야 이장 정도였고, 높아봤자 증광시(增廣試, 크고 작은 경사가 있을 때 임시로 실시한 과거) 생원 정도였다. 수많은 조상들은 정식 이름조차 없어서 '삼삼랑(三三郎)', '오일랑(五一郎)' 따위의 아명으로 불렸다. 이로써 믿을 수 있는 기록부터 린씨는 쭉 평범한 백성이었음을 알 수 있다.

이러한 사실은 우리에게 깊은 깨달음을 준다. 다른 한지에서는 족보가 향신(鄕紳) 혹은 벼슬아치의 전유물이었을 뿐 일반 백성들에게는 이런 일을 진행할 여력도, 흥미도 없었다. 그러나 객가 지역은 비록 외진 곳에 떨어져 있고 경제도 낙후되고 문화도 발달하지 못했으나 이런 일에는 특히 마음을 쏟았다. 이 사실이 객가인의 성격 중에 존재하는 완강함과 자존심을 더욱 뚜렷하게 드러내는지도 모르겠다.

남쪽으로 만 리 길을 이동한 그들은 가진 것도 없었고 사람도, 땅도 모두 낯설었다. 그들이 가진 것이라고는 단지 영광스러운 기억밖에 없었다. 그들의 자존심과 자신감은 오직 중원에서 왔고, 문화가 발달했다는 신념 위에 세워질 수밖에 없었다. 그들은 주변의 다른 민족들에게 동화될까 두려워 강렬한 기억을 지어냄으로써 자신의 신분을 명확히 하고, 어렵고 힘든 가운데 지극히 중요한 자존심을 지켜냈다.

(2)

열심히 베끼다 보니 어느덧 날이 저물었다. 마작 판도 끝나고 노부인은 마당에서 불을 지펴 밥을 짓고 있었다. 나는 속도를 높였다. 그러나 영감님이 어느새 내 곁으로 와 함께 저녁을 먹자고 청했다. 나는 이미 진성루에 밥을 예약해 두었으니 얼른 베끼고 돌아가서 먹겠다고 했다. 그러나 영감님은 다짜고짜 내 팔을 잡아끌어 군이 식탁 앞에 앉았다.

저번 경험이 있는지라 나는 더 이상 사양하지 않았다.

그러나 예상치도 못하게 노부인은 손님이 있다는 이유로 특별히 네 가지 요리를 한 것이 틀림없었다. 닭고기, 죽순, 연근이 보였다. 영감님 은 배갈을 한 병 꺼내 술잔을 들었다. 아쉬운 점이 있다면 그들은 내 말 을 알아들었으나 나는 어렴풋이 추측을 해서 이해할 수밖에 없었다는 점이다. 이곳의 노인들은 대부분이 표준 중국어를 조금밖에 할 줄 몰랐 다. 그래서 밥을 먹는 동안 나는 거의 아무런 말도 알아듣지 못하고 그 저 두 노부부의 친절함과 정성만을 느낄 뿐이었다.

우리의 관점에서 보자면 나와 그들은 아무런 관계도 없다. 설령 있다 손 치더라도 그저 여행객과 현지인 사이의 관계간이 존재할 뿐이다. 다 른 곳에서라면 이런 관계는 아마도 주인의 성가신 존재 혹은 그들의 주 머니를 채우게 해주는 존재가 될 것이었다. 그러나 이곳에서 나는 모든 사람에게 손님이 되었다. 객가 지역에 머물렀던 며칠간 이런 나의 상상 을 깨는, 현실과는 괴리가 있는 정성이 항상 나를 따라다녔다.

세상에는 무릉도원이라는 곳이 존재하지 않는다. 어디를 가든 그곳 에는 그들만의 선과 악이 존재하는 법이다. 그러나 객가인의 산골 마을 에 온 후 나는 이런 사람과 사람 사이의 자연스러운 믿음과 선의에 깊 은 감동을 받았다. 산과 가까이 사는 사람은 인자하고, 물과 가까이 사 는 사람은 지혜롭다고 했던가. 겹겹이 둘러싸인 산으로 외부와 단절되 어 반폐쇄된 지역의 사람들이라 아직 외부 세계에 그토록 많은 속임수 와 무관심, 그리고 불합리함이 존재한다는 것을 알지 못하나 보다. 그 들은 아직 경계, 계산, 거절을 배우지 못한 듯하다.

수백 년 동안 그들은 한 치의 변화도 없이 같은 마을에서 살아왔고, 서로 간에 속속들이 잘 알았을 테고, 많은 일들을 서로 협력해야만 살아갈 수 있었을 것이다. 이러한 고정된 사회에서는 한 사람의 도덕적 품성 혹은 평판이 그의 인간관계를 결정한다. 만약 이기적이고 지나치게 괴팍한 사람이라면 산골 마을에서의 생활은 의심할 필요도 없이 매우 곤궁했을 것이다. 지나치게 총명하고 교활하다면 한시적으로는 이익을 얻을 수 있겠지만 평생 이익을 얻지는 못한다. 너그럽고 친절하고 선량한 사람이 항상 가세가 흥성한 법이다. 그러므로 폐쇄된 작은 농촌 사회에서 그토록 사람들의 도덕 품성, 가문의 명예, 규율을 중요시 여기는 것이다.

수백 년 동안 이어져 내려온 순박하고 정이 두터운 민풍이 짧은 시간에 사라지기란 불가능하다. 수년에 걸쳐 개발되어 이제 마을 사람들도 보고 들은 것이 많아졌다지만 오가는 여행객들에게서 무언가 얻기를 바라는 사람은 거의 없다.

어지러이 변화하는 세상에서 객가인들은 보수적이고 둔감하다는 데는 의심할 여지가 없다. 그들은 이 때문에 많은 돈을 벌 수 있는 기회를 놓치고, 아낌없이 베푸는 호의 역시 보답을 받지 못했을 것이다. 경제가 모든 것을 지배하는 시대에 그들이 보이는 비효율적인 행동으로 인해 그들은 필연적으로 가난할 수밖에 없다.

그러나 '보수'와 '둔감'이 틀리고, 낙후되고, 해가 되는 것인가? 그들이 가난하다고 해서 그들이 불행하다고 할 수 있는가? 그들이 가진 안정감, 조화는 우리가 평생 가질 수 없는 것일지도 모른다. 우리가 분초를 다투며 변화하고 경쟁하고 쫓고 쫓김으로써 결국 얻게 되는 행복과 만족감은 얼마나 될까? 우리가 정말 그들보다 우월하다고 할 수 있을까?

객가 마을 여행은 나에게 '민족 전통'이라는 네 글자를 새로이 인식하게 해주었다. 우리 선조들의 생활 가운데는 전족, 변발, 아편만이 있는 것은 아니었다. 그들은 오늘날의 우리가 너무도 쉽게 내팽개쳐버린 것들을 정말로 많이 가지고 있었다.

(3)

객가 산골 마을에서 돌아온 후 그곳의 순박한 따뜻함은 오래도록 나와 함께했고, 내가 세상을 보는 시선과 타인을 보는 시선에 담백함과 넉넉함을 더해 주었다. 오늘날처럼 모든 것이 시간에 따라 변화하는 시대에도 뜻밖에 여전히 시간을 잊은 곳이 존재하고 있다. 시대의 흐름이 언젠가는 그들을 집어삼키고, 수백 년을 이어온 민풍 역시 언젠가는 시대의 공기 중에 증발되어 버리고 말 것이다. 그러나 나는 그것이 존재하는 때에 가보았고 느껴보았다. 더 바랄 게 뭐가 있겠는가?

Part 9

샹그릴라의
이미지

Chapter 01
쑹짠린사
(松贊林寺)

티베트의 공기에는 끝없이 넓은 자유스러움이 가득
하다. 티베트의 사원은 오래된 티베트식 건물로 구
불구불한 산비탈에 흩어져 시간을 견뎌내고 있었는
데 어떤 규칙에 따라 배치된 것은 아닌 듯 했다.

쑹짠린사(松贊林寺)에 도착했을 때 사실 차를 잘못 내렸다. 앞에
있던 장족(藏族, 티베트족) 네 명이 내리기에 우리 둘도 따라 내려버렸다. 버
스는 우리를 내려놓고는 금세 다른 여행객들을 태운 채 떠나가 버렸다.
우리가 내리려던 곳은 다음 정류장인 쑹짠린사의 정문으로 그곳에서
입장권을 판매했다. 쑹짠린사는 티베트어로는 '간덴 쑴첼링 곰파
(Ganden Sumtseling Gompa)'라는 유명한 사찰이다.

어찌되었든 장족들의 뒤를 따라 성벽 잔해를 넘어가니 눈앞으로 웅
장한 대전의 잔해가 펼쳐졌다. 백회가 발라진 벽면의 사방이 부식된 채
오래 묵은 황토의 본색을 드러내고 있었다. 네 명의 장족은 부녀자 셋
에 남자 하나였는데 대전 입구에서 등에 지고 있던 광주리와 모자를 벗
고는 문지방을 넘어 오체투지를 했다. 대전 내부는 깊고 넓으며 어두컴
컴했는데 진한 티베트의 향기가 물씬 느껴졌다. 우리는 장족들이 경건

하고 정성스레 절을 하고는 다시 라마승 앞에서 보시를 하는 것을 지켜보았다. 이상한 점은 그들이 돈을 내면 라마승들이 돈을 거슬러 주었다는 점인데 보시에도 정해진 액수가 있는가 보다.

티베트의 공기에는 끝없이 넓은 자유스러움이 가득하다. 티베트의 사원은 오래된 티베트식 건물로 구불구불한 산비탈에 흩어져 시간을 견뎌내고 있었는데 어떤 규칙에 따라 배치된 것은 아닌 듯 했다. 잘못 내린 덕분에 우리에게 입장권을 요구하는 사람이 없었다. 또한 문이 열려 있는 방이라면 어디든 마음대로 드나들 수 있었다. 우리 둘은 파리가 여기저기 드나들듯 라마승들의 거실과 부엌을 드나들었는데 모두 하나같이 높고 크고 텅 빈 데다 어두컴컴했다.

라마승들은 우리를 보고도 별로 개의치 않고 "따시델렉('따시'는 행운, '델렉'은 안녕을 뜻한다.)"이라는 티베트어 인사말을 건네고는 밥을 짓거나 방을 정리하는 등 자기네 할 일을 계속했다. 갑자기 용변이 급해 화장실을 찾았지만 찾지 못해 불경스럽게도 어느 벽 아래 쪼그리고 앉아서 일을 볼 수밖에 없었다. 몸을 일으켜 뒤를 돌아보니 라마승 하나가 얼굴 가득 웃음을 띠며 산비탈에서 나를 보고 있었다.

오늘날 한지의 사원들과 다른 점은 티베트의 사원에는 사람이 살고 있다는 점이다. 이곳은 일상이고 현재이며, 티베트인들의 생활에서 없어서는 안 될 부엌과도 같은 존재다. 그렇기 때문에 금빛 지붕을 비추는 햇살은 포근하고 평화로우며, 근심 걱정이 없었다.

비교적 외진 마당으로 왔을 때 다시 아까 그 장족들을 만났다. 우리는 다시 그들을 졸졸 쫓아다녔는데 그들은 우리를 상관조차 하지 않았다. 눈길이 우리에게 머물더라도 마치 나무나 벽을 보는 듯하여 보기는 봤으나 제대로 본 것은 아닌 듯한 그런 느낌이었다. 우리처럼 티베트를 한가로이 거니는 여행객들은 그들의 삶에 아무런 영향도 미치지 않는 듯했다.

그들을 따라 작은 건물을 올랐는데 2층의 작은 문 앞에 이르자 그들의 표정이 매우 신중하고도 엄숙해졌다. 그들은 작은 문으로 들어가 땅에 엎드려 길게 절을 했는데 몸을 거북하게 무척이나 바짝 웅크렸다. 내가 고개를 들이밀고 보았더니 붉은색과 금색으로 장식된 뒷방 방구들 위에 라마승 한 분이 앉아 있었는데 보아하니 이 절의 활불(活佛, 라마교의 수장)인 듯했다. 나는 대담하게도 활불에게 고개를 끄덕이며 들어가도 되는지 물었다. 활불은 미소를 지으며 고개를 끄덕였다.

아래에 있던 사람들은 마치 처음 선생님을 만나는 아이들처럼 잔뜩 긴장하고 정성스러운 모습이었다. 그러나 구들장 위에 앉아 있는 이는 도리어 편안하고 별반 개의치 않는 눈치였다. 활불은 30여 세로 붉은 가사를 입고 가부좌를 하고 앉아 있었는데 건강하고 통통했다. 선글라스를 끼고 있었는데 지혜로워 보이는 눈매에 신성한 기운을 풍겼다. 한편으로는 티베트 부녀자들이 엎드려서 무엇을 말하는지를 듣고, 한편으로는 앞의 탁자에서 느긋이 무언가를 뒤적이면서 입으로는 그냥 웅웅거렸는데 그 모습이 마치 중간 정도의 간부가 부하직원의 보고를 듣는 듯했다. 활불의 모습은 완벽히 세속적이고 현대적이고 넉넉하며, 약간은 처세에 능하고 소탈하고 여유로워 보였다. 게다가 귓불이 특히 크고 두터웠는데 이것이 부처 얼굴의 표식이라고 한다.

티베트 부녀자들의 호소는 절실하고도 사소했고, 활불 앞에 앉아 있는 시간을 무척이나 귀중하게 여겼다. 호소가 끝난 후 활불은 그들과 이야기를 나누었는데 티베트 부녀자들은 활불이 하는 말 한마디 한마디에 열심히 고개를 끄덕였다. 비록 그 말뜻을 이해하지는 못했지만 들기에 활불의 말에는 위로, 승낙 심지어 농담까지도 담겨 있는 듯했다. 바닥에 엎드린 네 사람은 간혹 가다 크게 웃음을 터뜨렸는데 마치 조금 전 자신들의 멍청함과 우매함을 비웃는 듯했다. 그 모습이 마치 '마음 으로 기쁘게 따른다' 는 고사성어인 '심열성복(心悅誠服)'을 실제로 표현 한 것 같았다. 활불은 아무렇지도 않게 그들의 다음속 매듭을 통쾌하게 풀어 주었다.

세 부녀자들은 모두 4, 50대로 보였는데 공손히 활불의 말을 듣는 가 운데 계속 눈으로 활불을 훔쳐보는 모습에서 소녀의 부끄러움과 순수 함이 엿보였다. 얼굴에 수염이 가득한 건장한 중년 사내의 모습은 더더 욱 감동적이었다. 반 마디 말이라도 놓칠 새라 완전히 아이처럼 입을 반쯤 벌린 채 눈도 깜빡이지 않고 활불의 입술만 쳐다보았다. 눈동자는 순수한 희열로 가득했고 얼굴은 흥분으로 반짝였다.

우리 둘은 당시에 활불의 구들장 아래 비좁게 붙어 앉아 있었다. 한 가지 일을 이야기하는 것을 깜빡했는데 장족들이 방으로 들어와 바닥 에 무릎을 꿇고 앉은 후 처음으로 하는 일이 각자 20위안씩 꺼내 구들 장 아래 놓았다.

활불이 앞에 놓인 좁고 기다란 불경을 펼쳐 리드미컬하게 읽기 시작 했는데 소리가 낭랑하고 압운이 딱딱 맞아떨어졌다. 그런 후에 깡통에 서 쌀을 한 움큼 꺼내 꿇어 앉아 있는 사람들의 머리 위로 뿌렸다. 한 톨이 손가락 사이에서 자신의 옷 위로 떨어지자 그는 다른 손가락은 편 채 엄지와 검지만을 구부려 주은 후 탁자 위에 놓았다. 다시 네 개의 비 닐봉지를 꺼내 뭔지 모를 가루를 담아 그들에게 주었다.

네 사람은 "예예"하며 뒤로 물러나 방을 나갔다. 우리가 활불과 이야 기를 나눌 차례가 되었다. 활불은 한어를 매우 잘했다. 그는 솔직하게 자신은 그들 마음속의 번뇌를 풀어 주는 '정신적인 작용'을 할 뿐이라고 말했다. 좀 전에 그 가루에 대해서는 티베트의 좋은 약이라고 말해 주었다. 말을 하면서 그는 작은 비닐봉지에 옅은 자주색의 환약 두 알을 넣어 내게 건네주며 한족들은 이곳에서 감기에 잘 걸린다며 두통과 열을 다스리는 매우 효험이 좋은 약이라 말해 주었다.

우리는 활불과 함께 사진을 찍고는 티베트인들처럼 공경하는 태도로 뒷걸음질하며 방에서 물러나왔다. 활불이 뒤에서 "짜이찌엔(再見, 헤어질 때 하는 중국어 인사)!"이라고 인사했다.

Chapter 02
선인장

길가에는 사람 키 반만한 선인장 무리가 자라고 있었다. 내 지식으로는 선인장은 건조한 지방에서 자라는 식물이라 강변에서 선인장을 볼 수 있으리라고는 상상도 하지 못했다.

차오터우진(橋頭鎭, 중국 남부 윈난성 소재)에서 차를 내리자마자 수많은 현지인들이 몰려와 가이드가 필요하지 않은지를 물었다. 진 어귀에 이르렀을 때 또 한 사람이 다가왔는데 작은 키에 얼굴이 검고 노새를 한 마리 끌고 있었다. 우리가 가이드를 거절하자 그는 괜찮다며 자신도 집에 돌아가는 길이니 우리를 따라 걷겠노라고 했다.

이곳 현지인들이 구사하는 한어에는 특징이 있는데 초등학생처럼 모든 음을 또박또박 이야기한다는 점이다. 예를 들어 어떤 일이 '정말'이라고 이야기할 때 악센트를 뒤에다 주어서 특히나 성실하고 소박한 맛이 있다. 가이드의 이름은 마오쉐춘으로 금년에 38세(보기엔 48세로 보인다)고, 집은 후탸오샤(虎跳峽, 동양의 그랜드캐넌) 부근의 중위눠이며, 그의 노새는 '화메이' 라고 했다.

그와 동행하기를 정말 잘했다. 그렇지 않았다면 첫 번째 갈림길에서 길을 잘못 갔을 것이다. 지도에는 후탸오샤 트래킹을 하려면 'HIGH WAY'로 가야 한다고 명확하게 표시되어 있어 우리는 으레 위로 난 길로 걸어갔다. 마오 형님이 황급히 우리에게 돌아오라고 소리를 지르며 그곳은 불친절하기로 유명한 이족의 산채로 가는 길이라고 했다. 지난해 상하이 여행객이 커다란 가방을 메고 길을 잘못 들어 이족 산채로 들어갔다가 그들에게 물건을 전부 뺏기고 팬티만 입은 채 돌아온 적이 있다고 했다. 외부의 법률이 이족의 산채로 들어가면 무용지물이 되고 마나보다.

산길을 따라 위로 올라가니 창장^(양쯔강)이 발아래 굽이쳐 흐르고 있었다. 초록빛이 뚝뚝 떨어질 것 같은 산비탈에는 드문드문 황토색 마을이 흩어져 있는데 경치가 이루 말할 수 없이 아름다웠다. 정면으로 어슴푸레 큰 산이 등장했는데 마치 하늘 위에 걸려 있는 듯했다. 산과는 아직 아주 멀리 떨어져 있었는데도 그 거대한 크기와 높이 때문에 비범한 날씨가 벌써부터 머리 위로 느껴졌다. 신비하고 도도하게 피어오르는 운무의 모습에 세상과는 동떨어진 듯한 적막함이 느껴지고 경외심마저 들게 했다. 마오 형님이 그것은 위룽쉐산^(玉龍雪山)이라고 말해 주었다.

원래 후탸오샤는 위룽쉐산과 하바쉐산 사이에 낀 30킬로미터의 협곡이라고 한다. 이 사실만으로도 후탸오샤는 독특한 특색을 갖추게 된다. 상상해 보라. 두 설산은 각각 해발 5,596미터와 5,396미터이고, 발 밑의 창장은 해발 1,600미터다. 다시 말해 지척지간에 해발 차이가 무려 4,000미터에 달한다는 이야기다. 중간의 창장은 낙차가 200미터에 달하여 18개의 험난한 여울을 형성한다. 이토록 기복 변화가 아주 빠르고 큰 가운데 어떠한 험준함과 웅장함, 그리고 다양한 기상 변화를 만들어낼지 가히 짐작할 수 있다.

마오 형님과 이야기를 나누며 길을 걸었다. 그는 이 길을 이미 수십 년 동안 '가이드'를 했다고 한다. 원래 외국인을 '가이드' 하는데 최근 몇 년 사이에 중국인이 많아졌다고 한다. 가이드라는 것이 그의 아름다운 노새에 여행객의 배낭을 짊어지게 하는 것이 주가 되었다고 한다. 이 말을 하며 형님은 우리에게 배낭을 화메이에게 짊어지게 하라고 했다. 우리가 거절하자 돈은 받지 않겠다며 노새가 어차피 아무 짐도 지고 있지 않으니 그러라고 했다. 이싱(一星)이 사양하지 않고 짐을 화메이에게 주었다. 마오 형님은 평균적으로 이틀에 한 번 산길을 왕복하면 한 달에 1천 위안 정도 벌 수 있는데 이 돈으로 중·고등학생인 두 아이를 부양하고 넉넉한 살림을 꾸릴 수 있다고 했다.

식물들이 우리를 매료시켰다. 길가의 인가 부근에서 가지 위에 붉은 구슬이 주렁주렁 달려있는 나무가 자주 보였다. 마오 형님이 산초나무라고 알려주었다. 열매 하나를 따서 가볍게 맛을 보았더니 금세 혀끝에 마비가 왔다. 산초 열매를 뱉어버렸지만 그 얼얼한 느낌이 혀 전체로 퍼져버렸다. 얼얼한 느낌은 면적이 넓어졌다고 해서 가시는 게 아니라 오히려 더 심해졌다. 침이 '줄줄' 흐르고 놀란 혀는 입 안에서 마치 물고기처럼 팔딱거리고 안정을 찾지 못했다. 마오 형님과 이싱은 개처럼 혀를 내밀고 있는 나를 보고 낄낄거리며 웃어댔다. 이싱이 건네준 막대사탕을 열심히 빨아댔더니 한참이 지나서야 겨우 한숨 돌릴 수 있었다.

다른 나무는 매화나무로 과실이 살구처럼 청황색을 띠었다. 나무가 길 아래 절벽에서 자라는 바람에 마오 형님이 어렵사리 몸을 내밀어 한참을 나뭇가지 끝에 달린 제일 큰 매실을 잡으려고 손을 뻗었지만 결국 실패하고 말았다. 우리가 계속 됐다고 말리는데도 마오 형님은 포기하지 않고 결국 다른 매실을 따주었다. 그런데 먹어보니 시고 또 썼다.

길을 걷다가 마오 형님이 갑자기 아랫길로 뛰어 내려갔다. 길가에는 사람 키 반만한 선인장 무리가 자라고 있었다. 내 지식으로는 선인장은 건조한 지방에서 자라는 식물이라 강변에서 선인장을 볼 수 있으리라고는 상상도 하지 못했다. 마오 형님은 선인장 꼭대기에서 탁구공만한 크기의 녹색 과실을 따와서는 가시 돋친 껍데기는 벗겨내고 연녹색의 알맹이만을 남겨 우리에게 건네고는 정직하고 순박한 얼굴에 신비함을 드러내며 먹어 보라 했다. 나와 이싱은 각자 반씩 나눠 먹었는데 입맛이 부드러우면서도 아삭한 것이 상큼하고 향기로운 가운데 단맛이 느껴졌다. 이틀 후 중(中)후탸오에서 산바이롄으로 가는 길에 어느 집 마당 밖에서 본 선인장은 3미터가 넘고, 청록색으로 왕성하게 자라고 있는 모습이 마치 큰 나무 같았다. 나중에 산바이롄의 시장에서 우리는 또 이 과일을 보았는데 광주리에 담겨 과일로 팔리고 있었다.

한 시간 넘게 걷다 보니 속옷까지 땀으로 홍건히 젖어버렸고 두 다리가 후들거렸다. 후탸오 트래킹의 진정한 기점은 바로 그 유명한 스물여덟 고갯길인 '얼스바과이(二十八拐)' 다. 마오 형님은 앞의 산봉우리를 가리키며 "저 산을 넘으면 얼스바과이가 시작된다."고 말해 주었다. 맙소사! 한 시간을 넘게 걸었는데도 얼스바과이까지는 아직 5리 길이 남아 있었다.

다시 한 시간을 걸어 드디어 얼스바과이의 발아래 도착할 수 있었다. 마오 형님이 노새를 세우고 말했다.

"난 이제 더 이상 자네들을 배웅할 수 없으니 이제부터는 자네들끼리 가게."

"마오 형님, 형님 댁에 도착한 겁니까?"

"아까 자네가 산초 열매를 먹은 그 마을이 중위뉘야."

알고 보니 마오 형님은 한 시간 동안 우리를 바래다준 것이었다. 우리는 미안함에 몸 둘 바를 몰랐다. 이싱이 30위안을 꺼내 마오 형님에게 드렸다. 마오 형님은 끝내 거절했다.

"내가 이미 돈을 받지 않겠다고 하지 않았나? 우리 산사람한테 산길을 걷는 건 별것도 아닌 일이야. 자네들이랑 길에서 이야기를 나누어서 난 참 기뻤어."

그는 "난 참 기뻤어."라는 문장을 초등학생이 교과서를 읽듯 한자 한자 힘을 주어 말했다. 우리도 더 이상 강요할 수 없어 "마오 형님, 사진 보내드릴게요!"라고 말했다.

"좋아. 후탸오샤에 다시 와, 언제든 환영이야!"

스물여덟 고갯길, 얼스바과이

5킬로미터에 달하는 이룽쉐산과 하비쉐산이라는 두 산은 진사강에 의해 깊이 갈라져 있는데 위로는 길고 요원한 꽃구름이 두둥실 떠도는 하늘이, 양쪽으로는 높다랗게 우뚝 솟은 지극히 강건한 산이, 발아래로 몇 백 미터에 이르는 곳에는 좁게 구속되어 광분한 진사강이 세차게 흐르고 있다.

'HIGH WAY' 란 아슬아슬하게 산허리를 감싸고 있는 길로 골짜기 아래 강물의 해발과는 4,500미터 차이가 났다. 이 길은 원래 외국 여행객들에게 발견되어 개척된 것으로 후탸오샤 트래킹 중 가장 험난한 길이다. 우리가 가장 어려운 길을 선택한 것은 그저 처음 도보 여행을 하는 데 대한 굳센 의지를 표현한 것뿐이다. 그 HIGH WAY의 시작이 바로 얼스바과이다.

사람들이 후탸오샤를 잊지 못하는 것은 온전히 이 얼스바과이로부터 시작할 것이다. 왜냐하면 이 얼스바과이에서 우리는 주룩주룩 흘러내리는 땀으로 여러 차례 샤워를 하고, 가도 가도 끝이 보이지 않는 얼스바과이에 수차례 절망하고, 한 걸음 한 걸음을 떼면서도 모든 의지를 끌어내야만 했기 때문이다.(트래킹에 익숙한 이들이여, 내가 과장이 심하다고 비웃지 말기를…) 천신만고 끝에 해발 1,800에서 2,400미터의 가파른 산길을 넘자 남은 수십 킬로미터의 산길은 마치 평지를 걷는 듯 식은 죽 먹기였다.

일부 풍경은 간절하게 원해야만 그 마음속으로 들어갈 수 있다. 간절히 원하지 않는다면 바로 곁에 있어도 그저 풍경화를 보는 것이나 매한가지로 자신이 직접 그 풍경 속으로 녹아들어가지는 못한다. 며칠 후 비타하이에서처럼 말이다. 비타하이는 마치 몽환경처럼 아름다웠지만 줄곧 현대화된 교통수단에 몸을 싣고 있다 보니 시종 바퀴와 선저(船底)만큼 떨어져 있는 느낌이었다.

얼스바과이를 지나자 후탸오샤가 진짜로 내 눈앞에 펼쳐졌다. 5킬로미터에 달하는 이룽쉐산과 하비쉐산이라는 두 산은 진사강(金沙江)에 의해 깊이 갈라져 있는데 위로는 길고 요원한 꽃구름이 두둥실 떠도는 하늘이, 양쪽으로는 높다랗게 우뚝 솟은 지극히 강건한 산이, 발아래로 몇 백 미터에 이르는 곳에는 좁게 구속되어 광분한 진사강이 세차게 흐르고 있다. 거리가 요원해서인지 맹수 같은 포효가 있는 듯 없는 듯 들려왔다. 양쪽 산체(山體)의 위쪽 숲에는 거송들이 우뚝 솟아 있는데 한 그루 한 그루가 아름드리나무로 모두 무척이나 넉넉하고 우아하다. 운무가 산골짜기에서 나타났다 사라졌다 하고, 비폭(飛瀑)과 흐르는 샘이 끊임없이 길가에 나타나고, 식물의 신선한 향기가 가슴을 가득 채워 주고 특이한 들꽃이 우리를 매료시켰다. 30킬로미터에 달하는 협곡이 무척이나 그윽하고 고요해 우리 둘만이 존재하는 듯했다. 흔한 말로 표현하자면 선경(仙境)에 이른 듯했다.

시종 사람을 매혹시킨 것은 그래도 위룽쉐산이었다. 걸어가는 과정 전체가 바로 끊임없이 그에게 다가가는 과정이었지만 결코 그에게 가까이 갈 수 없었다. 이제 창장 맞은편에 서서 바라보니 손만 뻗으면 닿을 만한 곳에 거대한 산기슭, 몇 십 킬로미터를 끊임없이 뻗어 있는 절벽이 있었는데 모두 그의 토대였다. 그러나 그의 산 정상은 수직으로 3킬로미터 위에 걸려 있었다. 운무 너머로 다섯 개의 주봉이 오만한 신선처럼 머리를 쳐들고 하늘 밖을 바라보고 있는데 지척에 있으면서도 또 멀어 사람을 절망에 빠지게끔 했다. 운무가 일 년 내내 걷히지 않기 때문에 그의 얼굴은 영원히 신비로 남는다. 당신이 그를 얼마나 경모하든, 얼마나 숭배하든, 얼마나 열광하든 그는 항상 감정을 얼굴에 드러내지 않고 당신과는 눈조차 마주치려 하지 않는다. 사람과 산 사이의 비례상의 차이가 이토록 뚜렷이 나타나 도무지 측정을 할 수가 없는데 어찌 그가 자신의 존재를 알아주기를 기대할 수 있단 말인가?

후탸오샤를 잊을 수 없는 이유는 그의 인류와 거리를 두는 탈속의 기질 때문이다. 얼스바과이를 지나자 산길은 마치 있는 듯 없는 듯한 띠를 산허리에 그린 듯 가파름과 평탄함을 반복했다. 그래도 어쨌든 걷다 보면 마치 몽환적인 음악 속을 걷고 있는 듯한 느낌이 든다. 주위의 나뭇잎 하나하나가 놀라움과 기쁨을 주고, 숨 한 모금 한 모금이 그토록 서늘하고 달콤하다. 이 협곡은 설산 신선의 기질에 휩싸여 이미 인간 세상에 존재하지 않는 듯하다. 이따금 산기슭에서 나타나는 마을도 마치 협곡에서 자연적으로 자라난 것과도 같다. 인간들의 방해도 없고, 풀 한 포기, 돌 한 부리, 공기 한 모금이 모두 온전히 자신의 뜻만을 따르고 나 홀로 즐긴다. 후탸오샤는 유유자적 평화로이 생명을 유지하며 마음 가득 기쁨을 안고 존재할 뿐, 사람들이 자신에게 감탄의 소리를 내뱉기를 바라지도 않는다.

그의 이름은 샹페이후로 본래 차오터우진에서는 불량배, 즉 깡패였는데 하는 일 없이 빈둥거리면서 하루하루 보냈고, 싸움도 매우 잘했다고 했다. 지금은 자신의 잘못을 깨끗이 뉘우치고 후탸오샤에서 길을 닦으며 좋은 일을 하고 있다고 했다.

길가에는 화살표가 있고 그 위에는 '상(上)후탸오'라고 쓰여 있었다. 우리가 화살표를 따라 절벽을 향해 걸어가려는데 오래도록 바위 위에 앉아 있던 사람이 일어나서는 "못 갑니다, 못 가. 돈 내셔야 해요."라고 외쳐댔다. 보아하니 제멋대로 돈을 받고 있는 듯했는데 삐삐마른 몸에 이도저도 아닌 양복을 입고 있었다.

"증명서라도 있어요?"

"이 길 내가 닦았어요. 내 노동력을 들인 거라고요."

그가 짐짓 아는 체를 하며 말했다.

"노동에는 보수가 따르는 법이죠."

우리는 그와 실랑이를 하고 싶지 않아 그냥 얼마인지를 물었다.

"1인당 10위안요."

우리는 너무 비싸서 안 된다며 둘이서 2위안만 줄 수 있다고 이야기했다.

예상 외로 그는 흔쾌히 동의하고는 정성스레 우리의 짐까지 대신 짊어졌다. 그가 닦은 길은(그가 닦았는지는 의심이 가지만) 10여 미터밖에 되지 않았는데 강가에 매달린 거석으로 통했다. 거석 위에 서니 상후탸오가 한눈에 들어왔다. 몇 백 미터 멀리로 강물과 좁은 두 절벽의 조마조마한 격투도 볼 수 있었다. 너 죽고 나 살자 하는 모습으로 위쪽의 혼탁하고 누런 강물이 저쪽 바위로 돌진하여 부서졌다.

그는 신이 나서 우리를 쫓아왔는데 보아하니 오랫동안 장사를 하지 못한 듯했다. 그는 자기가 나서서 우리 사진을 찍어 주겠다고 하더니 마음에 들지 않는다며 다시 찍고는 괜찮은데도 다시 자기가 만족할 때까지 다시 찍었다. 우리가 물이 있는지를 묻자 그는 황급히 "있어요, 있어!"라 말하며 플라스틱으로 된 물통을 꺼냈다. 안에는 샘물이 담겨 있었는데 두 병을 마시고 났더니 또 다시 가득 두 병을 채워 주었다.

우리는 그에게 호감이 생겨 그와 이야기를 나누기 시작했다. 그의 이름은 샹페이후(向飛虎)로 본래 차오터우진에서는 불량배, 즉 깡패였는데 하는 일 없이 빈둥거리면서 하루하루 보냈고, 싸움도 매우 잘했다고 했다. 지금은 자신의 잘못을 깨끗이 뉘우치고 후탸오샤에서 길을 닦으며 좋은 일을 하고 있다고 했다.

우리는 그에게 앞으로 다시는 길을 닦지 말라고 했다. 방금 10여 미터의 길 같은 경우도 전혀 닦을 필요가 없다고, 어쨌든 사람들은 지나갈 수 있다고 말했다. 이렇게 반듯반듯하게 닦아 놓으면 재미도 없을뿐더러 환경을 파괴하는 일이라 일러 주었다.

우리는 잠시 쉬다가 몸을 일으켜 길을 재촉했다. 샹페이후가 잠시 기다리라고 하더니 곁에 있던 주머니에서 부서진 돌조각을 꺼내 건네며 "이건 위룽쉐산의 수정이에요."라고 말했다. 자세히 보니 정말 수정조각이었다. 그는 한참을 뒤적이더니 마름모꼴을 골라 이싱에게 건네며 말했다.

"이거, 기념으로 드릴게요. 돈 안 받아요. 위룽쉐산의 수정에는 신비한 기운이 있어요. 돌아가서 구멍을 뚫어 끈을 연결해 남자친구에게 주면 아주 좋아요."

이싱이 인기가 좋다는 것은 익히 알고 있었지만 샹페이후가 이런 방법으로 자신의 호감을 표시할 줄은 상상도 하지 못했다. 나중에 저녁에 'HALF WAY'에서 우리는 여러 여행객들을 만날 수 있었다. 샹후탸오에 대해 이야기를 나누었는데 그들의 대답은 모두 한결같았다.

"못 봤어요! 제멋대로 돈을 받는 사람이 지나가지 못하게 했어요!"

Part 10

타이완의
최근사정

Chapter 01
오토바이의 천국

오토바이에는 물론 소음이 심하고 안전하지 못하고, 대기오염이 심하다는 결점이 있습니다. 허나 편리하고 길에서 큰 공간을 차지하지도 않고 가격도 저렴합니다.

　　2007년 3월 1일부터 7일까지 나는 타이완 중국철학회의 초청으로 타이완을 방문했다. 타이완에서의 첫날 아침에는 오토바이의 소음 때문에 잠에서 깼다. 커튼을 젖혀 보았더니 멀지 않은 곳에 사거리가 있었는데 수백 대의 오토바이가 시커멓게 횡단보도 뒤쪽으로 밀려 있었다. 운전자들은 모두 헬멧을 쓰고 있었는데 파란 불이 켜지자 일제히 경주라도 하듯 부리나케 뛰쳐나가 모터소리에 귀가 먹먹할 지경이었다.

　　타이완에서 머문 며칠간 내 귓속에는 이런 요란스러운 소음이 가득 차 있었다. 타이베이에서는 오토바이를 '지처(機車)'라고 부르는데 그 숫자(약 1,500만 대)는 중국 대륙의 자전거 수와 맞먹을 정도다. 속도가 매우 빠르고 다른 차들과 어깨를 나란히 하고 달리며 절대 양보하지 않는다.

이는 완벽히 나의 예상을 빗나가는 일이었다. 몇 개월 전 광저우에서 '오토바이 금지령'이 통과되어 대륙의 도시 가운데 또 다른 오토바이 금지 도시가 되었다. '오토바이 금지령'은 마치 도시 발전과 진보의 상징처럼 되어버렸다. 그러나 타이베이에서는 오토바이가 여전히 맹렬한 기세를 뻗치고 있었다.

회의를 하러 가는 길에 오토바이가 나의 숙면을 방해한 사실을 떠올리며 동행한 타이완 대학의 두(杜) 교수에게 대륙의 오토바이 금지 상황을 설명하며 타이베이는 그럴 생각이 없는지를 물었다. 두 교수는 깜짝 놀라며 말했다.

"아니, 어떻게 그런 일이 있을 수 있죠? 그건 국민의 권리이지 않습니까? 오토바이에는 물론 소음이 심하고 안전하지 못하고, 대기오염이 심하다는 결점이 있습니다. 허나 편리하고 길에서 큰 공간을 차지하지도 않고 가격도 저렴합니다. 오토바이를 모는 사람들이 어떤 사람들일지는 생각해 보셨어요? 대부분이 중하층민이에요. 이 점만으로도 오토바이를 금지할 수 없어요. 공공정책의 제정은 약자 집단의 이익을 우선적으로 고려해야 하니까요. 오토바이를 금지해버리면 그들은 승용차를 살 수도 없는데 어떻게 하란 말입니까?"

관광지와 박물관은 모든 국민의 공공 재산이다. 모든 국민에게 혜택이 돌아가도록 해야 하며, 특히 그 가운데 '약자 집단'에게는 더더욱 그러하다.

　　타이베이는 물가가 대단히 높다. 보통의 사과가 한 개에 30타이완 달러, 인민폐로는 대략 7위안이다. 망고는 한 개에 60타이완 달러, 인민폐 15위안이다. 과일 농가의 이익을 보호하기 위해 과일로 유명한 곳임에도 과일은 조금도 싸지 않다. 심지어 고구마도 한 근에 16타이완 달러, 인민폐 4위안이다.

　　일용품의 가격 역시 기본적으로 대륙의 3배 정도다. 생수 한 병에 25타이완 달러, 인민폐로 6위안이고, 일반적인 국수 한 그릇에 60타이완 달러, 인민폐로 15위안이다. 책은 더더욱 상식을 벗어날 정도로 비싸서 내가 쓴 《대명 왕조의 일곱 얼굴》은 중국에서는 인민폐로 28위안인데, 타이완판의 가격은 460타이완 달러, 인민폐로 환산하면 무려 120위안이다.

　　그러나 대륙보다 가격이 저렴한 것도 있기는 하다. 예를 들면 관광지와 박물관의 입장료가 그러하다. 회의를 마친 후 정즈^(政治) 대학의 청^(曾) 교수님은 차를 몰고 우리를 예류^(野柳)지질공원으로 데려갔다. 이곳은 침식, 풍화작용으로 인해 생겨난 버섯모양의 암석들이 아름답고 독특한 경관을 만들어내고 있는 곳으로 대륙의 석림^(石林)과 비견할 만하다. 입장권은 40타이완 달러, 인민폐로 10위안 정도다. 네덜란드인이 단수이에 건설한 홍마오청 역시 같은 가격이다. 유일하게 조금 비싼 곳이 '고궁박물관'으로 160타이완 달러, 인민폐로 40위안이다. 그러나 타이완의 최저 임금 16,000타이완 달러(인민폐로 약 4,000위안)와 비교하면 이 가격 역시 그다지 비싼 것은 아니다.

관광지와 박물관은 모든 국민의 공공 재산이다. 모든 국민에게 혜택이 돌아가도록 해야 하며, 특히 그 가운데 '약자 집단'에게는 더더욱 그러하다. 그런데 대륙 대부분의 관광지와 박물관의 입장권은 농민, 퇴직 노동자 및 기타 도시 저소득층에게는 지나치게 비싼 감이 있다.

왜 타이완은 저소득층도 이런 '공공 재산'을 막껏 누릴 수 있는 것일까? 동행한 타이완 교수는 이유는 매우 간단하다며 타이완에서는 아무리 가난하더라도 그 역시 억만장자와 마찬가지로 선거권을 갖고 있기 때문이라고 풀이했다. 이 답은 지나치게 단순화한 느낌도 있지만 그럴듯한 답변이다.

Chapter 03
돈

돈은 좋은 물건이다. 그러나 돈도 우아하게 벌 수 있고, 또 그래야 한다. '돈만을 추구하는' 구호가 공공연히 모든 장소에서 울려 퍼지고, '시장원칙'이 모든 굴레를 벗어나게 하고, 심지어 기본적인 사회 정의를 무너뜨리고, 몇 푼 때문에 사람들이 얼굴을 붉히며 싸우는 이 시대는 지나치게 저속하고 경박하고 냉담한 것 아닐까?

예류지질공원에서 가장 인상 깊었던 점은 그토록 큰 관광지에서 여행 기념품을 파는 노점상이나 이동식 노점상을 전혀 발견하지 못했다는 점이다. 기념품을 사라고 강요하는 사람도, 사진을 찍으라고 팔을 잡아당기는 사람도, ATV를 타라고 강요하는 사람도 없었다. 그곳에서 볼 수 있는 것은 바닥이 훤히 보이는 맑은 바닷물과 자연이 만들어낸 기암괴석이고, 들을 수 있는 것은 바람과 파도 소리뿐이었다. 평온한 분위기의 모래사장이 무척이나 만족스러웠다. 타이베이에서 가오슝(高雄)으로 향하는 네 시간의 여정 동안 식료품을 파는 밀차는 딱 한 번 지나갔다. 타이베이와 가오슝 공항 대기실 안의 상점, 카페의 밀도는 베이징 공항보다 훨씬 작다.

3월 6일, 나는 기차를 타고 타이베이에서 가오슝으로 향했다. 기차역으로 가기 전 나는 무거운 배낭을 짊어지고 먼저 슈퍼마켓에서 생수를 사고, 거리에서 도시락을 샀다. 대륙에서의 경험으로는 역에서는 이런 물건들의 가격이 두 배 이상으로 뛰기 마련이다. 기차역에 도착해 보니 기차역의 물가는 슈퍼마켓보다 전혀 비싸지 않았다. 기차에 오르니 밀차에서 파는 도시락 역시 외부와 가격이 같았다. 나는 태어나서 처음으로 기차역의 물건도 바깥과 가격이 같을 수도 있다는 사실을 알게 되었다.

돈은 좋은 물건이다. 그러나 돈도 우아하게 벌 수 있고, 또 그래야 한다. '돈만을 추구하는' 구호가 공공연히 모든 장소에서 울려 퍼지고, '시장원칙'이 모든 굴레를 벗어나게 하고, 심지어 기본적인 사회 정의를 무너뜨리고, 몇 푼 때문에 사람들이 얼굴을 붉히며 싸우는 이 시대는 지나치게 저속하고 경박하고 냉담한 것 아닐까?

지하철역 플랫폼에서 차를 기다릴 때 줄 앞에 설치된 스크린에서는 다음 열차의 목적지와 함께 몇 분 후에 도착하는지를 알려준다. 이렇게 정확한 안내를 통해 여행객들은 마음을 놓을 수 있다.

홍콩발 타이완행 항공기 입구에서 타이완의 신문 〈중국시보〉와 〈연합보〉 두 부를 집어 들었다. 신문을 펼치자 처음 눈에 들어오는 내용은 정치 뉴스가 아니었다. 두 신문의 헤드라인은 약속이나 한 듯 같았다. "지나친 비타민 섭취는 죽음을 초래할 수도 있다."

타이베이 지하철역에서 에스컬레이터를 타고 위쪽에 붙은 텔레비전을 보니 흘러나오는 광고는 샴푸와 다이어트약 광고가 아니었다.

"노인과 어린이는 길을 걸을 때 밝은 색 옷을 입어야 한다.(이렇게 하면 교통사고율을 감소시킬 수 있다) 노인이 안심하면 온 가족이 안심한다."

만화로 구성된 문구와 함께 타이완 어느 가족의 환하게 웃는 모습이 나타났다.

타이베이의 길거리에서는 경찰에서 붙인 포스터를 종종 볼 수 있는

데 만화의 형식으로 길거리에서 사기꾼을 피하는 방법을 알려준다.

지하철역 플랫폼에서 차를 기다릴 때 줄 앞에 설치된 스크린에서는 다음 열차의 목적지와 함께 몇 분 후에 도착하는지를 알려준다. 이렇게 정확한 안내를 통해 여행객들은 마음을 놓을 수 있다.

타이베이 기차역에서 가오슝으로 가는 기차표를 살 때 큰 표와 작은 표 두 장을 주어 순간 당황했다. 옆 사람에게 작은 표의 용도를 묻자 그가 대답하기를 기차에서 자고 싶다면 작은 표를 앞자리 의자 등 쪽에 꽂으면 검표원이 검표할 때 깨우지 않는다고 했다.

처음 타이완에서 에스컬레이터를 탈 때 자연스레 사람이 적은 좌측에 섰다 잠시 후에 무언가 잘못된 것 같은 느낌이 들어 알고 보니 좌측은 급한 일이 있어 걸어가야 하는 사람들을 위한 통로로 남겨 둔 것이었다.

나를 포함한 몇 명의 대륙 학자들은 약속이나 한 듯 모두 다음과 같은 문제에 봉착했다.

처음 길을 건널 때 신호등의 빨간 불을 보지 못하고 도로에 차가 없으면 무조건 앞으로 돌진하다가 옆의 동행자가 일깨워 주고 나서야 수많은 사람들이 흰 선 뒤에서 기다리고 있는 것을 발견했다.

처음 리셉션에 참석했을 때 개인 젓가락으로 요리를 집어 들었는데 몇 젓가락을 먹은 후에야 다른 사람들은 모두 요리 그릇 위에 놓인 공동의 젓가락과 숟가락으로 요리를 집어 드는 것을 발견했다.

처음 타이완에서 에스컬레이터를 탈 때 자연스레 사람이 적은 좌측에 섰다 잠시 후에 무언가 잘못된 것 같은 느낌이 들어 알고 보니 좌측은 급한 일이 있어 걸어가야 하는 사람들을 위한 통로로 남겨 둔 것이었다.

사실 이 모두가 상식이다. 단지 이런 상식이 '쓸데없기' 때문에 잊어버리고 만다. 타이완에서는 수많은 사소한 부분들이 사람의 문화적 소양을 나타낸다. 기차 객실의 전광판에는 다음과 같은 문구가 나타난다.

"기차에서는 휴대폰의 벨소리를 진동으로 바꾸시고, 통화를 하실 때는 작은 목소리로 하셔서 다른 사람의 휴식을 방해하지 마십시오."

만약 길에서 지나가던 여자에게 길을 묻는다면 그녀는 즉시 따뜻한 미소를 보일 것이다. 만약 길에서 부주의로 다른 사람과 부딪치면 그는 먼저 몸을 돌려 "죄송합니다."라고 말할 것이다.

타이베이 시정부역의 사거리에는 장애인 하나가 휠체어를 타고 휴지를 사기를 강요한다. 가끔 그는 무례하게 등 뒤에서 손에 든 종이로 사람을 건드리기도 한다. 그러나 그에게 눈을 부라리는 사람은 거의 없고 대부분의 사람들이 웃는 얼굴로 "죄송해요, 필요 없어요. 고맙습니다."라고 이야기한다.

Chapter 06
상냥한 태도

타이베이의 대부분 상인들은 상점부터 거리의 노점
상까지 모두 돈을 받는 내게 고맙다고 인사를 건
넨다. 타이완 호텔에서 투숙하고 체크아웃을 할 때
는 방을 검사하지 않는다.

오토바이 소리에 잠을 깨는 바람에 나는 초대소 관리원을 찾아
갔다. 그녀는 50여 세의 빼빼 마른 여자였는데 내 방을 살펴보더니 제
일 위의 작은 창문이 꽉 닫히지 않은 것을 발견했다. 그녀는 망설임 없
이 의자를 밟고 올라가 문을 꽉 잠그고 연신 내게 죄송하다고 말했다.
다음 날 아침 그녀는 특별히 내 방으로 찾아와 간밤에는 잘 쉬었는지
물었다. 내가 푹 쉬었노라고 대답하자 그녀는 갑자기 90도로 허리를 숙
이더니 "고맙습니다. 어제는 정말 죄송했습니다."라고 이야기했다. 이
후로는 매일 나를 만날 때마다 잘 쉬었는지 묻고는 내게 허리를 숙여
인사를 했는데 나로서는 참 적응하기가 힘들었다.

타이베이의 대부분 상인들은 상점부터 거리의 노점상까지 모두 돈
을 받고는 내게 고맙다고 인사를 건넨다. 타이완 호텔에서 투숙하고 체
크아웃을 할 때는 방을 검사하지 않는다.

Chapter 07
전통 명절

타이완에서는 청명, 단오, 추석에 모두 하루를 논다. 다른 명절에는 가보지 못했지만 정월대보름에 관찰한 바에 따르면 타이완의 전통 명절은 명절 분위기가 물씬 풍겼다.

이번에 타이완에 갔을 때는 타이완에 '전통문화'가 어떻게 남아 있는지를 중점적으로 관찰했다. 3월 4일은 정월대보름(중화권에서는 원소절이라고 함)이었는데 이날 타이베이의 거리는 매우 시끌벅적했다. 타이베이에서 성대한 규모의 연등회를 거행하여 수많은 예술 단체들이 거리 공연을 진행했다. 징소리, 북소리가 하늘로 울려 퍼지고, 거리는 오가는 사람들로 인산인해를 이루었다. 텔레비전을 보니 가오슝도 연등회를 거행해 천수이볜이 개막식에 출석했다. 남부의 도시에서는 무려 13킬로미터에 달하는 폭죽을 터뜨려 기네스북에 올랐다.

그날 점심, 우리는 예류에 있었는데 때마침 예류에서 거행하는 신을 맞아들이는 영신교 행사와 맞닥뜨렸다. 전통 중국식 복장을 한 10여 명의 남자들이 금빛 신상을 태운 알록달록하게 치장한 가마를 매고 나팔을 불고 북을 치며 해변으로 전진했다. 동행한 타이완 학자는 이것이 '영신대회'라고 알려주며 다른 지방의 영신대회와 다른 점이 있다면 이곳의 신교(神轎)는 네 사람이 가마를 맨 채로 바다를 한 바퀴 헤엄쳐야 한다고 했다.

지질공원을 참관할 때 때마침 현지 어민들의 풍어제가 열리고 있었다. 10여 척의 어선이 바다 위를 원을 그리며 맴돌면서 계속해서 불꽃과 폭죽을 터뜨리며 한해의 풍어를 기원하고 있었다.

타이완에서는 청명, 단오, 추석에 모두 하루를 논다. 다른 명절에는 가보지 못했지만 정월대보름에 관찰한 바에 따르면 타이완의 전통 명절은 명절 분위기가 물씬 풍겼다.

타이완은 온화, 선량, 공경, 절약, 겸양의 다섯 가지 덕을 중시하는 사회로 이는 중국 전통문화의 한 부분이다. 대륙에서 나는 본디 문화가 매우 발달한 곳이었으나 교통 상황의 변화로 인해 쇠퇴하게 된 작은 지방 소도시들을 많이 다녀보았다. 예전의 시탕, 우전, 푸젠의 융딩, 산시의 몇몇 작은 현들을 예로 들어보면 이곳 사람들에게는 공통된 특징이 있는데 바로 사람을 대할 때 부드럽고 온화하고 예의가 바르며 매우 친절하다는 점이다. 타이완에서 느낀 점도 바로 그러하다. 타이완 사람들과 이야기하다 보면 입에서 '네, 맞습니다, 죄송합니다, 고맙습니다'가 떠나지를 않는다. 타이완 사람들의 문명 소양이 높은 이유는 현대화의 결과일 뿐 아니라 '민족 전통'을 전승한 결과이기도 하다. 사실 우리의 조상들은 오늘날 우리 세대의 사람들처럼 이토록 비속하고 냉담하고 무지하고, 모든 것을 돈으로 보지 않았다.

전통문화를 보존하는 일은 타이완 문화 정책의 핵심 부분이다. 국민당은 중국 전통문화의 '정통성'을 전승하는 일을 자신의 소임으로 삼고 있다.

쑨원은 제3인터내셔널(공산주의 인터내셔널이라고도 함), 즉 중국 인들이 제3국제라 부르는 기구의 주 중국대표 가링[G. Maring]과의 담화에서 다음과 같이 강조했다.

"중국은 유교의 도덕 전통을 가진 나라로 요·순·우·탕·문·무·주공·공자를 이어오며 끊임없이 전해졌다. 내 사상의 기초가 바로 이 도덕 전통이다. 나의 혁명 역시 이런 전통 사상을 계승하여 더욱 확대 발전시킨 것이다."

1952년 대륙에서 패하여 타이완 섬으로 퇴각한 국민당은 '중국 문화의 보호, 민주주의 헌정의 시행, 사회 재부의 평준화'를 근거지 부흥의 핵심 업무로 삼았다. 그중 '중국 문화의 보호'는 타이완에 남아 있는 일본식 교육 문화의 잔재를 제거하기 위해, 그리고 대륙의 문화대혁명에 자극을 받은 타이완 당국에 따라 중요시되었다. 물론 이 모든 것은 '하나의 정당, 하나의 지도자'라는 전제정치제도 아래서 시행되었으며, 장제스의 수단은 신생활운동의 오래된 범주에서 벗어나지 못했다. 장제스 시대에는 초등학교부터 대학에 이르기까지 모두 《생활과 윤리》, 《중국 문화 기본교재》, 《국민사상》 등의 교과목을 들어야 했고, 이로써 중국의 문화와 도덕을 뿌리내리고 널리 퍼지게 하기를 희망했다.

민진당 집권 후에는 학교 교육에서 중화 문화의 내용이 다소 줄어들기는 했지만 그래도 상당한 비중을 차지했다. 내가 머물던 곳의 옆 건물이 바로 국립 타이완 사범대학의 도서관이었다. 나는 과거 특별히 타이완의 초·중·고등학교의 교재를 열람하러 간 적이 있다. 고등학교 과정에서 타이완의 학생용 교과서에는 다섯 권의 '중국 문화

기본교재'가 있다. 교재 앞에는 대략적으로 "고등학생의 우아한 기질, 고상한 인품과 덕성을 연마하고 인생의 의미를 인도하며, 중화 문화를 널리 퍼뜨리는 데 목적이 있다."고 쓰여 있다. 제1, 2, 3권은 《논어》 선독, 제4, 5권은 《맹자》 선독, 제6권은 《대학》, 《중용》 강독이다. 이 책들은 기본적으로 '사서'의 모든 주요 내용을 포함한다. 이번 회의에 참석한 타이완 학자 가운데에도 중국 전통의 심성을 논하는 '심성지학(心性之學)'을 연구, 토론하는 학자들이 많았다.

풍수를 믿느냐는 나의 질문에 그는 그렇다고 대답했다. 풍수는 사실 많은 근거를 포함하고 있는데 깊이 연구를 해야만 이를 믿을 수 있다고 했다. 그러면서 텔레비전에서 말하는 것 중에는 헛소리가 많다고 덧붙였다.

전통문화가 보존되었다는 또 다른 중요한 증거는 바로 '미신의 성행'이다. 타이완에는 방송국이 100여 개가 있어 형형색색의 프로그램이 넘쳐흐른다. 어느 채널을 틀었더니 산수(山水)TV로 프로그램명은 '기문둔갑(奇門遁甲)으로 알아보는 하늘의 뜻'이었다.

어느 여성 시청자가 전화를 해서 자신의 남편이 바람이 났다며 해결방법을 물었다. 그러자 브라운관의 '선생님'은 "도화살을 없애 부부 간에 다정하게 해야 한다."라고 했다. '도화살을 없애는' 방법은 함부로 써서는 안 된다고 했다. 책에서 흔히 말하는 수단, 예를 들어 자신의 생리혈을 남편의 밥 속에 몰래 집어넣어 먹도록 한다는 방법 따위는 함부로 써서는 안 되는 방법이므로 반드시 선생님의 지도하에 써야만 효력을 발휘한다며, 간단한 방법을 말해 주었다. "당신의 남편이 손수건을 사용하나요? 사용하지 않을 경우 하나 구입해서 그에게

180일을 사용하도록 한 후, 당신 손수건의 네 모서리와 서로 묶어 그의 베개 아래 두면 됩니다." 부부 간에 다정하게 하려면 절에서 비문을 아는 법사를 찾으면 된다고 했다.

다른 채널로 돌리니 MC가 풍수에 대해 이야기하고 있었다. 그는 3년 전 파티에서 거상 왕여우청을 만났었는데 당시 그는 안색도 좋고 건강도 매우 좋았다고 한다. 그러나 지금은 범죄를 저질러 수감되면서 건강도 나빠졌다고 한다. 갑자기 그렇게 된 이유를 그는 왕여우청이 조상의 묏자리를 잘못 썼기 때문이라고 풀이했다. 본래 왕여우청 집안의 조상 묏자리가 '기린금어혈(麒麟金魚穴)'로 매우 좋았었는데 몇 년 전 그곳에 전파탑이 생기면서 왕여우청의 운이 다해버렸다고 한다.

다음 날 회의 때 나는 타이완 대학의 한 부교수와 이 내용을 화제로 삼아 이야기를 나누었다. 풍수를 믿느냐는 나의 질문에 그는 그렇다고 대답했다. 풍수는 사실 많은 근거를 포함하고 있는데 깊이 연구를 해야만 이를 믿을 수 있다고 했다. 그러면서 텔레비전에서 말하는 것 중에는 헛소리가 많다고 덧붙였다.

타이베이 101빌딩의 설계 곳곳에도 풍수의 원리가 적용되었다고 한다. 101빌딩의 정문은 신이로 방향으로 나 있는데 이 방향은 좌청룡, 우백호를 갖추고 뒤로는 기댈 곳이 있는 모습이라고 한다. 뒤집힌 사다리꼴 모양의 건물 형체는 중국 전통의 '솥(鼎)' 모양에서 따왔는데 풍수에서는 이를 '화수분'을 암시하는 것으로 본다.

나중에 철학과 2층에 있는 그의 연구실을 찾아갔다. 공용 책장에는 《인과응보의 이론과 사실》, 《감로법우》, 《신 자미두수》, 《신수상술》 등 점술에 관한 책들이 꽂혀 있었다. 무신론 교육을 받으며 성장한 나에게 이런 책들은 놀라움을 안겨 주었다.

타이완 대학의 부교수가 타이완에서는 불교와 도교가 매우 성행하고 있다고 알려주었는데 불교 신자가 타이완 인구의 75퍼센트를 차지하고, 기독교 신자는 3퍼센트밖에 되지 않는다고 했다.

타이완의 길을 걷다 보면 사원이 심심찮게 눈에 들어온다. 거의 모든 진(鎭)마다 큰 절이 하나씩 있다. 타이베이의 저소득층 밀집지역에는 절이 마치 상점처럼 강왕묘, 왕모낭낭묘, 동헌궁 등의 현판을 내걸고 저잣거리에 위치하고 있는데 문 앞에는 커다란 향로가 놓여 있다. 동행한 타이완 학자는 많은 절들이 이런저런 '새로운 신'을 모시고 있다고 귀띔해 주었다. 예를 들어 그 일대에서 누군가 죽었는데 그 사람이 훗날 다른 사람 꿈에 나타나 어떤 일을 알려주거나 한다면 매우 영험하다며 널리 소문이 퍼져 많은 이들이 믿게 되고, 그를 위한 사당이 생겨난다는 것이다. 이들 사당들은 오늘날 불법으로 재물을 착취하는 장소로 변모했다.

Chapter 09
텔레비전 정치

대륙 사람들에게 마구잡이로 범람하는 엔터테인먼트 프로그램은 조금도 신선할 게 없다. 그래서 매일 밤 정치 분야 프로그램에 고정시켜 놓고 타이완 사람들은 텔레비전에서 어떻게 격렬한 변론과 날카로운 말들을 하는지 들었다.

　　다른 장소에서 타이완 사람들은 모두 온화, 선량, 공경, 검소, 겸양의 다섯 가지 덕을 잘 지키는데 여자들은 약간 어리광을 피우듯 이야기하고, 남자들은 모두 살짝 여성스러워 교양이 있다 못해 문약해진 것이 아닌가 싶기도 하다. 그런데 정치와 관련된 논단에서만큼은 짙은 화약 냄새를 풍긴다.

　　타이완의 텔레비전 프로그램은 달리 좋다고 할 만한 것도 없다. 대륙 사람들에게 마구잡이로 범람하는 엔터테인먼트 프로그램은 조금도 신선할 게 없다. 그래서 매일 밤 정치 분야 프로그램에 고정시켜 놓고 타이완 사람들은 텔레비전에서 어떻게 격렬한 변론과 날카로운 말들을 하는지 들었다.

　　고맙게도 이런 종류의 프로그램은 꽤 많았다. 때마침 타이완에서 머무는 동안 중정기념당(中正紀念堂, 중화민국의 초대 총통이었던 장제스의 업적을 기리기 위이 개명을 했다.

네댓 개 채널에서 모두 이를 화제로 긴 시간 토론을 진행했다. 어느 채널은 프로그램명이 '돈이 남아돌면 개명하고, 아니라면 학생들에게 영양가 높은 밥을 제공하라'였다. 의미인즉 민진당이 타이완에서 이름을 정정하는 운동을 펼치면서 적지 않은 돈을 썼는데 사실 개명은 별 의미가 없었다는 것이다. 프로그램에서 초대한 패널의 4분의 3이 개명에 반대했고, 4분의 1만이 찬성 입장을 나타냈다. 반대파가 압도적인 우위를 점한 가운데 자리하고 있던 민진당정책회 부집행장은 노여움과 비판을 감수해야 했으며 말도 한번 제대로 하지 못해 참 불쌍해 보였다.

이 부집행장은 어렵사리 발언의 기회를 얻자 '장제스 사당'은 권위주의 정치를 상징하는 건축물이며, 전제정치 정신으로 가득 찬 건물이기 때문에 개명해야 한다고 말했다.

옆에 앉았던 여론을 대표하는 사람이 금세 그의 말을 가로막으며 말했다. "말도 안 되는 소리입니다. 지금의 총통부 역시 권위주의 정치의 건축물 아닙니까? 그건 일본 총독부였는데 천수이볜은 어째서 그곳에서 살고 있답니까? 또 타이베이의 많은 건물들이 권위주의 정치 시기에 지어진 것들 아닙니까? 모두 다 개명할 작정입니까? 이렇게 하려는 것은 대체 정의를 변화시키기 위해서입니까, 타이완의 앞날을 위해서입니까, 그것도 아니면 타이완의 독립을 위해서입니까?"

걸려온 전화들도 대부분이 개명에 반대하는 의견이었다. 한 시청자는 "장제스 사당을 철거하려고 하는데 만약 장제스가 타이완에 오지 않고 마오쩌둥이 타이완에 왔었다면 민진당이 있었을까요?"라고 말했다. 그러자 부집행장은 "왜 항상 다른 사람이 올 것이라는 생각을 하죠? 왜 우리 타이완 사람이 직접 우리를 관리한다는 생각은 하지 않지요?"라고 대답했다.

또 다른 시청자가 말했다. "만약 장제스가 그토록 많은 달러를 가져오지 않았다면 타이완의 경제가 이만큼 발전할 수 있었을까요? 장제스가 좋은 일을 하나도 안 한 건 아니라고요! 당신들은 조상의 업적은 잊고 있군요!"

타이완의 정치 프로그램은 한마디로 말하자면 조금도 거리낄 게 없다. 무엇을 말해도 상관이 없다. 일반인일수록, 여론의 대표일수록 욕을 많이 했다. 욕을 할수록 분위기는 격렬해지고, 험악한 말이 나올수록 환영을 받았다.

타이완 사람들의 이런 정론(政論) 스타일은 한동안 지속될 것 같다. 장기간의 권위주의 정치에서 벗어난 후 '반권위주의'의 분위기가 최고조에 오른 상태이기 때문이다. 오랜 시간 입을 열지 못하고 살다가 한번 물꼬가 터지자 걷잡을 수 없이 된 것이다. 이것은 또한 타이완 의회에서 싸움이 자주 일어나고, 정치적 혼란이 끊이지 않는 이유가 아닐까?

Chapter 10
천수이벤과
마잉주(馬英九)

"민진당이 집권한 이후로 빈부 격차가 나날이 커져 가장 큰 상처를 입은 사람은 바로 민진당의 지지자들입니다. 허나 그들은 여전히 천수이벤을 믿어요. 왜냐하면 그들은 머리가 나빠서 좋고 나쁜 걸 분별할 수 있는 이성이 없어요. 그저 이데올로기적 최면 상태에 빠져 있을 뿐입니다."

타이베이에서 만난 학자는 천수이벤에 대해 호감을 갖고 있지 않았다. 많은 사람들이 그는 그저 권력광일 뿐이라 선거에서 표를 모으기 위해 수단과 방법을 가리지 않는다고 한다. 그러나 가오슝에서 나를 마중 나온 기사는 천수이벤을 적극적으로 변호했다. 그는 소위 천수이벤의 부패 스캔들이라는 것은 마잉주(馬英九)의 판공비 횡령 스캔들과 비슷한 성질의 것으로 모두 제도상의 문제일 뿐이라고 했다. 모두 이런 특별 경비를 보너스 성질의 것으로 오해하기 때문에 개인적인 용도로 사용하기 쉽다는 것이다. 상품권 스캔들에 대해서는 친구들이 우수전(吳淑珍)에게 선물을 하려는데 무엇을 좋아하는지 몰라 상품권을 준 것뿐이라고 했다.

나는 그에게 천수이벤의 임기 동안 경제발전도 별 볼일 없었고, 민생 영역에서도 문제가 매우 많았는데 이 모든 것이 그의 실책이 아니냐고 물었다. 그러자 그는 경제 문제에 대해서는 그도 생각이 많았지만 하지 못했을 뿐이라며 국민당이 국회를 장악했기 때문이라고 강변했다. 내가 국민당이 국회를 장악한 것은 천수이볜 집정 2기 때의 일이라며 첫 번째 임기 때는 국회도 그의 말을 들었다고 반박했다. 기사는 잠시 생각을 하더니 천수이볜 정권 초기에는 기층의 권력이 아직 민진당의 손에 들어오지 않았던 터라 일을 하고 싶어도 하지 못했을 뿐이라고 했다. 천수이볜은 아무런 잘못도 없고, 모든 잘못이 환경과 다른 사람 탓인 것 같았다. 이것이 민진당 골수팬들의 전형적인 심리인지는 잘 모르겠다.

타이완의 정치 지도는 '북람남록(北藍南綠)'으로 설명할 수 있다. 수입이 높고 교육 수준이 높은 사람들이 집중되어 있는 북부 지역에서는 국민당이 집정 경험이 있어 성숙한 정당이라 여겨지는 반면에, 민진당은 상층부터 하층까지 소양이 비교적 떨어지고 선거 외에는 할 줄 아는 게 없다. 어느 교수가 한번은 나에게 이런 말을 한 적이 있다. "천수이볜은 고작 학부생일 뿐입니다!"

남부 지역에는 '고연령, 저학력, 저수입'이라는 '양저일고(兩低一高)'의 농민과 '본성 출신 사람'이 많이 있는데 이들이 민진당의 주요 지지자다. 그들은 민진당이 민중을 대변하는, 민중과 한마음인 정당이라고 굳게 믿는다. 그들은 타이완의 곤경이 모두 대륙이 압력을 가하기 때문이라고 여겼다. 민진당이 타이완 독립과 제헌을 하려는 것은 모두 '타이완 사람'의 근본적인 이익에 기초한 것이고, 국민당의 외성인(外省人, 중국에서 건너온 대륙인) 지도자는 중요한 순간에 '타이완을 팔아버릴 수도 있다'라고 생각했다.

정즈 대학의 어느 교수는 논할 가치도 없다는 듯 "민진당이 집권한 이후로 빈부 격차가 나날이 커져 가장 큰 상처를 입은 사람은 바로 민진당의 지지자들입니다. 허나 그들은 여전히 천수이볜을 믿어요. 왜냐하면 그들은 머리가 나빠서 좋고 나쁜 걸 분별할 수 있는 이성이 없어요. 그저 이데올로기적 최면 상태에 빠져 있을 뿐입니다."

민진당은 나로드니키 주의를 펼치고, 사회 계층의 분열을 초래하고, 민주주의의 약점과 구멍을 드러냈다는 것이 내가 만나본 타이완 학자들의 타이완식 민주주의에 대한 보편적인 시각이었다. 이데올로기로 일반 국민을 미혹시키는 방법을 아는 사람이 승리를 거둔다. 그들은 이런 어쩔 도리가 없는 '타이완식 민주주의' 때문에 정치에 대해 관심을 갖지 않게 되었다고 말한다. 그럼에도 불구하고 그들은 민주주의가 결국에는 수확을 거둘 것이라 생각하고 있었다. 결국에는 모든 것이 밝은 햇살 아래 놓일 것이고, 비싼 교육비를 지불한 후 타이완 사람들도 결국에는 이해할 수 있을 것이라고 했다. 성숙한 민주주의 사회가 자리 잡게 하기 위해서는 시간과 대가를 지불할 수밖에 없다.

예상 외로 타이완의 학자들 대부분이 청렴한 이미지를 부각시키는 마잉주에 대해서도 호감을 갖고 있지 않았다. 정즈 대학의 교수는 마잉주는 능력이 평범하다고 평가했다. 대학 교수나 변호사로서는 괜찮을지 몰라도 정치가로서는 박력도 떨어지고 수완이 부족하다는 것이다. 타이완이 필요로 하는 사람은 장징궈와 같은 포부가 큰 지도자라고 했다. 왕진핑은 단지 정객(政客)일 뿐 정치가는 아니라고 평가했다.

다른 학자의 평가는 더욱 극단적이었다. 그는 국민당은 짙은 봉건주의적 색채를 띤 정당으로 그들의 지도자는 구세대들에 의해 선발된 것으로, 마잉주가 바로 이런 식으로 선발된 것이라고 했다. 이런 정당이 기대하는 것은 성인군자로 마잉주가 바로 이런 도덕적인 지도자라는 것이다. 사실 민주주의 사회에서는 도덕적인 지도자가 필요 없다. 누구도 완벽한 사람은 될 수 없다.

(본문은 잡지 〈동주공진同舟共進〉에 최초로 실린 것으로 부분적인 삭제와 수정을 가했다)

후기

이 책을 쓴 배경에는 다음 세 가지 계기와 관련이 있다.

첫 번째는 대학입시에서 실패한 것과 관련이 있다. 대학입시 때 나는 제1지망을 중국인민대학의 '국제정치와 경제관계' 전공으로 적어 넣었다. 사실 나는 이 전공 과정에 대해서는 전혀 아는 것이 없었는데 왠지 대단해 보여 마음이 끌린 것이다.

평소 내 성적으로 이 학과에 들어가는 것은 그다지 어려운 일이 아니었다. 그러나 1990년 입시에서 한 과목을 망쳐버린 데다 시험지 한 장을 통째로 못 본 일이 발생하는 바람에 결국은 둥베이재경대학 투자과에 입학했다. 세계를 누비며 여행을 하겠다던 꿈은 산산조각이 났고, 나는 은행원이 될 준비를 할 수밖에 없었다.

그러나 나라 밖 세계에 대한 관심과 동경은 늘 내 마음속에 남아 있었다. 좀 막연하지만 이러한 동경심은 어린 시절부터 싹을 틔웠다. 중학교 시절

나는 자주 《참고소식(參考消息)》과 《신화문적(新華文摘)》을 읽었고, 내 짝은 항상 《함선지식(艦船知識)》과 《세계군사(世界軍事)》를 읽었다. 청소년기에 어린 학생들의 눈은 항상 가장 거대하고 남성적인 사물로 향하기 마련인데다 하물며 거칠 것 없고 가슴에 천하를 품은 중화민족의 우수한 전통을 품었으니 오죽하겠는가!

중국 남자들은 모두 세계정세와 국제 관계에 적극적인 아마추어 연구자들이다. 중국의 고대 문인들은 항상 천하를 자신의 가슴 속에 품고 안주거리로 삼거나 시적 정서를 일으키는 계기로 삼았다.

男兒只手把吳鉤, 意氣高于百尺樓

落日樓頭, 斷鴻聲裏, 江南游子

把吳鉤看了, 蘭干拍遍, 無人會, 登臨意

남아는 손에 오구 칼만을 쥐고도 의기만큼은 백 척 건물보다도 높네.

석양이 지는 누각에서 외기러기 우는 가운데 나그네 되어 강남을 떠도네.

오구 칼을 쥐어 보고 나서 난간을 여기저기 쳐봐도

아무도 알아주는 사람 없네. 산에 올라 멀리 바라보는 뜻을.

*오구(吳鉤, 날이 휘어진 칼)

어느 이름 모를 구석진 곳에서 얼마나 많은 지식인들이, 얼마나 긴 세월 남몰래 천하를 두루 살피며 아파했을까! 문인이 아닌 이들도 이러했다. 절대 다수의 중국 남자들은 보통 자신의 단위 혹은 마을의 정치에 관여할 힘도 없으면서 국제적인 사건에는 열성적으로 관심을 갖는다. 신문 잡지류를 파는 판매대에서 〈국제군사관계보도〉, 〈글로벌시보〉, 〈세계지식주보〉 등이 가장 눈에 잘 띄는 위치에 놓여 있다는 사실만으로도 이를 알 수 있다.

작년 고향에 돌아갔을 때 나는 초등학교 졸업자인 사촌 형 집 벽에서 거대하고 낡은 문화대혁명 버전의 세계지도를 발견했다. 이른 결혼의 압박으로 머리가 희끗해진 사촌 형은 나를 보자마자 세계정세에 대해 논하기 시작했다. 그의 중학교 2학년짜리 아들이 학업을 그만두고 일 년 내내 아무런 일도 하지 않고 집 안에서 매일같이 게임이나 하고 있는데도 이는 걱정도 하지 않고 말이다. 사촌 형은 담배를 한 개피 물고는 미간을 찌푸리며 깊이 한 모금 들이마시더니 근심이 가득한 목소리로 아프가니스탄의 정세가 어찌 되어가고 있느냐, 미국에 더 이상 파병할 여력이 없는 것이 아니냐, 푸틴이 재임을 할 수 있겠느냐, 대통령이 바뀌어도 러시아가 미국을 억제할 수 있겠느냐, 이런 이야기들을 쏟아낸다.

우리가 이런 스케일이 큰 화젯거리를 좋아하는 이유는 우리 주변의 작은 일에는 아무런 영향력도 내지 못하기 때문에 이로써 보상받으려는 심리가 작용해서이지 않을까 싶다. 물론 글을 읽고, 쓰는 사람으로서 나는 세계와 내 주변의 구체적인 문제의 관계에 더욱 주의를 기울이는 편이다. 이들 간에는 분명 관련이 적지 않게 있다.

두 번째는 루쉰의 글 때문이다. 많은 이들이 루쉰의 글에 대해 이미 수많은 이야기를 지적했기 때문에 다시 그의 이름을 거론하고 싶지 않지만 루쉰과 나의 관계 때문에 언급하지 않을 수 없다.

내 아버지가 소장하고 있는 책은 몇 권밖에 없었다. 1980년대 초의 학생에게는 학교 공부 외에 다른 책을 읽을 충분한 시간이 주어지지 않았다. 그렇기 때문에 나의 두뇌가 영양분을 강렬히 원할 때 내가 할 수 있는 일이라고는 아버지의 작은 책장에서 '청년자학총서'의 《루쉰잡문선》과 《루쉰소설시가산문선》을 읽는 것이 유일했다. 빛바랜 붉은 커버의 작은 책자들은

'마오 주석의 청년 세대의 성장에 대한 배려'의 가르침에 따른 문화대혁명 시기 농촌이나 산촌으로 보내져 노동에 종사하고 있던 지식 청년들의 독학을 위한 필요를 충족시키기 위해 1973년 5월에 편집되어 출판된 것이다. 중학교 1년 때 나는 이 두 권의 책이 너덜너덜해지도록 읽었다. 이를 통해 나는 구제강이 말더듬이었고, 천시잉이 루쉰의 철천지원수였음을, 심지어 리쓰광 역시 루쉰과 원한이 매우 깊어 루쉰을 증오했었다는 사실까지 알게 되었다. 물론 이런 것들은 그다지 중요한 것이 아니었으며, 중요한 것은 중학교 1학년 시절의 작문에서 이미 '루쉰풍'이 뚜렷이 나타나기 시작했다는 점이다. 나는 아직도 중학교 1학년 때의 글들을 보관하고 있다. 읽어 보면 '확실히, 그렇지만, 대체로, …뿐' 등으로 가득하고 어떤 문장의 끝부분은 루쉰을 모방하여 사용했다. 더욱 중요한 점은 루쉰의 글을 읽은 탓에 나는 '국민성'에 대해 오래도록 흥미를 갖게 되었다는 점이다.

성인이 된 후 나는 자주 반성의 시간에 빠지고는 했다. 물론 대개는 나와 이 세계 간에 마찰이 일어났을 때다. '마찰'이라는 단어가 그다지 적합하지 않은 듯도 한데 왜냐하면 '나'와 '세계'는 평등한 위치에 있지 않았기 때문이다. 왕멍(王蒙, 중국작가협회 부회장이자 중국 문화부 부장을 역임했다. 매년 노벨문학상 수상자 후보로 거론되는 중국 현대문학을 대표하는 소설가) 선생이 말했던 것처럼 내가 제아무리 한층 강해지고 날카로워진다 하더라도 거대한 '이 세계'의 몸에 어떤 흔적도 남기지 못할 것이다. 그러나 이 세계는 부주의로 나를 슬쩍 건드리기만 해도 나는 망신창이가 되어 이를 악다물 수 없게 될 것이다.

세상의 이치대로라면 1970년대에 태어난 나는 민첩함, 지혜와 아랑곳 않는 태도로 강경하고, 변하지 않는 거대함을 피해 모든 더러움에게 새로운 생명을 주는 바다로 흘러들어가야만 한다. 그러나 나는 지속적으로 낭떠러지로 달려들고, 검은 암석 위에 나의 말들을 내던져 부서지게 한다. 이는 일종의 조건반사나 본능이리라. 이는 어느 정도 현세에서의 나의 행복을 방해하고 있다.

이런 비효율적인 행위의 배후에는 부모님이 나에게 물려준 고지식함과 환경이 나에게 남긴 문화적 유전자가 있다. 루쉰과 루쉰 배후의 많은 사람이 나를 연구할 가치가 없거나 해결할 수 없는 문제에 애써 끝까지 매달리게 한다. 사실 한동안 내게 루쉰을 많이 읽도록 한 역사를 원망하곤 했다. 왜냐하면 루쉰의 부정적인 면들, 예를 들어 그의 조급함, 완벽주의적 경향, 의지 지상주의적 경향이 청소년기의 나에게 깊은 영향을 끼쳐 지금까지도 고치기 쉽지 않기 때문이다. 뒤로 갈수록 나는 그의 작품에서 편집증적이고 편협한 면을 발견했다. 나는 어쩌면 그토록 이른 시기에 그의 글을 많이 읽지 말았어야 했거나, 그만큼만 읽고 관두지 말았어야 했다. 루쉰의 견실한 팬들의 비난을 환영한다. 물론 루쉰이 나에게 준 영향력과 천진함은 거대한 정신적 자산이 되었다. 이는 다른 이들이 결코 대신할 수 없다.

세 번째는 소수민족이라는 나의 신분이다. 한화된 몽골인으로서 순수 몽골족 혈통이 나의 현실 생활에는 아무런 영향을 주지 못한다. 초등학교 시절 반년간 몽골어를 배우고, 대학 시절 매년 10위안 정도의 '소수민족학생 보너스'를 받아본 것을 제외하고 말이다. 그러나 정신세계에서 몽골족이라는 신분은 중요한 심리적 좌표가 된다. 이로 인해 나는 농업지역에만 국한하여 관찰하고 사고하고 상상하지 않으며, 주변의 일반인보다 더욱더 민족성에 대한 차이와 비교에 관심을 갖는다.

이 밖에도 중국인이자 역사 연구자로서 민족적 신분은 내게 알 수 없는 심리적인 우월감을 느끼게 한다. 어느 정도 비교적 초탈한 시각으로 한족 문화를 관찰하고, 중국인의 저열한 근성을 주시하고, 오랜 세월 이민족이 중국인에게 가한 치욕을 마주함으로써 더욱 객관적인 태도를 갖게 된 듯하다. 물론 다른 면에서 이런 우월감은 애매하고 비현실적이지만 결국 나의 문화적 유전자는 대부분의 한족과 큰 차이가 없다는 점을 깨닫는다.

이 세 가지 계기가 뒤섞인 결과물을 오늘 한데 묶었다. 일부 문장은 청소년기의 유치함을 벗어나지 못했지만 다시 읽다 보면 관용의 미소를 짓게 된다. 여러분도 관용을 갖고 읽어 주시길 바란다. 여러분에게도 피가 끓어오르던 시기가 있지 않았는가!

알다가도 모를 중국,
중국인

초판 1쇄 인쇄 | 2013년 10월 10일
초판 1쇄 발행 | 2013년 10월 15일

지은이 | 장흥제
옮긴이 | 황효순
편집기획 | 이원도
교정 | 홍미경 · 이혜림 · 이준표
제작 | 서동욱 · 이경진
영업기획 | 윤국진 · 이장호
디자인 | 이창욱
발행인 | 이원도
발행처 | 베이직북스
전자우편 | basicbooks@hanmail.net
등록번호 | 제 313-2007-241호
주소 | 서울시 마포구 동교동 165-8 LG팰리스 1508호
전화 | 02-2678-0455
팩스 | 02-2678-0454
ISBN | 979-11-85160-04-7 13300
값 18,000원